中国政法大学人权研究院

人权论丛

| 第一辑 |

张伟 主编

商务印书馆
2018年·北京

图书在版编目(CIP)数据

人权论丛. 第1辑/张伟主编. —北京:商务印书馆,2018
ISBN 978-7-100-16332-3

Ⅰ. ①人… Ⅱ. ①张… Ⅲ. ①人权法—中国—文集 Ⅳ. ①D922.7-53

中国版本图书馆 CIP 数据核字(2018)第 152626 号

权利保留,侵权必究。

人 权 论 丛
第 一 辑
张 伟 主编

商 务 印 书 馆 出 版
(北京王府井大街36号 邮政编码100710)
商 务 印 书 馆 发 行
北京市艺辉印刷有限公司印刷
ISBN 978-7-100-16332-3

2018年11月第1版　　开本787×960 1/16
2018年11月北京第1次印刷　　印张27
定价:78.00元

《人权论丛》编委会

（按姓氏拼音排序）

顾问：罗豪才　万鄂湘

主任：徐显明

委员：白桂梅　班文战　常　健　樊崇义　葛洪义　郭道晖
　　　韩大元　黄　进　焦洪昌　李步云　李　林　李　龙
　　　刘海年　罗艳华　莫纪宏　齐延平　舒国滢　宋方青
　　　孙笑侠　王人博　王振民　夏吟兰　徐　炳　应松年
　　　张爱宁　张晋藩　张　伟　张文显　张晓玲

主编：张　伟

执行编辑：李若愚

《人权论丛》创刊词

人人充分享有人权是人类社会的伟大梦想。长期以来，中国共产党和中国政府在为发展人权、追求人权孜孜不倦地努力。1997年，党的十五大报告提出"尊重和保障人权"；2004年，"国家尊重和保障人权"被载入宪法，把以人为本理念法律化，自此，以宪法为依据的人权保障立法工作蓬勃开展起来；2009年，经国务院授权，由国务院新闻办公室发布《国家人权行动计划（2009—2010年）》，这是中国第一次制定以人权为主题的国家规划；2017年，党的十九大报告提出"加强人权法治保障"，这是20年来党和国家以及全社会对尊重和保障人权认识过程的高度总结，具有里程碑意义。

历史的车轮铿然而行，时间将我们带到一个人权建设的新时代。经历了改革开放以来的启蒙和初步发展后，中国的人权建设进入了一个快速发展的时期。中国始终把人民利益摆在至高无上的地位，坚持以人民为中心的发展思想，坚持把人权的普遍性原则同中国的实际相结合，走出了一条适合中国国情的人权发展道路，显著提高了人民生存权、发展权的保障水平。新时代所提出的以发展促人权、构建人类命运共同体等理念，不仅为解决人类社会向何处去提供了方案，也为人权事业的发展开创了契机。中国人权理论研究和人权教育由此进入了蓬勃发展的时期。

《人权论丛》顺应中国人权理论研究和人权教育迅速发展的潮流，依托中国政法大学拥有的优质学术资源，旨在促进我国人权教育和理论研究工作的推广和深化，提高我国的人权理论水平，推进我国的人权制度建设，为我国人权理论研究和人权教育工作者提供一个稳定的学术园地和平台。

《人权论丛》关注国际、国内人权理论与实践发展的学术动态，直面国际以及当代中国改革发展中人权领域的重大现实问题,鼓励解放思想、大胆创新,围绕制约和影响人权进步的重点难点问题精研深思,通过撷取人权领域的学术精粹,为中国人权建设的进一步发展提供强有力的智力支持和思想保证。

积淀思想、积累学识,严谨理性、不尚浮华,这是学术丛书应有的品质。中国政法大学人权研究院将秉承严格的学术标准和严谨的学术态度,与商务印书馆携手把《人权论丛》办成有深度、有广度、有力度、容理论性与人文关怀于一体、在人权领域有重要影响的优质专业丛书!

《人权论丛》编委会
2018年4月

目 录

特辑：回望中国的人权研究 ………………………………………… 1

论"人权"与"公民权" ……………………………… 徐　炳　3
论人权的三种存在形态 ……………………………… 李步云　14
论马克思主义人权观的形成与发展 …………………… 李　龙　27
生存权是中国人民的首要人权 ……………………… 董云虎　35
论人权的主体与主体的人权 ………………………… 张文显　43
论中国人权的法律保护 ……………………………… 陈春龙　57
再论人权 ……………………………………………… 乔　伟　61
国际人权与国家主权 ………………………………… 李　林　73
不同文化背景的人权观念 …………………………… 刘海年　87
权利的法哲学思考 …………………………………… 舒国滢　96
论法定权利与权利立法 ……………………………… 郭道晖　111
论亚洲国家的人权观 ………………………………… 信春鹰　134
论民权与人权在近代的转换 ………………………… 王人博　146
突破人权禁区的最初阶段 …………………………… 沈宝祥　168
人权的体系与分类 …………………………………… 徐显明　175
人权法的失衡与平衡 ………………………… 罗豪才　宋功德　193
论人权条约的保留——兼论中国对
《公民权利和政治权利国际公约》的保留问题 ……… 龚刃韧　221
瑞典家庭法对同性伴侣的保护及评析 ………… 夏吟兰　谈　婷　244

理论研究 ································· 259

从人本到人权的发展轨迹——以中国法制历史为视角 ······ 张晋藩 261
"完善人权司法保障制度"刍议 ················ 樊崇义 刘文化 276
《世界人权宣言》第一条中"良心"一词的儒学解读
　　——一种尊重历史的视角 ················ 朱力宇 化国宇 291
人权保障与社会稳定 ························· 张晓玲 303
建构主义对分析人权与公益关系的启示 ············ 常　健 赵玉林 320

实践求索 ································· 339

略论人权理事会及其中国促进作用 ················ 张乃根 341
国家人权保护义务与国家人权机构的功能 ············ 韩大元 352
中国儿童保护与服务体系中的机构研究 ············ 焦洪昌 叶　强 369

佳文译介 ································· 407

北极地区的人权、善政与民主
　　················ 古德蒙德·阿尔弗雷德松著,张伟、刘洋译 409

编后记 ··································· 421

特辑:回望中国的人权研究

回望,是为了更好的前进。

一个时代有一个时代的烙印。学术研究亦具有浓烈的时代色彩。

步入2018年的我们,正处于中国人权建设快速发展的时期,前进是唯一的目标。驻足,小憩,回望前辈们一步一步走来所留下的宝贵的精神财富,似乎成为一件奢侈的事情。

这些散落在历史长河中的思想遗珠,忠实记载了特定历史环境下的研究状况,渐次勾勒出了历史上我国人权研究发展的脉络。如今回味,感受到的既有学者们曾经随风轻扬的意气与率真,更有那份推动中国人权事业进步和发展的理想与情怀。

道路因回望而清晰。从回望中,我们可以得到一种心灵的淬炼,一种意志的传承。

《人权论丛》第一辑特别推出"回望"特刊,以人权学者的视角,精选改革开放以来中国人权研究领域具有代表性的学术论文,旨在梳理中国人权理论研究与实践领域中的发展脉络,呈现中国人权学术研究,乃至中国人权事业发展前行的历史规律。当然,由于篇幅所限,还有很多学者的高水平论文未能收入本辑,实是无法避免的遗憾。

百尺竿头,更进一步。衷心希望通过"回望"特刊,帮助读者把握过往的人权理论研究发展脉络,对今后人权理论研究有所助益。

论"人权"与"公民权"

徐 炳[*]

一、资产阶级人权口号的产生、它的历史作用及其在中国的影响

在人类历史上,资产阶级作为一种新的生产力的代表提出的"人权"口号一开始就是封建特权和神权的直接对立物,因为他们代表的生产力被封建制度束缚了,必须打破它。资产阶级所以要给予包括奴隶、农民以所谓平等的自由的"人权",就是为了完全改变他们人身依附和半依附的社会地位,使他们有可能"平等"地、"自由"地受资本家的雇佣剥削,使资本家也有可能"平等"地、"自由"地利用大批廉价的劳动力为自己创造巨额财富。他们提出"人权"口号纯粹是出于自己的需要。17世纪到18世纪,杰出的资产阶级启蒙思想家洛克、卢梭等人系统地、明确地提出了"天赋人权"的口号,提出了人人生而平等、生而自由、人权平等的理论。这是资产阶级反封建特权、反僧侣神权的理论表现。

1775年,美国爆发了独立战争。1776年7月4日通过了由著名的资产阶级革命家杰斐逊起草的《独立宣言》。美国资产阶级第一次把人权作为自己行动的旗帜,所以马克思称它为"第一个人权宣言"。在这面旗帜的指引下,美国人民经过八年的艰苦奋战,终于赢得了独立战争的胜利。美国革命的胜利极大地鼓舞、推动了18世纪的欧洲资产阶级革命。1789年法国爆发了推翻波旁王朝的大革命,同年8月通过了《人权和公民权宣言》,简

---

[*] 徐炳,中国社会科学院法学研究所研究员。——编者

称《人权宣言》，第一次用法律的形式，系统地确定了资产阶级社会的人权准则，这是资产阶级的第一个人权法典。同年9月美国通过了宪法前十条修正案，于1791年正式批准，并获得了《人权法案》的正式名称。其后，欧洲其他资本主义国家陆续发生了资产阶级革命，制定了各自的人权法案。这就是欧美人权运动的基本发展过程。

资产阶级的人权运动，在历史上起了巨大的革命作用，它是资产阶级向封建特权和僧侣神权进攻的光辉旗帜，它打垮了封建制度、亵渎了神权，为资本主义发展扫清了道路。劳动人民在资本主义社会享有的权利比过去多些，他们的生活也比过去好些，因此，它大大地解放了生产力，推动了历史的前进。

欧美的人权运动也影响到中国。伟大的革命先行者孙中山先生提出的民权思想，是资产阶级人权思想的表现。孙中山先生主持通过的《中国国民党第一次全国代表大会宣言》指出："国民党之民权主义与所谓的天赋人权者殊科。这不过是要说明，民权是政治斗争的成果而不是天赋的东西，而只有国民能够享受的民权，背叛民国的人不能享受公民权罢了。绝不能解释为反对争取和保障人权的这一运动的本身。"孙中山先生的民权思想虽然也是资产阶级的人权思想，但他把所谓的"天赋"的解释成人赋的，显然比欧美的资产阶级人权思想进了一步。毛泽东同志赞同国民党《一大宣言》对三民主义的解释，称它为新三民主义，把它作为国共合作的基础。孙中山先生逝世后，蒋介石彻底背叛了孙中山先生的三民主义，推行了一条反共、反人民、反民主的反革命路线，代表着封建地主阶级、官僚、买办资产阶级的利益。他用黑暗代替了光明，用内战代替了团结，用独裁代替了民主，人民刚刚争得的一点权利又丧失了。人权再次沦落。因此许多革命的民主战士又一次掀起了争人权的运动，这个运动的代表人物有邹韬奋等。这一运动和我党的最低纲领也是一致的，在反帝、反封建的斗争中起了积极的作用。

二、人权的阶级性

"人权",作为人的权利来表述,它是权利的最一般的表现形式。在阶级社会中,任何权利都是阶级的权利,因而人权本身也就具有鲜明的阶级性。国家之所以需要,就是要维护统治阶级的特权,同时限制、剥夺被统治阶级的某些权利。

资产阶级的革命胜利以后,资产阶级争得了至高无上的特权,并且用法律的形式使之合法化、永久化。从此资产阶级的人权口号就走向了反面,变成了奴役、欺骗、麻醉无产阶级的反动口号。资产阶级喋喋不休地高谈什么人权、平等、自由,只不过是为了维护他们的特权,为了巩固他们的统治。他们之所以打着人权的幌子,把无产阶级的革命斥之为反人权,把无产阶级对资产阶级的专政斥之为侵犯人权,就是因为无产阶级革命要把资本主义私有制变成社会主义公有制,这就触犯了资产阶级人权口号最核心的东西:资产阶级对财产的所有权。他们极力宣扬人权平等,妄图掩盖人权的腥风血雨般的阶级性质。他们通过的人权宣言只不过是代表了他们自己的利益,他们对无产阶级、劳动人民的人权要么根本不承认,要么许以空洞的诺言。杰斐逊起草的美国《独立宣言》原稿有解放奴隶的内容,但是由于南方奴隶主的反对,通过时删掉了。这样,《独立宣言》一方面虚伪地鼓吹"人人生而平等",另一方面又允许奴隶主继续压迫奴隶这种不平等。一个世纪以后,林肯领导了南北战争,才正式宣布解放黑奴。可是宣言只是宣言,他们的行动又是另一回事,他们仍然对黑人和印第安人实行残酷的种族歧视。如今又一个世纪过去了,美国的种族歧视仍然存在。

法国第一个正式的《人权宣言》,即1789年的《人权和公民权宣言》则是彻头彻尾地宣布了资产阶级的特权。《人权和公民权宣言》的头一条写道:"在权利方面,人们是而且始终是自由平等的。"可是,资产阶级掌握着生产资料和生活资料,无产阶级几乎一无所有,哪来什么平等?工人是资本家的劳动力,是资本家机器的附属物,哪有什么自由?《人权和公民权宣言》第二条规定:"任何政治结合的目的都在于保存人的自然的和不可动摇的权利。这些权利就是自由财产、安全、反抗压迫。"可是,当巴黎的工人组织巴黎公社反抗阶级压迫的时候,资产阶级不但没有出来保护这种"不可动摇的权利",而且毫不动摇地用暴力把公社淹没在血泊之中。《人权和公民权宣言》第11条规定"每个公民都有言论、著述和出版的自由",可是,报纸、电台、出版社都掌握在资产阶级手里,无产阶级到哪儿去行使自己的这种自由权利呢?无产阶级饥寒交迫,糊口也难,哪有条件去著书立说呢?《人权和公民权宣言》第17条规定"财产是神圣不可侵犯的权利",可是,无产阶级被剥夺得一无所有,形式上给他神圣的保护财产的权利,实际上他能保护什么呢?其他条文亦复如此,虽然纸上写的是人人权利平等,实际上根本不能实现这种平等权利。正如仙鹤与狐狸的故事所说的那样,狐狸把鱼汤放在盘子里请仙鹤吃,表面上看起来他们俩都有平等吃汤的权利,实际上仙鹤什么都吃不着,全被狐狸独吞。

很明显,资产阶级讲的人权,最根本的就是为了维护他们占有生产资料剥削劳动人民的特权,所以马克思明确宣布:"至于谈到权利,我们和其他许多人都曾强调指出了共产主义对政治权利、私人权利以及权利的最一般的形式即人权所采取的反对立场。"[1]但是,马克思说的反对立场是指反对资产阶级的人权观,并不是说无产阶级就不要人权。毛泽东同志亲自领导了安源煤矿大罢工,工人们就提出了"从前是牛马,今天要做人"的响亮口号,其性质也是要争做人的权利。我们党领导的"二七"大罢工,更明确提出过"争人权,争自由"的口号。在抗日战争中,我们党也提出过"为人权自由而战"的口号。毛泽东同志在《论政策》一文中也曾指出,"应规定一切不反对抗日的地主资本家和工人农民有同等的人权、财权和选举权"。在抗日战争和解放战争时期,我们不少根据地,包括陕甘宁边区都颁布过有关保障人权的条例。所以无产阶级并不一般地反对人权,并不反对人权本身,而

---

[1] 《马克思恩格斯全集》第3卷,第228页。

是用无产阶级的人权观反对资产阶级的人权观。"人权"口号虽然是资产阶级提出的,无产阶级也可以用,但各自的内容和目的绝不一样。资产阶级人权口号的核心内容和根本目的是维护资产阶级所有制。而无产阶级要真正取得自己的人权,真正得到解放,就必须消灭私有制的最后形式——资产阶级所有制,建立公有制。因此,无产阶级从来不把争人权作为自己的一般口号,而是把自己的政治任务和口号归结为一句话:"消灭私有制"。但这并不妨碍无产阶级在和资产阶级的斗争中把争人权作为辅助口号。由此可见,当我们听到争人权口号时,我们不应当一概加以排斥,而应当冷静地进行分析,重要的是应当弄清楚,他们在为哪个阶级争人权,争的是什么人权。如果他们争的是反动阶级剥削、压迫人民的权利,我们就要坚决反对;如果他们争的是无产阶级和其他劳动群众的人权,我们就要支持。当我们镇压反革命、打击阶级敌人的破坏活动的时候,资产阶级、帝国主义分子总是要指责我们侵犯人权,妄图保护和争取被我们镇压的人的人权,我们应毫不心慈手软,需要镇压的坚决镇压之、需要打击的坚决打击之。当被压迫、被剥削的人民进行争民主、争自由、争人权、求解放的斗争的时候,当第三世界国家和人民反对各种形式的霸权主义、殖民主义的侵略、掠夺、反对种族歧视、争人权的时候,当人民反对林彪、"四人帮"式的人物草菅人命、鱼肉人民、推行法西斯专政的时候,我们就应当坚决支持。把人权简单化地统统斥为"资产阶级口号"、"不是无产阶级口号",是不能解决问题的。

三、"人权"与"公民权"

人是社会的人,因此首先要有赖以生存的特定的社会组织。在阶级社会中,这种社会组织的最高表现形式就是国家。这就是说,每个人都必须在一定的国家中生活。一个人要取得在这个国家中生活的资格,就必须取得这个国家的国籍,把自己变成这个国家的国民。国家本身是阶级矛盾不可调和的产物,统治阶级要巩固自己的统治,就必须制定宪法。宪法规定自己的国民所享有的权利和应当承担的义务。取得某国国籍并依据该国法律规定享有权利和承担义务的人就是这个国家的公民。这些权利就构成这个国家公民的"公民权"。人表现为某一国家的公民,人权实际表现为公民权。马克思曾经指出:"这种人权一部分是政治权利,只有同别人一起才能行使的权利。这种权利的内容就是参加这个共同体,而且是参加政治共同体,参加国家,这些权利属于政治自由的范畴,属于公民权的范畴。"[1]任何一个国家事实上承认和保护的人权就是这个国家的公民权。"人权"本身只是一个抽象的概念,它把国家、民族、种族、性别、年龄、宗教、职别、时代等等差别,特别是阶级差别统统排除在外,正像这种抽象的人不存在一样,这种抽象的人权事实上也不存在。人权存在形式只能是公民权。由于各国的政治制度不同,公民权必然也不相同。即使政治制度相同的国家,公民权内容也不完全一样,由各国的宪法作出具体规定。我国五届全国人大五次会议通过的宪法,也规定了我国公民的公民权。

公民权是有阶级性的,社会主义国家的公民权主要代表无产阶级和劳动人民的利益,资本主义国家的公民权主要代表资产阶级的利益。这两种公民权有着本质的差别。所有的资本主义国家的宪法都确认私有财产神圣不可侵犯,而社会主义国家的宪法恰恰相反。我国五届全国人大五次会议通过的宪法规定"社会主义的公共财产不可侵犯"。由于这个差别,公民的其他权利必然也有本质的差别。就一个具体国家来说,形式上公民有平等享受公民权的权利,但事实上由于公民的阶级地位不同,由于公民在个人能力、文化程度、经济状况等方面事实上存在着差别,因此,事实上在享受公民权方面,还存在大小、多少的差别。在资本主义国家中,这种差别是极其巨大的。即使在社会主义国家中,由于三大差别还存在,公民在享受公民权方面仍然受到物质条件和文化水平的制约,也必然存在某种程度的差别,不过,这种差别与资本主义国家中的差别有着本质的区别。

统治阶级为了维持自己的统治,往往采取剥夺公民权的方式来镇压反

---

[1] 《马克思恩格斯全集》第3卷,第436页。

抗其统治的人。

为了维护社会主义革命和建设,捍卫无产阶级专政,我们也必须剥夺某些反革命分子和其他犯罪分子的政治权利,也就是剥夺他们的公民权中的政治权利。

四、为捍卫公民权而斗争

我国的宪法代表了无产阶级和广大劳动群众的利益,是我国人民的行动准则。我国宪法规定的公民权给了我国的公民以充分的权利,我国的公民权也就表现了我国的人权,从这个意义上说,我国的人权问题已经基本解决。但是,无产阶级决不到此了事,而是积极创造条件让广大公民都能充分享受宪法规定的公民权。这又是社会主义和资本主义的根本区别。资本主义国家只限于在形式上、宪法条文上写上公民权,而在事实上并不保证公民去实施这些权利。正如斯大林在论述《关于苏联宪法草案》时所说的:"资产阶级的宪法通常限于公民的形式权利,而不注意实现这些权利的条件,实现这些权利的可能,实现这些权利的设施,他们空谈公民平等……新宪法草案(指 1936 年苏联宪法草案)的特点,就在于它不限于规定公民的形式权利,而把重点放在保障这些权利的问题上。"另一方面,无产阶级为了确保每个公民能够充分享受自己的公民权,总是和一切侵犯公民权的现象作坚决的斗争。只要阶级斗争存在,侵犯公民权的现象就必然存在,因此这个斗争还是长期的。

林彪、"四人帮"为了达到他们篡党夺权的反革命目的,根本无视法律,为所欲为,大肆侵犯我国公民的公民权利。本来不健全的法制被他们摧残得奄奄一息。他们自恃大权在握,别人奈何不得,无法无天,草菅人命,想抓就抓,想杀就杀,上至开国元勋,下至黎民百姓,陷于人人自危的处境,随时可能遭到他们魔爪的蹂躏。一个时期,他们肆无忌惮,人民生灵涂炭。人民的公民权遭到了空前的侵犯,国家遭受了空前的灾难。张志新烈士受到林彪、"四人帮"残酷迫害的血淋淋的事实充分证明,他们对广大干部和群众实行的是超封建超法西斯的"全面专政"。人民从亲身经历的苦难中领悟到健全法制的极端重要性、保障公民权利的极端重要性。

正是因为有这样的历史背景，也正是因为在粉碎"四人帮"以后，仍然存在着不尊重公民权甚至侵犯公民权的现实情况，有些人很自然地讨论起人权问题。在这些人中，除个别蓄意捣乱的坏分子外，多数还是出于对林彪、"四人帮"的义愤。当然不少人对"人权"问题还存在糊涂观点，还不能正确区分无产阶级人权观和资产阶级人权观，因而往往容易被阶级敌人所利用，应当向他们说明道理，把他们的革命义愤引导到关心我国的法制、保障我国公民权的轨道上来。这对于发扬民主、健全法制有益无害。

林彪、"四人帮"践踏公民权的深刻教训告诉我们，公民权只是写在纸上的东西，要把纸上的东西变成现实的东西，必须经过艰苦的斗争。有的同志认为：在人民当家作主的今天，提出"要人权"的问题，究竟是向谁要"人权"？岂不是自己向自己要人权吗？这话乍听起来，似乎很有道理，如果仔细推敲，觉得也有问题。我们已经说过，作为人权，在一个国家来说只能理解为"公民权"。公民权是国家通过宪法的形式赋予每个公民的，不是任何人恩赐的。向谁要人权，这种发问本身就意味着人权以及它实际存在的形式——公民权——是一部分人给予另一部分人的，这是不对的。我国宪法给了每个公民充分的权利，如果说，公民还没有充分享受到宪法赋予的公民权利，公民们当然有权利去争取，我们党也有责任领导公民们去争取。要人权除了要求实施宪法规定的公民权以外，在要求对宪法规定的公民权本身提出修改、增加一些公民权内容的意义上也是正确的。我们的宪法不是永世不变的，而是可以不断修改的。如果他们提的要求合理，可以在下届人大会议时提出讨论，修改宪法。人民当家作主，社会主义国家理应是这样，可是林彪"四人帮"横行的时候，人民当了家、作了主吗？今天他们倒台了，按理人民应当当家作主了，但是，在一些"四人帮"的流毒尚未肃清的地方，在官僚主义作风还在盛行的地方，有的干部往往把自己看作主人，而把人民当作仆人，这样的地方人民实际上能当家、能作主吗？针对这种情况，提出充分享受公民权的问题，在我国所以具有特别的意义，这是有深刻的历史根源和社会根源的。因为在历史上我国是一个连资产阶级的民主也没有过的封建专制的无视民权根深蒂固的国家，在这种制度下生长起来的传统习惯势力，不是随着某个人的倒台就能消除的。蒋介石倒台了二十多年后，还出了林彪、"四人帮"这样反动的封建专制代表人物。这种封建专制的思想残余不仅在阶级敌人的脑子里不肯轻易退走，就是在某些党的干部和人民群众的脑海里也是十分顽固的。有些群众本来没有行使民主权利的习惯，有些干部却有压制民主的习惯。只要这些封建专制的思想残余还存在，就不可避免地会出现侵犯人民当家作主的权利的现象，也就不可避免地存在着争取充分享受公民权的问题。按照这些同志的逻辑，宪法上"罢工"一条也根本不能成立了。社会主义国家人民当家作主，国家是自己的、工厂是自己的，你还要罢工，同样完全可以问，究竟是向谁罢工？岂不是自己罢自己的工吗？恰恰相反，为了对付官僚主义，为了抵制封建专制的残余思想，宪法上一定要把罢工这一条写上。

确保公民权，这是广大人民群众的要求，也是人民群众自己的事。要靠党的领导和群众的努力来实现。可是有极个别的人却乞求帝国主义国家帮助保障中国的人权，这真正是有辱中国的国格，也有辱中国人的人格，这种人不是别有用心，就是极端无知。帝国主义本身就是靠侵犯他人人权而活命的，乞求帝国主义保障中国的人格，岂不是等于"与虎谋皮"，向强盗要钱一样荒唐可笑吗？对别有用心的人来说，请求帝国主义保护中国的人权，也就是请求帝国主义统治中国人民、奴役中国人民，这是"请"狼入室。"从来就没有什么救世主，也不靠神仙皇帝，要创造人类的幸福，全靠我们自己。"要实现无产阶级的人权和公民权，应当像《国际歌》号召的，在党的领导下，靠我们自己去争取。还有少数坏人，打着争取人权的幌子，干着反对四项基本原则、反对宪法、危害人民权益的勾当，这种行为必须坚决制止。

捍卫公民权有两层意思，第一，对按法行使公民权的行为要坚决保护；第二，对违反法律、危害公民权的行为要坚决打击。剥夺某些侵犯公民权的反革命分子和其他犯罪分子的政治权利,有的则要逮捕法办,这也是捍卫公民权的必要措施。

为了捍卫公民的公民权,防止错误地剥夺他人的政治权利,就必须严格遵守法律程序。剥夺政治权利是刑罚的一种,只有人民法院才有权断定某人应否被剥夺及被剥夺多长时间的政治权利问题,其他任何人、任何机关都无此权力。一定要杜绝林彪、"四人帮"那种利用办"学习班"、"专案组"的名义,任意地剥夺他人的政治权利的现象。也不能认为,凡是阶级敌人都一律剥夺政治权利,而是依法,该剥夺的就剥夺,不该剥夺的就不能剥夺。

被剥夺了政治权利的人已经不是原来意义上的公民了,但是对他们也有一个法制问题。剥夺政治权利,并不是完全剥夺公民权(死刑除外)。政治权利只是公民权的一个部分,它主要是指自由和民主的权利。公民权还有除政治权利以外的其他权利,不能把公民权和人民民主权利等同起来。公民被剥夺了政治权利以后,他的其他公民权利并没有被剥夺,同样需要保护,侵犯他们的政治权利以外的权利也是犯法的。我们要给一切罪犯和被剥夺了政治权利的人以革命人道主义的待遇。就是说要尊重罪犯的人身和人格。尊重人身就是废止一切肉刑和体罚。只要罪犯不武力拒捕,不武力反抗,不管他罪恶多大、态度多坏,都不应加以任何形式的肉刑和体罚。人民解放军对待俘虏就是这样。尊重人格,就是不要用污秽语言和下流行为侮辱罪犯。要提倡文明执法。对待罪犯违法乱纪也是法律所不允许的。只讲革命义愤,不讲革命政策和革命法律也是不行的。对于刑满释放的人,要及时让他们享受公民权的全部权利。剥夺公民政治权利也是定期剥夺(死刑除外),期满以后也应及时恢复他们的政治权利。这些都是捍卫公民权的重要方面。

粉碎"四人帮"以后,党中央在拨乱反正、扭转乾坤的伟大斗争中,特别重视法制问题,召开了五届全国人大,修定了宪法,成立了法制委员会,逐步健全了各级公、检、法机关,采取了一系列切实有力的措施保卫公民的公民权。人民群众切身感到自己的权利逐步得到了保护,更加乐于履行自己的公民义务,维护社会主义法制。我们应当遵照党的十一届三中全会的精神,进一步加强法制,逐步使民主制度化、法律化,这样,才能保证公民享有充分的民主权利,保证社会主义的长治久安和生产力的高速发展。

编者记:本文刊载于《光明日报》1979年6月19日第四版。新中国成立后相当长的一段时间内,人权因被视为资产阶级的东西而受到我国理论界的批判。这种情况一直延续到"文革"以后。徐炳先生的这篇文章是"文革"后第一次在媒体上正式讨论"人权"的文章,其中不点名地批评了《红旗杂志》和《北京日报》1979年6月前的文章。《光明日报》用一个整版刊出了这篇文章。此文的发表在理论界引起了很大的反响,据徐炳先生描述:"第二天,新华社播发,全国省级以上报纸大都转载。《新华文摘》作为封面文章刊出。此文刊发后,影响很大,《光明日报》收到大量人民来信,后《光明日报》将这些来信综合整理,专门出了一份内参上报。"* 由此,揭开了我国理论界对人权问题讨论的序幕。

---

* 此文的收录得到了徐炳先生的大力支持,徐炳先生特发来函件对当时情形予以说明,在此予以部分摘录。——编者

论人权的三种存在形态

李步云[*]

人权是人按其本性应当享有的权利。简单说，就是"人的权利"。在现代，人权的内容十分广泛和丰富。它可以从不同角度作多种分类。例如，从人权内容的不同性质看，可以分为人身权利、政治权利、经济权利、文化教育权利、社会权利等；从人权的不同主体看，可以分为个人权利、集体权利、民族权利；从人权的不同保障方式看，可以分为国内人权与国际人权。这些都是现在人们经常使用的分类方法。此外，笔者认为，我们还可以从人权的实现和存在形态这个角度进行区分，把它分为应有权利、法定权利、实有权利。本文试图就此问题作一论述。

一

为了说明这个问题，首先需要搞清楚人权这一概念的外延。笔者以为，不少同志对这一概念，包括人权的主体和客体，在理解上偏于狭窄。

有的同志说，"什么是人权？简言之，人权就是人民的权利，或者叫公民的基本权利。在资本主义国家里，人权，一般是公民基本权利的通称，即公民的基本权利也可以叫做人权。"[①]"人权概念无论是在被发明出来的时候，还是现代的使用中，都不指涉和涵盖公民的全部权利，而仅指涉那些基

---

[*] 李步云，中国社会科学院荣誉学部委员、博士生导师、法理学研究员，中国社会科学院人权研究中心副主任，广州大学人权研究院院长，中国法理学研究会顾问。——编者
[①] 乔伟："论人权"，《文史哲》1989年第6期。

本的和普遍的权利",或者说,"屈指可数的主要的权利"。[1] 人权,"指人身自由和其他民主权利。"[2]笔者认为,把人权的内容仅仅理解为"公民的基本权利"是不妥当的。尽管人权的内容是伴随着人类社会的物质文明与精神文明发展水平的不断提高而逐步扩展与丰富的,人权的概念在历史上是处于不断发展变化之中,现在人们对人权内容的理解也还有差异,但在现今的国际社会中,认为人权就是指人的"权利",包括人的一切权利,已经越来越成为一种共识。到目前为止,国际上已经制定了六十多个有关人权保障的文件,其内容十分广泛,几乎无所不包,而不仅仅限于基本人权。就一国范围来说,基本人权一般是通过宪法规定的"公民基本权利"来表现其内容的。基本人权与非基本人权,公民的基本权利与公民的非基本权利,其界限既是绝对的、确定的,又是相对的、不确定的。所谓公民的基本权利,是相对于公民的非基本权利而言的。公民的基本权利主要由宪法规定,而公民的非基本权利则由普通法律来予以确认。从逻辑上说,公民的非基本权利自然也应当是人权的内容。从所涉及的范围看,基本人权如生存权、自由权、平等权,只是人权的一小部分,而非基本人权的内容则要广阔得多。保护公民的基本权利固然重要,但不能认为公民的非基本权利就不重要,就可以被排除在人权概念之外。残疾人的某些特殊权利,对健康人不适用;消费者的权利,生产者不能享有;罪犯的某些特殊权利,对一般公民不适用。这些都是公民的非基本权利,但这些无疑都是重要的,都应属于人权的范畴。在民事的、刑事的与行政的法律关系以及诉讼法律关系中,当事人与关系人的各种权利,有的是自由、平等、安全等基本人权的引申、展开与具体化,但有的则不是,如律师的权利、监护人的权利,如此等等,内容十分广泛,这些也无疑应是属于人权的范畴。如果我们把公民的非基本权利排除在人权概念之外,这在理论上是不正确的,在实践上是有害的。

---

[1] 张光博:"坚持马克思主义的人权观",《中国法学》1990年第4期。
[2] 《法学辞典》,上海辞书出版社1980年版,第8页。

当然,把人权区分为基本人权与非基本人权是十分必要的。无论是在一国范围内还是在国际社会里,我们首先需要强调的并着重予以保障的是基本人权,这是一个问题;而人权这一概念应当包括基本人权与非基本人权在内,则是另一个问题。在许多国际文件与人权约法中,经常使用"基本人权"这一概念,其目的与作用也是为了强调保障基本人权的重大意义,但它并不是意味着人权就仅仅是指"基本人权"。

有的同志提出:人权就是公民权。在我国,持这种观点的人相当多。笔者认为,这在逻辑上和事实上都是不能成立的。所谓公民,通常是指具有一个国家的国籍、根据该国宪法、法律享受权利、担负义务的自然人。国籍的取得,要有一定条件;国籍也可以丧失,包括自愿丧失与非自愿丧失。因此,几乎任何国家都可能有非公民生活与工作在那里。如果"人权就是公民权",那就意味着这些人与人权无关,不应享有人权。由于各种政治原因,一个国家的公民出逃,作为难民而留居在别一国家,这种情况非常之多。近年来,仅越南、阿富汗、伊拉克的难民,就都以百万计。现在世界上还有许多并非难民的无国籍人,他们不是任何一个国家的公民。如果"人权就是公民权",那么这些难民和无国籍人,就与人权无关;他们的应有权利在居住国就难以受到保护。自1951年以来,有关国际组织已经制定不少公约,如《关于难民地位的公约》(1951年)、《关于无国籍人地位的公约》(1954年)、《减少无国籍状态公约》(1961年)、《难民地位协定书》(1967年)、《非居住国公民个人人权宣言》(1985年)等等,来保障难民与无国籍人的应有权利。国际社会普遍认为,这些都是世界人权约法的重要组成部分。

自马克思主义出现以来,尤其是苏联十月社会主义革命以后,人权概念与人权制度已由重视保障个人人权,发展到重视保障集体人权,如阶级的或阶层的权利,少数民族的或种族的权利,妇女和儿童的权利,残疾人的权利,消费者的权利等等,这些都是"群体"的权利,不是个体的权利。而公民则是一个个体概念。显然,"人权就是公民权"的定义,是概括不了这类重要权利的。

再从国际范围来看。第二次世界大战以后,一大批新独立的第三世界国家反对殖民主义掠夺与剥削,要求民族独立、发展民族经济的斗争日益高涨,因而产生了民族自决权、发展权、和平权、环境权等等权利要求。从此,人权的概念与制度由国内法领域进入了国际法领域。这类重要人权已得到国际社会的公认,并制定有一系列国际公约保障这类权利。今天,社会主义和第三世界国家反殖、反霸的内容已经成为我们这个时代的主流。显然,公民权这一国内法的具有个体特征的概念,是包容不了国际范围内民族与民族之间、国与国之间、地区与地区之间的权利关系的。

大家都知道,人权与公民权这两个概念,在资本主义国家的经典文献和马克思主义经典作家的著作中是有区别的。例如,法国1789年制定的《人权宣言》,其全名就是《人权和公民权宣言》。马克思曾提出:"一个人有责任不仅为自己本人,而且为每一个履行自己义务的人要求人权和公民权。"[①]马克思认为,人权的一部分是政治权利,它们属于公民权利的范畴,而人权则是"权利的最一般形式"。

上面,我们从两个方面分析了人权的概念,其权利主体不能局限于"公民",其权利客体不能局限于"基本权利"。如果采用人权就是"人的权利"这一定义,就能比较恰当地概括出它的全部内容,比较合理地表述这一概念的外延以至它的内涵。这里的"人"是指一切人,不仅指公民,而且包括非公民,不仅指个人,也能包含作为人的群体,即国内的集体与国际的民族集体。这里的"权利"是指人的一切权利,不仅指基本权利,而且包括非基本权利。人权这一概念在理论上逻辑上必须严谨。这样,在人权保障的实践中才不致带来各种消极的影响。同时,人权就是"人的权利"这一定义,原则上不涉及人权的本质、制度与政策,能同国际社会的共同看法相协调,也可以在国际交往中避免不必要的障碍和困难。

---

① 《马克思恩格斯全集》第16卷,人民出版社1964年版,第16页。

二

有一些同志在自己的著作中提出,人权就是"人的权利","是人作为人享有或应该享有的权利";[①]"人权即作为一个人所应该享有的权利"。[②] 但是,持这种观点的同志,有的认为这里所说的"权利"仅仅是指法定权利;有的则没有提出和分析、论证"应有权利"这一概念或者有意回避了它。究竟在现实的社会生活中有没有"应有权利"?它是一种什么样的性质和状态,它同西方所谓的"自然权利"又有什么区别?笔者在下面试图对此作一探究。

从本来的意义上讲,人权就是指人的这种"应有权利"。法律规定的权利不过是人们运用法律这一工具使人的"应有权利"法律化、制度化,使其实现能得到最有效的保障。因此,法定权利是法制化了的人权。法定权利同"应有权利"相比,虽然是一种更为具体、明确、肯定的规范化的人权,但不能说,它同"应有权利"是一回事,在法定权利之外,不存在"应有权利"。由于受主观与客观的种种条件的限制,在任何国家里,法律的制定都需要有一个过程。而且由于各种因素的影响与制约,立法者是否愿意运用法律手段去确认与规范人的"应有权利"以及这种权利能否得到合理的与充分的保障,也是不确定的。只有存在人的"应有权利",才能产生应不应当以及如何去保障它的问题。否认"应有权利"的存在,法定权利就会成为"无源之水"和"无本之木"。

事实上,"应有权利"的存在,并不以也不应当以法定权利的存在与否为转移。举两个例子就能充分说明这一点。世界上第一部成文宪法——《美国宪法》颁布于 1787 年。当时由于存在不同意见,宪法中没有任何保障人权的具体条款。只是到 1791 年,经过杰斐逊等民主主义者竭力争取,

---

[①] 董云虎等主编:《世界人权约法总览》,四川人民出版社 1990 年版,第 75 页。
[②] 何华辉:《比较宪法学》,武汉大学出版社 1988 年版,第 60 页。

才通过第二修正案即《人权法案》，明确规定公民可以享有的一些基本人权。能不能说，美国人民在1791年之前，不应享有该修正案所列举并予以保障的那些基本人权呢?! 当然不能。我国现行《宪法》颁布于1982年。这部《宪法》的第38条规定:"中华人民共和国公民的人格尊严不受侵犯。禁止用任何方法对公民进行侮辱、诽谤和诬告陷害。"这在我国是第一次。能不能说，我国人民在这部宪法颁布之前不应当享有人格尊严不受侵犯的权利呢？当然不能。运用法律这一社会关系调整器来确认与保障人的"应有权利"要有一个过程，这在任何国家都是必然的。不过，有的过程是合理的，而有的过程则是不合理的。如果认为人权仅仅是指法律规定的权利，不存在人的应有权利问题，那不等于是承认那些专制主义国家蔑视人权、拒绝运用法律手段去确认与保障人权是正常的、合理的吗?!

　　人的"应有权利"在法律没有予以确认和保障之前，它们在现实社会生活中是客观存在的。权利义务关系实质上是一种社会关系。法律上的权利义务存在于法律关系（包括抽象法律关系与具体法律关系）之中。法律关系以法律的存在为前提，是一种具有自身特点的特殊的社会关系。人的"应有权利"以及与之相伴随的义务，一部分或大部分被法律化、制度化以后，转变成了法定的权利与义务。而另一部分则存在于现实生活的各种社会关系之中。它们是不难看出与理解的。例如，我国自1949年3月中共中央发布《关于废除国民党的六法全书与确定解放区的司法原则的指示》以后，旧的法统就在我国大陆中断了。1950年4月制定与颁布了新中国的第一部《婚姻法》。尽管这部法律制定得十分迅速，但仍然在一个短时期内，我国的婚姻家庭关系中的权利与义务没有法律给以确认与保障。然而，在那时的婚姻家庭关系中，夫妻之间与父母子女之间，还是存在着某种权利与义务的关系。在千千万万个家庭中，父母在这样那样地行使教育子女和监护未成年子女的权利;而子女则在这样那样地履行赡养父母等义务。

　　人的"应有权利"在法律没有给予确认和保障的情况下，它们受着以下一些社会力量与因素的不同形式与不同程度的承认与保护:一是各种社会组织,包括政党与社会团体的纲领与章程;二是各种形式的乡规民约;三是社会的习俗、习惯与传统;四是人们思想中的伦理道德观念和社会政治意识。所有这些社会力量与社会因素对人的"应有权利"的承认与保护,虽然不如国家的法律对"应有权利"的确认与保障那样具体、明确,那样具有普遍性和规范化的特点,没有国家强制力予以支持,但这种承认与保护是人们看得见与感觉得到的,它证明人的"应有权利"在社会现实生活中,在现实的社会关系和社会交往中客观存在,并不是什么虚无缥缈的东西。

有人认为,权利是个法律概念,也仅仅适用于法律领域,并由此而否定或怀疑人的"应有权利"这个概念的科学性。这种看法是不正确的。权利与义务是一个内容极为广泛的概念。其种类不仅包括国家法律上的权利与义务,也包括政党、社会团体、企事业组织等规章上的权利与义务,还包括道德、宗教规范中的义务。法律上的权利与义务同各种社会组织规章中的权利与义务的区别,仅仅是具体内容、适用范围、实施方式的不同而已。它们都具有权利与义务共同的形式特征。人的"应有权利"以及伴随而存在的义务,一部分通过法律原则和条文以及社会组织规章的原则与条款得到具体反映;一部分则通过人们的伦理道德、社会政治观念以及传统、习惯、习俗等等的认可与支持而在现实生活中的社会关系和社会交往中表现出来。例如,在某个国家的某个历史时期,在法律和社会组织规章上没有规定人的人格尊严不受侵犯,但人格权,包括人的人身不受凌辱、名誉不受诋毁、荣誉不受玷污、姓名不受亵渎、肖像不受侮辱等等,虽然会经常遭受破坏与践踏,但在现实的社会关系与社会交往中还是能够多少有所反映和表现,能够多少受到社会上一部分人的承认和尊重。

我们所讲人的"应有权利"同西方天赋人权论所讲的"自然权利"虽然在形式上有些类似,但是在一系列根本问题上存在着原则区别。天赋人权论以人权反对神权和君权,具有重大的历史进步意义;它的理论基础之一——"自然权利"说也包含有某些合理的因素,即提出了"应然"与"实然"的概念,猜想到了在法定权利之先,有某种人应当享有的权利的存在。

但是,整个天赋人权论连同它的理论基础"自然权利"说,是建立在历史唯心论的基础上。具体分析,其区别主要表现在以下几个原则问题上。

一是关于权利的本源。"自然权利"说认为,在国家出现之前,人是处于一种"自然状态"中,那时人与人的关系,由"自然法"调整,"自然权利"是自然法所赋予和固有的。随着国家的产生而出现了人定法,它必须受"自然法"的支配。自然法与自然权利是人与生俱来的。它的本源是"自然",是人的"理性",是人性。他们所讲的人性,即人的本性,是一种脱离社会的抽象的人性,实际上是只讲人的自然属性,而不讲人的社会属性。这种理论虽然包含有某些合理的成分在内,但从总体上讲是唯心的,而其历史观则完全是唯心的。

与此种理论截然不同,我们所讲的"应有权利",其产生与本源有两个方面,即内因与外因。内因是指人的本性或本质,它包含人的自然属性与社会属性。人的本性和本质是人的自然属性与社会属性的统一。这是人的"应有权利"产生与发展的内在根据。外因则是指人类社会物质文明与精神文明的发展水平。它是人的"应有权利"由低级向高级发展的外部条件。马克思曾经指出,人的本质"是一切社会关系的总和"。他的这一论断是对人的本质学说的历史性贡献。这一观点的提出使人的本质的理论开始建立在真正科学的基础上。人人都要求生存、要求发展、要求理性,要求过幸福的生活,这是由人的生理的和心理的自然属性所决定,是人的一种本能。马克思主义经典作家也曾深刻地论证过,自由与平等都是基于人的本性。权利的基础是利益。人们之间的权利义务关系,本质上是一种利益关系。马克思说:"人们所追求的一切都同他们的利益有关。"人始终把人权作为自己追求的根本目标,归根结蒂是为了满足自身的各种需要和利益。这是人权发展的永不枯竭的动力。但是,单纯的利益与愿望构不成权利。因为人不是孤立地生活在世界上。人与人之间,群体与群体之间,个人、群体与社会之间,存在着各种性质不同的错综复杂的社会关系。其中财产关系与经济关系是主要的、基本的关系。整个人类社会是在生产力与生产关系、生产关系与上层建筑的矛盾运动中向前发展的。一定的生产力与生产关系构成一定的社会生产方式。而人类社会一定历史阶段的人与人之间各种社会关系的性质与状况,是由该社会的生产方式所决定。人与人之间社会关系作为人的"应有权利"的本源,即人权产生与发展的内在根据,具体表现在三个方面:1.社会关系的存在是人权存在的前提。如果人是完全孤立存在的,那就不需要有权利与义务这种形式去调整人与人之间的各种利益矛盾与冲突。2.人类社会一定历史阶段(如奴隶社会、封建社会、资本主义社会)人们之间各种社会关系的性质与状况,决定着人权的性质与状况。3.人权与人权意识是相互依存和相互作用的。人们在各种社会关系中所处的不同地位,决定着人们的人权意识。而这种人权意识又反作用于人权与人权制度。由此可见,马克思主义关于人的本质的学说与整个历史唯物主义原理,使关于人权本源的理论真正建立在科学的基础上。只有它能够正确地全面地完整地说明人权的产生及其发展规律。

二是关于权利的状态。在"天赋人权论"看来,自然法与自然权利存在于人们的思想意识中。康德就把这种自然权利叫作道德权利。他们认为在现实社会生活中存在的只是人定法与法定权利。因此,对于人们来说,这种自然权利始终具有一种很神秘的性质。我们所讲人的"应有权利"与此截然不同,它存在于现实的社会关系与社会交往中。在这里,我们必须把"人权"同人权意识严格区别开来。人的"应有权利"在没有法律化、制度化之前,虽然有时处于某种不确定的状态,虽然它的存在与状况受一定的道德观念的影响与制约,但它们是存在于现实社会生活中,这种"权利",同人权意识相对而言,它是属于"社会存在"这个范畴,它们的存在并不以人们的意志为转移。

三是关于权利的性质。在天赋人权论看来,自然权利是一种纯抽象的东西。它对一切人都有效,对任何人都一视同仁。因此,它也就没有什么阶级性。即使有的人承认在阶级社会中,阶级划分及其矛盾冲突是一个客观存在(如资产阶级的某些学者),但由于自然权利具有抽象的性质,因此它也仍然超脱于这种阶级矛盾和对立之上而不具有阶级性。我们所讲的人的"应有权利",在现实生活中是具体的,是存在于各种经济关系、政治关系、文化关系以及其他社会关系中的一个个具体的权利。"应有权利"这个概念,是许多具体权利的抽象,但假若不存在现实生活中各种各样的具体的"权利",这种抽象也就成了没有内容的抽象,本身就失去了根据和意义。在阶级社会里,权利的具体性必然导致权利的阶级性。应有权利在被法律确认后变为法定权利,固然具有阶级性(因为"法是统治阶级意志的体现"),而这种应有权利在没有被法律予以确认和保障的情况下,它也仍然具有阶级性。因为,一个人能够实际享有多少权利,是由他在各种社会关系中所处的不同地位决定的;同时,应有权利的享有又受人们观念的影响与制约。由于人们所处的阶级地位不同,对于某项权利,有的人认为"应当"享有,而另一些人则可能认为"不应当"享有。

四是关于权利的演变。在天赋人权论看来,自然权利是不变的,过去是什么样子,现在和今后仍然是什么样子。既然自然权利产生于人的"自然属性",是"理性"的体现,它又是纯抽象的东西,因此认为自然权利具有不变性是合乎逻辑的。我们所讲的"应有权利"与此不同。它是永远不断发展变化的。一方面,它的性质与状况,是由一定历史时期的社会关系的性质与状况所决定,另一方面,它的实现程度又受整个社会的物质文明与精神文明(包括文化教育设施、科学文化艺术成果以及人们的道德水准等等)的发展水平所影响和制约。

三

人权得到最全面最切实的保障,是现代法治社会的一个根本目标,也是它的基本标志之一。现在,法律日益成为人类社会中最普遍、最权威也是最富有成效的社会调整手段。法网几乎已经伸及到了社会生活的一切方面;人们行为的选择,无不处在法律的调节和支配之下。在资本主义国家里,资产阶级历来十分重视运用法律手段来保障资产阶级人权。马克思主义经典作家同样重视运用法律来确认与保障人的应有权利。马克思说过:"法典就是人民自由的圣经。"①列宁也曾指出:"宪法就是一张写着人民权利的纸。"②

为什么人们会如此重视运用法律手段来保障人权,即把人的"应有权利"转化为"法定权利"呢?基本的原因是,法律既具有重大的工具性价值,同时又具有独特的伦理性价值。作为一种工具,法律具有国家意志性、行为规范性、普遍有效性和强制执行性等基本特性。法律的社会功能就是来源于这些基本特征。人的"应有权利"被法律确认而成为"法定权利"以后,这种权利就会变得十分明确而具体,它就被上升成为国家意志,就对一个国家的全体居民具有普遍约束力,国家就将运用强制力量来保障其实现。法律对人权的这种保障作用,是所有社会组织规章、乡规民约以及伦理道德等等手段所无法比拟的。不仅如此,法律本身就是公平与正义的体现,它的本性就要求所有人在它面前一律平等。尽管在阶级对立的社会里法律事实上做不到这一点,但它的这种独特的伦理价值,在千百年的中外历史上为维护人的基本价值和尊严发挥了并将继续发挥着巨大的作用。正是基于这两个方面的原因,在人类文明的发展已经达到如此高度的现时代,我们甚至可以说,哪里没有法律,哪里就没有人权;哪里的法律遭到践踏,哪里的人权就会化为乌有。

当然,我们不应主张法律万能。事实上,人权问题并不单纯是一个法律问题。尽管把"应有权利"转化成法定权利意义十分重大,但终究不能把法律看成是保障人权的唯一手段。我们之所以提出并论证"应有权利"这一概念,目的之一,就在于阐明除了法律这个手段,还有其他一些社会力量和社会因素对保障人的应有权利也有一定作用。如果否认应有权利这一概念,在"法定权利"与"人权"之间画等号,势必把人权问题看成仅仅是一个

---

① 《马克思恩格斯全集》第1卷,人民出版社1956年版,第71页。
② 《列宁全集》第12卷,人民出版社1987年版,第50页。

法律问题。

提出"实有权利"这一概念也不是没有意义的。所谓"实有权利",是指人们实际能够享有的权利。在一个国家里,法律对人的应有权利做出完备规定,并不等于说这个国家的人权状况就很好了。在法定权利与实有权利之间,往往有一个很大的距离。现时代,在法律中对人权的内容做出全面的规定,并不怎么困难,但要使法定权利得到全面的切实的实现,就不是一件很容易的事情。一个国家的人权状况如何,在很大程度上是取决于这一点。

一般说来,在一个国家里,妨碍法定权利变为实有权利的因素主要是:1.法制观念与人权意识。这主要是指国家的各级领导人员的法制观念与人权意识的状况如何。在那些历史上缺乏民主与法制传统的国家,这一点往往成为主要障碍。2.国家政治民主化的发展程度。一个国家制定有比较完备的法律,不等于就是实行法治。法治的基本标志是法律具有至高无上的权威。而法治国家只能建立在民主政治的基础上。3.商品经济的发展状况。马克思曾经精辟地分析与论证过,自由与平等的观念同商品经济有着不可分离的联系。在社会主义制度下,有计划的商品经济的发展,将为人权意识的普及与提高奠定可靠的经济基础。4.社会经济与文化的发展水平。像诸如劳动权、休息权、受教育权等等的充分享有,都直接同这方面的条件有关。

从应有权利转化为法定权利,再从法定权利转化为实有权利,这是人权在社会生活中得到实现的基本形式。但是,这并非唯一形式。因为在人权的实现过程中还有其他社会因素在起作用。这三者之间不是平行关系,而是层次关系,三者的内容有很大一部分是重叠的。随着人类文明的继续向前发展,它们之间在外延上将一步步接近,彼此重叠的部分将日益扩大,但永远存在着矛盾,应有权利永远大于法定权利;法定权利永远大于实有权利。正是这种矛盾,推动着人权不断地得到实现。

编者记：本文原载《法学研究》1991年第4期，后收入《当代人权》，1992年由中国社会科学出版社出版。曾由林来梵教授译成日文，登载在《立法命馆法学》第230号（1993年第4号）上。本文于1995年10月获《法学研究》一百期优秀论文奖。不少日本学者认为，本文的观点在国际人权理论界亦具有创新价值。可参见林来梵教授《日本学者所看到的李步云教授》一文，载刘作翔等主编的《法治理想的追求》，2003年由中国政法大学出版社出版。* 本文后收录于《李步云学术精华》之《论人权》中，部分文字有所修改。收录于《人权论丛》的此篇文章，采用的是修改后的版本。

---

* 转引自《李步云学术精华——论人权》，社会科学文献出版社2010年版，第64页。——编者

论马克思主义人权观的形成与发展

李 龙*

一、马克思早期的人权思想

早在19世纪40年代初,风华正茂的马克思站在革命民主主义立场,对人权的重要内容之一——自由,做过反复的探讨。他沿袭了康德、黑格尔的自由观,曾一度把自由看成是人类存在的本质,比喻为"人类天性的永恒的贵族"。马克思说"自由向来就是存在的,不过有时表现为特权,有时表现为普遍权利而已"。① 接着,他指出:自由不能只包括财产自由,还应包括言论、出版和信仰自由等等方面;并反对少数人的特权,主张多数人的普遍权利。因此,马克思的自由观比康德、黑格尔的自由观要具体、明确和实在得多,既不是康德的"自由意志",也不是黑格尔那种"客观自由"。

当然,青年马克思最早使用"人权"这一概念(严格地说是沿用),还是在《德法年鉴》上发表的两篇著名论文:《论犹太人问题》和《黑格尔法哲学批判导言》。前文是同鲍威尔论战,后文是向黑格尔法哲学开火,并在批判中阐述了马克思的革命民主主义人权观。后来,马克思恩格斯又在《神圣家族》中进一步说明了人权问题,把它提到了新的高度。

《论犹太人问题》是针对鲍威尔的《犹太人问题》而写的。鲍威尔从所

---

* 李龙,武汉大学人文社科资深教授、博士生导师,享受院士待遇。——编者
① 《马克思恩格斯全集》第1卷,第63页。

谓犹太人不同时摆脱犹太教就不能得到解放这个武断的结论出发,认为即使犹太人在政治上获得解放,即成为公民,也不能要求人权。对此,马克思进行了有力的驳斥。他通过对美国1776年《独立宣言》、法国1789年《人权宣言》以及1791年和1793年宪法的分析,对人权的概念作了广义的和狭义的两种解释,并强调信仰宗教本身就是一种人权,指出鲍威尔要犹太人摆脱犹太教以后才有人权是极为荒谬的,在当时的历史条件下也是不可能实现的。在马克思看来,狭义的人权就是作为市民社会成员的人的权利,"即脱离了人的本质和共同体的利己主义的人的权利",①这样的人权包括平等、自由、安全和财产权,还包括信仰自由的权利。他说:"信仰的特权或者被公民认为一种人权,或者被认为人权之一种——自由——的结果。"②至于广义上的人权,马克思认为除了狭义的人权外,还包括公民权。他说:"我们现在来看看所谓的人权,而且是真正的发现这些权利的北美人和法国人所享有的人权吧!这种人权一部分是政治权利,只有同别人一起才能行使这种权利。这种权利的内容就是参加这个共同体,参加国家。这些权利属于政治自由的范畴,属于公民权利的范畴。"③马克思一再指出,区分广义与狭义的人权是必要的,否则,就会使人只把人权单纯看成是个人的权利,而忘记还包括公民权这个重要方面。

马克思在《论犹太人问题》中对资产阶级人权作了分析和揭露,他写道:"任何一种人权都没有超出利己主义的人,没有超出作为市民社会的成员的人,即作为封闭于自身、私人利益、私人任性、同时摆脱社会整体的个人的人。在这些权利中,人绝不是类存在物,相反地,类生活本身即社会却是个人的外部局限,却是原有的独立性的限制。把人和社会连接起来的唯一纽带是天然的必然性,是需要和私人利益,是对他们财产和利己主义个人的

---

① 《马克思恩格斯全集》第1卷,第437页。
② 同上书,第436页。
③ 同上。

保护。"①很显然,马克思这段话明确地指出了资本主义社会人权的利己主义性质和私有财产基础;这段话也表明了马克思的人权思想已经摆脱了黑格尔那种抽象的思辨,而将人权置于具体的历史条件下予以考察。这是马克思早期人权思想的一个重要转折。

如果说《论犹太人问题》业已表明马克思的人权思想超出了黑格尔人权理论的范围,那么《黑格尔法哲学批判导言》则对黑格尔的人权理论开始进行批判,使马克思的人权观开始从革命民主主义向历史唯物主义过渡。马克思从现实人道主义角度分析德国未来革命不能仅仅是"政治解放",而必须同"人类解放"联系在一起。他在回答"德国解放的实际可能性究竟在哪里"时说:"就在于形成一个被彻底的锁链束缚着的阶级,即形成一个非市民社会阶级的市民社会阶级,一个表明一切等级解体的等级,一个由于自己受的普遍苦难而具有普遍性质的领域,这个领域并不要求享有任何一种特殊权利,因为它的痛苦不是特殊的无权,而是一般的无权,它不能再求助历史权利,而只能求助人权",这个阶级"就是无产阶级"。② 为什么"只能求助人权"呢? 因为它"只有通过人的完全恢复才能恢复自己",无产阶级只有解放全人类,才能彻底解放自己。所以马克思得出结论说:"德国唯一实际可能的解放就是宣布人本身是人的最高本质这一理论出发的解放,……德国人的解放就是人的解放③。"这是由于当时的德国还处于封建军国主义的统治之下。人权问题具有直接的、现实的意义。

必须看到,无论是《论犹太人问题》,还是《黑格尔法哲学批判导言》,都是马克思早期的著作,无疑是进步的,但鉴于马克思的历史观尚处在从革命民主主义向历史唯物主义的转变之中,在新的理论基础尚未确立之前,马克思的人权思想也就不可避免地带有局限性,尚未从阶级的角度对人权作出科学的回答。

---

① 《马克思恩格斯全集》第 1 卷,第 439 页。
② 同上书,第 14 页。
③ 同上书,第 15 页。

二、马克思主义人权观的形成

马克思主义人权观是马克思早期人权思想的演变逐步形成的,是在唯物史观的理论基础之上创立的。这个形成过程具体反映在《1844年经济学哲学手稿》《神圣家族》和《德意志意识形态》三部著作之中,而《德意志意识形态》则标志马克思的第一个伟大发现——唯物史观的创立,马克思主义人权观也就应运而生。

《1844年经济学哲学手稿》(简称《巴黎手稿》)不仅使马克思在经济学上有重大突破,而且使马克思在人权问题上开始有了重大突破。关键是马克思发现了一个极为重要的原理:人类生产活动是一切社会活动的基础;人不是费尔巴哈式的、抽象的、生理学意义上的人,而是能动的、从事改造对象世界活动的人,从而为人权找到了根基。

1844年8月至10月,马克思与恩格斯第一次会见就清楚地表明了两位导师的深厚友情,并进行了第一次合作,共同撰写了《神圣家族》一书,对鲍威尔从政治上作了死刑判决,并深入批判了"天赋人权"这个在世界上流传甚久,影响极广的资产阶级理论。首先,马克思恩格斯肯定了黑格尔否定"天赋人权"的正确性,明确写道:"黑格尔曾经说过,'人权'不是天赋的,而是历史地产生的。"①接着,两位导师又否定了黑格尔把人权归结为"绝对观念"的荒谬,而将人权归结为社会物质生活条件的产物,把它同经济制度、政治制度和法律制度直接联系起来。他们说:"现代国家既然是由于自身的发展而不得不挣脱旧的政治桎梏的市民社会的产物,所以它就用宣布人权的办法,从自己的方面来承认自己的出生地和自己的基础。"②

在马克思和恩格斯看来,对人权问题的分析与考察,是离不开市民社会的。他们说:"现代国家的自然基础是市民社会以及市民社会中的人,……

---

① 《马克思恩格斯全集》第2卷,第146页。
② 同上书,第145页。

现代国家就是通过普遍人权承认了自己的自然基础。"①导师们所讲的"市民社会"是沿用黑格尔的概念,当时是指物质领域,后来在《德意志意识形态》中直接解释为交往形式。马克思与恩格斯在《神圣家族》中已明确指出,资产阶级承认和宣布人权具有必然性,同资本主义生产关系直接有关,因此,资产阶级"承认人权同古代国家承认奴隶制是一个意思"。②

两位导师在《神圣家族》中进一步批判了鲍威尔关于犹太人的谬论,全面否定了鲍威尔所断言的:犹太人为了取得人权,必须放弃宗教信仰自由的权利。他们明确指出:"信仰任何事物的权利,举行任何一次宗教仪式的权利,这些都是极其肯定地被认为是普遍的人权。"③

1845年至1846年,马克思与恩格斯再次合作,而且是更高层次的合作,共同撰写了《德意志意识形态》这部划时代的巨著。这部著作标志着马克思的第一个伟大发现——唯物史观的初步完成,标志着马克思主义的理论基础的创立。马克思主义人权观就是在这个理论基础产生的。后来又经过两位导师进一步论证,形成了马克思主义人权观的基本框架和内容。概括起来,大致包括如下几个方面。

第一,揭示了人权产生的物质根源。两位经典作家反复强调:人权不是天赋的,不是与生俱来的;也不是"绝对观念"的演绎;而是一定的物质生活条件的产物,是一定社会制度的产物。正如恩格斯所表述的:"一旦社会经济进步,把摆脱封建桎梏和通过消除封建不平等来确立权利平等的要求提到日程上来,这种要求就必定迅速地获得更大的规模,……这种要求就很自然地获得了普遍的、超出个别国家范围的性质,而自由、平等也很自然地被宣布为人权。"④当然,类似这一提法马克思恩格斯在《神圣家族》,特别是在《德意志意识形态》业已讲过;而恩格斯在《反杜林论》中所讲的上述这段话则更为明确和通

---

① 《马克思恩格斯全集》第2卷,第145页。
② 同上书,第145页。
③ 同上书,第146页。
④ 同上书,第145页。

俗。毫无疑问,这是马克思主义人权观和资产阶级人权观的根本区别所在。

第二,指出了人权的阶级性。当资产阶级标榜人权的超阶级性时,马克思、恩格斯反复指出了人权的阶级性,认为资产阶级"人权本身就是特权"①。就是说,资产阶级所讲的人权,实质上就是资产阶级的特权。1789年法国的《人权宣言》列为1791年宪法的序言,它一方面宣布尊重人权,另一方面又在宪法中规定公民有"积极公民"与"消极公民"之分,从而使一千余万列为"消极公民"的劳动人民被剥夺了选举权。后来,马克思在《资本论》中又进一步指出:"平均地剥削劳动力是资本的首要人权。"②恩格斯也强调过:"被宣布为主要人权之一是资产阶级的所有权。"③

第三,指出了人权的现实性。马克思主义经典作家经常告诫人们:人权必须同现实结合起来,人权必须得到法律的确认和规定才能成为事实,并对社会主义的人权状况作了科学的预言。早在1864年马克思就写道:"一个人的责任不仅为自己本人,而且为每一个履行义务的人要求人权与公民权。"④

第四,指出了人权与公民权的内在联系,坚持将政治权利也列入人权的范围。马克思主义人权观认为人权既不是抽象的,也不是孤立的,主张多数人的普遍权利,坚持将人权放在具体的国家中来考察。正因为如此,社会主义国家将人权包含在社会主义民主之中,体现在公民的基本权利与义务之中。

三、马克思主义人权观的发展

马克思、恩格斯创立了马克思主义的人权观,列宁在新的历史条件下进一步丰富与发展了马克思主义的人权观。

列宁领导的俄国十月社会主义革命的伟大胜利,为马克思主义人权观的丰富与发展创造了有利的条件。首先,列宁利用人民的政权使人权具体

---

① 《马克思恩格斯全集》第3卷,第229页。
② 《马克思恩格斯全集》第23卷,第324页。
③ 《马克思恩格斯全集》第3卷,第57页。
④ 《马克思恩格斯全集》第10卷,第16页。

化。1918年1月3日,列宁向全俄中央执行委员会提出了《被剥削劳动人民权利宣言》的草案,略加修改后获得了通过。1月5日又提交立宪会议审议。有孟什维克和立宪民主党人参加的立宪会议出于反动的阶级本性拒绝通过这个宣言,于是理所当然地被解散了。同年1月12日,全俄苏维埃第三次代表大会正式批准了《宣言》,使之成为保护劳动人民权利的法律武器。这个宣言表明了人权不是抽象的,而是具体的,具有鲜明的阶级性。1789年法国的《人权宣言》用抽象的词句宣布人权,实际上是为了维护资产阶级的特权。1918年苏俄的《被剥削劳动人民权利宣言》,则公开地、毫不掩饰地宣布和保护劳动人民的权利。两个文件的阶级性都是十分明显的。

其次,列宁根据俄国多民族的实际情况,提出了"民族平等"与"民族自决",并在此基础上成立了苏联。列宁这一思想已被国际上公认作为人权的重要内容。这不仅对解决当时俄国的民族问题起了关键作用,而且对当今世界范围内民族问题的解决也有现实意义。当然,民族自决只是解决民族问题的方法之一,各国可以根据本国的实际情况选择解决民族问题的方法。如我国便是采用"民族区域自治"的政策。

最后,列宁对资产阶级人权的重要内容——自由与平等作了深刻揭露。他在谈到资产阶级自由时指出:"他们把什么叫自由呢？这些文明的法国人、英国人、美国人竟把集会自由叫做自由";"我们回答说,是的,英国、法国、美国的先生们,你们的自由如果同劳动摆脱资本压迫的利益相抵触,那就是骗人的东西。文明的先生们,你们忘记了一件小事情,忘记了你们的自由是写在把私有制法定下来的宪法上的。问题的实质就在这里。"[1]至于资产阶级的平等的实质,列宁指出:"在货币消灭之前,平等始终只能是口头上、宪法上的,同时每个有货币的人都有实际的剥削权利。"[2]

马克思主义人权观在中国同样得到了运用和发展。在党领导人民进行

---

[1] 《列宁选集》第3卷,第833—834页。
[2] 同上书,第838页。

长期的革命斗争中,曾多次使用过"争人权"这个口号,有效地发动了广大群众向国民党反动政权进行斗争。在革命根据地,不仅提出保障人权的口号,而且先后在法令中明文加以规定,甚至在1942年,陕甘宁边区人民政府还专门颁布了《保障人权财权条例》,庄严宣布:"保障边区人民之人权财权不受非法之侵害。"毛泽东同志早在40年代就明确提到人权问题,他说:"应规定一切不反对抗日的地主资本家和工人农民有同等的人权、财权、选举权和言论、集会、结社、思想、信仰的自由权。"①事实上,无论是解放前还是解放后,中国共产党始终坚持马克思主义人权观,即使是对俘虏兵,当他们放下武器之后,也不打不骂不侮辱人格;对在押犯人,也给予革命人道主义待遇并改造他们成为新人。

新中国成立后,虽然我国在法律文献中没有使用"人权"一词,但将人权的内容升华在宪法对公民的基本权利的规定之中,包含在社会主义民主这一科学的表述之中,从而使马克思主义人权观增加了更为丰富的内容。正如江泽民同志所指出的:"几十年来,中国共产党领导中国人民始终不渝地为争取和实现自己的人权而奋斗,无数革命先烈前仆后继、流血牺牲为的是什么? 就是为争取国家的独立权、人民的生存权和发展权。"②事实上,我国人民为争取和实现自己的人权已经取得显著成效,并正在为实现更高层次人权而努力。

编者记:本文刊载于《武汉大学学报(社会科学版)》1991年第5期。长期以来,由于受"左"的影响,人们视人权为资产阶级的专利,把人权同社会主义对立起来,讳言人权。20世纪90年代初,人权的禁区已经被打开,理论界掀起了一阵研究"马克思主义人权观"的热潮。本文正是在这样的时代背景下发表的。

---

① 《毛泽东选集》第2卷,第765页。
② 《人民日报》1991年5月11日。

生存权是中国人民的首要人权

董云虎[*]

生存权是举世公认的最基本的人权。对任何一个国家的人民来说,生存权是享有其他人权的首要条件。生存权得不到保障,其他一切人权无从谈起。在旧中国,由于帝国主义、封建主义和官僚资本主义三座大山的压迫,人民的生命安全和基本的生活条件长期得不到保障,所以,争取、维护和促进生存权,便历史地成为中国人民首先要解决的人权问题。

一、国家的独立为中国人民的生命、自由和人身安全提供了根本保障

国家的独立,是人民享有生存权和其他人权的根本前提和保障。没有国家的独立权,就没有人民的生存权,更谈不上其他人权。中国人民争取生存权的斗争就是从争取国家独立权开始的。

自 1840 年鸦片战争以后,中国一步一步地由一个独立的封建国家沦为半殖民地半封建国家。中国人民在帝国主义的侵略和封建势力的压迫下,长期处于国破家亡、家破人亡的悲惨境地,毫无生存权和其他人权可言。

帝国主义是践踏中国主权、危害中国人民生存的罪魁祸首和最凶恶的敌人:

帝国主义列强连续不断的侵略、占领、瓜分和掠夺,破坏了中国的主权、独立和领土完整,恶化了中国社会的经济状况,严重威胁着中华民族的生

---

[*] 董云虎,上海市政协主席、党组书记、市委常委。——编者

存。从 1840 年到 1949 年的 110 年间,帝国主义列强先后对中国发动过大小数百次侵略战争,强迫中国签订了 1100 多个不平等条约。他们凭借这些战争和不平等条约抢占中国的大片领土,把整个中国划分为他们的"势力范围"。偌大的中国支离破碎,国不成国。与此同时,他们对中国的财富进行了疯狂掠夺。据统计,外国侵略者仅通过 1100 多个不平等条约,就从中国掠走白银达 1000 亿两。其中,《南京条约》《马关条约》《辛丑条约》等 8 个不平等条约就掠去 19.53 亿两白银,相当于清政府 1901 年收入的 16 倍。侵略者在战争中的劫掠和破坏也耸人听闻。据不完全统计,日本全面侵华期间(1937—1945 年),全国有 930 余座城市被占领,3840 余家工厂被破坏,直接经济损失 620 亿美元,间接经济损失 5000 亿美元。国家独立的丧失,社会财富的洗劫,使中国人民失去了最起码的生存条件。

帝国主义列强在中国进行的大规模血腥屠杀,直接否定了中国人民的生命权利。1900 年,英、俄、法、德、日、美、意、奥八国联军烧杀抢掠,将 5 万多人的塘沽镇变成了空无一人的废墟,使拥有 100 万人的天津在烧杀之后仅存 10 万人,进入北京后杀人更是不计其数,仅庄王府一处就杀死 1700 多人。1937 年开始的日本全面侵华战争,则使 2100 余万人被打死打伤,1000 余万人被残害致死。其中 1937 年 12 月 13 日后的 6 个星期内,日军在南京就杀害了 38.5 万人,在一个月内强奸妇女 2 万起。据不完全统计,仅在帝国主义的历次侵华战争中,就有约 3000 万中国人惨遭屠杀。

列强大肆贩卖和虐杀华工的暴行,是帝国主义统治下中国人民生灵涂炭的一个缩影。据不完全统计,从 19 世纪中叶到 20 世纪 20 年代,被列强贩卖到世界各地的华工多达 1200 万人(不包括途中死亡人数)。这些被绑架、欺骗去的华工一落入外国人贩子之手,就成为了所谓的"猪仔",囚禁在"猪仔馆",被烙上 C(加利福尼亚)、P(秘鲁)等等字号。许多人还未离开本土就已丧命。仅汕头一地,1852—1858 年间,"猪仔馆"中的四万华工就有八千多人被折磨致死。大量华工由于遭受种种非人待遇而死于贩运途中,有时死亡率高达 45%。连当时英国驻广州领事罗伯逊也不得不承认,华工所受的虐待"确确实实是一份骇人听闻的记录","即使是非洲奴隶贸易最兴旺时代的黑暗记录也无法与它相比"。列强在中国各地开办的工程和矿山中,肆意虐杀华人的记录也极其骇人听闻。日本侵华期间,仅太行山根据地就有48.8万人被日军抓去做苦役。被折磨致死者不计其数,其中仅东北地区就有200万人。华工被折磨致死后,就被扔进山沟或乱石坑。凡是当年日寇使用劳工比较集中的地方,都有不少"万人坑"。现已发现的这种"万人坑"有80处,埋有劳工尸骨70多万具。

旧中国的历代反动政府不但未能维护国家的独立和人民的生命安全,反而卖国求荣,成为帝国主义残害中国人民的可耻帮凶。腐败无能的清政府在帝国主义列强的侵略面前节节败退,丧权辱国,使中国人民陷于殖民地、半殖民地的苦难深渊之中。此后出现的北洋军阀政府和国民党政府也没有使中国恢复独立,相反,却使中国人民蒙受了更大的耻辱和灾祸。袁世凯政府接受了日本帝国主义企图灭亡中国的"二十一条"。蒋介石政府与美帝国主义签订了足以使中国沦为美国殖民地的《中美友好通商航海条约》。这些都是历代反动政府卖国殃民的罪证。

面对国家主权的沦丧和中华民族的灭顶之灾,中国人民为救亡图存争取独立,同外国侵略者进行了不屈不挠的斗争。无数仁人志士为探索救国救民的出路做出了不懈的努力。但是,从太平天国运动、义和团运动、戊戌维新运动到辛亥革命,都先后以失败而告终。孙中山先生领导的辛亥革命,虽然推翻了封建帝制,但是,政权落入封建军阀手中,中国仍然没有摆脱帝国主义的统治而获得独立。

中国共产党的诞生,为中国人民争独立、谋生存的斗争找到了根本出路。早在1922年,它就明确地提出了"推翻国际帝国主义的压迫,达到中华民族的完全独立"和打倒军阀,统一中国为真正民主共和国的政治纲领,并且在领导人民开展反帝反封建的斗争中举起了"争自由、争人权"的旗帜。经过28年艰苦卓绝的斗争,中国人民终于在中国共产党的领导下,推翻了帝国主义、封建主义和官僚资本主义的统治,取得了民族民主革命的完全胜利。

中华人民共和国的成立,废除了帝国主义在华的一切特权,结束了中国一百多年来任人宰割、受尽欺凌的屈辱历史和长期战乱、一盘散沙的动荡局面,实现了中国人民梦寐以求的独立和统一,从根本上改变了旧中国悲惨的人权状况。中华民族再也不是一个受人侮辱的民族,它以崭新的姿态屹立于世界民族之林,赢得了全世界的尊敬。占人类总数近四分之一的中国人再也不是外国人可以任意屠杀的亡国奴,它以国家主人的姿态站立起来,享有了应有的人格尊严。中国人民的生命安全和基本人权从此获得了根本的保障。

新中国成立后,继续同帝国主义的干涉、破坏和武装挑衅进行了长期的斗争,维护了中国的独立稳定和人民的生命安全。中国人民十分珍惜自己经过艰苦的斗争以沉重的代价换来的独立自主的权利。

二、新中国为改善人民的生活、促进人民的生存权作出了不懈的努力

国家的独立和民主,为人民的生命安全提供了可靠的政治保障,但是,仅此还不能完全解决人民的生存权问题。要完全解决生存权问题,还必须使人民享有基本的生活保障。这就有赖于社会经济的发展。

使全体中国人吃饱穿暖,获得基本的生活保障,是旧中国历代政府长期没有解决的突出问题,也是旧中国遗留下来的重大历史难题。

旧中国深受剥削制度的束缚,社会贫穷落后,人民饥寒交迫,生存维艰。旧中国的生产资料的占有和社会财富的分配极不合理。只占农村人口10%的地主富农却占有70%的土地,占人口70%的贫雇农却只占有10%的土地,官僚买办资产阶级垄断着80%的工业资本,操纵着整个经济命脉,形成了一个从都市到乡村的买办的和商业高利贷的剥削网。这种残酷的剥削制度不但严重地束缚了社会生产力的发展,而且造成了两极分化,广大人民贫困至极,生活在死亡线上。据统计,旧中国一百多年间,有80%的人长期

处于饥饿、半饥饿状态,几乎每年都有几万到几十万人饥饿而死。一遇自然灾害,更是民不聊生,饿殍遍野。1920—1936年间,全国因灾荒而死者达1835.3万人,其中1928年就多达1000万人。加上历代反动政府横征暴敛,政治腐败,社会战乱不已,人民备受其苦。据统计,1932年捐税名目达1656种,占农民收获量的60%—90%。特别是抗战胜利后,国民党政府发动内战,滥发纸币,致使物价飞涨。据推算100法元在1937年能买到两头牛,而到1949年就只能买1/50万两大米了。在这种情况下,中国大地更是饥民遍野,饿殍载道。1943年,仅河南省就有饿死者300万人,逃荒者300万人,1500万人在啃草根、吃树皮,濒临死亡边缘。1946年,各地饿死者达1000万人。1947年,全国饥民多达1亿多人。

新中国成立后,党和政府始终把解决人民的温饱问题作为自己的头等大事和最紧迫的任务。新中国一经建立,就立即没收了占全国工业、交通业80%的官僚资本,把它改造成为国营企业,并在广大农村实行土地改革,使占农村人口70%的无地少地农民获得7亿亩土地和其他生产资料,在短短3年之内,就迅速医治战争创伤,使国民经济恢复到历史的最高水平。紧接着,又不失时机地实现了对农业、手工业和资本主义工商业的社会主义改造,全面确立了社会主义制度。社会主义制度的确立,从根本上消灭了剥削制度,基本上实现了生产资料公有制和按劳分配原则,中国人民在历史上第一次成为生产资料的主人和社会财富的享有者,获得了创造和享受美好生活的权利。这就从社会制度上保证了社会财富在人民中间的公平分配和人民生活水平的普遍提高。1979年以后,我国又进一步实行改革开放,集中精力搞社会主义现代化建设,大大地促进了社会生产力的发展。现在,我国已建立起独立完整的工业体系和国民经济体系,从根本上改变了旧中国贫穷落后的面貌,初步实现了繁荣昌盛,为我国人民生活的改善提供了坚实的物质保障。

尽管旧中国遗留下来的是一穷二白的烂摊子,人口多、耕地少(我国耕地人均占有量只有1.3亩,比美国的人均12.16亩和世界平均数的4.52亩低得多),人均资源相对不足的基本国情使解决人民的吃饭问题在中国具有特殊的困难;尽管西方某些政治家曾经断言:中国没有一个政府能够解决人民的吃饭问题;但是,社会主义中国以自己的40年实践奇迹般地解决了这一历史难题。40年来,虽然人口增加了1.4倍,但是,主要消费品人均年消费量,1989年与1952年相比,粮食从196.67公斤上升到242.29公斤,增长23%;植物油、猪肉和水产品增长了1.5倍;鲜蛋、食糖等增长4倍。食品数量的增加和质量的提高,改善了人民的营养。据测算,我国居民每人每天从食品中摄取的热量,1952年为2270千卡,1990年上升到2630千卡,已接近世界平均水平;摄取蛋白质和脂肪1990年也分别达到70克左右和50多克。此外,布的人均年消费量从1952年的5.71米上升到1989年的11.57米,增加了1倍多。人均住房面积,城镇由1978年的4.2平方米上升到1990年的7.1平方米,农村由8.1平方米上升到17.8平方米。新中国依靠自己的力量,不但以仅占世界7%的耕地解决了占世界22%的人口的吃饭问题,而且以人均1189元(1989年)的水平基本上保证了11亿中国人享有了温饱的生活。这在世界上是独一无二的成就。

随着国民经济的发展,我国人民的整个生活水平也有了很大提高。据统计,我国1989年的国民收入为13125亿元,按可比价格计算,相当于1952年(589亿元)的11.3倍,平均每年增长6.8%。1990年国民收入为14300亿元,又比上年增长4.8%。国民收入的大部分用于消费。1989年的消费额为8903亿元,按可比价格计算,相当于1952年(477亿元)的8倍,平均增长5%。消费额中,居民消费额1989年为7730亿元,按可比价格计算,相当于1952年(434亿元)的7.1倍。另有10%左右作为社会消费用于公共福利事业(如托儿所、敬老院等等)。扣除用于新增人口(我国人口1989年比1952年增长93.4%)消费的部分,我国1989年的人均实际消费额为700元,按可比价格计算,比1952年(76元)提高了5.67倍,平均每年增长3.6%。城乡居民收入的增加使居民除了生活消费开支外,还有一定的结余。居民储蓄存款在1957—1988年的大约30年间增加了108倍,扣除物价上涨因素,增加55倍。储蓄的增加表明了居民的潜在购买力和生活安全系数的提高。广大人民群众在解决温饱之后,开始向小康生活迈进。据统计,1989年,农民家庭每百户拥有自行车113.4辆,缝纫机53.8台,电视机37.5台。城镇居民每百户拥有自行车184.7辆,缝纫机70.4台,电视机107.3台(其中彩电51.5台),电冰箱36.5台,洗衣机76.2台。目前,全国已有约20%的居民达到小康生活水平。新中国的经济发展和人民生活水平提高的速度不仅是旧中国所根本不可比拟的,而且同其他国家相比也并不逊色。

生活条件的迅速改善,使我国人民的生命健康水平有了极大提高。据统计,我国人口平均预期寿命已从解放前的34岁左右提高到1988年的70岁,超过世界中等收入国家水平(65岁)。人口死亡率已从解放前的高达33‰下降到1987年的6.7‰,成为世界上死亡率最低的国家之一。1987年我国的婴儿死亡率为32‰,低于中等收入国家水平(50‰),远远低于印度的99‰。我国人口出生时预期寿命和婴儿死亡率,均已接近高收入国家。我国人口的体质,特别是青少年的身体发育状况,比旧中国有了很大的提高。1979年同1937—1941年相比,25岁的男孩平均身高增加1.8厘米,平均体重增加2.1公斤,平均胸围增加1.8厘米,15岁的女孩身高增加1.3厘米,体重增加1公斤,胸围增加0.2厘米。从1979年至今,人们的体质又有了进一步的提高。现在,中华民族已经彻底甩掉了旧中国"东亚病夫"的帽子。

以上事实无可辩驳地证明,社会主义中国在保障人民的生存权利,提高人民的生活水平方面所做的巨大努力是卓有成效的。

毋庸讳言,在中国,保障和促进人民的生存权利,仍然是我们面临的首要问题。虽然我们已经基本解决了温饱问题,但是,我国还是一个发展中国家,经济发展水平还比较低,人民的生活水平与发达国家相比还有较大的差距,人口的压力和人均资源的相对贫乏还将制约着我国社会经济的发展和人民生活的改善。一旦发生大的社会动乱或其他灾难(包括自然灾害),人民的生存权还可能受到威胁。所以,集中精力发展生产力,努力把国民经济搞上去,使全国人民在温饱的基础上进一步达到小康,这是中国人民最根本的要求和愿望,也是中国政府的一项长期而紧迫的任务。我们相信,只要坚持有中国特色的社会主义道路,我国人民的生存条件和生活状况必将随着社会的不断进步而不断地得到改善。

编者记:本文刊载于《科学社会主义》1991年第5期。中国政府1991年11月1日发布的《中国的人权状况》白皮书第一部分,"生存权是中国人民长期争取的首要人权",正是在本文的基础上修改而成,由此,开启了国内学者研究生存权的高峰。本文所使用的大量数据,是还原当时历史的真实而宝贵的记录。

论人权的主体与主体的人权

张文显[*]

在人权理论与实践中,存在着人权主体泛化与主体人权泛化两种有悖人权真谛的倾向,或曰"泛人权论"。人权主体泛化有可能冲淡对个体权利的尊重与保障,主体人权泛化则可能导致对基本人权的忽视。这两种倾向还妨碍学术界在一些关键问题上取得共识。因此,本文拟针对这两种泛化倾向,就人权的主体与主体的人权问题略陈不成熟的意见,以期与法学界同仁交流,并希望得到批评指导。

一、人权的主体

"人权"(human right),顾名思义,意谓"属人的或关于人的权利"。英语"human"的最基本的、首要的语意是"属人的或关于人的"。那么,这里的"人"究竟是指作为个体的人,或是作为群体的人,或是既指个体又指群体?这就涉及人权的主体,即人权的具体"享有者"和"行使者"。笔者认为,人权的主体主要是个体,即马克思所说的"有感觉的、有个性的、直接存在的人","从事实际活动的人","可以通过经验观察到的发展过程中的人"。[①]只有着重在个体意义上讲人权主体,人权才是可以感知的、具体的、生动的、富有魅力和感召力的东西。

"人权主体"与"权利主体"是两个不同的概念。权利主体是一个宽泛

---

[*] 张文显,浙江大学文科资深教授,浙江大学光华法学院教授、教授委员会主席、名誉院长,中国法学会党组成员、副会长、学术委员会主任。——编者
[①] 《马克思恩格斯选集》第1卷,人民出版社1972年版,第30—31页。

的概念,指涉所有各种权利(包括人权在内)的享有者与承担者。权利的性质和类型不同,权利的主体也不同或不尽相同。总括起来,权利的主体有个人(自然人、公民)、团体(政党、社团、企事业单位等政治法人、社团法人、经济法人)、民族、国家、国际组织、人类。而人权主体则是一个限定的概念,主要指个人,普通的社会成员。时下,"集体人权"是一个很时髦的概念口号。集体人权概念最初出现在国际法领域,是第三世界国家反帝、反殖、反霸、争取种族平等权、民族自决权、自然资源主权、发展权及和平权的斗争武器。在国际斗争中无疑有其重要的作用。在当前和今后的国际人权斗争中,我们要继续高举"集体人权"的旗帜,捍卫国家主权和民族发展权,抵制某些帝国主义国家的"人权攻势"。但是,认为马克思主义人权观与资产阶级人权观的区别首先在于马克思主义讲的人权是集体人权,资产阶级讲的人权是个人权利,这种观点则值得商榷。且不说马克思主义著作中有无这种论断,仅就"集体人权"的指谓来说,就有许多问题。如果集体人权指谓民族的平等权、自由权、发展(改革)权,那最好按照我国宪法明确而肯定的用语,直称民族的权利,没有必要再来一个"民族的集体人权"。如果指谓各民族对自然资源的主权以及在经济和政治事务上的自决权,那将是一个蛊惑人心的危险概念。如果指谓工人、农民、知识分子、民主党派、北京市民、四川居民等阶级、阶层、职业、区域人口这种集体的特殊权利,那就不属于人权的范围。人权属于无差别的自然人或公民,而与他们担当何种角色,从事何种职业无关。某些仅与特殊角色和特殊职业相连的权利,尽管与该群体的权利有密切联系,但不能说是人权。例如,不能把飞行员上天飞行的权利说成是人权,不能把市长乘坐专车的权利叫作人权。其实,在我国,人权(公民权利)概念涵盖了所谓"集体"人权的内容,因为在我国,宪法明确宣布中华人民共和国公民在法律面前一律平等,这意味着我们所说的人权是平等的、普遍的,而不论其属于何种集体(民族、阶层、党派、宗教团体等)。在这种法律结构中,全无必要引进"集体人权"概念。

把人权主体主要限定于个人,并把人权界定为个人权利,使之成为一个与集体权利、社会权利、国家主权相对应的独立范畴,有一系列理论上和实践上的意义。第一,符合人权的真实意义。人权是历史的范畴。最初,它是针对国家权力、君权、神权对个人的人身、人格、财产以及其他正当利益的蔑视、侵害、践踏而提出来的。人权概念之所以具有伟大的魅力和号召力,风靡世界、深入人心,就在于它反对君权、神权及其他特权,呼唤对个体正当权益、自由发展、主体地位的承认和尊重。作为民主和法制统一的各国宪法,规定人权的主旨亦在于此。在我们这个解放前缺乏人权信仰基础和人权保障机制的国家,强调人权的个体性尤为必要。事实上在人们的一般理解中,就国内法而言,人权的主体就是个人。李鹏总理1989年4月3日回答中外记者时说:"中国的人权体现在《宪法》第二章:公民的基本权利和义务。"这表明在我国人权的主体是个人(公民)。第二,使人权主体能够量化从而使我们有可靠的根据判断一个国家的人权状况(人权主体或完全主体的数量是一个国家人权状况的主要表现),才能得出结论:在资本主义国家人权实质上是少数有产者的特权,在社会主义国家人权是多数人、全体人平等享有的权利。第三,提醒人们注意人权概念的局限性。人权作为个人权利,只是各种权利的一种,远远不能涵盖、更不能代替其他主体权利(例如集体权利、社会权利、国家权利)。在权利问题上,不能局限于人权概念和个人权利的范围。如果把人权主体泛化,把什么主体都统统视为人权主体,把什么权利(不管它们的性质和内容如何)都统统称为人权,使人权成为一个包罗万象的概念,那将造成极大的混乱。

通常人们把人权的主体等同于公民,把人权理解为公民的基本权利。就一个国家人权的基本内容来说,可以作出这种等同。笔者也曾经认为在我国国内法领域不宜使用"人权"概念,并认为"公民基本权利"比"人权"概念更科学、更实用。首先,由于资产阶级在人权领域的绝对影响,人权被填充以私有制的内容,成为一个以私有财产权为核心的概念,同时由于人权被广泛运用于各种政治宣言、法律文件、学术论著、新闻报道之中,且与各种语义混乱、变幻莫测的口号相融,成为一个便于注入不同价值观念并引起政治争议和学术争论的概念。而"公民基本权利"概念则不至于引起如此麻烦的混乱。其次,"公民基本权利"直接体现了个人与国家的法律联系。"公民"、"权利"都是法律观念,都是与"国家"概念相联的。"公民"指具有一国国籍的居民,权利是由国家以法律的形式加以规定或认定的。把"公民"与"权利"组合,体现了权利的法定性和实在性,恢复了公民与国家的本来联系,有助于消除"人权"问题上的某些混乱。再次,"公民基本权利"具有可操作性。权利是国家通过法律规定并体现在法律关系中的、允许人们在国家利益的范围内作出选择、获得利益的手段。既是一种手段,就应具有可操作性,即人们能够具体地知道自己的、他人的、社会的、国家的权利和相应的义务,并在权利受到侵害后通过社会或国家机关的协助得到补救。而人权概念则往往表现为宣言和口号,难以认知和具体运用。最后,"公民基本权利"比"人权"更准确地表达了权利体系中"首要的、主要的、不可侵犯的权利"的概念。"人权"概念无论是在古典文献中,还是在现代文献中,都不指涉和涵盖公民的全部权利,而仅指涉那些基本的和普遍的权利,即所谓的人身权、人格权、自由权、财产权、参政权、平等权等权利,这正是"公民基本权利"的主要内容。现在看来,先前的认识有一定的片面性。因为如果把人权等同于公民权利,用"公民权利"取代"人权",就无疑忽略了某些人权的国际性与世界范围内的普遍性。居住在我国境内的外国人同样享有基本的人权和自由权以及某些经社权利。我国公民居住在国外也应当享有国际社会公认的基本人权。因战争或灾害而流落异国他乡的难民亦享有获得物质救济的权利。此外,我国宪法和法律还规定对那些因为政治原因要求避难的外国人可以给予受庇护的权利。诸如此类权利显然不宜称为"公民权"。

在人权主体的个性问题上,有几种(我认为是模糊的观念)需要澄清。

其一,所谓"讲人权属于个人权利就是抽象的,讲人权是集体的、社会的,才是具体的"。这种观点缺乏说服力。首先,"抽象"与"具体"是一对范畴。在哲学语言结构中,"抽象"指在思维中把事物的规定、属性或关系从原来有机联系的整体中孤立抽取出来,"具体"则指尚未经过这种抽象的感性对象。在普通语言结构中,"抽象(的)"指不能具体经验到的、笼统的或空洞的,"具体(的)"则指可以感知的、可体验到的、明确的。显然,无论在哲学意义上,还是在普通语义上,都不能把以个人权利为存在形态的人权视为抽象之物,而仅把集体权利和社会权利看作是具体的。如果硬要在个体权利与集体权利和社会权利之间区分出抽象权利与具体权利,毋宁说集体权利和社会权利才是较为抽象的权利,而个体权利则是比较具体的权利。抽象与具体,不能以主体的大小而定。如果按照有的学者的观念模式,权利的主体越大越具体,越小越抽象,那只好说"人类权利"最具体,而这恰恰违背了这些学者批评个人权利的初衷。其次,"个人"与"人"是不同的两个概念。"人"是一个高度抽象的概念,其抽象的程度高于"集体"、"社会"、"国家",而"个人"则是比较具体的概念,其具体的程度高于"集体"、"社会"、"国家"。根据马克思主义的观点,无论是哲学上的认识、实践主体,还是法学上的权利主体,都可分为个体、集体、社会总体(社会或其正式代表——国家)、人类总体(人类或全人类)。在这四种主体形态中,个体——一个个具体的、现实的、有血有肉的个人是其他三种形态的前提和基础。集体、社会、人类只能在普遍的个人之中存在。离开了个人,集体、社会、人类都不过是空洞的抽象,它们只能在思维和概念之中存在。正如马克思所说:"任何人类历史的第一个前提无疑是有生命的个人的存在。"①不仅如此,个人的活动也是集体、社会、人类集体活动的基础和前提。又正如马克思所说:人类的历史"始终是他们的个体发展的历史"。② 按照马克思的这些历史唯物主义观点去思考人权问题,我们有理由说集体权利、社会权利、人类权利存在于个人权利之中,是在个人权利的基础上派生与抽象出来的,集体权利、社会权利、人类权利只有表现个人权利的本质且能够促进人权的平等实现,

---

① 《马克思恩格斯选集》第1卷,人民出版社1972年版,第24页。
② 《马克思恩格斯选集》第4卷,人民出版社1972年版,第321页。

才有资格冠以"集体"、"社会"、"人类"的美名。

其二,所谓"社会主义人权始终强调民族、社会、国家等集体的人权高于个人权利","个人权利固然重要,应该受到法律保护,但是,社会的、国家的、民族的、集体的权利更应该受到尊重和保障","强调个人权利必然导致个人主义,损害集体利益和公共利益"。这种观点是对权利的性质、权利主体的地位的模糊认识。首先,在社会主义权利体系中,何种权利"更高","更应该受到尊重",不是依主体是谁而定,而是依据何种权利更加符合社会主义的理性原则、道德标准、功利效益等。如果依主体大小高低来确认保护的等级,那怎能保证法律主体在法律面前一律平等呢?怎能制止侵害公民权利的行为呢?如果这种逻辑推演下去,它便成为超级大国或国际组织干涉一个主权国家内政的理论依据。其次,每一个主体的法律权利都是国家赋予或认可的。国家在制定法律或适用法律,宣布各种权利时,已经按照人民的共同意志和公认的价值标准对个人、集体、社会的利益作了权衡。个人权利与集体权利和社会权利一样,都内在地体现了个人利益、集体利益、国家利益乃至人类根本利益的统一,都是对正当利益的确认。利益有正当与不正当、合法与不合法之分,权利则没有这种区分。从国家的观点,任何权利都是合法的、正当的,均应受到平等的保护。在对法律权利的保护上,绝对不能依主体来分为重轻、先后、主次而给予不同的对待。最后,至于重视和强调个体权利会导致个人主义的担心,则是多余的,法律赋予公民权利不只是为了满足个人的利益,也是为了保障和促进公共利益,事实证明,允许并鼓励个体充分行使法律权利,正是保障和促进公共利益,实现立法目的的必要途径之一。试想,如果公民不认真对待权利,不主动地、热情地、创造性地行使参政权、经营权、劳动权、言论自由、科学研究和文艺创作等权利,我们的民主政治何以建立?社会财富何以增长?科学技术、文学艺术、社会理论何以发达繁荣?社会主义公共利益何以增加和提高?至于"偷税漏税"、"贪污受贿"、"诈骗行窃"等极端利己主义现象,与权利毫无联系。它们从来不具有正当性和合法性,它们根本不是行使权利的结果,而恰恰是对国家、集体、个人的权利的侵害。

其三,所谓"把人权归于个体权利是不符合人权问题上的阶级观点和社会观点的"。阶级观点与社会观点是马克思主义观察人权问题的基本观点。它要求我们从"人"的社会生存条件出发来解决人权问题,强调人权离不开集体和社会,个人只有生活在社会之中才能获得和实现人权。这些观点所论及的是人权的发生和实现问题,与我们所说的人权的主体主要是个体,人权主要指个体权利并不矛盾,因为我们此处所论及的是人权的主体。它不排除对个体权利作出进一步的阶级分析和社会分析。如果仅仅把人权的主体归于个体权利就是没有阶级观点和社会观点,那么,我国宪法和法律把丰富的个人权利赋予公民该作何解释呢?

二、主体的人权

主体的人权这一论题涉及很多问题。其中主体的人权存在形态与人权的内容是两个基本问题。

(一) 主体人权的存在形态

人权的存在形态主要有四种,即应有权利、习惯权利、法规权利、现实权利。

应有权利是人权的最初形态,它是特定社会的人们基于一定的社会物质生活条件和文化传统而产生出来的权利需要和权利要求,是人作为人应当享有的权利。广义的"应有权利"包括一切正当的权利,即法律范围内外所有的正当权利。狭义的"应有权利"特指当有、而且能够有、但还没有法律化的权利。通常人们都是在狭义上使用"应有权利"概念。由于应有权利又往往表现为道德上的主张(以道德主张出现),所以也称为"道德权利"。应有权利在历史上曾经是人权的主要存在形态,现在仍然是不可缺少的形态。坚持应有权利或道德权利作为人权存在形态的意义,首先在于它否定了人权只能是法定的,公民只能享有法定权利等不甚妥当的观念。我们常常听到这样的说法:在现代法治社会,人权就是法律所授予公民的基本自由与权利的总和。不管就人权的内容、范围而言,还是就人权的具体行使论之,无不应以明确的法律规定为依据,因而法律几乎成了人权的唯一渊源。只有法律才能授予人们以自由和权利,同样也只有法律才能对人权进行必要的限制和特殊情况下的剥夺。这种绝对排除应有权利的观点理论上不能自圆其说,也不符合实际情况。应有权利可以为改进人权立法提供不可缺少的评价标准和完善发展的参照。任何一个国家的人权立法,包括社会主义国家的人权立法在内,都不可能是完美无缺的,而是要随着经济政治发展和文化进步不断充实和改善。应有权利的概念和主张提醒立法者,只要条件允许,就应及时把公民的应有权利规定为法律权利,假使现实条件能够使人民享有十分权利,就不要只给九分。

习惯权利是人们在长期的社会生活过程中形成的或从先前的社会承传下来的,表现为群体性、重复性自由行动的一种权利。习惯权利也是法外权利。恩格斯说"这些权利之所以存在,是由于习惯"。① 在阶级社会,统治阶级和被统治阶级各有自己的习惯权利。统治阶级的习惯权利往往表现为人上人的特权,如中世纪西欧各国封建主对农奴新娘的初夜权,资本主义国家富人事实上的一夫多妻权利。被统治阶级的习惯权利则是被剥削、被压迫的劳动人民为了维护生存而争取和保存下来的权利,如拾集收割后散落在地里的麦穗,采集林内野果,在大街上乞讨施舍物。统治阶级随时可以利用立法的形式将自己的习惯权利加以确认并固定下来,而把被统治阶级的习惯权利宣布为非法,一笔勾销。习惯权利与一个国家的文化传统和生存方式有着密切的联系。因此,处于同一时代和发展阶段的各个国家,因文化传统和生存方式的不同,其境内的习惯权利及其分布会有很大的差异。马克思、恩格斯在不少论著中深刻地分析了习惯权利以及习惯权利与法规权利的关系。马克思说:各种最自由的立法在处理私权方面,只限于把已有的权利固定起来并把它们提升为某种具有普遍意义的东西,而在没有这些权利

---

① 《马克思恩格斯全集》第 1 卷,人民出版社 1956 年版,第 605 页。

的地方,它们也不会制定这些权利。① 这说明习惯权利对法规权利的确定起着某种根据或制约的作用。但鉴于习惯权利这种历史形成和承传下来的权利的不平等性、不确定性、不安全性,马克思特别告诫劳动人民:"不能再求助于历史权利,而只能求助于人权。"②

法规权利是通过实证法律明确规定或通过立法纲领、法律原则加以宣布的、以规范与观念形态存在的权利。它是统治阶级的主观权利意志客观化的结果,所以也称作"客观权利"。在重视法治和人权的国家,法规权利是人权的主要存在形态。在世界历史上,资产阶级树立了人权法律化的里程碑。英国的《权利请愿书》(1628年)、《人身保护令》(又译《人身保护法》,1676年)、《权利法案》(1689年)、美洲《弗吉尼亚权利法案》(1776年)、美国《独立宣言》(1776年)、《美国宪法》(1787年)及其"第一修正案"(即通常所称的《人权法案》,1789年)、法国的《人权和公民权宣言》(通常简称为《人权宣言》,1789年)是世界上第一批人权立法。其中因美国的《独立宣言》以宣布人权为主旨,充满着战斗精神和政治哲理,产生了巨大的威力,被马克思称为"世界第一本人权宣言"。当然,最具典型意义的、而且影响最广泛的是法国的《人权和公民权宣言》。世界上第一个无产阶级人权宣言是苏俄十月革命后颁布的《被剥削劳动人民权利宣言》(1918年)。这个宣言同年7月载入《俄罗斯苏维埃社会主义共和国宪法》,树立了人权立法的新丰碑。我们党在领导新民主主义革命的过程中,在解放区制定了一系列旨在保护人权的法令,在夺取全国政权之后则通过宪法及宪法性文件,庄严地宣布中华人民共和国公民享有平等的、广泛的自由和权利,使占世界人口五分之一的中国人民的人权获得了法律的承认和保障。

法规权利不限于法律明文规定的权利,也包括根据社会经济、政治和文化发展水平,依照法律的精神和逻辑推定出来的权利,即"推定权利"。任

---

① 《马克思恩格斯全集》第1卷,人民出版社1956年版,第144页。
② 《马克思恩格斯选集》第1卷,人民出版社1972年版,第14页。

何人权立法都不可能像流水账那样把人们应当享有的权利一一列举出来。那些没有"入账"的权利要靠推定来发现和确认。一般说来,在法律没有明文禁止或强制的情况下,就可以作出人权推定,即推定为公民有权利(自由权)去作为或不作为。历史上人权推定的典型要数英国资产阶级从《大宪章》所作的人权推定。《大宪章》是 1215 年英国贵族和教会为了限制国王的专制,确认各地诸侯的封建统治权力和教会的特权,而强迫英王约翰签署的一部法案。这部法案并未提出人权问题,更不涉及人民个人的自由和平等权利。但是,在 16、17 世纪的资产阶级革命中,与国王对立的资产阶级议会代表却从中推定出一系列有关人权的原则,从而使《大宪章》具有保障人权的性质和意义,以致不少学者认为《大宪章》是世界上最早的人权立法。

现实权利即主体实际享有与行使的权利。这种权利是通过主体的主观努力而实现的,所以也称为"主观权利"。现实权利是法规权利的另一种参照和评价标准。法规权利只有转化为现实权利,才能成为或再现生活的事实,才对主体有实际的价值,才是真实的和完整的。从法规权利到现实权利是一个决定性的转变。研究人权,要特别注意考察法规权利形态是否转化为现实权利形态,法律上地位平等的公民是否都具备使法规权利转化为现实权利的机会与能力,国家和社会为人权的实现提供或创造了什么环境和条件,以及法规权利转化为现实权利的途径和意义。经过这些考察,细心的人都会发现,在不同国家、不同时期,法规权利的实现程度是不同的。在资本主义国家,对于相当多的社会成员来说,很多法规权利只是资产阶级国家开的空头支票。而在社会主义国家,由于实现了基本生产资料的全民所有制和人民民主专政,法规权利基本上是可以转化为现实权利的。当然,在我国社会主义初级阶段,由于各地经济、政治、文化发展不平衡,也由于每个公民的主观条件上的差别,在不同地区、不同阶层、不同公民身上,法规权利转化为现实权利的程度还存在着一些差别。消除这种差别需要相当长时期的努力。除了转化程度和范围的差别外,另一个具有决定意义的因素,是法规权利转化为现实权利在不同的社会制度下意义是不同的。例如,在资本主义社会,资产阶级实现其权利意味着他们榨取到更多的剩余价值,意味着他们实际地、可靠地操纵着国家权力;而无产阶级在实现其权利的过程中则沦为资本家的雇佣奴隶和资本主义民主的俘虏,制造出与自己作对的、并奴役和压迫自己的异化物——新的资本和政治统治权力。在社会主义社会,人民实现其人权的过程,则是对国家政治事务、社会公共事务、经济和文化事业的实际管理,是为社会也是为自己创造着物质财富和精神财富,是自己的自由、智慧、德性因而也是人类的自由、智力、德性的进一步丰富和发展。

(二) 主体人权的内容

在"人权的主体"和"主体的人权"等概念组合中,"主体"既指权利的"载体"、"承担者"、"享用者",又指具有某种自主性、自为性、自觉性、自律性、主动性、主导性的个人。由于这些特征加上人们所处的环境不同,每个主体对人权的具体需求表现出丰富的差别性与多样性。例如,对于一个处于饥寒交迫、生存危机境况的个人来说,他的直接的、急切的人权主张和要求必然是最低限度的福利,而对温饱问题作为人权的一个不言而喻的前提已经解决的主体来说,就不再是最低限度的福利,而是人格尊严、言论自由、精神发展等。但这不意味着人权没有客观标准,没有相对确定的内容。根据我国宪法、法律、我国赞同或加入的世界人权宣言和人权公约以及国际社会公认的人权标准,人权的实体内容包括人身人格权利、政治权利和自由、经社权利。其中人身人格权利是低限人权(最低限度的人权),是人权的逻辑起点,政治权利和自由是核心人权,经济社会权利是基础人权。人身人格权利之所以是低限人权和人权的逻辑起点,乃是因为它是人作为一个自然机体和社会成员所不能没有的。没有人身人格权利,人不能成其为人或继续是人,就失去了人存在的标志,而将成为"会说话的工具"或"畜牲"。政治权利和自由之所以是核心人权,乃是因为人是社会存在物,是社会动物,在政治国家中,人的社会性、主体性的最一般、最本质的表现是参与性,要参与就不能没有政治权利和自由。如果仅有人身人格权利而没有政治权利和自由,人与国家公园里受到保护的动物就没有两样了。经济社会权利之所以是基础人权,乃是因为它是实现政治权利和自由、切实保障人身人格权利的基础。若不同时享有经济社会权利,则政治权利和自由就很难落到实处。

根据各项人权在人权体系中的地位、功能与价值,人权可分为基本人权与非基本人权。基本人权是那些源于人的自然本性和社会本质,与人的生存、发展和主体地位直接相关的,人生而应当享有的、不可剥夺或转让,且为国际社会公认的普遍权利。我国《宪法》所规定的公民的基本权利就属于基本人权的范畴(当然基本人权不限于这些规定)。马克思主义者应当始终把注意力的焦点对准基本人权,在完善基本人权立法体系和保障机制的前提下发展非基本人权,切不可放着基本人权状况不管,而把注意力转向非基本人权。在当今某些所谓的"福利国家"及某些第三世界国家,统治阶级(阶层)往往用经济或社会方面的非基本人权诱惑人民,转移人民对人格尊严、政治自由等基本人权的关注和迫切考虑,从而达到巩固资产阶级专政或封建军事独裁的目的。在我国社会主义初级阶段,我认为,应把人权建设的重心始终放在基本人权上,扎扎实实地保障和完善基本人权(公民的基本权利),而不必也不应仿照西方国家的模式,把什么都打上"人权"的符号,进而华而不实地去追求庞杂的人权体系。

当然,在何种权利、哪些权利是最基本的人权问题上,还存在着较大分歧。有些人,特别是西方资产阶级学者和非洲、拉丁美洲的民族主义者常用形而上学的观点和方法看待和处理这个问题。他们脱离人的本质以及人权与人的本质的内在联系,去争论究竟是人身人格权利和政治权利与自由是更根本的人权,还是经济社会权利是更基本的人权,因而陷入不能自拔的误区和怪圈之中。有的人认为人身人格权利、政治权利和自由是更基本的人权,有的人认为经济社会权利是更基本的权利。这种争论也反映到了世界人权立法的过程中。我认为,基本人权与非基本人权的划分,不能根据法律上宣布的人身人格权利、政治权利和自由、经社权利本身为标准,而应以各项权利与人的自然本性和社会本质的内在联系的紧密程度为依据。人身人格权利中有基本权利与非基本权利,政治权利与自由和经济社会权利之中也有基本权利与非基本权利。我国有的学者认为,马克思主义人权观与资产阶级人权观的根本分歧之一在于,资产阶级向来认为政治权利和人身人格权利(个人权利)是更基本的人权,而马克思主义认为经济、社会、文化权利是更基本的人权。笔者对此观点不敢苟同。在马克思、恩格斯、列宁、毛泽东的著作中,我们还没有发现把人的生命权、人身自由、人格尊严、言论自由、参政权利等基本的个人权利和政治权利与自由置于经济社会权利之下的论述。相反,马克思主义经典作家反复强调,"人的根本就是人本身","唯一实际可能的解放是从宣布人本身是人的最高本质这理论出发的解放"。①"必须推翻那些使人成为受屈辱、被奴役、被遗弃和被蔑视的东西的一切关系。"②"没有出版自由,其他一切自由都是泡影。"③"工人阶级最迫切的要求和工人阶级争取影响国家事务的首要任务,应该是争取政治自由即争取以法律(宪法)保障全体公民直接参加国家的管理,保障全体公民享有自由集会,自由讨论自己的事情和通过各种团体与报纸影响国家事务的权利。"④"人民的言论、出版、集会、结社、思想、信仰和身体这几项自由,是最重要的自由。"⑤"劳动者管理国家、管理各种企业、管理文化教育的权利,是社会主义制度下劳动者的最大的权利,最根本的权利。"⑥这些永放光芒的论述,过去是、现在仍应当是我们把握基本人权的理论依据。

编者记:本文刊载于《中国法学》1991年第5期,也正是这篇文章,在当年引发了人权主体问题之争。《中外法学》1992年第2期刊登了陆德山先生《也谈人权的主体》一文,陆先生针对本文观点,围绕"人权的主体

---

① 《马克思恩格斯选集》第1卷,人民出版社1972年版,第15页。
② 《马克思恩格斯选集》第1卷,人民出版社1995年版,第460—491页。
③ 《马克思恩格斯选集》第1卷,人民出版社1956年版,第94页。
④ 《列宁全集》第2卷,人民出版社1984年版,第90页。
⑤ 《毛泽东选集》第3卷,人民出版社1991年版,第1070页。
⑥ 毛泽东语,引自《中华人民共和国第五届全国人民代表大会第一次会议文件》,第82页。

是否应当包括集体",特陈其见与张文显教授商榷。对此,张文显教授以1992年第3期《中国法学》刊登的《人权·权利·集体人权——答陆德山同志》一文予以回应,指出本文与陆文的分歧并不在于是否承认集体权利的存在及其重要性,而在于是否要把"集体权利"称为"集体人权"。紧接着,徐显明教授在《中国法学》1992年第5期发文《人权主体之争引出的几个理论问题》,"觉得人权主体问题之争,确有必要进行下去",认为:集体人权起源于种族和民族权利,对这一概念的使用应严格限定在国际人权法领域;人权主体在国内人权法上呈扩大化趋势,在"生命主体论"让位于"人格主体论"之后,法人、公权力人、具有弱小特征的人等类属的人开始成为现代人权主体;集会、游行、示威等集体行为,是行使上述自由权利的结果而不是条件,颠倒条件与结果的关系,便会对上述人权主体出现错误认定。

本文在收录进《人权论丛》时,张文显教授在原作的基础上做了部分文字性的修订工作,在此特表感谢。

论中国人权的法律保护

陈春龙[*]

人权是权利的最一般的形式,是人按其本性应当享有的权利。一切人,作为人来说,都有某些共同点。在这些共同点所及的范围内,他们是平等的。"从人的这种共同特性中,从人就他们是人而言的这种平等中,引申出这样的要求:一切人,或至少是一个国家的公民,或一个社会的一切成员,都应当有平等的政治地位和社会地位。"[①]这种政治地位和社会地位的确认,在现代社会里,主要是通过法律实现的。法律适应人类的权利要求而产生,以保障人权的实现为使命。人权的法律保护是国家稳定的前提,是国际上公认的原则,是社会主义制度的要求。

马克思说:"法典就是人民自由的圣经。"中国共产党和中国政府在领导人民书写这部伟大的"圣经"时,有过曲折和反复、痛苦和迷茫,但积四十年成就,这部"圣经"已初具规模,人权保护的法律体系基本确立。

宪法是调整个人人权与国家权力相互关系的根本大法,是人权的总保证书。宪法对人权的保障程度,是衡量一个国家民主政治水平的标尺。我国现行《宪法》一改前三部《宪法》惯例,将公民权利调至国家机构之前,内容由30项增至38项,比美国《宪法》尚多10项。《宪法》对公民的人身权利,政治权利,社会、经济、文化权利,对妇女、儿童、青少年、老人和少数民族权利作了明确规定。这是我国公民享有的最重要、最基本的人权,是公民享

---

[*] 陈春龙,中国社会科学院法学研究所研究员。——编者
[①] 《马克思恩格斯选集》第3卷,第142页。

有其他一切权利的基础,具有最高的法律效力。为了落实和保障这些基本人权,国家还制定了《民法通则》《继承法》《合同法》《婚姻法》《著作权法》《义务教育法》《环境保护法》《选举法》《社会团体登记管理条例》《集会游行示威条例》《青少年保护条例》《残疾人保障法》《民族区域自治法》《刑法》等主要法律。以宪法为纲、以部门法为目的人权保障法律体系基本形成。

法律对人权的保护采取两种方式:一是列举权利的具体内容,二是规定权利受侵害后的补救途径。没有法律内容上对各项基本权利的列举,人权保障即为无源之水;如果实体权利受到侵害,没有正当程序进行法律救济,人权规定只能徒具形式。实体法权利和程序法权利,二者相辅相成,缺一不可。从实体法对人权内容的规定看,四十年来,国家共制定涉及人权的法规约1030件(条)。在立法规模和数量上居于世界前列。

恩格斯认为,由于人们不再生活在像罗马帝国那样的世界帝国中,而是生活在由相互平等地交往并且处在差不多相同发展阶段的独立国家所组成的体系中,自由和平等的人权要求"就很自然地获得了普遍的、超出个别国家范围的性质"。《联合国宪章》《世界人权宣言》和六十多个国际人权文件,为现代社会勾画了一个比较共同的人权标准。一国人权的法律保护除了以国内法为基本依据外,还必须参照公认的国际准则。中国共产党执掌政权以来,一直以和平外交政策谋求国际社会的承认,终于使中国成为当今国际事务中举足轻重的大国。这就是遵循国际标准为全中国人民争取到的最重要的人权——国家主权。中国政府承认《联合国宪章》,尊重《世界人权宣言》,参加联合国人权委员会,签署《防止及惩治灭绝种族罪公约》《禁止酷刑和其他残忍、不人道或有辱人格的待遇或处罚公约》等11项国际人权公约,支持或参与联合国和国际组织对种族隔离、恐怖活动、侵略战争、吞并他国等粗暴侵犯人权的行为采取的制裁措施。我国在国际人权问题上的正义立场是国内人权政策的继续,同时,又把国内人权保护融入到国际捍卫人权的世界大潮中去,为提高中国人权保护的素质开辟了广阔的前景。

从主体上看,人权有个体人权与集体人权之分。个体人权是集体人权的根基和归宿,集体人权是个体人权的延伸和保证。中国法律既保护国家、民族、阶级、社团、单位等群体的权利,也保护公民个人权利,以保护个体人权为主。关于集体人权,宪法规定了国家独立权,选择制度权,生存发展权,妇女、儿童、青少年和老年人的特别保护权等。但以大量篇幅并设立专章规定的是个体人权,这种人权随国籍而获得,与生俱来,非依法不得剥夺。依据宪法制定的单行法规中,大部分也是关于个体人权的规定。中国法律既保护大多数人的人权,也一视同仁地依法保护少数人的人权。如少数民族的自治权,残疾人的社会生活平等权,涉嫌人、刑事被告人和罪犯的公民权,华侨、外国人、无国籍人和难民的合法权利等。

从内容上看,人权有人身政治权利和社会经济权利之别。中国法律既重视和保护公民的社会经济权利,也重视和保护公民的人身政治权利。在这方面,中国法律的有关规定与一些国家相比,各有千秋,并不逊色。试以中法两国的宪法规定为例:在社会经济权利方面,我国宪法关于公民私有财产继承权,休息权,环境权,科学研究权,文艺创作权,文化活动自由权,残疾人的劳动、生活和教育权的规定,法国宪法没有;在人身和政治权利方面,我国宪法关于公民人格尊严和住宅不受侵犯,通信自由和通讯秘密受法律保护,关于基层社会生活自治权,由于国家机关及其工作人员侵犯公民权利而受到损失的人有依法取得赔偿的权利的规定,法国宪法尚付阙如。

四十年来,中国人民的物质文化生活明显改善,权利意识和法律意识显著增强。随着国家政治经济形势的发展,人权的范围在不断扩大。十年改革促进集体、个体和私营经济的蓬勃发展,大大增强了公民行使权利的物质力量。1989年底《中共中央关于坚持和完善中国共产党领导的多党合作和政治协商制度的意见》,首次肯定了中国八个民主党派的参政党地位和多党合作的政党体制,扩大了人民的参政权。香港特别行政区基本法的制定,给中国人权的法律保护注入了新鲜血液。

毋庸讳言,正如世界各国都不同程度地存在人权问题一样,中国人权的法律保护尚需随着社会政治经济的发展进一步完善。中国是发展中国家，处于社会主义初级阶段。我们既不能以经济不发达为托词延缓人权状况的可能改善，也不能超越现实能够提供的条件，套用发达国家标准，提出过高的人权要求。美国人民仅获得普选权一项，就经过了将近二百年的斗争历程，男女平权法案至今未获通过，怎能要求一个受两千多年封建传统束缚的国家短时间内就将一切作得尽善尽美呢？我们只能从现实状况出发，因势利导，循序渐进。任何一蹴而就的做法，不仅欲速则不达，而且往往横生枝节，延误历史进程。中国正在进行的政治体制和经济体制改革，正说明我们对人权状况不足的认识和改善这种状况的诚意。

回顾历史，尽管存在种种不如人意之处，但中国人权状况的总趋势是在前进的；展望未来，在中国人民的自我努力和世界人民的关心支持下，中国人权的法律保护必将愈来愈科学而严密，中国人权的实现必将愈来愈全面而真实。马克思期望的把人的世界、人的关系和人的权利归还给人自己的美好前景，一定会在中国和世界实现。

编者记：本文刊载于《法学》1992年第2期。中国社会科学院法学研究所于1991年6月18日至21日在北京召开人权理论研讨会。来自全国教学、科研和实际部门的近70名专家、学者出席了会议。会议主要从法学的角度对人权的概念、马克思主义人权观与西方人权观的原则界限、资本主义人权制度的分析与评估、社会主义中国的人权保障、主权原则与人权的国际保护等五个专题进行了讨论。本文的部分资料来源于这次会议。

再论人权

乔 伟[*]

我在《文史哲》1989年第6期上发表《论人权》一文时,我国学术界尚未对人权问题展开广泛的讨论。时隔两年,国务院新闻办公室公布了《中国的人权状况》白皮书,人权理论的研究遂成为学术界所关心的热点问题之一。白皮书不仅全面总结了我们建国40年来在人权方面所取得的巨大成就,同时向全世界宣布了中国政府关于人权问题的基本观点、基本政策和基本立场。所以白皮书的公布不仅具有重要的政治意义,而且为我们深入研究人权理论指明了方向。根据白皮书所阐明的原则与观点,对照我从前所发表的有关人权的文章,自以为还有许多不足与未尽之处,故以《再论人权》为题,对若干人权理论问题的认识加以补充,希望得到学术界同仁的批评与指正。

一、人权是君主专制的对立物

新兴的资产阶级在反封建的革命斗争中提出了"天赋人权"的思想,认为"一切人都是生而平等的,造物主赋予了他某些不可让与的权利,其中包括生存、自由和幸福的权利。为了保卫这些权利才成立政府,而政府是经过受其治理的人民的同意才获得权力的。任何形式的政府一旦变成这些目的的破坏者,人民就有权加以变更。"[②]由此可知,资产阶级最初提出的"天赋

---

[*] 乔伟(1932—1997年),曾任中国法制史研究会会长、山东省人民政府首席法律顾问,曾获国家授予的"有突出贡献的中青年专家"称号,是享誉海内外的法律史学家。——编者
[②] 《杰斐逊文选》,商务印书馆1965年版,第7—8页。

人权"思想的核心内容是"主权在民",由人民自己来决定自己的命运。因为只有这样,生存权、自由权和幸福权才能得到可靠的保障。所以"天赋人权"的思想是对那种"朕即国家"、"天下之事无小大皆决于上"的君主专制制度的否定,也是对那种自以为"授命于天"的君权神授理论的否定。正因为如此,资产阶级思想家所提出的"天赋人权"的理论是人类思想观念的一个根本转变,是人类精神的一次大解放。在那万马齐喑的黑暗的封建专制时代,它的提出,无疑是漫漫长夜中的一声春雷,使人惊醒,催人奋进,对动员广大群众起来向封建专制制度作斗争,具有重大的作用。可以毫不夸张地说,资产阶级革命就是在"天赋人权"这面旗帜指引下取得胜利的。正由于"天赋人权"的口号深入人心,所以才调动起千军万马,其势有如暴风骤雨,不仅推翻了专制独裁的封建君主的残酷统治,而且还扫除了封建的、宗法的、田园诗般的关系,彻底打破了天然首长的封建羁绊,从而为资本主义商品经济的充分发展清除了障碍。由于资产阶级和劳动人民从封建专制枷锁的禁锢下获得了人身自由,这不仅解放了社会生产力,而且还创造出比以往社会总和还要多得多的财富。所以从促进社会经济文化的发展来看,资产阶级人权的历史地位及其进步作用是任何时候也抹煞不了的。恩格斯在《反杜林论》中指出:"由于人们不再生活在像罗马帝国那样的世界帝国中,而是生活在那些相互平等地交往并且处在差不多相同的资产阶级发展阶段的独立国家所组成的体系中,所以这种要求(指废除种种封建特权的要求——引者注),就很自然地获得了普遍的、超出个别国家范围的性质,而自由和平等也很自然地被宣布为人权。"[1]这就明确地告诉我们,人权思想的提出及其实践是社会历史发展的必然,也是不以人们意志为转移的客观规律。资产阶级在其上升时期所提出的"天赋人权"的思想,正是这种社会发展规律的正确反映。而"自由竞争"和"等价交换"是资本主义商品经济充分发展的必要条件。所以自由与平等之被宣布为人权,这是符合社会发

---

[1] 《马克思恩格斯选集》第3卷,人民出版社1972年版,第145页。

展需要的。正是从这个意义上来理解,马克思主义对人权也是充分肯定的。

二、人权的异化及其后果

人权,作为人人皆可享有的基本权利,在资产阶级成为统治阶级以后,普遍上升为国家的法律制度。但由于资产阶级的政治统治实质上仍然是少数剥削者对大多数劳动者的统治,因此在资本主义制度下的人权就必然要发生异化,即被资本主义国家宪法所确认的神圣不可侵犯的人权,已不是原来意义上的普遍、平等的人权,而成为由少数财富占有者所享有的特权,亦即成为金钱和资本的特权。正如恩格斯所指出的那样:"现在我们知道,这个理性的王国不过是资产阶级的理想化的王国;永恒的正义在资产阶级的司法中得到实现;平等归结为法律面前的资产阶级的平等;被宣布为最主要的人权之一的是资产阶级的所有权;……"[1]马克思更一针见血地指出:"平等地剥削劳动力,是资本的首要人权。"[2]马克思主义经典作家的这些精辟的论述表明,在资产阶级革命胜利前后,人权的含义及其性质都发生了根本性的变化。在资产阶级革命胜利以前,封建阶级尚未退出历史舞台,为了动员广大群众参加反封建的革命斗争,资产阶级启蒙思想家提出"天赋人权"的口号,许诺人人不分民族、种族、性别、财产、出身、教育状况等条件都可以普遍享有的人权。而当资产阶级革命胜利以后,在资本主义生产方式取得了统治地位的情况下,除了少数剥削者,广大劳动人民则被排斥在人权保护之外。"可以表明这种人权的特殊资产阶级性质的是美国宪法,它最先承认了人权,同时确认了存在于美国的有色人种奴隶制;阶级特权被置于法律保护之外,种族特权被神圣化了。"[3]直到现在,种族歧视和种族压迫仍然广泛地存在于美国社会之中,成为他们政治生活中的一个非常突出的问题。所以正如马克思所指出的那样:"所谓人权无非是市民社会成员的权利,即

---

[1] 《马克思恩格斯选集》第3卷,第57页。
[2] 《马克思恩格斯全集》第23卷,人民出版社1958年版,第324页。
[3] 《马克思恩格斯选集》第3卷,人民出版社1972年版,第145—146页。

脱离了人的本质和共同体的利己主义的人的权利。"[1]在现今资本主义国家宪法中所规定的人权,就其实质来说就是马克思所批判的这种"利己主义的人的权利",也就是被异化了的人权。

人权是国家的政治与法律制度的一个重要组成部分,是属于上层建筑范畴的东西,它的发生、发展与变化都是由经济基础所决定的。正因为如此,在以私有制为基础的资本主义社会里,人权的异化是不可避免的,正如"自由、平等、博爱"这些充满革命进步精神的原则蜕变为资本帝国主义反民主的遮羞布一样。也正由于在资本主义条件下的人权异化为少数剥削者的特权,所以无产阶级对资产阶级人权理所当然地要采取否定的态度,同时把争取实现无产阶级人权,即本来意义上的人权,作为自己的奋斗目标。马克思和恩格斯在《共产党宣言》中指出:"工人革命的第一步,就是使无产阶级上升为统治阶级,争得民主!"[2]争得民主就是争得人权,就是要争得当家作主的民主权利。恩格斯在另一个地方又指出:"平等应当不仅是表面的,不仅在国家的领域中实行,它还应当是实际的,还应当在社会的、经济的领域中实行。尤其从法国资产阶级自大革命开始把公民的平等提到首位以来,法国无产阶级就针锋相对地提出社会的、经济的平等要求,这种平等成了法国无产阶级所特有的战斗口号。"[3]由此可知,人权异化的主要后果是导致无产阶级对资产阶级的虚伪人权的否定,正如无产阶级对资产阶级的虚伪的民主自由制度的否定一样。但是必须明确,这种否定并不是对人权本身的否定,而是对异化了的人权的否定,也就是对在资本主义制度下只属于少数剥削者的人权的否定。而否定这种人权的目的,是为了争取真正的人权,即无产阶级的人权。正如我们否定资产阶级的虚伪的民主自由的目的一样,不是要废弃一切民主自由,而是要争取广大劳动人民真正享有切切实实的民主自由的权利。而这样的人权以及民主自由,只有在以生产资料

---

[1] 《马克思恩格斯选集》第1卷,人民出版社1958年版,第329页。
[2] 《马克思恩格斯选集》第1卷,人民出版社1972年版,第272页。
[3] 《马克思恩格斯选集》第3卷,人民出版社1972年版,第146页。

公有制为基础的社会主义社会里,才能由理想变为现实。

三、人权概念的历史发展

自从资产阶级思想家提出"天赋人权"的思想以来,至今已有300多年的历史了。随着社会的发展与进步,特别是随着被压迫人民和被压迫民族解放斗争的高涨,人权概念也有了很大的发展与变化。

第二次世界大战以前,各资本主义国家关于人权立法的主要内容,是属于公民个人的人身权利。例如法国《人权宣言》第一条规定:"在权利方面,人们生来是而且始终是自由平等的。"第二条规定:"任何政治结合的目的,都在于保存人的自然的不可动摇的权利。这些权利就是自由、财产、安全和反抗压迫。"此外《宣言》还规定,主权属于国民全体,法律是公共意志的表现,公民在法律面前一律平等,私有财产神圣不可侵犯以及罪刑法定、无罪推定和法律不溯及既往等民主、自由和法治的原则。应当指出,法国《人权宣言》以及第二次世界大战前其他资本主义国家宪法中所规定的人权,都是以公民个体为对象的权利,主要是强调公民个人的自由、平等、财产等这样一些基本的人权,这当然是和那个时期资本主义经济发展水平相适应的。但在第二次世界大战期间,由于德、意、日法西斯国家实行残暴的种族灭绝的政策,疯狂地侵略、奴役和屠杀殖民地的人民群众,因此在第二次世界大战结束以后,民族的、国家的集体人权,自然而然地被提到了应有的地位。1945年由联合国制宪会议通过的《联合国宪章》的序言指出:"重申基本人权、人格尊严与价值,以及男女和大小各国平等权利之信念。"第1条第2款又把"促进人权"作为联合国的宗旨之一,规定"不分种族、语言、宗教及性别,增进并激励对全体人类之人权及基本自由之尊重。"1948年联合国大会通过的《世界人权宣言》把联合国宪章中有关尊重、促进和保护人权的原则具体化,并在许多方面有所充实与发展。1966年联合国大会通过的《公民权利和政治权利国际公约》和《经济、社会及文化权利国际公约》(通称为《人权两公约》),是国际上有关人权的重要法律文件,被世界各国公认为人权方面的国际宪章。《人权两公约》把《联合国宪章》和《世界人权宣言》所宣布的各项权利进一步用法律形式固定下来,赋予其法律约束力。特别值得注意的是,由于《人权两公约》产生于民族解放运动高涨、第三世界兴起的 60 年代,因此,在其内容上较多地反映了发展中国家的观点与要求,将"民族自决权"作为一项基本人权首次加以确认。两个公约都在第 1 条规定:"根据自决原则,所有民族得自由决定他们的政治地位,追求其经济、社会和文化的发展,并享有自由处置其自然财富和资源的权利;负责管理非自治领土或托管地的缔约国,应促进民族自决的实现。"这些规定,对被压迫人民和被压迫民族争取自由和解放,以及广大新独立的国家维护其独立和主权的斗争,都具有极为重要的意义。

由此可知,第二次世界大战前后,人权的概念、人权的制度都发生了很大的变化。首先人权问题已经超出了一国的国界,而成为国际社会普遍关心的一个重要问题。以国际社会的集体力量和共同斗争来促进基本人权的实现,保障人的尊严与价值,这应当说是人类社会的发展与进步,是好事而不是坏事。其次,民族自决权得到国际社会的承认并上升为国际法的基本原则,这自然是被压迫人民和民族坚持斗争的结果,但同时也是国际正义和集体人权得到法律保护的一个明证。民族自治原则的确立,就宣布一切民族、种族的歧视、压迫、奴役和灭绝以及对他国主权的干涉、侵略都是非法的,甚至是国际犯罪的行为。因此民族自决权之作为集体人权被肯定,实际上也就是确认了集体与个人的生存权为人类的基本人权之一,这无疑是人权概念的重大发展。

四、我国人权理论的特点

我国人民从自己的历史传统、社会制度和经济文化发展水平出发,经过几十年来的社会主义民主政治建设的实践,逐步形成了与资产阶级完全不同的人权概念。正如白皮书所指出的那样,对中国人民来说,最重要的人权过去是今天仍然是生存权。事实充分证明,没有个人与集体的生存权,其他一切人权都无从谈起。

应当指出,早在资产阶级革命时期,资产阶级也把生存权放到人权的首位。如美国《独立宣言》起草人杰斐逊就曾说过:"一切人都是生而平等的,造物主赋予他某些不可让与的权利,其中包括生存、自由和幸福的权利。"① 美国当时正处于从英国殖民统治下争取民族独立的斗争,因此其强调生存权为首要的人权是可以理解的。但在美国取得独立以后,特别是在资产阶级革命相继取得胜利以后,随着自由资本主义向垄断资本主义的发展,帝国主义国家在国外疯狂地抢夺殖民地,划分势力范围;在国内残酷地剥削和压榨工人的血汗,造成了大量的失业者,在这种情况下,他们又怎么能够强调生存权呢?即使有的国家在法律上宣布生存权为人权之一,但在实际上也是不可能兑现的。

其实从权利构成的体系来看,生存权是其他一切权利的基础与保障。如果人类的生存权受到威胁或破坏,则其他一切权利都是毫无意义的。因为生存权中最基本最首要的权利是生命权。为了保证生命的安全和延续,首先要保证人身安全不受他人的非法侵害,或者在受到侵害时能尽快地予以排除。其次就要使人类有获得必要的生活资料、生活条件的保证,切实解决衣、食、住、行的问题。道理很简单,"人们首先必须吃、喝、住、穿,然后才能从事政治、科学、艺术、宗教等等……"②,人们获得吃、喝、住、穿的权利,就是获得生存的权利。所以生存权的实质,就是人类在自然界和人类社会得以生活、繁衍和发展的权利,也就是人类能不能真正掌握自己命运的权利。在旧中国,帝国主义横行霸道,杀人放火,再加上封建主义和官僚资本主义的残酷剥削与压迫,人们饥寒交迫,生命毫无保障,中国人民自然要把争取生存的权利放到首位。很明显,如果人们连自己的生命都没有保障,那给你民主自由的权利又有何用呢?新中国成立以后,虽然结束了这段悲惨

---

① 《杰斐逊文选》,商务印书馆1965年版,第7—8页。
② 《马克思恩格斯选集》第3卷,人民出版社1972年版,第574页。

屈辱的历史,但解决几亿人民的缺衣少食问题,仍然是摆在党和政府面前的一项艰巨的任务。这就是说,中国人民虽从三座大山的压迫下解放出来,如果温饱问题得不到解决,仍然保证不了人民所应享有的生存权。我们经过了四十多年的艰苦奋斗,终于以占世界 7% 的耕地基本上解决了占世界 22% 的人口的"吃、喝、住、穿"的问题,这可以说是一项了不起的成就,是旧中国历届政府都办不到的。就今天中国的实际情况来说,维护生存权仍然是中国人民的首要任务。因为中国是一个发展中的国家,尚未完全实现四化,经济发展与人民生活水平还比较低,国家实力有限,世界还很不安宁,一旦发生战乱和重大的自然灾害,就会威胁到国家的安全和人民的生计,因此必须安定团结,齐心协力来实现社会主义现代化的战略目标。只有增强国力,加速经济的发展,不断提高人民的生活水平,才能使人民的生存权有切实可靠的保证。由此可知,我们强调把生存权作为首要的人权,是由我国历史和国情来决定的,也可以说是社会发展规律的正确反映。

但是必须指出,我们强调生存权为首要人权,并不否定其他权利,而是认为生存权是其他一切权利的基础,在这个基础上只有保证公民享有各项充分的民主权利和自由,才能构成完整的人权。事实上,我国人民在生存权得到充分保障的前提下,还享有当家作主的民主权利。《宪法》规定:"中华人民共和国的一切权力属于人民。"人民,只有人民才是我们国家与社会的全权主人。而由人民当家作主是人权的最基本最重要的内容。自从资产阶级提出人权理论以后,虽然在他们的宪法上也确立了"主权在民"的原则,但只有在我们社会主义国家,人民才真正成为国家一切权力的所有者,"主权在民"的原则才由理想变为现实。同时,宪法和法律还赋予我国公民以充分的政治权利、经济权利、文化和社会权利以及言论、出版、集会、结社、游行示威和宗教信仰自由等等。公民所享有的这些权利和自由都具有广泛性、公平性和真实性的特点,这不仅在旧中国是不可想象的,就是与现代西方国家人权的内容相比也是有过之而无不及。当然,我们并不认为今天的中国在人权方面已经尽善尽美,无须改进了。我们今后还要创造更多的条件,使人民享有更充分的人权。但是,在一个国家里实现充分的人权的根本途径不是单靠哪一个人的主观愿望,而是要靠社会的稳定与发展;离开社会的稳定与发展来谈人权,是毫无意义的。所以人类若掌握了自己的命运,并不等于说就可以为所欲为,可以不遵守国家的法制与秩序。如果是这样的话,社会就会陷于混乱,正常的秩序就会遭到破坏。而陷入无政府状态的国家不可能把经济搞上去,若想保证人民享有更多的人权亦不可能。

由上所述可知,西方国家的人权主要是以自由、平等、财产为主要内容,实质上是保护资本家利用自己的私有财产去自由、平等地剥削劳动力的权利,所以资产阶级人权具有极大的历史局限性。我们强调生存权为首要的人权,并在此基础上保证公民享有其他充分的民主权利和自由,这是对人权概念的一个重大的新发展,对于实现人的社会价值,促进社会的全面发展和进步,都具有重要的理论意义与现实意义。

五、人权与主权的关系

人权问题与世界上任何一个国家、任何一个民族的任何一个阶层的居民都有极为密切的关系,所以人权问题成为国际社会所普遍关注的重要问题之一,也是完全可以理解的。

但是必须明确,关于人权问题在国际上虽然有一些共同性的规定,而就其本质来说仍然是纯属于一个国家的内部管辖的问题。建立什么样的人权制度,实行什么样的人权政策,这些都是一个国家的内政,只能由本国主权来决定,而不能也不应该由其他国家来决定。在各国交往的过程中,尊重国家主权和互不干涉内政是公认的国际法基本准则,适用于国际关系中的一切领域,当然也适用于人权问题。不干涉原则首先在1793年《法国宪法》中得到反映:"法兰西共和国不干涉他国的政治,也不允许干涉法国的政治。"1945年《联合国宪章》曾对此加以确认:"本宪章不得认为授权联合国干涉在本质上属于任何国家国内管辖之事件,并且不要求会员国将该项事件依据本宪章提请解决。"1965年联合国通过的《不许干涉各国内政和保护各国独立与主权的宣言》,特别强调不得干预或干涉他国的内政或外交事务,尤其在人权问题上,"各国有义务避免利用和歪曲人权问题,以此作为对其他国家或国家集团内部或彼此之间制造猜疑和混乱的手段"。这说明,第一,不干涉他国内政的原则是一个绝对不可侵犯的国际法基本准则,不论以什么理由干涉他国的内部事务都是不能容许的;第二,特别是在人权问题上更应尊重各国人民的意志,每个国家都有"义务"避免利用歪曲人权作为干涉他国内政的借口。中国一贯主张相互尊重国家的主权,反对借口人权问题去干涉别国特别是发展中国家的内政,反对任何国家利用人权问题去推行自己的价值观念、意识形态、政治标准和发展模式。这种主张是符合公认的国际法和国际惯例的,得到了许多国家特别是发展中国家的广泛赞同和拥护。中国从被帝国主义侵略和奴役的历史中得到的基本教训是:为使人民获得生存权和其他民主权利,对内必须大力发展经济和文化事业,不断促进物质文明和精神文明的建设;对外则必须反对帝国主义的侵略和干涉,维护国家的独立和主权。这两条相辅相成,缺一不可。事实充分证明,在国家丧失独立和主权的情况下,也决没有人权可言。人们不会忘记,在帝国主义占据我国大好河山的日子里,上海公园的门口不是悬挂着"华人与狗不得入内"的牌子吗?那一段屈辱的历史告诉我们:只有维护国家的独立和主权,保证中国人民不再受帝国主义的压迫和欺凌,中国人民才能取得生存和发展的基本条件,才能享有民主和自由的基本人权。所以,一丧失主权,必丧失人权;维护人权,必捍卫主权——这就是中国人民从一个半世纪以来的历史中所得出的重要结论。

正是因为如此,中国主张在相互理解,求同存异的基础上与世界各国加强人权领域里的国际合作,但坚决反对外来的干涉。在涉及国家主权的问题上,我们从来都是毫不含糊的。但是目前在国际上有人主张"人权高于主权","不干涉内政的原则不适用于人权"。我们认为这种看法不仅公然违反国际法的基本准则,而且也势必给国际秩序带来混乱。因为:第一,人权的具体内容和标准是什么?现在世界各国并没有一个可以为大家都接受的统一概念。各个国家由于历史发展不同,民族传统不同,经济与文化水平不同,道德标准与价值观念不同,对人权的认识和要求也很不一致,不但社会主义国家与资本主义国家、西方发达国家与发展中国家有很大的差别,就是在资本主义国家内部对人权的认识也不尽相同。以高谈人权的美国来说,联合国通过的一些有关人权的公约、文件,他们就不完全赞同,甚至拒绝参加。这种保留不就充分说明美国与其他国家对人权的看法也有分歧吗?第二,正因为各国对人权的认识有重大的差异,如果按着自己的人权标准去衡量别国的人权问题,那就不能不产生严重的国际纷争,大国强国就可以别国侵犯人权为借口而任意干涉它的内政,甚至兴兵动武,大打出手,那世界上还有什么正义与和平?过去殖民主义者侵略弱小国家时,就曾打着"传播文明"的幌子,对殖民地人民烧杀掠夺,干尽了人间的坏事。如果现在仍然信奉"人权高于主权"、"人权无国界"、"不干涉内政的原则不适用于人权"等这样一些奇谈怪论,大国强国就有权打着"保护人权"的幌子去肆无忌惮地干涉别国的内政,推行帝国主义的强权政治和霸权主义,这和老牌殖民主义者的强盗逻辑又有什么区别呢?事实早已证明,如果坚持这些错误的主张,只能造成天下大乱,威胁国际的和平与安全,所以是必须坚决反对的。

应当指出,人权是一定历史发展阶段的产物,不能不受到一个国家的经济与文化发展水平的制约。马克思说过:"权利永远不能超出社会的经济结构以及由经济结构所制约的社会的文化发展。"[①]从这一马克思主义基本原理出发,我们认为,人权是一种不断发展中的权利,总要有一个由不完善到完善的发展过程,因此任何国家的人权都不可能是十全十美的。以西方发达国家来说,虽然他们自己把本国的人权吹得天花乱坠,但认真考察一番也还存在许多严重的问题,如美国和其他一些国家的种族歧视就是尽人皆知的。但我们认为这是他们国家的内部事务,要靠本国人民来解决,中国政

[①] 《马克思恩格斯选集》第3卷,人民出版社1972年版,第12页。

府从来不加干预。同样,我国在保护人权方面虽然取得了前所未有的伟大成就,但也还有不尽完善的地方,亟需加以改进,然而这是我们国家的内部事务,中国人民和中国政府完全有能力自己解决这些问题。主权高于人权,人权必须服从主权——这就是我们在处理人权问题时所应坚持的基本原则和立场。

编者记:本文刊载于《文史哲》1992年第4期。正如本文开篇所提到的那样,在这篇文章之前,乔伟教授曾在《文史哲》1989年第6期上发表《论人权》一文。在我国学术界尚未对人权问题展开广泛讨论的年代里,《论人权》是一篇卓有见识的文章。该文从资产阶级的人权谈起,认为"资产阶级人权在历史上起过进步作用,但它又具有极大的虚伪性和欺骗性,对劳动人民来说是难以兑现的权利",进而阐释"社会主义和人权绝不是对立的,不可调和的,而是一致的,密不可分的";"无产阶级不是一般地否定人权,而是要经过革命的改造把资本主义制度下只供少数人享有的虚伪人权,改变成为供绝大多数人享有的真实的人权";"共产党人与资产阶级的根本分歧,不是要不要人权的问题,而是要什么样的人权的问题"。* 这些观点,一方面承前启后,为我国学术界针对人权问题开展广泛研究开了先河,另一方面,对当时西方国家的一些反动势力攻击我们国家"没有人权"、"侵犯人权"的种种谬论,予以了充分、有力的驳斥。

《再论人权》是乔伟教授在国务院新闻办公室1991年11月公布《中国的人权状况》白皮书之后,根据白皮书内容,对《论人权》一文观点的补充和调整。从中,我们可以体察到乔伟教授敏锐的学术洞察力。

---

* 乔伟:"论人权",《文史哲》1989年第6期,第8页。——编者

国际人权与国家主权

李 林[*]

从现代国际法和国际政治发展的角度,分析、认识国际人权与国家主权的实质,科学地把握和处理两者关系,对于加强中国在国际人权领域的合作,发挥中国维护世界和平与安全、建立国际新秩序的积极主导作用,对于进一步贯彻中国对外开放方针,为国内深化改革创造和平稳定的国际环境,具有重要的理论价值和实践意义。

一、国际人权与国家主权的概念分析

1. 国际人权的概念分析。国际人权是相对于国内人权而言的概念,通常是指国家、群体及个人依据国际人权规范享有或根据国际人权价值应当享有的权利。国际人权与国内人权在基本原理、原则方面是一致的、相通的;从一定意义上讲,国际人权是国内人权的逻辑的、历史的延伸。但国际人权并不等同于国内人权。两者相比,具有如下区别:

其一,主体不尽相同。国际人权的主体是一个包容广泛的概念。国家是国际人权的主要主体,同时也包括公民、无国籍人和难民,还包括类人(妇女、儿童等)、种族、民族,乃至全人类。国内人权的主体范围则要相对窄小一些。

其二,内容不尽相同。国际人权除兼容了国内人权的基本和一般的内

---

[*] 李林,中国社会科学院法学研究所所长、研究员、博士生导师,中国社会科学院研究生院法学系主任。——编者

容外,还包括诸如发展权、独立权、和平权、外部自决权等国际社会普遍享有的权利。

其三,法定效力不尽相同。国际人权一经国际人权法(成文法与习惯法)确认,即具有国际法上的效力,将以不同形式,在不同的领域或方面以及不同的程度,对主权国家或其他国际人权主体产生相应的拘束力。但它的效力对象主要是主权国家,效力范围及于全世界或某个区域,效力基础主要是国际道义的力量。国内人权的法定效力主要是对公民个人的拘束力和保护力,其效力及于领土主权的一切领域,其效力基础是道德的、心理的和法制的综合力量。

其四,属性特征不尽相同。国际人权的确立以国际社会的共同需要、共同利益、共同条件、共同价值等为基础,求同存异,在一定程度上体现了国际社会的普遍利益和共同意志,因而其属性特征以普遍性、共同性和超阶级、超国家性为主。在人民主权条件下,国内人权则以公民利益和意志为归依,不仅具有人权的共同性,而且因受各国历史、文化传统、经济发展水平、政治制度、宗教等因素的影响,还具有各自的差异性。

其五,表现形式不尽相同。国际人权规范多表现为与人权有关的宪章、协定、条约、公约、议定书等人权法律文件和有关的国际习惯。这些规范,有的需要通过主权国家签字、承认、批准、参加或继承才能生效,有的则不受此限。所以国际人权的表现形式具有多样性和较大的自主性特征。国内人权规范规定在国内人权立法的各种法律渊源中,一旦发生法律效力,则适用于所有涉及的主体。国内人权法主体一般无选择承认法律形式的自由。

2. 国家主权的概念分析。主权(Sovereignty)是一个外来语。但什么是主权？外国学者的看法颇不统一。例如:弗林(Flynn)认为,"主权是最后的权力。"[1]欣斯利(Hinsly)认为,"主权是政治社会中一种最后的和绝对的政

---

[1] J. J. Flynn, "Political Science", *N. Y. College. Notes*, 1966, p. 13.

治权威。"①布拉玛奇(Burlamaqui)认为,"服从是一种义务,因为社会中有一种不可否认的最后命令权力的存在,主权便是这种权力。"②国际法院法官阿尔瓦雷斯(Alvarez)认为,"主权是国家在其领土上排除所有其他国家而占有的整个权力与属性,并与其他国家发生关系。主权赋予国家以权力,并课加国家以责任。"③加拿大学者认为,主权是国际体系的组织原则。按照国际法确认的这一原则,主权在国内事务中是不受干涉的。由此可逻辑地得出两个基本结论:其一,国家是国际事务的主体;其二,干涉内政,损害主权独立,危害国际安全,都是违法的。④ 美国国际法学会执行副会长哈格罗夫认为,主权是国家在其管辖范围内行使的权力。但国家主权与人民主权是有区别的。行使主权就必须接受相应的国际义务。

在中国,对主权的界定大同小异。而由于主权概念的舶来特性,中国学者与一些外国学者对主权的见解可以说是异曲同工。在解释学上,主权是一种符号。但在现实中,主权则是一个实在的法律和政治概念,人们出于现实的不同利益需要,对主权的归依、属性等的认识和解释,存在着较大差别。

就主权的归依来说,主权在君、主权在国家、主权在民或主权在议会,其实质含义是不一样的。主权在君即君主主权,其价值取向根本上是与人权相左的,因而不可能真正有效地保障人权。主权在国家要根据国家的基本性质来判定它与人权的关系。由于国家具有与个人相分离甚或对立的内在属性(在私有制条件下尤其如此),因此,在那些不能积极有效保障人权的国家,国家主权与国际人权就可能是不协调乃至相背离的。主权在民即人民主权与国际人权在本质上是统一的、一致的。中国的人权与主权就

---

① F. H. Hinsley, *Sovereignty*, London: Watts, 1966, p. 1.
② D. W. Jouverel, *On Power*, Boston, Bealon Press, 1962, p. 2.
③ Louis. Henkin, *International law: Cases and Materials*, N. Y.: West Pub, 1980, p. 13.
④ Darld Gillies, "Human Rights and State Sovereignty Background Paper", September 1991. (该引文出自1991年在加拿大召开的《人权与国家主权》国际讨论会背景论文,原文未发表过。)

属于这种关系。一些国际人权学者主张,判断主权是否在民,主要看该国人民能否通过行使主权有效保护自己的权利。如果人民主权能够真正保护人权,则国际上就不能对其国内人权事务进行干预,否则就是干涉内政。

传统主权理论认为,主权是绝对的,具有不可让与性、无所不包性、不受限制性和不可分割性。主权在对外方面则强调主权在国际关系中绝对平等、绝对独立、绝对不受限制。这种把主权绝对化的主权理论,在现代国际政治理论与实践中,受到了越来越多的挑战。

在国际领域,主权概念对于不同实力的国家,其意义是不同的。对于大国强国来说,主权可能是一种装饰物;而对于弱小国家来说,主权则是一种必需品,它是使弱小国家免于大国强国侵犯的屏障,是保卫本国利益,维护国家独立、平等的法律武器。但国家主权概念的这种实践价值,主要是以国家自己保护自己、国与国无序的力量对比为前提的。在联合国产生以后,情况逐渐发生变化。由多数国家组成的国际民主力量,通过联合国起着伸张正义、维护和平秩序、保障成员国利益的巨大作用。这意味着,在国际组织能够按照一定的国际法原则和法定程序与规范,起到抑制强权、保护弱小主权国家作用的条件下,强调绝对主权,并不利于国际社会的团结合作、和平发展。因为尽管主权概念在道义上可以为保护弱小国家发挥屏障作用,但如无强大的实力作后盾,主权概念本身并不能使这种保护变为现实。在现实中,主权的保护往往是由力量对比和较量来实现的。单个的弱小国家不容易在与大国强国的抗衡中取得全面胜利,这就需要把各国组织起来,按照共同的约定和规则,互相尊重,互相制约,这样才能使大国强国不能为所欲为。过分强调主权概念,则会使它的实践价值更加两极分化。因此,在现代政治的格局中,应当放弃绝对主权的观念,承认主权的相对性。

3. 国际人权与国家主权的关系。既然国家主权不是绝对的,不是不受限制和不可超越的,国际人权也是相对的和有限的,那么,国际人权与国家主权的关系就不存在谁高于谁的问题。主张国际人权绝对高于国家主权的观点(人权至上论),实际上抛弃了国际法确认的国家主权原则,完全否定了国家主权的相对独立性、平等性和自主性。目前,这种观点的提出和应用只会损害弱小国家的利益。主张国家主权完全高于国际人权的观点(主权至上论),在理论上也难以成立,在实践中则易为诸如德国法西斯迫害本国人民、南非实行种族隔离制度等严重违反人权的国家所利用。

国际人权与国家主权的关系是互为基础、相互依存、相互促进的并列关系。将两者对立起来、割裂开来看待,都难免失之片面。现代国际人权之所以能够产生和迅速发展,主要因为第二次世界大战后,广大发展中国家团结一致,要求独立、生存、发展、和平,推动了国际人权运动的发展,在一定程度上遏制了霸权主义对其他主权国家的扩张。正是以联合国为中枢的国际人权制度的运作,才使对南非的制裁付诸实施并初见成效,使科威特迅速恢复了主权,使柬埔寨问题开始得以政治解决。事实表明,国际人权是各国特别是发展中国家在国际社会行使与实现主权的重要基础之一。正常的国际人权秩序的建立,可以有效维护国家主权,促进主权国家的繁荣。在国际关系中,国际人权的主要功能是保护广大弱小国家不受大国强国的欺凌。在一段时间内,国际人权的某些方面被少数强国政治化、意识形态化,被用来干涉别国内政,牟取私利,这种现象是国际人权秩序尚未建立,国际人权的主要功能被变异和被利用的结果,而不是国际人权本身固有的现象。

主权国家可以通过行使主权,参加国际人权公约、国际组织,或者邀请国际社会干预其内部事务,使用包括武力在内的各种手段解决国内冲突等而放弃或让与某些主权,从而能够更好、更有效地确立与实现国际、国内人权。而且,主权是国家存在的政治或法律标志,国家则是主权的载体,主权与国家的共存构成了国际社会的基本要素之一;而只有国际社会的存在,才可能大范围地创制国际人权规范,并通过法定程序使这些规范付诸实施。所以,国际人权必须以国家主权的存在和行使为依托。在一个国家中,国际人权只有得到主权国家的承认和保障才可能得到切实实现。

在国际人权的固有价值被异化的情况下,有一种观点值得商榷,即:把国际人权与国家主权的关系对立起来,当作剑和盾的关系来理解。这种观点片面强调它们的功能,认为国际人权是用来攻击、报复、威慑别国的剑;而国家主权是防卫外来攻击的盾牌。在这种观点的支持下,国际人权经过政治化、意识形态化或实用主义选择之后,被用来对付别国,成为国际政治斗争的工具。而国家主权相应地被作为防卫武器,被用来抵御外部正当的或不正当的人权干预。这种把国际人权与国家主权对立起来的观点,极容易或被霸权主义和强权政治利用来干涉、破坏别国主权,或被严重违反人权的国家(如南非)利用来推行为国际人权所不容的政策和制度。国际人权和国家主权的主要功能是积极的、建设性的。国际人权的"攻击功能"(正当防卫性质的反击)和国家主权的防护功能则是消极的、次要的,如果把两类功能的主次颠倒,片面强调且无限使用它们的次要功能,势必会影响甚至破坏正常的国际秩序。

二、人权的国际化与国家主权的相对化

正如人权是一个不断发展的概念一样,主权也是一个不断发展的概念。人权的发展之一,表现为人权的国际化;主权的发展之一,则表现为国家主权的相对化。

绝对主权观念是为适应单个国家自卫需要而拟制的政治法律观念,随着国家联盟的日益增多和不断扩大,以及人权从国内走向国际,成为更为普遍接受的人类价值和更为广泛认同的国际行为规范、准则,绝对主权也随之进行着相对化的过程。在动态关系上,两者是相互消长的。

1. 人权的国际化。国际人权是由国内人权演变发展而来的,这个过程就是人权国际化的原始过程。在现代,所谓人权的国际化,主要是指某些人权内容和人权保护由国内向国际上转移、演化的过程和趋势,同时也包括某些新出现的人权得到国际社会的确认和保障。人权的国际化是人权发展、

嬗变的一个历史阶段,其本身并无更复杂的含义。但学者们在具体解释上,立足点常有差异。美国著名人权学者亨肯(Henkin)教授认为,人权国际化是指,"人权作为国际法和国际政治的问题从国家法律制度下的国家社会的个人权利中分离出来"①,纳入国际关系的范畴。德里斯科尔(Driscoll)认为,人权国际化表明,人权不仅规定于各国宪法,也出现于国际人权宪章;人权不只是国家专属的国内管辖事项,而且也是国际政治系统的法律事项。一个国家发生了人权问题,便往往受到其他国家和国际组织的关切。② 加拿大麦吉尔大学法学院宪法学教授柯蒂亚(Cotier)认为,人权的国际化是指,人权已形成了国际共同标准,任何国家发生了严重侵犯人权的事,该国政府都不能以任何借口拒绝国际人权保护。一些西方人权学者概括指出,人权国际化的标志主要包括:1. 国际人权标准的形成,这些标准主要规定在国际人权法和国际人权习惯法之中;2. 国际人权保护机构的建立,如联合国的安理会、人权委员会、人权事务委员会(Human Rights Committee)等,及区域性人权机构,如阿拉伯人权委员会、非洲人权和民族权委员会、欧洲人权委员会、欧洲人权法院、美洲国家间人权委员会、美洲国家间人权法院等;3. 国际人权保护制度的建立,如调查制度、报告制度、审议制度、个人申诉制度等。

笔者认为,当代人权的国际化主要表现为:

第一,人权价值的国际化。尽管各国存在文化、历史传统等差异,但追求并实现人权已成为全人类的共同理想,这种理想得到了普遍认同。"重申基本人权,人的尊严与价值",已是联合国宪章确认的所有国家的信念,"各会员国业已誓愿同联合国合作促进对人权和基本自由的普遍尊重和遵行"。这种人权价值的趋同,是人权国际化的内在动力和渊源。

第二,人权立法的国际化。据不完全统计,截至 1989 年年底,联合国系

---

① Louis Henkin, *The Age of Rights*, Columbia University Press, 1990, p. 17.
② Dennis. J. Driscoll, *The Development of Human Rights in International Law*, Laqueur and Kirkin, op, cil, p. 42.

统已颁布各种人权文件218件,加上区域性人权文件的大量存在,表明人权已通过国际人权立法全方位地进入了国际领域。

第三,人权保护的国际化。根据国际人权法和国际人权习惯法进行的国际人权保护正在成为国际社会的共同责任,这一事实得到了大多数国家的赞同。对于为制止种族灭绝、种族隔离、贩卖奴隶、大规模屠杀等严重侵犯人权的行为实施人权国际保护,已是国际社会绝大多数国家的一致要求和共同行动。

由上可见,人权国际化如果不被别有用心地滥用或利用,那么这种趋势和过程是有利于人类历史发展和进步的,不应轻易予以否定。

应该看到,人权的国际化与人权问题的国际化是既有一定联系又有本质区别的两个概念。人权的国际化主要是在联合国或区域性组织等的主持下,由主权国家平等、独立地讨论、磋商,确立人权规范,再由有关的国际机构或国家根据授权和法定程序去实施这些人权规范。因而,在联合国宪章和有关国际人权文件基础上进行的人权国际化,是发扬国际民主的产物,是进步的历史潮流。而人权问题的国际化,如果是根据国际人权的义务性标准[①]把在一国国内发生的人权问题提到国际领域处理,则属于人权国际化的一部分,即人权国际保护的内容;但如超出上述标准范围,将属于国内管辖的人权问题"国际化",则是干涉内政的行为。

人权国际化的过程和结果,不可避免地要导致国家主权在国际领域的相对化。

2. 国家主权的相对化。在国际关系中,没有绝对的国家主权。"过去,讲作为国家的'绝对主权',是一种高于国际法的权力。如今已几乎无人坚持这种观点。国家一律平等的概念至少适用于,一国的主权权力受到其他

[①] 义务性标准是指主权国家通过参加国际人权条约或根据国际人权习惯法承担义务,并可由国际社会强制实施的国际人权标准。

国家主权权力的平等的限制。"①其限制包括:1. 作为联合国的成员国,要承担成员国的义务,受到联合国的宪章和其他规范的限制;2. 作为国际条约的缔约国,要履行条约义务,受到条约有关规定的限制;3. 要受到国际法院判决的限制;4. 在区域性的国际组织中,参加国的主权行为也要受限于有关的章程、协议等。

主权平等也是相对的。在联合国安理会中,常任理事国因拥有"一票否决权",所以其权力要大于其他非常任理事国和联合国其他成员国。日本政治学学者田中明彦指出,"近代主权国家都具有极其相似的构成原理,至少在形式上都拥有主权,从这一点看是平等的。但是,并非所有近代主权国家都拥有实质上的平等自不待言。不仅如此,不平等恰恰形成现代主权国家间关系的特征,……"②绝对的主权平等是不存在的。

在与国际人权的关系中,国家主权随着人权国际化趋势的加强,其相对化的程度也在加深,主要表现为主权实际权力的缩小与受限。例如,国际人权习惯法的不断出现,使原来某些不受拘束的主权行为受到了规范。种族主义和种族隔离曾被认为是主权国家管辖的"内政",现在却被公认为是严重侵犯人权的犯罪行为。过去国家没有保护国际环境的责任,现在则必须承担此项国际义务,而已出现的许多第二代、第三代人权的权利,则更增加了主权国家在国际人权领域的责任或义务。"第三世界国家坚持认为,某些地方的人权状况,如饥饿,不仅是其他国家的事,而且是其他国家要予以改善的义务。"③在一些区域性领域也存在着国家主权的相对化趋势。例如欧洲共同体的建立,欧洲人权委员会和人权法院的设立,它们行使的许多职权使欧共体成员国在外交、军事、经济、人权等方面的一些主权权力转移到了欧共体。还有一些国家如阿富汗、前南斯拉夫、柬埔寨等甚至主动要求国

---

① Hurst Hannum, *Autonomy, Sovereignty, and Self-Determination*, The University of Pennsylvania Press, 1990, p. 15.
② 田中明彦:《世界系统》,杨昌译,经济日报出版社1990年版,第26—27页。
③ Louis Henkin, *The Age of Rights*, Columbia University press, 1990, p. 27.

际社会干预以实现和平、重建家园的某些进程。这些事实表明,随着人权的日益国际化,在国际人权法和国际人权习惯法数量增多、质量提高,国际组织职能不断强化的同时,某些既有的国家主权权力就可能缩小。这种趋势如果引导到国际和平与发展及公正地人权国际保护方面,将是建立国际政治、经济新秩序的良好开端。但如果借主权有限理论扩张本国势力,任意侵犯别国主权,则是违反国际法准则的,应予坚决禁止。

三、人权国际保护与不干涉内政

1. 人权国际保护的基本含义。在国际上,关于实施国际人权保护,对侵犯人权的行为进行干预,主要有以下三种观点:第一种,绝对不干预主义。这种观点主张,人权属国内管辖事项,任何国家或国际组织不得干预别国的人权事务;但对于外来侵略可进行正当防卫,可以使用武力自卫。第二种,有限干预主义。这种观点主张,只有在人权受到极端侵害的情况下,如种族灭绝、大规模屠杀或奴隶制等,才能进行干预,实施国际人权保护。第三种,广泛干预主义。这种观点主张,只要发生了严重侵犯人权的行为,无需达到诸如灭种罪的程度,即可实施国际人权保护进行干预。①

笔者认为,人权国际保护是指,根据国际人权法和国际人权习惯法的义务性标准,由国际组织、区域性组织或主权国家对严重违反国际人权义务的行为,进行预防和惩治的活动。具体来讲,人权国际保护包括以下含义:

第一,人权国际保护的法律依据是国际人权法或国际人权习惯法所规定的义务性标准。作为国际人权义务主体的主权国家,有义务和责任履行所承担的作为或不作为的国际人权义务;在该国家严重不履行这种义务时,可实施人权国际保护。如前所述,国家承担国际人权义务通常发生在:1. 缔

---

① Fernando R. Jesón, *Humanitarian Intervention: An Inquiry Into Law and Morality*, Transnational Publishers, Inc, 1988, pp. 21-22.

结双边或多边人权条约,承担条约义务;2.批准、参加国际人权公约等开放性国际人权规约,承担相应的规约义务;3.因参加国际或区域性组织,承认该组织保障、尊重、促进人权的章程,而承担作为该组织成员的成员义务;4.承担由国际人权的宣言、判例等国际人权习惯法确认的维护人权的义务。上述义务,是构成人权国际保护的前提要件。

第二,违反国际人权义务的行为已达到了严重程度。一般认为,所谓"达到严重程度",是指侵犯人权的行为:1.已经危及或可能危及国际或地区的和平与安全;或者,2.大规模地实施侵犯人权的行为,实际上构成了对全人类的威胁;或者,3.持续不断地实施侵犯人权的行为,而置国际道义和国际社会的谴责于不顾。中国学者多主张,对由于种族歧视、种族隔离、种族灭绝、殖民主义、外国侵略、占领和统治以及拒绝承认民族自决权和各国对其财富和自然资源享有充分主权所造成的严重侵犯人权的行为,以及对实行奴隶制、贩卖奴隶、国际恐怖主义、贩毒等,可以实施国际人权保护。但除此之外,对其他违反国际人权义务,严重侵犯人权的行为,也应实施国际人权保护。

第三,人权国际保护应由国际组织、区域性组织或相关的缔约国实施,即个人或非政府组织等非有合法授权,不得实施或参与实施这种行为,且人权国际保护要依法定权限、程序进行,行为必须合法。

2. 人权国际保护与不干涉内政。按照国际人权法的有关规定,人权国际保护不适用"纯属国内管辖"的事项,否则就是对一个主权国家内政的干涉。但纯属国内管辖的事项是一个不断发展、日益丰富的概念。随着国际交往的增多,国际合作的加强以及其他条件的变化,原属一国管辖的事项就可能"国际化"。国际联盟理事会的国际法院,1923年在对英法两国为了法国1921年在突尼斯及摩洛哥法属地区颁布法国国籍法令,要适用到英国公民身上而引起纠纷的咨询意见中指出,"当前需要考虑的问题,不是当事国一方是否在法律上有权采取或不采取某种特别行为,而是一方所主张的管辖权是否纯属那个国家的问题……某些事项是否纯属于一国国内管辖事项,这个问题本质上是相对的,完全要视国际关系发展的情况而定。"① 例如,关于奴隶制问题,在本世纪以前属国内管辖问题,但随着国际废奴运动的发展,"废止奴隶制终于成为国际上为各国接受的一项普遍原则"②。

国内管辖事项虽然是发展变化的,但这只是量的变化,并没有动摇不干涉内政作为一项重要的国际法原则的基础。不干涉内政是主权原则在国际法上的基本要求,而人权国际保护则是国际人权付诸实施的应有之义。国际法对尊重、促进和保障人权作了各种规定,同时也明确规定不干涉内政是国际法的重要原则。例如,《联合国宪章》"既规定了不干涉内政的原则,也规定了要发展和保护人权。后者使联合国成员国的人权保护合法化。"③ 由于两者都能从国际法中找到自己言行合法的依据,于是,极端的人权论者用人权条款证明其行为的无可非议性,而极端的主权论者则援引主权条款来论证主权绝对神圣不可干预的排他性。但是,当它们在极端的意义上确证自己排他的合法性时,国际人权与国家主权的冲突便在人权国际保护与不干涉内政之间尖锐地显现出来,人权之剑和主权之盾的较量开始走到了不可调和的两极。然而,真理同谬误往往只有一步之差。走上极端的人权与陷入极端的主权都可能是一种表现不同的迷误。把人权国际保护与不干涉内政对立起来,最终将会导致国际关系的恶化。

国际人权与国家主权的相互依赖性和不可分割性,决定了对主权的侵犯,就是对人权的践踏,而对人权的侵犯,也必然是对主权的损害。

在实践中,由于对人权标准认同上的差异,对侵犯人权之事实认定上的出入,以及在适用程序、行使权限等方面的误差,会使人权国际保护与不干涉内政原则之间发生冲突。对此如何解决? 国际人权学者拉姆查兰(Ramcharan)主张可按四个原则来解决:其一,当为使人权免遭严重损害或

---

① Nationality Decrees in Tunis and Morocco,1923,P·C·Z·J·Reports,Ser. B. No. 4,pp. 23-25.
② 庞森:《当代人权 ABC》,四川人民出版社 1991 年版,第 109 页。
③ 1991 年 9 月联合国秘书处人权中心纽约办公室主任斯塔玛图托洛的谈话。

为使人民免受巨大痛苦时,可以超越主权的限制来进行干预;其二,不干涉内政原则不得适用于阻止国际社会对人权的合法保护;其三,在不干涉内政原则与人权国际保护原则不能两全时,应优先考虑后者;其四,国际社会负有采取措施维护人权、解除人民痛苦的义务。① 这种体现着"人权至上"论的观点,在《欧洲人权公约》(European Convention for the Protection of Human Rights and Fundamental Freedom)或《美洲人权公约》(American Convention on Human Rights, ACHR)的缔约国范围内或许有一定市场,但要把它普遍化,成为国际上处理人权国际保护与不干涉内政两者关系的普遍原则,则必然遭到多数国家的反对。

片面强调"人权至上"或"主权至上",都有失偏颇。在人权国际保护与不干涉内政发生冲突时,应依据人权国际标准,本着求同存异、互相尊重、加强合作的精神来处理,并坚决反对采取双重标准、选择性和实用主义的做法,更反对那种认为不干涉内政原则不适用于人权问题的主张。

总之,国际人权与国家主权是国际关系中极其重要而复杂的问题。只有正确认识并妥当处理两者的关系,将它们置于同样重要的地位来对待,切实保护国际人权,有效维护国家主权,使它们在理论与实践中统一起来,才能真正实现国际人权领域的正常合作和各国之间的和谐、理解与尊重,才能实现《联合国宪章》规定的保护人权与基本自由的宗旨。

编者记:本文刊载于《中国法学》1993年第1期。20世纪90年代初,人权问题是国际社会普遍关注的问题,也是强权政治对广大发展中国家施加压力、各种政治势力尖锐斗争的一个焦点,两极格局的终结和冷战的结果,使人权领域在世界范围内面临前所未有的机遇和挑战。一方面,世界各国人民,特别是发展中国家,希望维护国家独立和主权,在促进世界

---

① B. G. Ramcharan, "For the people or against the people? The Role of contemporary international law", Mimeo, 1991.

和平与发展的基础上维护和推进人权建设;而另一方面,某些国际势力则加紧推行所谓"人权外交",鼓吹"人权无国界"、"人权高于主权",借"人权"之名,行干涉发展中国家的内政之实。在这种情形下,如何处理好人权的国际保护与不干涉内政原则之间的关系,普遍促进全人类基本人权与自由,是摆在学者面前亟待研究的问题。本文即是在这样的背景下产生的。

不同文化背景的人权观念

刘海年[*]

一

从根本上说,自然界和人类社会里的任何事物,都有其普遍性,也都有其特殊性。每一事物区别于其他事物的特殊本质构成该事物,不研究事物的特殊本质,无从认识该事物。但同时,每一特殊事物又包含着事物的普遍性。不了解事物的普遍性,也就无从把握事物之间的相互关系,无法准确认识某具体事物。由于事物的普遍性寓于事物的特殊性之中,事物的特殊性和事物的普遍性是相联结的,所以我们对一定事物的研究就不能不从两方面来进行。这就是说,既要研究其特殊性,又要研究其普遍性和该事物与它以外的其他事物的联系。只有这样我们才能得出正确的结论。

关于人权的研究也如是。

当谈及人权研究时,我们无法回避一个既简单又复杂的问题,即究竟什么是人权?我同意这种观点:人权就是人依其自然属性和社会属性享有和应享有的权利。它受社会经济和文化发展的制约。很显然,按照这种认识,无论把人权作为一种观念形态或一种制度,都有其特殊性,也都有其普遍性。

首先,我们看这一概念的主体——人。当指整个人类所有人时,它是普

---

[*] 刘海年,中国社会科学院荣誉学部委员,中国社会科学院人权研究中心名誉主任,中国人权研究会顾问,中国法律史学会学术顾问,中国政法大学人权研究院特聘教授。——编者

遍的；当指一个民族和一个国家的人时，它既是普遍的又是特殊的；当指张三、李四某一具体人时，它则是特殊的。其次，我们再看这一概念的客体——权利。当指一切权利时，它是普遍的；当指已享有的权利、法定权利、应享有的权利时，或当指公民权利、政治权利、经济权利、社会权利、文化权利和环境权利时，它既是普遍的，又是特殊的。世界上有许多民族和主权国家，这些民族和国家都有自己的人权观念和人权保障制度。不仅如此，为了更好地生存，它们还通过双边、多边条约，达成了双边、地区性多边或全世界范围的人权保护协议。在这种情况下，当人们谈起人权的特殊性时，往往指某一民族和国家的人权观念和制度。而人权的普遍性，则是指客观存在的、已被各国学者和政治家公认的人权保护原则。这些原则一旦被国际公约所肯定，并为各主权国家所认可，就获得了道义上的和国际法的约束力。

人权的普遍性和人权的特殊性是由什么决定的呢？作为一种观念和制度来说，人权的特殊性是由一个国家或民族的历史文化、地理环境、社会制度和发展水平决定的。因此，在一国之内，在不同的历史时期，人权呈现出发展的阶段性。在阶级对立的条件下，它有明显的阶级性。这是由于在经济、政治上占统治地位的阶级总是希望通过法律的强制和意识形态的影响来谋取自己的特殊利益。在世界范围内，在国与国之间，人权呈现出发展的多样性，表现着不同质或不同程度的差异。人权的普遍性是由于人作为人共同生活在地球上，他们有共同的本性、共同的利益，在此基础上产生了共同的需要和理想。《联合国宪章》《世界人权宣言》以及其他国际人权公约肯定的重要原则和重要权利，就是人权普遍性的体现。

有些人片面强调人权的普遍性，而无视人权的特殊性，其中有的人甚至从某一国家民族历史、社会制度和发展水平而形成的特殊人权观念和制度作为立论根据，把一种特殊的人权模式说成是应普遍适用的模式并将其强加于别的国家。这既否定了人权的特殊性，也否定了人权的普遍性，必然在理论和实践中造成不良后果。也有些人只注意人权的特殊性，而忽略人权的普遍性。这也是欠妥的。

各个国家的历史文化、社会制度是发展变化的。在此基础上产生的人权观念、人权保障制度也在不断变化。现代科技高度发展,信息迅速传递,经济市场一体化加快,人们之间的距离缩短了,利害关系密切了。可以预计,人权观念的变化也将加速。虽然人权的特殊性与普遍性将永久存在,人们对此问题的理解也将长期存在分歧,但正如1993年维也纳世界人权大会所显示的,随时间的推移,人们对二者的关系将会取得更多的共识。

二

中国是一个古老而又年轻的国家,中华民族是一个历史悠久的民族,有四千多年没有中断过的有文字记载的历史。近一百多年来,它又走过了曲折的道路,经历了复杂的斗争,终于在1949年取得了人民革命的胜利。为加深了解当今中国的人权观念、要求和制度,略加回顾不是无益的。

(一)古代中国是以农业自然经济为基础的君主专制主义国家。在进化过程中不同阶级的代表人物曾提出不同的权利要求。统治阶级的代表宣称君主是"天子",他的统治是"奉天承运"、"代天行命","溥天之下,莫非王土;率土之滨,莫非王臣"①。农民不甘于这种地位,他们的代表人物提出:"王侯将相宁有种乎"②,要求"均贫富,等贵贱"。为避免社会在这样尖锐的对立中走向崩溃,扎根于宗法制度基础上的儒家思想,几经演变被奉为维系社会的主导思想。

这个思想的核心是关于"仁"的学说。仁者,人也。所谓仁,就是爱人。按照儒家学者的解释,它包括了人间美好的品德和做人应有的原则。由此而派生了中国古代的人性论和人道主义。至于如何将这些原则付诸实施,

---

① 《诗·北山》,载《十三经注疏》,中华书局1980年版,影印本,第463页。
② 司马迁:《史记·陈涉世家》,中华书局1959年版,标点本48卷,第952页。

其指导思想就是"忠恕"和"中庸"。所谓"忠恕",即"己欲立而立人,己欲达而达人"①,"己所不欲,勿施于人"②。意思就是推己及人,将心比心,自己不愿干的事,不要强加于人。所谓"中庸",就是"和","和为贵"。用于治国就是"执其两端用其中于民"③,用于断狱就是要公平正直、不枉不滥。当然这不是主张一切拉平。中国古代是等级社会,讲究身份地位。为了维护这种制度,光有仁和爱是不够的,还要有与等级制度相适应的等级伦理观念。这就是"三纲"、"五常"。所谓"三纲"是指君为臣纲,父为子纲,夫为妻纲;所谓"五常",是指仁、义、礼、智、信。三纲五常虽要求对立双方有各自的权利与义务,如提倡父慈、子孝、兄良、弟弟(悌)、夫义、妇听、长惠、幼顺、君仁、臣忠等,但其要害仍是君臣、父子、夫妇、贵贱有等、长幼有别的等级伦理观念。

这种以"仁"为基础的伦理观念,在对立的阶级之间有其虚伪性,在同一阶级内部则有其真实性。它提倡克己爱人,引导人们谋求和谐,同时,又钳制人们的行为,禁锢人们的思想,其目的是为维护君主专制制度。但历史地看,这种观念和与之相连的社会制度,曾经维系了中国的统一,发展了中国古代文明。经长期演变形成的家长制传统和温情脉脉的人际关系,至今仍然在人们的思想中有一定影响。从对当代中国人权观念的影响看,它既有积极的一面,也有其消极的一面。

(二) 1840 年的鸦片战争失败,西方列强入侵,结束了中国的闭关自守状态。其结果是:一方面,西方文化科学技术和民主、自由、人权观念逐渐传入,中国人民、尤其是其中的知识分子,进一步认识到封建君主专制制度之不合理,在中国社会内部增强了推翻这种腐朽制度的动力。另一方面,是西方帝国主义对中国的大肆侵略。1840 年至 1949 年,它们对中国发动过大小数百次战争;订立了 1100 多个不平等条约,强迫中国割地赔款;在中国划

---

① 《论语·雍也》,载《十三经注疏》,中华书局 1980 年版,影印本,第 2479 页。
② 《论语·颜渊》,载《十三经注疏》,中华书局 1980 年版,影印本,第 2502 页。
③ 《礼记·中庸》,载《十三经注疏》,中华书局 1980 年版,影印本,第 1626 页。

分势力范围,享有不受中国法律管辖的"治外法权"。中国沦为半殖民地半封建社会。活生生的事实告诉中国人,为了独立、自由和人权,他们不仅要反对封建主义,而且要反对帝国主义。

一个多世纪以来,中国人民进行了不屈不挠的斗争。先后爆发了太平天国运动、义和团运动,经历了推翻清王朝的辛亥革命,打败了日本帝国主义侵略,最后推翻了国民党的反动统治,建立了中华人民共和国。在这个过程中,人权与独立、自由一直是无数仁人志士矢志不渝地为之奋斗的目标。戊戌变法的领导者康有为提倡人权,辛亥革命的领袖孙中山提倡人权,中国共产党的创始人之一陈独秀提倡人权。毛泽东不仅倡导人权,而且在中国革命胜利前,在抗日根据地还制定了十多个人权保护条例,建立了有效的人权保障制度。1949年9月30日中华人民共和国建立前夕,由毛泽东撰定、周恩来手书的人民英雄纪念碑碑文如是写着:

"三年以来,在人民解放战争和人民革命中牺牲的人民英雄们永垂不朽!"

"三十年以来,在人民解放战争和人民革命中牺牲的人民英雄们永垂不朽!"

"由此上溯到一千八百四十年,从那时起,为了反对内外敌人,争取民族独立和人民自由幸福,在历次斗争中牺牲的人民英雄们永垂不朽!"

这篇铭刻在矗立于北京天安门广场的人民英雄纪念碑碑文,使每个中国人每读一遍都经历一次心灵的震撼。它记载着一百多年来中国人民遭受欺凌的血和泪;它记载着中国人民在强暴和侵略面前不屈不挠、不怕牺牲的民族精神;它向世人昭示,争取民族独立和人民自由幸福权利,即人权,一直是中国人民矢志不渝的奋斗目标。

不可否认,近代西方文化的传入加速了中国封建社会的解体,对中国的科学技术发展产生了积极影响。但坦率地说,西方列强的侵略却又阻碍了中国社会的进步,延缓了中国经济文化和科学技术的发展,并在中华民族的心灵上留下创伤。历史和现实往往使中国人在与西方国家交往过程中产生一种戒备心理。

（三）1949年中华人民共和国成立是马克思主义在中国的胜利,是中国人民争取人权的一个重要里程碑。

毛泽东在回顾中国革命的发展史时写道:"自1840年鸦片战争失败那时起,先进的中国人,经过千辛万苦,向西方国家寻找真理。""帝国主义侵略打破了中国人学习西方的迷梦。很奇怪,为什么先生老是侵略学生呢？""俄国人举行了十月革命,创立了世界上第一个社会主义国家。……这时,也只是在这时,中国人从思想到生活,才出现了一个崭新的时期。中国人找到了马克思列宁主义这个放之四海而皆准的普遍真理,中国的面目就出现了变化。"[①]中国共产党人正是以马克思主义为指导,将马克思主义的基本原理与中国革命实际相结合,创造性地运用了马克思主义,才在中国这样一个幅员辽阔、人口众多的东方大国领导革命取得了胜利。

新中国的诞生,使中国获得了民族解放,政治独立,为中国人民享有更充分的人权奠定了坚实基础。在1954年宪法颁布之前曾经起了临时宪法作用的《中国人民政治协商会议共同纲领》和依据《共同纲领》制定的《土地改革法》《婚姻法》等一系列亟需的重要法律,规定了中国人民的政治、经济权利,使人民获得了翻身解放,实现了中国人民长期梦寐以求的耕者有其田和婚姻自主权。在此基础上,1954年《宪法》全面肯定了中国人民的公民、政治、经济、社会和文化权利,并颁行了相应的法律予以贯彻。50年代中国的经济迅速发展,人民的各项权利得到了切实保障,政治稳定,社会秩序良好,与这一切有密不可分的关系。

当然,中国的人权保障制度在建设中并不是没有出现过失误。由于缺少建设新国家的经验,在发展集体经济时,对个人权利保障注意不够;之后,又由于领导的错误,从60年代中期开始,持续了10年的"文化大革命"在一个时期发展成为"武化大革命",严重侵害了广大官员和人民群众的政治、

[①] 《毛泽东选集》第4卷,人民出版社1961年版,第1469—1470页。

经济和人身权利。教训是惨痛的,但是中国共产党和中国政府在人民的支持下毅然纠正了错误,总结了经验,认识到要充分保障中国这样一个11亿人口的发展中国家人民的各项权利,必须建设具有中国特色的社会主义。为此,必须发展社会主义市场经济,发扬社会主义民主,完善社会主义法制。中国的人权建设尽管目前还存在有待完善之处,但四十多年来中国在保障人权方面的巨大成就是无可辩驳的。

中国古代社会的君主专制制度以及儒家文化的影响,中国近代反帝国主义反封建斗争以及西方民主自由和人权观念的传播,马克思主义在中国的胜利以及社会主义在中国的确立,构成了当代中国人权观念的文化背景。古代儒家思想重道德轻法律,重整体轻个人,重义轻利;近代西方文化的传播和帝国主义的侵略在中国人民心灵上造成的创伤;以及基于实际情况,中国强烈要求独立、生存和建设具有中国特色的社会主义方针,则成为影响中国人权观念的重要因素。了解这些背景和因素,对于理解现代中国的人权观念及以后这种观念的变化,具有重要意义。

无论从国内立法的制度看,还是从参加国际人权保护的政策和活动看,中国对公民权利和政治权利,对经济、社会、文化权利,都是同等重视的,认为二者相辅相成,不可分割。与此同时,中国又特别重视生存权和发展权。1991年中华人民共和国国务院新闻办公室发表的《中国人权状况》的白皮书写道:"生存权是中国人民长期争取的首要人权。"也写道:"中国主张的人权,不只是生存权和公民政治权利,而且包括经济、文化和社会等方面的权利。中国政府重视维护和实现国家、民族和个人的经济、文化、社会和政治的发展权。"我认为,这正是结合中国实际情况提出的正确指导思想和政策。

民以食为天。像中国这样一个有11亿人口的大国,在国家独立之后,解决人民的吃饱穿暖问题并非易事。但这里说的生存权决不是仅指吃饱穿暖,发展权也不仅仅是为了吃饱穿暖。生存权也好,发展权也好,都是一项综合权利。生存权首先包括生命权;维持生命需要的生活保障权;生存要有尊严,所以还包括人格权。对于发展权,中国政府的白皮书说得很清楚,包括经济权利,也包括社会、文化和政治权利。当然这一切都必须以国家的独立、民族的解放为前提。

生存权这一概念以及其中应有之义并非中国人首先提出的。17世纪西方国家启蒙学者提出"天赋人权",就包括了生命权。之后,《弗吉尼亚权利法案》则以法律形式加以肯定。没有生存,何谈生命!没有生命,何谈生存!可见,生命权是生存权应有之义。迄今世界上有许多国家宪法以及《世界人权宣言》都对此作了肯定。中国的白皮书的贡献,只不过是在前述中国文化背景下对它作了进一步阐述。

中国现在仍然是一个发展中国家,经济、文化总体发展水平还比较落后。为使宪法和法律规定的各项权利得到切实保障,现正奋力发展社会主义市场经济。事实已经表明,这一制度既能合理分配人力、物力资源,又能提高人们的积极性,提高效益;既能使一部分人先富起来,又能避免贫富悬殊,逐步实现共同富裕;既能保证国家富强,又能实现社会安定。它适应中国具体国情,符合社会发展客观规律,已经显示了极大优越性。

生存与发展是中国面临的首要问题,在这个意义上说,二者有其特殊性,同时,也是世界各个国家,尤其是广大发展中国家所遇到的问题。从这一意义上说,它们又有其普遍性。我们高兴地看到1993年6月在维也纳召开的世界人权大会对于发展权的普遍性达成了共识。这将有利于国际人权保护,有利于人类的发展。

以上就人权的特殊性和普遍性的关系提出了看法,介绍了中国历史文化和产生于这种文化背景的人权观念。世界各民族都有自己的历史,分属不同的文化体系。更加上各国社会制度和发展水平不同,其人权观念不可避免存在差异。我们指出这一点不是为了强化或扩大这种差异,而是为了更好地寻找它们之间的共同地方,为了相互理解,求同存异,以推进国际人权保护事业。

编者记:本文是作者1993年11月14日至17日参加在德国波恩召开的"中德法治与人权"国际研讨会上提交的论文,原载《中国法学》1994年第3期,后收录进《刘海年文集》(上海辞书出版社2005年5月版,第349—357页),有部分修改。本文采用的即是收录进《刘海年文集》的修订版本。

权利的法哲学思考

舒国滢[*]

一、引论

权利,是贯穿于法的运动过程的法律现象,是最核心的法律要素。法的运动,无论其具体形态多么复杂,但终究不过是围绕权利这一核心要素而展开的:权利既属"客观法"范畴,又属"主观法"领域。在客观法阶段,"权利"被规定为"能为"的行为模式,确认人们"能够(可以)做出一定的行为"。在主观法阶段,"能为"的行为模式表现为"法律人"的每一个具体的行为,构成法律人的现实权利本身。权利,既是法律人(主体)利益和要求的落实,又是法律人取得"法律优势"(Advantage),获致法律保护的根据。

从更为深广的角度看,权利自古以来又是人类所追求的社会价值之一。人类在意识、意志和财产诸方面出现分化之后,在社会成员之间就有了"你的"和"我的"之类的观念和原则,产生了最早的权利意识和习惯权利。而法律对权利的确认和保护,最终使之成为法律人构成的标志。国家承认法律人的权利,赋予法律人维护自己合法利益的力量,这是社会发展的必然要求。权利体现了人类对自然的认识与超越,体现了人类个体对群体的抗争与和谐一致,体现了人类整体对个体生存价值的承认与尊重。法律权利的合理界限的确立,取决于国家的社会制度、经济制度和阶级力量的对比状

---

[*] 舒国滢,中国政法大学法学院教授、博士生导师,中国政法大学法理学研究所所长。——编者

态,也取决于一个社会、民族的文化、历史传统和信念。在人类历史上,权利的斗争一直没有间断。这种斗争,促进了生产力的巨大发展和商品经济的繁荣发达。但人类也曾为此付出过沉重的代价。在专制时代,权利的斗争往往不过是暴力统治的牺牲品。只要有人类的不平等,只要有不同的人类集团和群体利益差别,就一定存在着权利分配的冲突。权利斗争,构成了人类种群竞争的主题之一。

在法学上,权利是基本的法学范畴,是建构法学体系的逻辑起点。在这个意义上,有人称法学为"权利之学"。从微观处看,权利范畴,与"义务""责任""制裁"诸基本范畴相推论;而从宏观观之,这一范畴又是解构法律规范、法律关系、法律体系、法律秩序、法制等法律现象的"文本"(Text)。因此,从权利这一法学逻辑原点出发,考察诸种法律现象及其相互关系,就可以推演出各个层次的法律概念和原则,并在概念演化的同时,逐步形成法学范畴(概念)的逻辑体系。可以想见,具有这种逻辑体系的法学,达到一定的理论清晰度,就为建立法学的公理体系铺平了道路。重新确立"权利"的核心范畴地位,对于法学不啻具有方法论的意义,而且有更新传统法学体系的理论价值。

二、"权利"的语义分析

在汉语中,"权利"二字,最初是分开使用的。两者各有其不同的含义。据《广雅·释器》释义:"锤谓之权。"可见,所谓"权",本意乃指秤锤之衡器。《汉书·律历志上》称:"权者,铢、两、斤、钧、石也,所以称物平施,知轻重也。"基此,汉语又衍生"权衡"、"权宜"、"权变"诸词。《公羊传·桓公十一年》:"权者何?权者反于经然后有善者也。"这里的"权",指衡量是非轻重,以因事制宜,与"经"(至当不移的道理)相对称。因"权"与物之重量相关联,喻政治势力时,乃有"权势"、"权柄"、"权贵"称谓。

利,则指"利益",与"弊"、"害"相对称。《论语·宪问》:"见利思义。"此谓利益、功用,后衍"有利"、"利润"、"利害"诸义。

权利二字通用,见于典籍,指权势和货利。《史记·魏其武安侯列传》:"农累数千万,食客日数百人,陂池田园,宗族宾客,为权利,横于颖川。"《盐铁论·禁耕》:"夫权利之处,必在深山穷泽之中,非豪民不能通其利。"足见,此种意义上的"权利"与近代的权利概念大有差异。在中国旧立法中,"权利"也不是一个法律用语。

汉字"分"乃隐含权利之意。《淮南子·本经训》:"各守其分,不得相侵。"此处"分"即名分、职分,指人们应当行为的界限。战国时期的慎到曾提出"定分止争"思想,可以看作是较早的权利学说。但总体上看,这一思想与人文主义的权利论还有相当的区别。不能从人性本身思考权利存在的基础,这是中国古代权利论不甚发达的原因之一。中国人一向重德操、义务,且构成中国传统法律文化的精神内蕴。

有人考证,汉语中近代意义的"权利"一词传自日本。日语则译自法语"Le droit",法语"droit"衍生于拉丁语"drecturn",而"drectum"则是古典拉丁语"rectum"及"jus"的通俗用语。"rectum"本意指"真实"、"正当"、"正确"等,它是英语"right"、德语"recht"等词的语源。"jus"一词自"justitia"变化而来,构成法语和英语"justice"的词根。由此可见,在西方,"权利"一词的起源,是与人们自我独立意识的觉醒及对正义、良善、平等、自由等道德理想的追求密切相关的。哲人们在正义与善的思辨中,找到了个体存在的道德基础,即个体人格的独立性、人格尊严的平等性、个人选择的自由性、行为的自主性以及个人完善发展的可能性等等。重视有生命的个人存在和个体生命的充分发展,这就使人们模糊地认识到个人权利的重要性,并将"权利"与"法"、"正义"等混为一谈。拉丁字"Jus",是法与权利的二元概念,它是"把正义性注入实在法,给予伦理内容的所有内在道德原则的复合体"。[①] 英国法学家梅因认为,罗马法中的权利是所谓"概括的权利",即各种权利和义务的集合,它好比是"某一个特定的个人的法律外衣"。但这种外衣并

---

① Henry Campbell Black M. A, *Black's Law Dictionary*, 1979, p. 1189.

不是把"任何"权利和"任何"义务凑合在一起而形成的。它只能是属于一个特定人的一切权利和一切义务所组成的。也就是说,我们每一个人对世界上其余人的全部法律关系,可以用一个概念来加以概括。不论这些法律关系的性质和构成是怎样的,这些法律关系在集合起来之后,就成为一个概括的权利。[1] 罗斯科·庞德(Roscoe Pound)考释,"jus"一词在罗马法教科书中10种以上的定义,其中有4种接近我们所谓的"权利":(一)法律上被支持的习惯的或道德的权威,例如家长的权威;(二)权力,即一种法律上被支持的习惯的或道德的权力,例如所有人出卖他所有物的权力;(三)自由权,即一种法律上被承认的正当自由;(四)法律地位,即法律秩序中的地位,例如"jus latti",一个不是公民但具有合格公民身份地位的人的法律地位。[2]

不过,在罗马法时代,私法的发达,事实上已促成物权及所有权观念的具化。罗马法中的物权是指个人拥有、取得、占有和管领物的权利,主要包括"对物之诉"(Actio in Rem)和"对人之诉"(Actio in Personam)两类。中世纪注释法学派以"对物之诉"为基础,提出"物权"概念。1900 年的《德国民法典》第一次将此概念接受为正式的法律术语。所有权(Dominium)是物权的一种,意指"统治"、"支配"、"控制"、"管领"。而占有、使用、收益、处分、要求返还则构成所有权之基本权能。所有权的确立,使人的权利真正建立在坚实的基础之上。它能够保证社会的个体率先突破"团体(家族)本位"的制约,以独立的法律主体参与法律关系。所以,卢梭指出:"最初占有者的权利,虽然要比最强者的权利更真实些,但也唯有在财产权确立之后,才能成为一种真正的权利。……财产是政治社会的真正基础,是公民订约的真正保障。"[3]

迨至 17 世纪,权利观念演化史上的一个显著变化,就是人们开始认真

---

[1] 梅因:《古代法》,商务印书馆 1984 年版,第 102 页。
[2] 罗斯科·庞德:《通过法律的社会控制》,《(现代西方法哲学)选译资料》(二),北京大学法律系编,第 45—46 页。
[3] 卢梭:《社会契约论》,何兆武译,商务印书馆 1982 年版,第 31 页。

地从个体生命的角度提出法律上的权利要求。古典自然法学派的所有学者均主张人定法应承认个人的"天赋人权"。他们指出,权利是作为理性动物的人所固有的道德品质,是人们正当地做出一定行为的合理期望,具有不可剥夺或转让的性质。至此,自然权利观取代权利正义观,使权利走出抽象的道德律令体系,而与财产、人格、尊严、思想的和个人独占联系起来,涂抹上浓厚的个人主义色彩。从范围看,权利主张已远远超出私法领域,渗入政治、经济、文化诸方面,明显带有反封建约束的进步性质。19世纪的"法典化"运动以法律文件的形式将权利予以确立,从此,权利不仅是人的合理期望或主张,而且是人们自由选择行为的现实可能性。权利不仅可以是个人(自然人)的,而且可以是团体(法人)的。权利主体的种类日渐增多,权利的内容亦日趋复杂。与此相适应,权利一词的内涵、外延在不断的演变和发展。于是,诸如"权力"、"职权"、"权限"、"特权"、"自由"、"豁免"之类的名词,也以专门的法律术语存在,它们在不同的层面绽示"权利"的内涵。

从"权利"的语义考察,我们看到:权利概念蕴含着深层的社会文化根基,反映出中西法律文化的差异。权利产生于商品经济发达的民主社会,与社会的进步价值(民主、自由、平等、公正等)相一致。没有自由、平等,即没有真正的民主;而没有真正的民主,就没有真正的权利。反过来,没有广泛的法律权利规定并使之实现,也影响民主政治的形成和发展。仅有"纸权"(Paper Right)而无"活权"(Living Right)的社会,不是真正崇尚权利的社会。在此意义上,中国漫长的封建史上没有"权利"这一法律用语,是不足为奇的。在欧洲国家,权利一词的法律确认,也经历过长期的历史演进,由"概括的权利"(法律地位)到"自然权利",再到"个人的权利",反映出个人主义法律文化发展的轨迹。

三、权利的本质

什么是权利? 权利存在的价值基础是什么? 如何看待权利的本质? 对以上问题,世界各国学者曾有过不同的观点。归结起来,具代表性的学说有五种：

1. 自由说。由英国的霍布斯（Thomas Hobbes，1588—1679 年）、荷兰的斯宾诺莎（Baruch Spinoza，1632—1677 年）等首倡，认为权利是一种免受干扰的条件。其后，德国的康德、黑格尔，美国的霍姆斯（Oliver Wendell Holmes，1841—1935 年）又作进一步发展。康德称权利为"意志的自由行使"；黑格尔则直接把权利、意志、法、自由相提并论。霍姆斯从法学角度将权利界定为"对行使一定自然条件权力的一种允许"。

2. 意志说。又包括两说，即"意志之力"（Willensmacht）和"意志支配"。德国 19 世纪法学家温德雪德（Windscheid）提出，权利就是法律赋予的意志力，即个人意志所能自由活动或个人意志所能任意支配的范围。意志是权利的唯一基础，没有个人主张的意志力或意志支配，则无所谓权利。

3. 利益说。德国耶林（Jhering）、登伯格（Dernberg）受功利主义学说影响，注意权利背后的利益因素，指出：权利的实质在于法律所保护的利益。权利主体乃享受利益之主体。利益是权利的价值准则，没有利益，也就无所谓权利。

4. 意志利益折衷说。德国的伯克尔（Bekker）、耶利内克（Jellinek）认为，意志说与利益说以意志或利益作为权利之唯一基础，均有缺失。应综合意志与利益二者来说明权利概念。在此意义上，权利是"依意志力而保护的利益"或"为保护利益而赋予的意志力"；利益是权利之目的，意志是权利之手段。

5. 法力说。德国的默克尔（Merkel）、雷格斯伯格（Regelsberger）等人论证说，权利由内容和外形两要素构成：其内容指一种特定利益，其外形则指法律上之力。特定利益即法律上的利益（简称法益）；法律上之力，即法律赋予或认可的对抗他人的力量。

以上各说在一定程度上抓住了权利的局部特征，但它们又都有所缺失。自由说看到了权利的不受干扰性和权利主体的自主地位，但将权利与自由混谈，忽略了两概念在不同意义上的含义和用法。意志说虽然注意到权利构成之主观状态,但片面强调主体意志,却又不能合理解释"无行为能力者权利"之特性。利益说揭示了权利存在的目的,但将权利等同于利益,混淆了权利与权利所及对象的差别。折衷说在一定程度上避免了利益说和意志说的偏颇,但将利益保护根据归结为"意志力",却又陷入新的矛盾。法力说将权利与利益、法力相联系,比其他学说趋近全面,但它同样未阐明法力的来源及法力的范围,也未能找到权利背后的动因。

在苏联和我国法学界,权利本质论的讨论也始终未达成一致的结论。主要观点概述如下:(1)权利是法律规范确认和保护的法律关系主体所享有的某种权能;(2)权利是法律赋予人们享有的某种权益;(3)权利是依据法律规范规定的能做行为,或法律关系主体所享有的做出某种行为的可能性;(4)权利是指法律关系主体具有这样行为或要求他人这样行为或不这样行为的能力或资格;(5)权利是法律关系参加者依据法律规范对待他人或他人对待而存在的行为的界限;(6)权利是国家通过法律规定,对人们可以做出某种行为的许可和保障。此六点,与西方学说或有关联,但有自己的特点,均从法律主体的行为角度考察权利的实质。笔者认为,从行为角度认识权利,是较为科学的。行为,是任何社会主体参与社会生活的客观条件;在法律上它是衡量法律主体资格或能力有无的标志。人与人之间的法律关系,归结到底就是人与人之间的法律行为联系。没有实际的行为,就没有法律关系。法律规范调整人们的社会关系,也正是要调整人们的行为本身。其调整方式就是首先在法律上规定人们的权利和义务。法律的实施,目的也是要实现法律上的权利义务规定。权利的实现,像法的实现一样,也是由"应然秩序"趋近"实然秩序"的过程。在此意义上,权利包括"应然权利"与"实然权利"二者。前者指"行为的可能性",后者指"行使权利的行为"本身。只有将二者有机结合起来,才能揭示权利的实质。

传统的理论大都在"应然秩序"中描述和阐释权利。的确,撇开其实效性不谈,权利仅存在于可能性空间,表现为权利人自己做出一定行为的可能性,要求他人做出或不做出一定行为的可能性,以及诉诸国家强制力保护的可能性。"应然"的权利具有下列特征:(1)权利所规定的行为是权利人未来的行为或将要实施的行为,先是表现为法律规范的行为模式(能为模式),次则具化为当事人契约的有关条款,最后绽现为权利主体的实际行为。(2)权利必须有一定的限度,符合法律的规定。权利是由国家法律赋予认可的;一方面反映个人具有独立的主体地位;另一方面反映国家、社会集团对个人权利的制约。权利的内在扩张与外在的规制之间的对立统一,是法律权利的本质所在。(3)权利的基础是权利人的合法利益。任何权利都是一定的个人利益或社会利益在法律上的反映。利益是人的活动的内在驱力,也是确立人的主体地位的直接原因。权利因其反射的利益之存在而存在。利益的合理分配是确立权利范围的内在标准。尽管如此,权利与利益尚不可完全等同。并非所有的利益都是权利的基础,法律所保护的仅仅是形成权利客体的利益,即合法利益。

"实然权利"是权利的实现状态,是权利由可能性空间向现实性空间的转换。实然权利是法的实现的主要方面,是法律关系的主要内容。与应然权利相比,实然权利的特征表现在:首先,实然权利的行使者不仅具有权利能力,而且必须有相适应的行为能力。应然权利人具有完全行为能力,当然可以成为实然权利人,也可委托他人代行其应然权利;应然权利人不具有行为能力或仅具限制行为能力,则应由法定代理人作为实然权利人来行使权利。其次,在"权利-利益"一体的场合,实然权利人行使权利,可能是为了个人的利益,也可能是为了他人、社会乃至国家的利益。应然权利所指向的利益一般是很确定的,但由于委托、代理的存在,应然权利人与实然权利人分离。在此,利益的归属呈现不同的情况:当事人同时是应然权利人和实然权利人,其行使权利的目的自然是为了获取自己的合法利益;否则,权利的行使,则归属于另一个法律主体(应然权利人)。再次,实然权利是权利人依法行使应然权利的法律行为,本身具有不受阻制的性质。所谓不受阻制,并不是指滥用权利时不能予以制裁,而是指权利人在法律规定的范围内可以自主行使权利,不受他人干涉。权利行使一旦被阻制,权利人即应诉求国家的保护,以实现权利。在某种情况下,权利人行使权利可能并不是出于善意的动机,但只要尚未超出"应然权利"范围,还不能当然视为滥用权利而予阻制。

总结上述分析,我们应当从行为、利益、国家法律认可与保障三方面来认识权利概念。自主行为是权利的内容;利益是权利存在的目的和根据;国家法律的认可与保障,则是权利的实质。基于此,我们应当说,权利是国家法律认可并予保障的、体现自我利益、集体利益或国家利益的自主行为。

四、权利的结构

顾名思义,所谓"权利的结构",乃指权利内部诸要素的结合方式。它反映单个权利本身应有的构成要素以及这些要素之间的逻辑关系。在理论上探讨权利的内在构成,对于进一步认识权利的本质和特征,是相当有意义的。

康德较早论及权利的结构,认为每一权利包含三要素:一个人与另一个人之间的外在的、实践的关系;个人自由行动与他人自由行动的关系;一个人的行动如何按照普遍法律与他人的自由相协调。日本法哲学家高柳贤三则指出,权利由二要素所成立。"第一要素,为适合于法律命令而在其限界内之行动可能性,此可称为权利之内的要素。第二要素,为他人妨害行为之不能性及反抗其妨害之可能性,即要求他人尊重自己之行动之可能性,此要素乃关于他人者,故可称之为外的要素。"[①]苏联亚历山大罗夫教授建构的权利结构论,代表了当时苏联法学界的普遍观点,指出:主观权利是三种可能性的不可分割的统一,即主观权利享有者本身的一定种类和一定限度的能做的行为;要求他人做出一定行为以保证前一种能做的行为实现的可能

[①] 高柳贤三:《法律哲学原理》,上海大东书局,第220页。

性;在必要时请求国家机关以强制力量来促使第二种可能性实现的可能性。① 澳大利亚法理学家佩顿(G. W. Paton)也提出过权利结构学说,自成一家。他认为,每一个权利的结构都包括四个部分:权利主体;权利涉及的作为或不作为;权利客体;受义务约束的人或义务人②。

享有合法利益者必须获致法律强制力的保护,从而具有抗衡任何其他人侵犯该利益的能力。从此处看,一个完整的权利,其实是由三种相互关联的具体权利复合而成,即自由权、请求权、诉权的统一。

自由权。权利的第一项基本要求是:"法律人能够独立地从事一定的行为,不受他人的干预。"见诸于法律,此乃自由权(Freiheitsrecht)。作为权利的第一要素,自由权有其独特的地位,它决定和制约着人们对合法利益的占有、使用和处分的可能性。自由权是法律人(自然人)的原生权利,是人们在法律范围内活动的最基本能力,具有"不可剥夺"、"不可侵犯"的伦理性质。它意味着:(1)权利人"能够做出一定的行为",也可以不做出一定行为。(2)自由权本身不连带义务,是"不负义务"的权利。自由权与义务在法律上是"相对立"的范畴;自由不含义务,义务也不蕴含自由。换言之,一个人有义务做出某种行为,他就没有自由去做与义务内容相反的行为;而他有自由做出某行为,那么他也没有义务不去这样行为。在此意义上,人们不能对自由权本身提出义务的请求。(3)自由权是一种对世权(或绝对权),相对于无特定义务人的消极义务。只要无特定义务人普遍地对此权利实施不作为行为,即不妨碍自由权的行使,自由权即可得以顺利实现。另一方面,自由权人也不得向非特定义务人提出具体的义务请求,要求他人做出或不做出某些具体的行为。

从广义上讲,任何法律主体(包括国家)都享有一定的自由权。自由权表现在法律生活的各个领域。例如,人们对财产享有自由权,被称为所有

---

① 尼·格·亚历山大罗夫:《苏维埃社会中的法制和法律关系》,1958年版,第91页。
② George W. Paton, *A Textbook of Jurisprudence*, Oxford University Press, 1972, p.285.

权;对人身的自由权,称人身权;国家在国际国内事务中拥有的自由权,则称为国家主权。在守法范围内,自由权是不会产生具体的法律关系的。但自由权实现一旦受阻制,必然诉求法律程序予以保护。于是此一基本权利派生出请求权和救济权(诉权),可能导致他种法律关系(如程序法律关系)的产生。正是基于这一认识,我们说,自由权乃权利的核心内容,是其他权利要素存在的基础。

请求权。权利的第二项要求,即"权利人有权要求他人做出一定的行为或抑制一定的行为"。有人将此内容概括,统称为"请求权"。请求权(Anspruchsrecht)一词虽出现较早,但直到1862年温德雪德论述权力(Macht)与请求权之区别时,这一术语才有了较为清晰的含义,但主要用于私法领域,真正作为法学一般概念使用的,始于美国法学家霍菲尔德(Wesley Hohfeld)。他用"请求权"(Claim)代替"权利"(Right)一词,称之为"严格意义上的权利"(Right Stricto Sensu)。

请求权作为权利结构的第二要素,始终与特定义务人的义务不可分割。其特点在于(1)请求权寓于他人之义务。请求权的存在,同时表明他人义务的存在。请求权的内容就是他人履行义务的行为本身。凡要求义务人做出一定行为或不做一定行为的权利,均属请求权类型。(2)请求权是对人权(相对权),相对应的是他人的具体义务,内容具体、明确。例如,"X有权要求Y偿付10元钱",此处"Y偿付10元钱"的表述,既指Y之明确义务,也是X请求权之清晰限界。(3)请求权表现于诸法律领域,既可为实体权,也可为程序权;既可为公权(行政权、司法权),也可为私权(物权请求权、债权请求权之类)。

请求权必须以原权(自由权)为根据。基于自由权而产生的请求权大致有两种情况:一是由于自由权受阻制而产生。特定的组织或个人,故意或过失地侵犯自由权利人的自由时,这些侵害者就对权利人或国家负有特殊的义务:或赔偿损失,或消除妨害,甚或受刑事制裁。在此种情况下,自由权自然衍生出请求权。二是基于合法目的而产生。如权利人在确认自己的自由权或转移某自由权(所有权)时,对义务人做出的相应请求。无论如何,自由权的实现,也必须求诸请求权。请求权是权利结构必不可少的要素,是权利内容的具体化。

诉权。义务人不履行义务,或阻制权利人的自由权,或触犯其请求权,此时权利享有人就有权向国家司法机关诉求予以保护。这样,"权利人在权利受阻制时要求国家机关保证其实现",就成为权利的第三项基本内容。从权利人角度看,此乃自由权、请求权合理衍生的另一种权利——诉权。在法学上,诉权又称"救济权",指权利人向司法机关提出诉求以保护其实体权利的权利。大致可分四类:刑事诉权、民事诉权、行政诉权、宪法诉权。民事诉讼法学中常常区分两种诉权:一是程序意义上的诉权,即起诉权;二是实质意义上的诉权,即胜诉权。诉权的实质在于胜诉,使权利人的合法权益得以保障。如果说权利本身有一个运动过程,即由"自由权"到"请求权"再到"诉权",那么只有到了诉权阶段时,权利的价值才真正得以绽现。在此意义上,有人甚至把诉权看作是权利"成熟"的标志。苏联法学家 M. A. 顾尔维奇在《诉权》一书中谈到民事权利构成时指出:"依照强制程序实现的能力是主体民事权利的根本的、因而也是不可缺少的属性。但是这种属性的特点在于,它是在一定条件下表现出来的。在这些条件成就之前,权利具有一种非紧张、没有积极化的性质,也可以说——非诉讼的性质。只是随着上述条件的成就,才表现出权利对义务人强制实现的能力,即引起履行义务的能力;权利的全部内容才能获得具有强制执行力的命令的紧张性质;权利成熟了,它已准备好立即实现。"①尽管权利的实现并不必然经过诉权阶段,但它们必须以实质的诉权(胜诉权)作为保证。

总之,权利是自由权、请求权和诉权三者的有机结合。其中,自由权是基础,请求权是实体内容,诉权则是保障手段。

---

① M. A. 顾尔维奇:《诉权》,中国人民大学 1958 年版,第 151 页。

五、权利的实现：保障与限制

任何应然权利都必须得以实现，这是法律权利运动发展的必然要求，也是权利的本质所在。权利不能合理地实现，就歪曲了它的本质。人们在不断地期待和获致权利，也在不断地实施权利实践活动。

实现权利的前提，是权利具有可操作性，即通过合理的程序将抽象的权利转化为具体的权利。在此过程中，国家对权利的切实保障与合理限制占有重要的地位。权利的保障与限制既是权利实现中长期存在的一个二律背反，也是国家对个人的权利所坚持的基本态度（原则）和采取的基本措施。

国家对权利的认可和保障，是权利实现的最重要的手段。所谓"认可"，即国家通过各种法律确认公民的各项权利，使一般的习惯权利上升为法律权利。所谓"保障"，指国家以强制力为后盾，通过正常畅通的民主渠道，创造良好的文化环境、提供必要的物质设施来排除实现的障碍。从总体上看，权利保障的条件表现在：

1. 法律条件。公民权利的实现状态与一国的法制完备状态是密不可分的。没有法制，则没有权利的实际保障，这也是不争自明之理。因此，要切实保障公民权利的实现，不仅需要建立起完善的立法制度，而且要建立完善的司法、守法制度，保证所有的人、组织、机关、团体都必须严格依法办事。尤其是，严格保证"依法行政"、"依法司法"，至关重要。

2. 民主条件。民主与法制相联，民主的性质和实现程度，决定着法制的性质和水平。同时，民主的建立和发展，直接影响着权利的实现，因而民主是权利得以保障的有效政治条件。没有民主，即无权利；民主遭致破坏，即使有权利的法律规定，也不能有效实现。

3. 物质经济条件。权利实现与社会物质经济关系有直接或间接的联系。马克思说："权利永远不能超出社会的经济结构以及由经济结构所制约的社会的文化发展。"①这里的物质经济条件主要包括生产水平,商品经济发达状态,实现权利的物质设施、地理、人口等。在任何社会,物质经济条件对权利的制约是决定性的。在此意义上,社会的物质经济发展到什么程度,国家对权利的保障就达到什么样的程度。

4. 文化条件。权利的保障与一国的文化背景、公民现实的心理以及普遍的智力条件也有一定的联系。权利人个人的世界观、价值观、政治素质、道德水平、文化科学知识程度则直接影响其对权利的行使。国家通过发展教育事业,建立文化设施,鼓励新闻媒体的自主健康发展,其实都间接地保障着权利的有效实现。

权利表现为外在的行为,总是有一个适度的空间。超出了这个空间,就不再是国家法律许可和保障行为。相反,要受到法律的限制或禁止。诚如法国孟德斯鸠所言,自由(权利)仅仅是:"一个人能够做他应当做的事情,而不被强迫去做他不应该做的事情。"②

法律对权利的限制,严格地讲,就是法律为人们行使权利确定技术上、程序上的活动方式及界限。它与保障一样,反映着国家对个人权利的认识态度。在此方面,各国通行的主要原则有:

1. 法律家长主义(Legal Paternalism)。指法律以促进权利人自我利益或阻制自我伤害为目的,对权利的行使,实行某些必要限制。法律家长主义认为,任何人都有可能错误地利用其自由(权利),并在客观上给自己、他人和社会造成损害。为此,法律应对人们的权利作某些强制性、限制性或禁止性规定,以保障权利的合理性,实现其公平正义要求。例如,摩托车手必须在行车时戴安全头盔;妇女、儿童不得从事有害身心的劳动;禁止自杀、决斗,等等。在这里,法律担当了"监护人"的角色。

2. 国家主义。即法律着眼于国家的意志和利益,对个人的权利实行限

---

① 《马克思恩格斯选集》第 3 卷,第 12 页。
② 孟德斯鸠:《论法的精神》(上册),商务印书馆 1987 年版,第 154 页。

制和干预。实行这种原则的法律强调：个人在行使权利时，必须符合国家利益；在一定情况下，为了国家整体利益，可以牺牲个人的自由（权利）和利益。国家应积极地调节个人的生活，必要时可以使用强制手段限制个人权利的行使。

3. 综合主义。即法律在坚持保障个人权利的基础上，为了个人、社会（集体）、国家利益的平衡与一致，而对权利的行使作一定的限制。它的基本要求是：个人在行使权利时，不得侵害他人、国家或集体的利益，应有利于"增进公共福利"、"维护社会秩序"。

可见，权利的法律限制的出发点是多向的：个人、他人、社会（集体）、国家。权利的界限即存在于这些主体之间利益和价值的协调。对于个人而言，其所享有的权利之所以受限制，是因为存在着与这一价值同等重要的或较之更高的价值。没有这样的价值或价值冲突存在，那么限制权利本身就是不合理、非道德的。例如，如果人们在实现权利时没有侵犯他人相同的权利，就不能任意加以限制或剥夺。再如，在社会发生动荡时，国家采取紧急防止措施（如宣布戒严），限制个人的某些活动自由是必要的，但如果上述情况已不复存在，就不应当限制人们行使正当的权利。诚然，权利不是绝对无限制的；同样法律也不能绝对无限制地剥夺或取消人们的权利。权利与法律之间的这一复杂的关系，应当引起生活在这个时代的人们足够的关注。

编者记：本文刊载于《政法论坛》（中国政法大学学报）1995年第3期，曾获中国政法大学1994年度中青年优秀论文一等奖。法哲学是关于法的最高形式的理论思维，所研究的是法的各个层次中最高抽象及其现实化运动，"权利是基本的法学范畴，是建构法学体系的逻辑起点"，因而研究、学习权利的法哲学基础，就显得很有必要。

论法定权利与权利立法

郭道晖[*]

一、权利在立法中的核心地位

权利(包括义务),如同经济关系、经济学中的商品一样,在法律关系与立法中是最基本的细胞,在立法体系中是最基本的元素,在法学中是最基本的范畴。任何法律关系、法律规范,最后都可归结为权利义务关系与权利义务结构。利益在法律上的体现就是权利(包括权力)。单纯的利益追求或利益的纠纷,不一定构成法律问题,只有把利益主张转化为权利主张,才可以进入法律领域,才可以进行诉讼。[①] 在西方某些国家(如法、德、意、俄等国)语言中,法与权利源生一字(Recht Npabo 等,既是"法",又是"权利")。正如当代美国法学家弗里德曼(Friedman)所言:"权利是建造法律的基本材料。法院对权利的要求进行加工。法律学说主要是有关权利的主张构成的。"[②]德沃金(Ronald Dwokin)则指出:"不认真对待权利,就不会认真对待

---

[*] 郭道晖,中国法学会法理学研究会顾问,北京大学宪法学行政法学博士生导师组成员、公法研究中心客座研究员,湖南大学教授兼《岳麓法学评论》主编,最高人民检察院专家咨询委员会委员。——编者

[①] 弗里德曼(Lawrence M. Friedman,1930—)在《法律制度》一书中说,法院不解决利益冲突。一方必须把他的要求转变成价值观念或事实的冲突即变成权利要求或事实争议才能进行诉讼。他还说:"美国人似乎有根深蒂固的习惯要把政治和经济争论搞到法庭上去。换言之,美国人特别擅长把利益变成权利要求。"见该书中译本,李琼英、林欣译,中国政法大学出版社1994年版,第264、265、274页。

[②] 同上书,第266页。

法律。"①

（一）权利的概念

什么是权利？古往今来,定义丛生,学说林立。诸如自由说(权利是法律所保障的自由),意思说(或意志说,指权利是法律赋予权利主体在行为选择上的"意思自由"或"意思能力"或意志能力),利益说(权利是法律所保护的利益),法律上的力说(权利内容是法律赋予的特定利益,权利形式是法律认可的并可用以对抗他人的一种强制力),资格说(有资格去行动、存在、享有或要求),等等。

中国古代"法即是刑",一般只讲义务,不讲权利。"权利"一词,虽也见之于古代典籍,如《荀子·君道》中说:"接之以声色、权利、忿怒、患险,而观其能无离守也。"《史记》106 卷《魏其武安侯·附灌夫》中说:"家累数千金,食客日数十百人,陂池田园,宗族宾客为权利,横于颍川。"这里讲的"权利"都是指"权势及货财",②非近代法律意义上的权利。(当然,这并不是说,古代中国不存在权利事实;而且法律上规定的特权也是一种权利。)中国法律上"权利"一词始见于清末之立宪和民国之"六法"。它是由日本传入。日本又是从德文"Recht"译为"权力利益",略作"权利"。当代中国法学界对"权利"概念也有各种不同解释,或作为一种权能、资格,或当作权益,或称之为"法律所允许的权利人为了满足自己的利益而采取的、由其他人的法律义务所保证的法律手段";③或认为"权利是国家通过法律规定,对人们可以作出某种行为的许可和保障";④有的学者则以利益、主张、资格、权能、自由作为权利的五大基本要素,来表述权利的属性,⑤等等。

----

① Ronald Dwokin, *Taking Rights Seriously*, Havard University Press, 1947, p.205.
② 《辞源》(合订本),商务印书馆 1988 年版,第 892 页。
③ 沈宗灵主编:《法理学》,北京大学出版社 1994 年版。孙国华主编:《法理学教程》,中国人民大学出版社 1994 年版,第 481 页。
④ 王勇飞、张贵志主编:《中国法理学研究综述与评价》,中国政法大学出版社 1992 年版,第 283 页。
⑤ 夏勇:《人权概念的起源》,中国政法大学出版社 1992 年版,第 42—44 页。

除了法律上的权利外,还有非法定的权利,如道德权利、宗教权利、习惯权利,以及各种社会组织内部的权利义务规范。此外,18世纪欧洲自然法学家所主张的"自然权利"(或"天赋权利")说,也是指存在于法律权利之先并且高于法律权利的一种非法定权利。不过,那只是一种臆想,或者只是建立在人的自然性上的一种有关正义的学说。

本文不讨论诸种权利的定义与概念,主要取"法定权利是法律所维护的利益"这一实质内涵,并据此论述权利在立法上的地位与权利配置方略,同时也涉及对与立法有关的非法定权利的探讨。

(二) 法定权利的来源与演进

权利不是天赋的,不是基于人的自然本性从来就有的,而是随着人类社会的发展而历史地产生和演进的。但权利也不是法律所赋予与创造的。正如马克思所说的:"各种最自由的立法在处理私权方面,只限于把已有的权利固定起来并把它们提升为某种具有普遍意义的东西。而在没有这些权利的地方,它们也不去制定这些权利。"①这里马克思所讲的"已有的权利",不应该解释为自然法学家所称的"自然权利",而是由社会生产与交换活动中,所已习惯地形成的客观的法权关系,即社会自发权利。② 如买卖双方"必须彼此承认对方是私有者","通过双方共同一致的意志行为,才能让渡自己的商品,占有别人的商品"。③ 这也就形成了双方的所有权和自由支配权的法权关系。立法者则用法律的形式将这种社会自发的权利义务关系确认为法定的权利义务,并给以法律保障。

一般说来,权利在立法文件尚未草拟以前,就以一种自发的形式存在于社会生活中。如社会生产与交换中自发形成的契约关系、法权关系,社会生活中长期形成的习俗权利、道德权利以及社会组织中的权利等等。荷兰议

---

① 《马克思恩格斯全集》第1卷,第144页。
② 参见郭道晖:"人权、社会权利与法定权利",《中国社会科学辑刊(香港)》1993年第3卷。
③ 马克思:《资本论》第1卷,《马克思恩格斯全集》第23卷,第102页。

会于1993年2月9日通过的安乐死立法,将实行安乐死的权利(可以说是生命权的一种演进形式或负面体现),确定为法定权利。事实上,它早已作为一种社会自发权利在荷兰存在了二十多年。医生们根据病人的要求,一直在对无可救药的垂死病人实施安乐死,累计接受者有2300人,还有400人由医生"协助自杀"。① 这一安乐死的权利由社会生活中自发产生,逐渐得到社会公认,最后正式转化为法定权利。又如中国全国人大于1988年通过的宪法修正案,确认了土地使用权可以依法转让,承认国家保护私营经济的合法的权利和利益,也都是社会先有了土地使用权转让和私营经济客观存在的权利事实,才根据立法(国家)的意志上升为法定权利的。

当然,并非所有社会自发权利(如道德权利、习惯权利)都可以转化为法定权利。这是要根据统治阶级的意志和其他社会条件来选择的。其中有的是基于立法者的阶级利益倾向性,而不许转化的(如在剥削阶级统治的国家中,劳动人民的许多合理的习惯得不到法律的承认;社会主义国家也不容许将某种残留的封建特权如族长权利、家长包办、买卖婚姻的封建习惯权利规定为法定权利);有的是由于受一定生产力发展水平与经济文化条件的限制,而不能转化的(如中国立法中不承认有生育自由的"天赋权利",而只确认有计划生育即限制生育的权利或义务,以防止"人口爆炸");有的则是凭借社会力量或个人力量可以自我保护或自律,而无需或不应由法律干预的道德权利、习惯权利,从而不必转化的(如呼吸空气的权利,穿衣服的自由,建立友谊恋爱关系的权利,父母享受儿女孝敬的权利等等)。此外,法律有时也故意保留某些法外权利不予规定(如"法不禁止即自由"原则;又如委内瑞拉共和国《宪法》第50条规定:"在本宪法中明白宣布的权利和保证,不能被解释为否认其他为人们所固有的、没有在这里明白提及的权利。缺乏规定这些权利的法律并不妨碍对它的行使。");再则,由于社会不

---

① 参见《光明日报》1993年2月1日第7版消息和美国《纽约时报》1993年2月9日文章:"荷兰通过法律允许实施'安乐死'"。

断发展和进步,随时会产生一些新生的社会自发权利,而立法者或因未曾发现,或因还有待观察检验,或因新旧权利矛盾冲突,涉及利益之争,一时难以定论,而未予确认为法定权利,等等。①

当然,法定权利也不能说全都来自先于它而存在的社会自发权利。它可以由已转化为法定的基本权利派生出来。这种派生的权利并非直接来自社会自发权利,而是根据行使这种权利的实际需要和法理的必然逻辑推定出来。譬如某些属于法律程序性的权利,和如凯尔逊所说的某些根据"高级规范"而产生的"低级规范"。

立法上不仅将社会自发权利确认为法定权利,有时也将本已法定的权利予以取消,或还原为社会权利,不再受法律明确保护,亦不受法律的干预。这大致有两类:

一类是善意的逆转,指某项法定权利经过实践表明并不符合人民的整体利益,或有害于社会的发展进步,而予以取消。如旧的或反动的特权(种族特权、性别特权等等)。又如中国1975年和1978年两部《宪法》中规定公民有"四大"(大鸣大放大字报大辩论)权利,它作为一个整体,是"文化大革命"中"大批判"的产物,不但不利于政治、社会稳定,而且起了鼓励公开诽谤、污辱、诬告他人,侵犯人权的作用。把它规定为一项公民权利,实是对权利的误导。后来在1980年全国人大通过的一项修宪决议中已予以取消。

再则,有的法定权利已过时而失效。如中国1954年《宪法》规定:"国家依照法律保护资本家的生产资料所有权和其他资本所有权",后来经过社会主义改造运动,资本家阶级作为阶级已被消灭,资本家的这项法定权利在以后几次修宪中,就不再存在。只是到改革开放时期,1988年的宪法修正案才又根据新的情况,确认了私营经济的宪法地位与权利。

另一类是对法定权利的恶意或不当取消。这是指那些本来符合人民利

---

① 参见郭道晖:"人权、社会权利与法定权利",《中国社会科学辑刊(香港)》1993年第3期。

益与社会正义的法定权利,被立法机关顺从某种恶势力或错误路线,而予以废止。譬如中国"文化大革命"期间制定的1975年《宪法》,取消了1954年《宪法》中规定的"中华人民共和国公民在法律上一律平等"的权利和"保障公民进行科学研究、文学艺术创作和其他文化活动的自由"。这是当时贯彻"无产阶级必须在上层建筑其中包括各个文化领域对资产阶级实行全面专政"(1975年《宪法》第12条)的产物。这两项权利与自由,分别在1978年《宪法》和1982《宪法》中得到恢复。

此外,某些本来是以社会自发权利的形式存在的行为,被法律加以禁止,成为法定的不得作为的义务。而随着文明的进步,或导致应予禁止的原因消失,或迫于某种社会力量、利益集团的压力,立法者撤销了这项法定义务或禁止性规范,从而使之还原为一种不受法律干预(也不予法律保护)的社会权利。如英国根据1936年的《爱尔兰法令》,受到教会谴责的自杀被视为犯罪,自杀未遂者还要处以罚款或监禁,到1993年爱尔兰议会通过了废除自杀罪的法案。[①] 1920年,法国颁布了一个法令规定妇女实行避孕是违法的,"描述、透露或提供防止怀孕方法者或使用此类方法者判1至6个月监禁。"1967年12月14日法国议会废除了此项禁令,从而使妇女避孕权成为一项法外的社会权利。[②] 美国对堕胎、婚外性关系都已不再成为法定罪行,从而也就成为法外权利。

把社会自发权利加以法定,既是对它的保护,也是一种限制。

社会自发权利在未被法定以前,是一种不大确定、缺少国家权力保护的自在权利。在行使中既可能侵犯他人或社会的利益,也可能受到国家权力或他人侵犯,而得不到有力的司法保障。社会自发权利一经法定,就赋予它一定程度的规范性、确定性和连续性。美国法哲学家博登海默指出:"法律对于权利来讲是一种稳定器,而对于失控的权力来讲则是一种抑制器。颁

[①] 参见《北京晚报》1993年6月22日消息。
[②] 参见法国《周末三日》周刊1993年5月5日一期文章:"戴高乐解放了法国妇女"。

布自由与平等的宪章的目的,就在于确使今天所赋予的权利不会在明天被剥夺。"①同时,权利法定,也在于借助法律去限制、抵抗国家权力与他人的侵犯。如戈尔丁所说的:"若有受保护的权利,那么就暗示着那些其兴趣、爱好、愿望恰恰处于相反方向的其他人的自由的限制。"②

　　不仅如此,权利一旦法定,也是对非法定的社会自发权利的限制。法定权利实际上是对权利的界定,即规定权利的范围与自由度。法定权利中往往隐含有某些不得超越界限的义务。马克思指出,英明的立法者预防罪行的办法"不是限制权利范围,而是给权利以肯定的活动范围,这样来消除每一个权利要求的否定方面。"③这就是说,对每一权利在法律上的肯定,也就是对其非分的权利要求的否定。这首先表现在法律对社会自发权利在取舍上有所选择,依据统治阶级意志与利益倾向性,只选择对维护其统治秩序有利的权利予以法定并给以法律保护,从而也就排除了、限制了其他不合统治秩序要求的自发权利的生存条件。其次,权利法定后,即限定了权利自身的自由度。如婚姻权利法定后,就伴随年龄、血缘关系以及计划生育等种种限制。第三,一种权利的法定,可能同其他权利产生矛盾冲突,为取得平衡,而对行使权利的范围与条件严加限制。第四,由于立法者的偏私,有时还可以使一项权利的法定,反而是消减了社会自发权利原有的自由度与价值,即马克思所揭示的,资产阶级"用取消自由的办法来'规定'被允诺的自由"。④恩格斯曾举出 18 世纪中叶英国法律虽规定了广泛的出版自由,但同时又用诽谤法、叛国法、渎神法等法律给这种自由以严格的限制与重压。⑤ 列宁也曾揭露,沙皇俄国利用权利法定来恶意限制与消减工人的权利,或用明增暗减的立法技术来剥夺工人的习惯权利。如当时的《新工厂法》中名义上规

---

① 博登海默:《法理学——法哲学及其方法》,华夏出版社 1987 年版,第 290 页。
② 戈尔丁:《法律哲学》,三联书店 1988 年版,第 106 页。
③ 《马克思恩格斯全集》第 1 卷,第 695 页。
④ 《马克思恩格斯全集》第 7 卷,第 588 页。
⑤ 《马克思恩格斯选集》第 1 卷,第 615 页。

定工人有休息权,节假日必须放假,实际上却通过权利的法定,把工人原有的习惯的节假日取消了四分之一,即整整 22 天,而且还规定星期六和节日前一天要工作 10 小时,比习惯上多出半小时,一年就多出 23 小时。这就是说,法律"一面把习惯的休息变成了规定的休息,一面又不放过机会侵占工人的时间来补偿这个让步,哪怕侵占半小时也是好的"。因此,"实行新法律对工人处境非但没有改善,甚至反而恶化了"。① 沙皇俄国这一立法例充分说明,并非权利一经法定,就必然是对权利的保障,也可能反而是对社会习惯权利的剥夺。

反之,有的法定权利被取消,也可能反而是更放宽了权利的自由度。这是因为,这项权利虽不再受法律保护,但也不再受法律限制。"法不禁止即自由",权利法定本无疑是给权利铺上行驶的法定轨道;今既取消,也就拆除了轨道限制。其后果,或者是使权利脱轨,导致滥用,或者反而可能恢复习惯与道德权利本应有的宽广自由,政府不予干预。譬如中国 1982 年《宪法》取消了有关"罢工自由"的规定,但社会并不因此而杜绝了罢工事件。在实行对外开放,引进"三资"企业以来,由于有些企业主对工人进行严酷的剥削,克扣工资,增加工时,乃至进行人身虐待,工人忍无可忍而行使其罢工的习惯权利,罢工事件常有发生。中国法学界已有些学者提出了恢复"罢工自由"的宪法权利问题,其用意除了要求以法律保护工人的罢工权利,以抵抗资本家的非法剥削外,也包含着将罢工规定为法定权利,有利于将它纳入法制轨道,以防止它的某些消极作用。

法定权利一般是合法的权利,但这有两个前提条件。一是它是依照法定的立法权范围与立法程序加以法定的;二是它不违反社会正义,否则就会成为不法的法定权利。前者如某些无权设定权利的立法主体,擅自规定某项与宪法和法律相抵触的权利(详后)。后者则是指某种"恶法",如纳粹德国时代的法律,其中规定公民发表不利于第三帝国的言论是非法的,其他

---

① 列宁:《新工厂法》,《列宁全集》中文第一版第 2 卷,第 228—260 页。

公民可以行使"告密权"。这一法定权利导致了大批犹太人和正直人士死于纳粹屠刀之下。二战后联邦德国司法部门在处理这类告密罪行时，被控人犯辩称他们的告密行为是根据当时政权的法律行使法定权利的合法行为，不是非法的。司法部"对这种答辩的回答是：他们所依据的法律，由于违反基本道德原则，因而是无效的。"①当时有这样一个著名判例：被告1944年向纳粹当局告密，说她在部队服役的丈夫在休假时，在家里发表有损希特勒的言论，根据1934年纳粹政府上述法令，其夫被判死刑（未执行）。二战后，1949年该妇女被控犯有1871年德国《刑法》规定的非法剥夺他人自由的罪行。联邦德国班贝格上诉法院最终判决其有罪，认为纵然其丈夫是按纳粹政府的法令被判刑的，但该法令"违反了一切正直人的正义感"，因而是无效的。② 这一判例被西方法学界认为是自然法学说的胜利，是二战后自然法学说复兴的重要标志。由这一判例也可看出，并非凡法定权利都是"合法"的权利。这里，"法"是指合乎人类正义的准则。

二、立法中的权利配置原则

立法，就其实质来说，主要是对利益、权利与权力的分配。中国古代儒家所谓"定分止争"，这个"分"，也可以说就是"权利"。"定分"即界定、分配权利。荀子说："人生而有欲，欲而不得则不能无求，求而无度量分界则不能不争，争则乱，乱则穷。先王恶其乱也，故制礼义以分之。"（《荀子·礼论》）权利法定，通过立法加以分配，也就是为了使权利有一个"度量分界"，从而使社会主体各安其分，使社会生活纳入统治阶级所要求的秩序轨道，促进社会的稳定。如果权利的分配符合当时进步的生产方式的要求，还会增强社会的凝聚力，使社会主体在适当的权利结构条件下，获得其自主性与创

---

① 参见哈特："实证主义和法律与道德之分"，《哈佛法律评论》1958年第71卷，第618页。
② 参见《哈佛法律评论》1951年第64卷，第1007页。

造性的驱动力。否则就会因分配不公而引发许多社会矛盾斗争。

当代中国的改革开放是一场革命,社会利益格局处于不断分化变动之中,对立法提出了重新分配权利和确认新权利的多方面的要求。在立法上需要明确一些配置权利的原则,使权利立法体系达到较佳的构成。

(一)立法以保障权利为目的

近代中国民主的先行者孙中山曾经说,宪法是人民权利的保障书。列宁也指出:"宪法就是一张写着人民权利的纸。"[①]公民权利是"主权在民"原则的具体化,是国家机构活动的目的,也是国家权力的法定界限。法国自然法学家西耶斯认为"自由……先于所有立法者而存在,……所以设置立法者的目的,不是为着给予我们权利,而是为着保护我们的权利"。[②]

当代中国的立法也是以保护人民权力与公民权利为主旨、为重心,并要求建立与完善法定权利保障体系。为此需要明确以下一些具体原则。

1. 以保护为目的,限制也是为了保护

对权利的保护与限制,常常是立法中遇到的一个矛盾。前已述及,对权利的法定,本身也是对权利的一种法律界定,或对非法定权利的一种限制。但一经法定,此项权利本身就不能在实施中再附加其他限制。[③]如宪法规定了言论自由权利,未加其他限制,则在实施时不能加一限制词说公民只有讲正确言论的自由,这会是对自由的自相矛盾的界定。立法者可以限定某一主体只享有财产所有权中的某项权能,如企业有经营自主权,但不能在制定实施条例中又对经营自主权作其他限制而削减其权利质量。所以,通常讲对权利的限制,除法律可以对权利自身作法定限制以外,实施法律时只能限于对权利主体行使该项权利可能同其他主体行使本权利或其他权利发生

---

① 《列宁全集》中译本第一版第9卷,第448页。
② 西耶斯:《论特权、第三等级是什么?》,商务印书馆1990年版,第2页。
③ 19世纪英国宪法曾规定"人民有为讨论自身疾苦和向立法机关请愿减轻疾苦而集会的权利",这是对"集会自由"的权利所设定的限制。但也仍是立法时已作的限制,而这种限制正是受到恩格斯的批判的。参见恩格斯:《英国状况·英国宪法》,《马克思恩格斯全集》第1卷,第695页。

冲突时,才对其行使的行为作某些限制,而非对权利自身的再附加限制。一个享有言论自由的公民,当他并未行使其言论自由权时,他是不受任何限制的。

明确这一概念在权利立法上的重要性在于:中国立法体制中有权根据法律制定法规、规章的立法主体,不得随意对宪法与法律上规定的权利在质与量上加以增减。它可以按其权限,对某项法定权利的行使的条件、范围与量度作出某些细节限制,如规定示威游行的许可程序,游行的时间、地点、路线,以及游行人数的限制等等。但这些限制,其目的也在于保障游行的顺利进行,保护公民示威游行自由权利的实现,而不能是加大限制,使量变导致质变,借以禁止游行,取缔公民的示威游行自由(当然,为了维系社会的稳定,顾全大局,公民自己行使这类权利时要慎重,不轻易而为。)又如法律已还归于企业的许多自主权利,不能通过政府部门规章又予以收回。

所以,从法定权利自身而言,权利是绝对的,是不受侵犯与限制的,但就权利的行使而言,则是相对的,是要受客观条件与其他权利的限制的。这种限制也很重要。美国当代法学家弗里德曼说得好:"如果 500 万人决定在某星期二中午到时代广场去行使言论自由权,他们会使情况无法忍受,纽约市政府也不会让他们去试。人们可以说这里一个权利,即言论自由,与其他权利冲突,或与公共安全和交通管制的要求冲突,所以需要某种平衡。但这确实是正常情况。当行使权利超出国家或公众期待的或计划的,这权利容易与其他权利或政策或法律规则发生冲突。主观上,权利是绝对的。客观上,没有或很少权利可能是绝对的,不是理论上而是事实上。"[①]

中国现行《宪法》对公民的各项权利没有作任何限制,只是在第 51 条规定:"中华人民共和国公民在行使自由和权利的时候,不得损害国家的、社会的、集体的利益和其他公民的合法的自由和权利。"这里正是指对"行使"权利的限制。

[①] 弗里德曼:《法律制度》,中国政法大学出版社 1994 年版,第 269 页。

当然,对权利自身也不是绝无限制。这个限制主要是历史条件的限制,即马克思所指出的:"权利永远不能超出社会的经济结构以及由经济结构所制约的社会的文化发展。"[①]这一点,是立法者在进行权利立法时所应加以考虑,从而作出哪些权利可予法定的抉择。不过,这也只是在权利法定之时,对权利选择的限制,而不是在权利已予法定之后所加的限制。

立法上对行使权利的限制,主要有以下几方面:

(1) 空间的限制——指权利主体的广度,即规定是人人普遍享有(如宪法上的大多数公民权利)还是只是特定主体享有(如年满18岁才有选举权);又指行使权利地域范围(如经济特区的某些优惠特权)、领域范围(如给予三资企业几年免税特权)。

(2) 时间的限制——指权利的时效。如《国家赔偿法》规定,请求国家赔偿的权利时效为两年。在有些外国民法中有"除斥"制度,对追认权、催告权、撤销权、解除权,规定一定时限届满时,上述权利人的权利也就消灭。

(3) 承担不得弃权的义务——公民有些权利可放弃行使,有些则不许放弃。如中国的《土地管理法》第19条规定,使用国有土地的单位,未经原批准机关同意,连续两年未使用的,则收回用地单位的土地使用权,注销土地使用证。《渔业法》第10条中也规定,无正当理由使全民所有的水面荒芜一年的,也要依法吊销养殖使用证。

(4) 承担不得滥用权利侵犯他人与国家、社会利益的义务。

上述这些对行使权利的限制,是为了维系权利的行使秩序,最终也是为了保障权利的顺利实现。

对权利的最重要的保障还在于对国家权力的既依赖又制约,即立法上一切国家权力的设定,最终都应是有利于保护、促进全民权益的实现。同

---

① 《马克思恩格斯选集》第3卷,第12页。

时,对国家权力的每一授权,都需要有相应的限权,即立法上对国家权力可能的扩张与侵犯性加以制约与限制,社会主体的权利正是国家权力不得逾越的边界。

2. 权利立法的完整性

社会主体(公民、法人等等)的权利各种各样,但总体上说,是相互联系、不可分割的有机体。马克思说:"没有出版自由,其他一切自由都是泡影。自由的一种形式制约着另一种形式,正像身体这一部分制约着另一部分一样。"① 如言论自由,是其他各种政治自由的基础。没有言论自由,其他自由如集会、结社、出版自由等也都成了空洞的形式,人民管理国家事务的权利、批评建议的权利也会归于泡影。同样,没有人身自由,其他各种自由与权利也都很难行使。公民的政治权利与社会权利的关系也是如此。联合国通过的《世界人权宣言》(1948年)和《经济、社会及文化权利国际公约》(1966年)及其他有关文件中,都将公民的政治权利和经济、社会、文化权利这两类权利并提,并认为是"相互关联、相互依存"或"不可分割"、"相互联系的"。② 不能设想一个国家公民的政治权利不充分而经济、社会、文化权利会得到有效保障;也不能设想经济上不发展,经济、社会、文化权利匮乏或难以实现,其公民政治权利会是畅行的。因此,立法上设定公民(或社会主体)权利不能有其一无其二。公民的某种权利的短缺,必将影响其他权利的实现。各项权利之间有其互补性,有关公民权利的立法应当是配套的、完整的,而不是残缺不全的。譬如目前中国有关政治权利的立法尚不完整,出版法、结社法、新闻法都亟待制定。市场经济体制需要的社会主体权利的立法还有许多缺项,需要加以补充。

就权利立法体系而言,权利也是有层次的。有些是基本权利,有些是它

---

① 《马克思恩格斯全集》第1卷,第94—95页。
② 参见联合国第 A/2929(1955)号文件第2章第7段和联大第32/130号决议(1971)第1(a)段。参见菲力普·奥斯顿:"经济、社会、文化权利及其保障措施",《外国法译评》1994年第4期。

派生出的权利(如公民的选举权是一项基本权利,与之相关的提名权、投票权、委托投票权、罢免权、补选权、秘密投票权等等则是派生的权利)。一项权利的设置,必然引出另一项权利的产生,如设定监督权,就必须同时设定知情权(了解权),否则监督权就难以行使。因此,立法者应当在设置某项权利时编排一个"权利次序",同步地或逐步地加以配套设置,使之形成一个完整的最佳的权利结构,以发挥其整体效应。

权利立法与义务立法也是相互依存的。就整个立法体系而言,权利与义务设置也应当是平衡的。当然,权利与义务的平衡性或一致性,不是说立法上权利与义务规范在量上完全对等性。因为并非每一权利一定有一个相对应的义务。

3. 权利立法的宽容性与开放性

权利立法的宽容性与开放性是指权利立法应采取从宽原则和广袤原则。权利立法从宽,是指凡涉及公民与法人的权利时,一般说来,对其行使权利所加的限制应放宽,只以不损及国家、社会和他人的利益与权利为度;对权利的外延要宽,涉及的范围要留有余地,要有高度的概括性;权利规范一般也采取任意规范,多用"可以",即权利人是否作出权利作为,在法律范围内可由权利人自由决定。总之,要给权利留下多一些"法内空间",以便为权利主体保留某些剩余权利和日后增补新生的权利或漏列的权利。在课以义务或对国家机关授以权力时,则要规定明确而严格的限制条件,并多采用列举式以控制其义务或权力范围。列宁曾经揭露过沙皇俄国对工人权利的立法的苛刻性,恰是违反上述原则的。他指出:"俄国的法律大体可以分成两类:一类是赋予工人和一般老百姓某种权利的法律,另一类是禁止什么或允许官员去禁止什么的法律。在前一类法律中,工人一切最小的权利都十分明确地列举出来了(例如,工人因正当理由而不上工的权利),稍稍越轨就有受到严厉惩罚的危险。在这类法律中连一个'以及其他等等'或'等等'都永远碰不到。在第二类法律中却永远只规定一般的禁令,绝不明确列举,这样,行政机关就可以禁止它所愿意禁止的一切了;在这类法律中总有很少但很重要的几个字:'以及其他等等','等等'。这些字眼清楚地表明了俄国官员有莫大的权力,而老百姓在这些官员面前却完全没有权利"。①

中国有关权利的立法,一般采取从宽原则。采取列举式时,有的也作了弹性的规定,如《劳动法》第 40 条规定节日休假,除列举元旦、春节、国际劳动节、国庆节外,还加列一条:"法律、法规规定的其他休假节日"。《继承法》第 3 条对可继承的财产范围,在列举 6 项后,在第 7 项又加上"公民的其他合法财产"。在《国家赔偿法》中,对刑事赔偿范围作了较硬性的列举式规定,而对行政赔偿范围,在列举一些项目后都加上造成公民身体伤害或死亡、财产损害的"其他违法行为"。有的专门权利立法如《妇女权益保障法》,所列妇女权利达 40 项,每项也还是概括性的,对细节不作规限。

权利立法的广袤原则,是指要贯彻"法不禁止即自由"的原则。这一原则最早见诸立法的,是法国的《人权和公民权利宣言》第 5 条:"凡未经法律禁止的一切行动,都不受阻碍,并且任何人都不得被迫从事未经法律命令的行动。"它默示着公民有做一切不为法律所禁止的事情的权利。"法不禁止即自由"与"法无明文规定不为罪"这两个原则是相通的。但后者是一个消极的权利(不受刑事处罚的权利),前者则是一个积极的权利,其权利领域十分广阔,据此可划清法与不法的界限,防止对人民权利的侵害;同时又承认人民享有宽广的自由(许多公认的合理的习惯权利可在此原则下行使),有利于启动公民的自主精神。所以"法不禁止即自由"这一原则是给权利留下广阔的"法外空间",它同"法未许可(授权)皆禁止"的原则是既相对立又相补充的,后者只适用于政府的"依法行政",即非有法律授权,不得享有与行使行政权力,这是防止行政权力自行扩张,侵犯公民权利,因此,这一原则也是对公民权利的保障。这两个原则的结合,使公民权利能广袤于法内外。

---

① 列宁:《新工厂法》,《列宁全集》中文版第 2 卷,第 228—260 页。

"法未许可皆禁止"原则不能适用于公民与法人,否则一切新生的权利就有被扼杀的危险,因为立法者不可能预见并允许可能出现而尚未出现的新事物存在的权利。这一点,对改革时期的立法更具有重要性。当然,"法不禁止即自由"也不是绝对,它既不意味着未禁止的都是自由的,因为立法上可能有遗漏,日后要补上,也不意味着法不禁止的行为,都不受道德与社团纪律的约束,其用意只是不受法律追究而已。

广袤原则不仅指权利空间的广泛,也包括权利的发展的无止境。社会政治经济文化生活是不断发展前进的,昔日立法上禁止的行为或不得行为的义务(如堕胎,又如前述的土地使用权不得转让),如今却解禁而成为一项权利;随着实践的发展,还会产生许多前所未闻的新生的权利(如环境权现在发展到免受噪音干扰的权利;[1]优生权发展到"优死权"即安乐死;免受性骚扰本已是一项新的权利,现在随着电脑的普及,流氓利用电脑进行性骚扰,以致行将出现防止和制裁高科技性骚扰的立法与司法[2])。因此,立法者应当密切关注权利发展的动向,及时采取相应的立法对策,剔除过时的义务,增添新生的权利。

4. 权利立法的实在性

由应有权利到法定权利再到实现权利(实际享有),是立法与执法和行使权利过程。其中立法具有决定意义。因为立法上设置琳琅满目的权利,而不同时在立法上作出相应的保障实现的条件的规定,这些权利就是虚设的,只是一张纸。列宁指出:"无产阶级的或苏维埃的民主则不是把重心放在宣布全体人民的权利和自由上,而是着重于实际保证那些曾受资本压迫和剥削的劳动群众能实际参与国家管理,实际使用最好的集会场所、最好的

---

[1] 报载,法国环境部1995年1月正式颁布了治理噪音污染改善城市生活环境的3项法令,见《法制日报》1995年1月12日第4版消息。
[2] 参见《今日美国》1993年8月7日文章:"高技术的性骚扰日益严重"(转见1993年8月22日《参考消息》)。

印刷所和最大的纸库。"①中国《宪法》第 43 条既原则规定劳动者有休息的权利,同时又规定"国家发展劳动者休息和休养的设施,规定职工的工作时间和休假制度"。在各项权利立法中也注意给实现权利以实在的物质保证与具体制度的保证。但也有的权利立法草案对此注意不够。如经国务院提出的出版法草案,虽原则规定了国家保护和鼓励学术著作的出版,但却没有规定相应的优惠政策(如免税、给予出版补助等)。经审议修改,作了相应规定。

公民的宪法权利除由宪法直接保障(宪法明文规定保障条款)外,主要的还是制定单项或多项的权利法律,使权利不只是宪法上的空洞条文,而能落实到法律制度上的保障。

5. 权利救济

没有救济就没有权利。中国立法机关在授予权利人各项权利时,也设置各种救济手段,使公民的权利受到侵害时能凭借这些手段抵制侵害、消除侵害,受到损失时还可据以获取补偿或赔偿。

救济手段可以是事前的预防与事后的补救。事前预防就是在设立一项权利时,同时预设相应的制约性或抵抗性权利,以防止政府权力或他人权利滥用时所产生的侵害。如宪法规定的各项政治自由和对国家机关及其工作人员的批评建议权利等监督权,全民所有制工业企业法中规定的拒绝摊派权,都是预设的制约与抵抗权利。

事后补救主要是立法上规定行政救济与司法救济。行政救济方面,已由国务院制定了《行政复议条例》和《行政监察条例》,公民可行使诉愿权,有关行政机关必须受理公民不服行政裁决或处罚的决定而提出的申诉,进行复议或调查处理。1994 年全国人大常委会制定了《国家赔偿法》,公民在受到行政侵权行为与刑事侵权行为造成人身与财产损失时,可以有取得国家赔偿的权利。

---

① 《列宁全集》中文第 2 版第 36 卷,第 85—86 页。

在司法救济方面,中国已先后制定了刑事、民事和行政三大诉讼法,使公民有多种渠道取得司法救济。目前尚缺宪法诉讼,法学界主张在全国人大成立宪法委员会受理有关违宪行为的申诉,监督宪法与法律的实施。

(二) 权利的立法分配与协调

权利立法主要是对不同社会主体的权利(包括权力以及义务)的合理分配和对权利冲突的协调,使权利立法体系形成和谐的整体。

在剥削阶级统治的国家,权利的分配是按照统治阶级的意志与利益和他们在社会上所处的政治经济地位来决定的。如恩格斯指出的:"在历史上的大多数国家中,公民的权利是按照财产状况分级规定的。"[①]社会主义中国消灭了阶级对立,其权利的分配不再以个人的阶级出身和等级地位为依据。公民在法律上一律平等,包括权利分配上的平等。但这种平等主要是不计阶级差别,并非不分情况,人人绝对等同。

中国立法上的权利分配可以分为横向分配与纵向分配。前者是指平等主体之间即公民、法人之间的权利分配;后者指国家权力与公民权利的分配。

横向分配一般是权利的平等分配。中国现行《宪法》第33条规定:"中华人民共和国公民在法律面前一律平等。任何公民享有宪法和法律规定的权利,同时必须履行宪法和法律规定的义务。"宪法上规定的公民权利(与义务)是每个公民都普遍享有的。

横向分配中也有差别分配,这是基于权利主体的身份(如父母、夫妻、子女,城市居民与农村居民)、职业(如行业、工种)、特殊境遇(如残疾人、孕妇)以及年龄(如未成年人、老人)等等的不同,而享有不同的权利或者特权。

纵向分配主要是在权力与权力、权力与权利之间取得平衡,以便防止权

[①] 《马克思恩格斯全集》第4卷,第168页。

力的扩张与侵害,实行以权力制约权力和以权利制衡权力。中国的权力体系主要是以人大为国家一切权力的主体,而以人大的权力对由它选举产生和授权的行政权力机关和司法权力机关进行制约,以及司法权力对行政权力的制约。全国人大是国家最高权力机关,也是国家立法机关,其权力除受人民监督外,不受任何其他权力的制约。因此,中国的权力分配,主要是对行政权、司法权(以及军事权)的分配,和中央与地方之间的权力分配。至于立法权的分配,作者另有述及,本文从略。

在权利的分配上,一般应当把握如下一些原则:

1. 不断扩大权利的广度是指在立法上要尽量扩大权利主体的广度和增加权利品种的多样性和完备性,这是民主政治的第一要义。

剥削阶级统治的国家由于是以少数人统治多数人,因此,总是把权利分配限制在本阶级的狭小范围内,如恩格斯所说:"几乎把一切权利赋予一个阶级,另方面几乎把一切义务推给另一个阶级。"导致权利主体与义务主体的绝对分离与对立。社会主义国家是人民的国家,人民普遍享有广泛的政治权利与经济、社会、文化权利。这种广泛性,既是体现人民国家的民主本质与权利平等性,也是对权利的重要保障。因为,公民行使广泛的权利,既可以之支持与督促国家权力积极为人民谋福利,又可以之抵制权力对权利的侵犯。即以权利之广度,抗衡权力的强度。12亿人民的权利所蕴藏的能量充分释放出来,可以成为建设和保卫国家的巨大物质力量,也足以制约人民自己授出的权力。

扩大权利主体的广度,要求每一种权利的设定,都要建立在广泛的群众基础上,能人人享有,或某一重要社会群体(妇女、儿童、残疾人、消费者等等)中的人都享有。凡涉及大多数人以及全体公民的权利(与义务)的立法,应当优先制定。少数人或个别人的特权,应限于很小范围,限定特殊的条件,并具有特殊的必要性(如紧急避险权、人大代表的言论免责权与刑事豁免权),而且这些特权的设立,其宗旨也应是为了有利于保障国家、社会和其他更多人的权利与利益。

增加权利品种的多样性、完备性,是指既设定个体权利,又有集体权利;既有多数人或全体公民的权利,也照顾到少数的权利;既有政治权利,也有社会、经济、文化权利;既有实体权利,也有与之相适应的程序性权利;既有基本权利,也有派生权利;既有原权利,也有救济权利,……等等。同时,随着政治经济文化的发展和改革开放的深入,立法者还要及时预见和发现有利于发展进步的新生权利,予以法律确认。总之,务使社会主体享有的权利是完备的,而不是残缺不全的;是不断发展丰富的,而不是封闭停滞的。

2. 优化权利立法体系

这是指社会主义的整个立法体系应当以权利(包括与之相应的权力与义务)为轴心,对权利与权力、权利与义务、权力与责任等进行合理的优化配置,务使设置一项权利即能获得相应的权利保障;授予一项权力即有相应的权力与权利可以制约;设置义务与责任,同时即有对违反义务与责任的制裁方法。

在有关权利的立法体系中,又要以公民和各社会主体的民事权利即私权利为基础,以人民的政治权力和公民的政治权利即公权利为主导。人民的宪法权力与公民的宪法权利的立法,是社会主义立法体系的灵魂。它们不只是关系每个公民亦即全体公民的个人利益,也是增强人民的政治活力与经济活力的激素,可以激励和保障公民管理国家事务和社会事务的积极性,参政议政,当家作主;可以促进公民依法从事经济文化科学教育活动,为国家与社会的发展进步作出贡献;它还是监督、制约政府(行政机关、司法机关)的重要力量。现在中国立法体系上,属于行政管理方面的立法居多,约占四分之三,而属于社会主体的权利立法则较少。近年随着市场经济体制的建立,对社会群体的权利立法开始增多,但一些重要的公民宪法权利立法仍属缺门。这种体系结构显失均衡,有待进一步改善。

3. 正确把握权利的价值取向

立法上权利的设立,总要体现立法者的一定的价值选择,而不是为了好看而滥设。权利的价值取向,主要是权衡其权利设置的公平正义性和社会功利性。权利设置不符合当代生产方式所要求的公平正义,就不会是社会激励因素,而会埋下社会冲突的种子。在权利分配上一部分人得天独厚,一部分人独自向隅,就不能增强社会的凝聚力与团结性。权利分配的不平衡而引起心理的不平衡,就会引起各种纷争,导致社会不稳。

但是,一定时代的公平正义,总是要求同一定时代的生产方式相适应,同立法者所代表的统治阶级的秩序要求相吻合。这也就是权利的功利标准。权利的设定,不能追求超历史超阶级的公平,只能是决定于一定的经济结构与文化发展水平,而不能"超前"。譬如在社会主义初级阶段,就不可能在分配方式上设定"各取所需"的权利,也不可能要求农村或边远地区的居民同城市居民的权利完全平等(譬如,在中国,根据选举法,选举人大代表按人口数的名额比例,城市人口就高于农村人口)。同样,权利的设立也不应影响社会的安全、秩序。譬如前述的中国取消了一度被规定为宪法权利的"大鸣大放大字报大辩论"的"大批判"权利,旨在维护社会与政治的稳定。中国没有设置生育自由与迁徙自由的权利,其价值取向就在于考虑到在中国国情条件下,这种权利会损害人民的生存与发展的基本权利。

中国权利立法的最终价值标准,是"三有利"的原则,即有利于发展社会主义社会的生产力,有利于增强社会主义国家的综合国力,有利于提高人民的生活水平。[①] 这是衡量当代中国改革开放的得失的最终标准,也是衡量当代中国立法(包括权利立法)价值的最终标准。这可说是中国立法者的"权利功利主义"。

4. 协调权利的冲突

权利冲突一是指不同权利内容之间的冲突,二是指权利行使中发生的冲突。前者在进行有关权利的立法时,要事先进行合理的选择、取舍,尽量

[①] 《邓小平文选》第3卷,第372页。

避免设置互相矛盾的权利(或义务)。这类权利冲突是权利设定时的内在冲突或静态冲突。更多的冲突还表现在权利行使时的动态冲突。这包括两种情形：

一是权利主体行使某项权利时,与他人的他种权利相冲突。如公民行使游行示威权,使交通阻塞,或噪音过大影响居民安宁,或影响政府机关办公,从而妨碍了其他公民的行动自由权、环境权、执行公务权。为了协调这些权利的冲突,在立法时就要事先对游行的组织者规定一定的义务,如规定许可游行的路线、时间、与重要场所保持的距离等等。

二是权力主体行使权力(指合法权力)时,为保护公民某种权利而可能影响公民的合法权利。譬如为保护上游人民的生命财产安全,在洪水到来时炸毁水坝,从而有损水坝所有者的财产权与下游人民的农田收益权,这样上游人民的生命财产权与下游人民的财产权就会发生冲突。从立法上考虑,就应该赋予政府有紧急避险权,以应付这一非常事态,而不致导致更大的损失。又如为了惩治犯罪,立法上容许侦查人员在特殊的情况下不用搜查证也可先进行搜查以及侦听。这也可产生惩治犯罪与保障人权(隐私权)的矛盾。这两种情况都涉及立法上如何权衡不同权利的轻重,而加以权利倾斜,即在国家、社会权益与个人权益冲突时,以国家、社会权益优先,在生命权与财产权的冲突中,以生命权优先；在多数人的基本人权(安全权、自由权)与少数、个别人的次要人权(隐私权)之间,以多数人的基本人权优先。这说明,权利是分档次的,在高档次(或高层次)权利(或基本权利、多数人的权利)与低档次的(或从属的、次要的、少数人的)权利之间,立法上应作出体现前者优先保障的规定。但这一原则只能是在不影响或侵犯后者的基本权利或基本人权的前提下适度执行(如任何情况下不得因保障社会的安全而对罪犯实行逼供信或酷刑)。

为了协调权利(权力)冲突,立法上还可以预先设立防止权利和权力滥用的对抗性权利或抵抗权。这需要专文论述,此处不赘。

编者记:本文原载南京师范大学法制现代化研究中心1995年编印的《法制现代化研究》(第一卷)中,是作者负责的"八五"国家社科基金重点研究课题《当代中国立法研究》中的一节,课题成果最后汇集成《当代中国立法》(上下册)由中国民主法制出版社于1998年11月出版。该书作为一部全面论述当代中国立法的基础性著作,收集了丰富的资料,内容具有较强的理论性和现实的对策性。

论亚洲国家的人权观

信春鹰[*]

冷战结束后,世界并不太平。不同社会制度和意识形态的较量和斗争仍在继续。与以往不同的是,这种较量和斗争在很大程度上采取了不同人权观念对立的形式。国家解体,民族战争,军事对峙,贸易争端,所有的矛盾和冲突似乎都可以用人权的语言来解释,也似乎都可以从人权问题中找到根源。可以肯定地说,在当前的国际政治中,人权问题和对于人权的不同主张是一条重要战线。而这一条战线的一个新的特点是亚洲国家向一直在国际人权领域占主导地位的西方的人权观提出了挑战。"亚洲国家的人权观"作为与西方世界的人权观不同的声音经常处在人权论战的前沿,这意味着亚洲国家的人权观念和主张已经大张旗鼓地登上了国际政治舞台。

"亚洲国家的人权观",顾名思义,当然是指亚洲国家所特有的、与西方世界的人权观不同的人权观念。关于亚洲人权观这一概念的起源,学术界仍有争论。有人认为这个概念是西方人首先提出来的,也有人认为是亚洲国家自己首先提出来的。然而,尽管有上述争论,在当前的国际政治中,确实存在着一个具有亚洲地域特色的人权观念,这一事实是没有争议的。需要特别指出的是,在国际人权运动中,亚洲国家一直是积极的,它们所经历的殖民地的历史,使得它们对于人权的要求和渴望比西方国家更为强烈。

---

[*] 信春鹰,中国共产党第十九届中央委员会委员,第十三届全国人民代表大会常务委员会副秘书长。——编者

第二次世界大战以后,对于建立战后保护人权的国际秩序的思考,促使亚洲国家积极参与了联合国制定国际标准和促进在人权领域的国际合作的活动,这是"亚洲国家的人权观"的前提。当然,亚洲国家的情况很复杂。各个国家在社会制度、宗教信仰、历史传统、现实的政治与经济状况等方面的不同,必然导致它们在国际人权运动中的角色和人权观念方面的差异。因此,"亚洲国家的人权观"并不表明亚洲存在一个能够包括儒学、佛教、伊斯兰教、印度教和其他宗教的多种文化传统和各个国家不同的社会发展阶段的统一的人权观,也不意味着抹煞各个国家在人权观念上的差别,它只是对亚洲国家在人权问题上,特别是在国际政治中与西方有分歧的人权问题上所持有的共同的观念和主张的概括。

一般说来,任何观念或者主张的提出,总是有它深刻的社会原因和历史原因的。它必然是一定的社会、经济、文化条件的产物。"亚洲国家的人权观"也是如此。

第一,"亚洲国家的人权观"是冷战结束后国际政治的产物。自从联合国成立以来,人权的保护就是联合国活动的一个宗旨。为了促进和保障人权,联合国设有专门的机构和程序,做了大量卓有成效的工作。同时,在冷战的政治格局之下,人权又一直是国际政治中两个对立阵营的意识形态斗争的一个焦点。冷战结束后,苏联东欧社会主义阵营解体,解体后意识形态转变,特别是在人权问题上,西方的人权价值观对那个地区几十年所坚持的与西方不同的人权观念的取代,使得西方世界坚信人权攻势是推行西方政治价值观的有效武器。它们在推行全球经济一体化政策的同时,也力图在全球推行西方的人权模式。它们在国际人权事务中运用双重标准,谴责非西方制度国家的人权状况,并且把人权问题同国际经济援助联系起来,试图以此来推行西方的政治价值观。这必然把发展中的亚洲国家推向对抗西方国家压力的前沿。

第二,近年来,在亚洲地区出现了经济蓬勃增长的局面,东亚和南亚已经成为世界上经济发展最快的地区之一。而在这些发展最快的国家和地区内,发展的模式并不是西方所强调的个人自由、民主和人权模式。恰恰相反,亚洲国家所推行的人权观是以社会和集体为导向的。在西方很多国家面临着经济衰退压力的情况下,亚洲一些国家经济的持续和稳定发展使得传统的西方政治学理论中关于个人的人权和基本自由是社会经济发展的必要前提这一命题受到挑战,尤其是苏联和其他东欧前社会主义国家发生巨变以后,这些国家经济萧条所导致的民众基本人权失去保障的事实证明,西方的政治价值观与人权观并不肯定带来任何实质意义上的幸福。相反,近年来亚洲国家的经济繁荣为民众生活带来了实实在在的权利和利益,这种情况也使得亚洲国家的人权制度和对人权的解释引起了广泛的国际关注。

第三,由于经济的迅速发展,人民物质生活水准的提高,社会秩序的相对稳定,使得某些亚洲国家对自己的政治制度和价值观更为自信,它们改变了以往在人权问题上的防御态度,直率地表达了与西方人权观念不同的观点。换句话说,在国际经济中扮演重要角色的亚洲国家,已经不再甘心处于国际人权斗争中的守势了,它们对人权采取了更为积极的态度。希望国际社会听到自己在人权问题上与西方不同的声音,也希望自己的人权观念成为国际社会可以接受的另外一个选择。

第四,由于人权已经成为国际关系中的一个重要方面,一个国家如何对待它的公民,如何建构政治权力和社会之间的关系,已经不再仅仅是这个国家自己的问题,而且也是国际社会共同关心的问题。尤其在全球经济一体化的过程中,发达国家,甚至国际金融组织,常常在经济援助项目上附加诸多的人权条件,并且把经济援助作为对一些国家施加压力的手段。因此,亚洲国家和世界其他国家一样,必须正面阐述自己在人权问题上的立场和主张,以应付经济领域的挑战。

当然,在国际人权争论中,并不只是存在着亚洲国家和西方国家在人权观念上的对立。实际上,地球的南方和北方在人权问题上也是冲突不断。这种现象说明,一个多元的世界是不会形成一个统一的人权观念的。在不同的人权观念的背后,是意识形态的对立,是政治和经济利益的冲突。往往是观念背后的东西决定了观念冲突的性质。仔细分析观念冲突背后所隐藏的利益有助于深化我们对国际人权运动的理解。例如，在国际人权问题的冲突之中，南北关系中的人权问题和东西方关系中的人权问题都是很突出的。但是，同南北之间在人权问题上的矛盾相比，东西方在人权问题上的矛盾则更具有不同文化传统、不同政治哲学、不同社会制度冲突的色彩。例如，亚洲国家既包括发展中国家，如全球最大的发展中国家中国，也包括发达国家，如日本；既包括曾经是西方殖民地的国家，也包括历史上未受到外来干扰的民族国家。但是，即使是在像日本这样的在经济和政治制度上都已经相当西方化了的国家里，社会上通行的人权观念也仍然在很大程度上是东方式的，如强调群体利益，强调个人对社会的责任，强调个人与社会关系的协调，等等。另一方面，市场经济体制在亚洲已经成为普遍的经济体制。经济的市场导向已经成为这个地区社会组织和资本流动的基本模式。由此而带来的经济成就和未来的发展潜力令世人瞩目。而市场经济体制曾经被认为是西方式的个人权利与自由的基础。由于经济实力的增强，亚洲地区在整个国际经济和政治格局中的分量也日益增强。在努力使自己加入国际社会主流的过程中，对曾经主宰国际人权运动的西方人权观提出了明确挑战，表明了亚洲国家希望在物质上达到与西方同样繁荣的同时，正在努力保留和建设一种与西方不同的政治制度，努力维护与自己的历史和文化相一致的社会管理方式，努力保留和巩固一种与西方自由主义不同的社会价值观。

　　亚洲地区所有的国家都是《联合国宪章》的缔约国，它们都接受《世界人权宣言》为人权的共同标准。这个地区所有国家的宪法都规定了对人权的保护。但是，在国际人权舞台上，近年来这个地区的很多国家和政府对于人权的理论和实际问题都直言不讳地表达了与西方世界不同的观点和主张。例如，强调自决权和发展权，反对利用人权问题干涉别国内政；主张从各国的文化、历史和社会发展水平的复杂性和多样性出发理解人权的普遍性；反对把人权问题与经济援助相联系；反对适用人权标准时的政治化、意识形态化和双重标准;等等。本文所论述的"亚洲国家的人权观"就是从这些观点和主张中概括出来的。

第一,在承认人权的普遍性的前提下,亚洲国家强调人权保护的特殊性和由本国特定条件所决定的优先选择。人权的普遍性和特殊性问题,是亚洲国家和西方国家在人权论战中的一个焦点问题,也是国际人权运动的一个核心问题。在一定意义上可以说,人权的普遍性原则是西方人权观念的基础。当然,关于人权的普遍性和特殊性的争论绝不是纯理论性的。对这一问题的不同定义和回答将导致不同的政治结果。西方国家认为,人权的普遍性是指人权的共同标准应该在所有国家中以同样的方式平等地适用于所有的人。而且,人权的共同标准既包括描述性的标准,如不得使任何人沦为奴隶,不得对任何人施以酷刑,等等;也包括制度性的标准,如西方国家人权保护制度中的民主、自由、政治参与、选举、政治多元化等等,这些制度应该普遍适用于所有的国家,并且应该成为特定国家人权保护状况的检验标准。它们认为,同前一种意义上的普遍性相比,后一种意义上的普遍性更为重要,因为没有后一种意义上的普遍性,前一种意义上的普遍性就是空洞的,普遍的人权规范就将成为各个国家随意解释的对象而最终被瓦解。

严格说来,亚洲国家所坚持的人权的特殊性并不否认人权规范的普遍性。但是强调在实现普遍人权时要考虑各个国家特定的历史背景,给予各个主权国家决定自己的政治制度和人权制度的权利以及保护人权的优先选择的权利。

关于人权的普遍性和特殊性的争论是1993年世界人权大会最后文件中必须解决而又分歧最大的问题之一。西方国家极力主张把人权的普遍性写入会议的最后文件,并且将此作为衡量大会是否成功的标志之一。在经过艰难的协商之后,会议通过的《维也纳宣言》明确写道:"世界人权会议重申所有国家庄严承诺依照《联合国宪章》、有关人权的其他国际文书和国际法履行其促进普遍尊重、遵守和保护所有人的一切人权和基本自由的义务。这些权利和自由的普遍性质是不容置疑的。""承认并肯定一切人权都源于人类固有的尊严和价值,人是人权和基本自由的中心主体……""所有人权都是普遍、不可分割、相互依存和相互联系的。"西方世界把对于普遍性的这些说法看作是西方人权观念的胜利。

但是,对于这些文字的内涵却有着不同的理解和解释。特别是《维也纳宣言》在强调了人权的普遍性之后,重申了国家促进和保护所有人权和基本自由的责任,条件是"民族特性和地域特征的意义、以及不同的历史、文化和宗教背景都必须要考虑"。[1] 这表明,《维也纳宣言》中所提到的人权普遍性与特殊性不是互相排斥的。因此,有理由认为,《维也纳宣言》所陈述的普遍性并不是西方世界所坚持的那种排斥特殊性的普遍性。出席世界人权大会的中国代表指出,"《宣言》在承认人权具有普遍性的同时,也要求考虑不同国家的历史文化和宗教背景,具有积极意义。"[2]

从《维也纳宣言》中关于人权的普遍性和特殊性的表述中可以看出人权的普遍性的含义有两个方面:其一,所有人的一切权利和基本自由具有普遍性。这意味着人类大家庭所有成员的固有尊严及其平等的和不可转让的权利是普遍的。其二,所有国家庄严承诺履行其促进普遍尊重、遵守和保护所有人的一切人权和基本自由的义务。特殊性的含义也有两个方面:其一,所有国家都有权自由地决定本国的政治制度,自由地决定本国的经济、社会和文化发展。其二,政治、经济和文化体系不同的国家,在履行促进和保护所有人权和基本自由的义务时,必须要考虑"民族特性和地域特征的意义,以及不同的历史、文化和宗教背景"。亚洲国家认为,任何个人都生活在特定的国家和人文环境之中。一个人,其身份首先是一个特定国家的公民。他的权利是相对于他所生活在其中的社会来说的。对于他的权利的保护也首先是通过他所置身其中的政治与法律制度来实现的。而我们处在一个各国的政治与法律制度并不一致的时代。各个国家的政治法律制度互相区

---

[1] 参见《维也纳宣言》。
[2] 《人民日报》1993年6月27日,第6版。

别,这种区别是由一个国家或民族的历史、文化、地理环境、发展水平和社会制度所决定的。1993年4月2日,世界人权会议亚洲区域筹备会通过的《曼谷宣言》就这一问题写道:"尽管人权具有普遍性,但应铭记各国和各地区的情况各有特点,并有不同的历史、文化和宗教背景,应根据国际准则不断重订的过程来看待人权。"(第8条)[1]印度尼西亚代表在世界人权大会上的发言也明确阐述了这一立场:"虽然人权在性质上确实是普遍性的,但现在一般人也都承认,它们在国家内部的具体表现和实施应当依然是每个政府的权限和责任。这就意味着,有关问题和不同的经济、社会、文化现实的复杂多样性,以及每个国家中占优势的独特价值体系均应得到考虑。国家的这一权限不只是源于国家主权原则,而且也是自决原则的逻辑结果。"[2]朝鲜代表团团长在世界人权会议上也指出:"我们认为解决人权问题时,重要的是要结合每一地区或国家的历史、文化特点和发展阶段。"[3]1994年12月,在马来西亚的吉隆坡召开的亚洲国家人权会议上,学者和政治家们对西方国家在人权问题上强调西方意义上的普遍性提出了尖锐的批评,印度人克劳德·阿尔瓦雷斯指出,"从现在起未来的几十年内,我们的子孙后代必定会感到奇怪,占世界5/6的人口怎么会允许他们自己轻而易举地按照占世界人口1/6的人口的指令和需要去生活。"会议的筹划者钱德拉·穆扎法尔指出,"个人自由并不真正同我们的价值观念和哲学的传统思想相一致。"[4]

准确地说,亚洲国家没有否定人权的普遍性。但是,它们反对西方世界所定义的普遍性。东亚地区的经济已经成为全球经济的一个重要部分,但是它们正在努力抵制全球经济一体化的政治后果。西方的生活方式对这个

---

[1] 参见《曼谷宣言》第8条。
[2] 印度尼西亚代表在世界人权大会上的发言。参见刘楠来主编:《发展中国家与人权》,四川人民出版社1994年版,第23页。
[3] 朝鲜代表在世界人权大会上的发言。同上书,第9页。
[4] 参见合众社1994年12月28日英文新闻《亚洲国家人权会议要求重新定义人权》。

地区的渗透是明显的,但是,它们坚持保护自己的思维方式。可以肯定,作为抵制西方思想观念的一部分,亚洲国家与西方在人权普遍性与特殊性问题上的争论将继续下去。而且,随着这一地区经济的迅速发展和社会的进步,亚洲国家在这个问题上的态度可能会更加强硬。

第二,个人权利与社会利益的关系和个人对社会的责任问题。人权是个人的权利。但是个人的权利是在特定的社会和国家中实现的。因此,个人权利与社会和国家利益必然有着各种各样的关系。但是,如何看待这两者之间的关系?在两者发生矛盾的时候何者具有优先地位?对这些问题的不同回答代表着不同的人权观,决定着观察特定社会人权状况的角度,关系到一个国家的人权立场和对国家人权制度的评价。

根据西方的"天赋人权"理论,人权从其最本源的意义上讲是个人的权利。这些权利是至高无上的,任何团体、社会和权威都不得侵犯,政府是为了保护个人的权利而成立的。然而,"天赋人权"理论只是西方世界诸多思想和学派中的一支。从历史到现实,西方世界同样存在着反对这种理论的思想和主张。例如,风行于19世纪的功利主义理论就认为,保护个人权利和自由并不是国家和法律的唯一目的。尽管如此,在当前国际人权问题的论战中,在这个问题上的理论对立则完全表现为东西方不同的制度和文化对立的形式。亚洲国家主张,个人权利和社会的权利,个人自由和个人对国家的责任是互相联系,相互作用,不可割裂的。《世界人权宣言》第29条就明确地表达了这样的思想:人人都对社会负有义务,因为只有在社会中他的个性才可能得到自由和充分的发展。在现代社会中,人权不仅意味着防范政府和限制政府,也意味着政府负有发展经济,提高人民生活水准的积极义务。为了促进人权,国际人权宪章确立了国家在保护人权方面的责任,鼓励各国把国际人权规范转化为国内法律。然而,在现实生活中,人权与国内法律秩序并不总是一致的。法律秩序是特定国家的法律制度所要实现的社会目标,因此,国家政治和法律制度的结构和性质决定着法律秩序和方向。在亚洲国家中,法律秩序的方向是以维护社会利益为核心的,社会利益优先于个人利益,这是亚洲国家的一个共同的政治原则。

当然,社会利益是指社会整体的利益。利益本身是复杂的,不同的社会阶层从同一个社会政策或法律中所得到的利益是不同的。对于什么是社会利益,不同的社会团体可能有完全不同的回答。在新的世纪即将到来之际,亚洲国家面临着前所未有的发展机遇,同时也面临着严峻的挑战。为了利用历史提供的机遇,对于大部分亚洲国家来说,当前最大的社会利益是稳定和秩序。亚洲国家的绝大部分是发展中国家,这些国家正忙于应付迫在眉睫的生存与发展问题。受压迫和屈辱的历史告诉人们,如果他们在经济上处于贫穷状态,人权就是空话。摆脱贫穷不能靠西方"人权卫士"的施舍,而是要靠自己的发展。发展的前提是稳定和秩序。没有稳定和秩序,国家的经济和政治就不可能有效运转,而没有这种有效运转,发展和进步就是一句空话。马来西亚总理马哈蒂尔认为,"如果发展中国家的政治没有强有力的权威,这些国家就不可能很好地运转。政府软弱无能和不稳定将造成混乱的局面。"[1]印度尼西亚外长在维也纳人权会议上也强调了这一观点。他说:"我们在印度尼西亚,同时可能也包括发展中世界,实际上不是也不可能对人权完全持一种个人主义的态度,因为我们不能无视我们的社会和国家的利益。我们认为,由于一个人既是一个独立的个人,同时又是社会的一员的内在属性,他或她的存在、权利和义务,只有在同社会发生社会联系的环境中,才是有意义的。"[2]

稳定和秩序是社会的最大利益的说法,在这一地区具有广泛的社会基础和很强的号召力。因为这一地区的大多数国家都经历过长期的战乱和政治动荡,人们渴望稳定和有秩序的社会环境。对于经历过战乱、贫穷和饥荒的人们来说,稳定和平的社会环境无疑具有巨大的吸引力。近年来亚洲国

---

[1] 马来西亚总理马哈蒂尔在亚洲人权会议上的发言。参见合众社1994年12月28日英文新闻《亚洲国家人权会议要求重新定义人权》。
[2] 印度尼西亚代表在世界人权大会上的发言。参见刘楠来主编:《发展中国家与人权》,四川人民出版社1994年版,第23页。

家或地区,特别是东亚国家或地区政治稳定和经济的迅速发展,确实给人们带来了各种各样的利益。反过来,人们在经济上的利益满足以及由此而带来的生活质量的提高又成为社会稳定与秩序的基础。

第三,社会经济发展以及在此基础之上确立的人的经济、社会与文化权利是充分享有其他各项人权的条件。人权是一个综合范畴,它包括人的政治权利、经济权利、社会与文化权利、发展的权利,等等。所有的权利对于维护人的尊严来说,都是完全必要的。然而,如果对每一项具体的权利及其享有作细致的分析,可以发现对于权利的享有者来说,有一些权利比另外一些权利更为基本。这里的意思绝不是说一些权利比另外一些权利更为重要,而是说没有这些权利,其他的权利就无从谈起。例如,享有和平的权利就是"充分实现联合国宣布的各种权利和人类基本自由的首要国际先决条件"。[1] 经济、社会与文化权利也具有这样的性质。道理很简单,要充分享有人权,仅有美好的愿望是不够的,还必须具有实现人权充分享有的资源。

根据《联合国人权公约》,经济、社会与文化权利的内涵包括:人民的自决权,即人民自由决定他们的政治地位,并自由谋求他们的经济、社会和文化发展的权利;自由处置他们的天然财富和资源的权利;国家应承认人们的工作权,享受公正和良好的工作条件的权利;参加工会、享受社会保障和社会保险的权利;人人免于饥饿的权利,人人有权享有能达到的最高的体质和心理健康标准的权利;受教育的权利,参加文化生活,享受科学进步及其应用所产生的利益的权利,等等;并且有义务要尽最大的努力实现这些权利。

毋庸讳言,在上述权利中,自决权和自由处置自然资源的权利是人们最根本的经济权利,是发展的前提和手段,而其他所有的权利的享有都要以经济发展为前提。没有一定的经济基础,所有这些权利将是一纸空文。《德黑兰宣言》就这一点明确写道,"若不同时享有经济、社会及文化权利,公民及政治权利决无实现之日。但人权实施方面长久进展之达成,亦有赖于健

---

[1] 《人们享有和平权利宣言》,《国际人权文件汇编》,1988年,纽约,第478页。

全有效之国内及国际经济及社会发展政策。"①事实已经表明,经济不发达和贫困是我们这个时代急需解决的人权问题。当穷国和富国在生活水平上的差距仍然在拉大,当一个国家内穷人和富人在健康、教育、住房、营养、妇女和儿童福利等方面仍有巨大鸿沟的时候,片面强调公民的政治权利又有什么意义呢?新加坡外长在维也纳世界人权会议上就这个问题指出:"……贫困是对公民自由的愚弄。贫困是对最基本的人权的无耻侵犯。只有那些已经忘记挨饿的痛苦滋味的人,才会想出用语言去安慰挨饿的人:在填饱肚子之前,你们应先获得自由。我们的经验是:经济的发展是任何声称能提高人类尊严的制度的必要基础,而秩序和稳定是发展的基础。"②印度尼西亚代表团团长在世界人权会议亚洲区域筹备会上也阐述了这样的观点:"实际上,不享有经济、社会和文化权利,公民和政治权利的充分实现是不可能的。因为,如果一个人是文盲,他怎么能自由地发表自己的意见呢?如果一个人生活在贫困线以下,他怎么能真正享有财产权呢?如果一个人失业了,他怎么能行使自由加入工会组织的权利呢?"③

经济的发展和经济、社会与文化权利的实现,不仅仅为其他人权提供物质基础,而且为人权的全面实现提供必需的人文与文化环境。一般说来,经济发展的过程必然是人们积极参与并在其中发挥主动性的过程,也必然是他们行使权利的过程。例如在中国,市场经济所带来的经济活动主体的多元化,经济决策的分散化,国际经济和商业规范与国内经济的接轨,提高了个人权利在社会权利结构中的地位。经济市场化正在推动法律体系的改革,近年来中国制定的《行政诉讼法》《国家赔偿法》等一系列法律都表明,在经济活动中作为经营主体的个人不仅要求经济权利,也要求更为现实的政治权利。经济的发展已经并且将继续为个人权利提供更为广阔的天地。

---

① 《德黑兰宣言》第 13 条,《国际人权文件汇编》,1988 年版,纽约,第 52 页。
② 新加坡外长在维也纳世界人权会议上的发言。参见刘楠来主编:《发展中国家与人权》,四川人民出版社 1994 年版,第 29 页。
③ 参见刘楠来主编:《发展中国家与人权》,四川人民出版社 1994 年版,第 28 页。

无数事实已经证明,在通往充分享有人权的道路上没有捷径可走,发展中国家必须首先在经济上获得成功,为所有人权的完全实现提供必要的物质基础。

人权观是一个解释个人与社会、个人与国家、个人与集体、权利与义务、自由与责任等社会关系的观念。它不是孤立地存在的,而是与特定的文化和价值观相联系的。亚洲是当今世界最具活力的地区之一。经济上的成就加强了亚洲地区在国际政治和经济格局的地位。亚洲的文化和社会价值观不容再被忽略。作为亚洲的文化和社会价值观的一部分,亚洲的人权观也不容再被忽略。为了真正促进全人类的共同利益,真正实现人类充分享有人权的理想,不同的文化和文明在人权问题上平等对话可能是国际人权运动健康、和谐和理性发展的必要条件。

编者记:本文刊载于《政治学研究》1996 年第 1 期。"亚洲价值观和人权"在 1990 年前后成为国际学术界的热点。人权问题在冷战结束后成为不同意识形态国家理论争论的焦点,不是因为关于权利的道德哲学和政治哲学的渊源不同,而是因为政治理念和意识形态不同。人权成为不同政治力量在国际舞台上互相较量的武器。这种现实使得"亚洲价值观和人权"的讨论染上了浓厚的政治色彩。不过,它的积极意义在于,一直以来,同世界其他地区相比,亚洲国家的人权运动和人权组织相对处于薄弱状态,人权学术界的声音也很分散,几乎没有共同的声音,这场讨论使人权成为一个人们所关注的题目,在一定意义上普及了人权知识,促进了一大批非政府人权组织的产生,更为重要的是催生了一些系统的"亚洲人权理论"。*

---

* 参见信春鹰:"亚洲价值观与人权:一场没有结语的对话",《公法》第一卷,法律出版社 1999 年版,第 167—177 页。——编者

论民权与人权在近代的转换

王人博[*]

一

民权与人权是带有不同价值取向的两个概念。在西语中,民权与民主(democracy)这个概念有关。democracy 源于希腊语,其词根为 demos(人民)、kratein(治理),即"民治"。民权的原生意义是指公民参与城邦权力的资格,带有"民主权"之意。或者说,民作为一个群体构成国家(城邦)权力的合法来源,以及国家权力运作的最高合法依据。它与传统意义上的一人(如国王)或几个人(如贵族)的主权相对立。近代以来所演化生成的议会政治就是民权的体现。民权所代表的是一个"群"的范畴,而不是一个"个体"概念。相反,人权与自由(liberty)相关涉,它意味着,个体作为社会的一个单元在国家、社会中应具有的价值和尊严。人权是确定国家权力限度的一个界标,即在宪法和法律体系确定的范围内,个体应拥有的基本价值和权利。因此,人权在本质上,属于"个体"概念。也正因为两者间所具有的这种不同价值,所以在文化上,民权容易与民主主义、民族主义、国家主义结缘,而人权则与法治主义、自由主义、个人主义有着亲缘关系。

在希腊的城邦制时代,特别是在雅典,民权与"城邦至上"这一意识形态有着千丝万缕的联系。亚里士多德的"人天生是一个政治动物"的命题就是从城邦至上的价值出发的。在古希腊,能称为"民权"的东西,并不是

---

[*] 王人博,中国政法大学教授、博士生导师,《政法论坛》主编。——编者

指城邦公民作为独立的个体所拥有的权利。就公民和城邦的关系而言,城邦之所以是至高无上的,那是因为它本身就是公民的集合体,是最高的"善";公民之所以能称为公民,那也是因为他已参与到城邦生活的缘故。在这里,城邦既是一个政治实体,也是一个最高的伦理实体。民权自始至终都受这一信念的支配,它意味着,(公)民的权(利)便是从城邦领得的一种资格。这种资格决不是来自个人作为"自由自觉活动"的主体所应该拥有的东西,而是个人作为城邦这部庞大机器的一个部件,即作为一个"政治动物"由城邦分配给他的一种机会、给予的一个位置。这种机会是人作为城邦机器的部件的一种资格,若没有这种资格,人不但成不了城邦的公民,而且连作"政治动物"也不配了。正如美国学者指出的:"希腊人认为,他的公民资格不是拥有什么而是分享什么,……这意味着像希腊人所设想的,问题不在于为一个人争得他的权利,而是保证他有资格所处的地位。"[1]奴隶和妇女之所以不能分享参与城邦国家,并不是因为他们没有这种权利,而是因为他们没有参与城邦生活的身份和资格。与此相关,在古希腊,能称作"宪法"的东西并不是今人所指的能够标出个体权利、限权政府的最高原则和规范,而是一种"城邦生活模式",其最高价值就是保证共同生活的和谐——"共同的善"。在雅典城邦,宪法的各项制度,如轮流担任公职,用抽签的方法决定任职人员的选任等等都是为了使更多的具有资格的公民参与城邦政治生活。民权的这种特性,也就是古希腊的民主特征:人只是一个城邦动物,而人作为个体的价值、尊严则同苏格拉底一道牺牲在城邦这个闪亮的十字架上。民主并不等于自由,民权并不等于人权,从古希腊政治生活中是可以得出这个结论的。

在西方,作为与城邦相系的"民"向与国家相对立的个体以及与此相应的从民权向人权的过渡,是以斯多葛主义"自然"政治哲学为中介的。随着希腊城邦制的衰落,"作为政治动物,作为城邦或自治城市国家一分子的人

---

[1] 萨拜因等:《政治学说史》上册,商务印书馆1986年版,第25页。

已经同亚里士多德一道完结了;作为一个个人的人则是同亚历山大一道开始的"。① 城邦的衰落使得人们不得不学会过独立的生活,这是一个时代的完结,也是民权史历程的转折。在斯多葛学派的理论框架里,"一个"是个人的概念,个人已不再是城邦(国家)的一分子了,而是整个人类的一个单位;"一个"是普遍性的概念,即个人所具有的共同性。就个人来说,每一个人都具有不可分享的自我内心生活,每一个人都有根据"内心生活"提出一种固有权利的权利。从城邦出发,个体须作为国家(城邦)的一个部件而生活;从自我出发,个体必然作为一个独立的成员拥有平等的权利。这样,人与人之间包括奴隶和妇女在内都应是平等的,而不是根据城邦公民资格分享城邦的权力,对城邦权力的要求就变成了对(个)人权(利)的要求。为满足这一要求,就须为整个世界设想一种法律,一种既体现自然本性,又能体现这种对个人价值要求的法律——自然法。

17、18世纪西方的启蒙时代,正是以"自然法"为武器,实现了由民权向人权的转变过程。卢梭的《社会契约论》、洛克的《政府论》、孟德斯鸠的《论法的精神》都是着力于解决国家权力与个体权利的关系问题的。根据这些启蒙思想家的看法,人作为个体是生而平等、自由的;人人都享有大自然赋予的不可让与不可剥夺的权利,这些权利包括生命权、自由权、财产权以及追求幸福权。启蒙思想家们各自从自己的理想出发,把古希腊以来的民权观念变成了一种全新的人权体系。这种人权体系在革命已取得胜利的国家都用不同的文字表达了一个共同信念:人权构成政治统治的基础。在这些国家,一方面,几乎都毫无例外地建立了议会政治,确立了以彰显民权为价值目标的民主制度;另一方面,又几乎毫无例外地创构了宪法体系,确立了以实现人权为鹄的自由制度。后者更为重要,因为它是民主制度的伦理基础。法国1789年的《人权和公民权宣言》指出:"人们生来并且始终是自由的,在权利上是平等的";"一切政治结合的目的都在于保存自然的、不可消

---

① 萨拜因等:《政治学说史》上册,商务印书馆1986年版,第128页。

灭的人权；这些权利是自由、财产权、安全和反抗压迫"。美国 1776 年的《独立宣言》宣布："我们认为以下真理是不言而喻的：人人生而平等，人人都享有上帝赋予的某些不可转让的权利，其中包括生命权、自由权和追求幸福的权利。""为了保障这些权利，人们组织自己政府，政府正当权力来自被统治者的同意。"因此，"任何形式的政府，只要危害上述目的，人民就有权利改变或废除它，并建立新的政府。新的政府的基本原则和政治组织形式，必须是最便于实现人民的安全和幸福的"。

在美国，从《独立宣言》到各州宪法，从各州宪法到 1787 年联邦宪法，都贯穿一个核心理论：保障人权，建立限权政府。美国的各州宪法大都把《独立宣言》所宣示的人权原则作为宪法的基础，并以此规定了分权制衡的政府结构。1787 年联邦宪法所规定的政治制衡论，限权政府，司法独立，联邦制等都是对人权本身的一种保障。美国人说，"正是自然法则使得美国人能够设想人世的各种权利，互相之间具有独立和平等的地位，因而有关平等和不可让渡的权利的坚定不移的真理可以说不言自明的。"[①]

这种以自然法为理论基石，以宪法为最高规范确立起来的人权概念显然不同于自古希腊以来的在国家和群体意义上的民权概念。人权并非来自于国家和宪法的赐予，而是先于国家和宪法而存在，因此，它本身就高于宪法和法律。国家和宪法不能创设人权，只能确认人权。而对人权的确认与保障则构成政府权力运作的合法来源和伦理基础。人权不同于民权就在于：前者是基于个人与社会、个人权利与国家权力关系而形成的"个体特权"，它本身就是对国家权力的一种限制。即是说，只有在国家权力受到限制的范围内，人权才得以实现。"各种宪法被看作是对自然法的宣告，从而被看作构成所有宪法根源的一般准则的体现。'尽管在宪法中可能没有规定任何限制，立法机关仍被禁止提供抑善扬恶的法案，提出破坏共和国自由伟大原则和有关社会契约伟大原则的法案。'正是'社会和政府的性质'决

[①] H. S. 康马杰：《美国精神》，光明日报出版社 1988 年版，第 457 页。

定了对立法权的实质性限制。这些限制掩盖了'更广泛和更牢固的自然权利的基础之上'。"[1]人权高于民权,这是近代以来的西方宪政制度的伦理基础。"民"所代表的国家或政府主要不是怎样去积极干预求得人权实现,而是放手让个人按照自己的意志"在不损害别人"的前提下去做自己想做的事情。在西方,如果说城邦意义上的民权是为了防止人作为"政治动物"的堕落,那么具有个人主义性质的人权则旨在对国家权力的防范,实现人作为"自由自觉活动主体"的价值和尊严。

二

民权与人权是西方文化特有的概念。两者相比,民权更容易为中国文化所容纳,因此也更容易为中国人所接受。事实上,近代以来的中国在接受西方宪政文化时首先认同的是民权,而不是人权。后者作为一个个体概念毕竟远离中国的文化传统,两者间有着太多的隔膜与悬离。而民权作为一个"群"的概念不仅可以在中国文化传统中得以解释,而且这一传统也为接受西方宪政文化提供了一种文化合法性的外衣。

与西方文化中的民权相对应,对"民"的认识也是中国传统政治法律文化的主题之一。"民为贵,社稷次之,君为轻";[2]"君者,舟也;庶人者,水也。水则载舟,水则覆舟。"[3] 这些都是儒家的传世名言,这也就是"民为国本"的思想。《说文》曰:"木下曰本"。本即树根,可引申为指事物在空间的基础或时间上的起点,派生和维系他物,是他物不可或缺的条件。"民为国本"将"本"的概念引入"民"与"国君"的关系中,首先是表示君依存于民这种关系的认识,其次是指处理这种关系的思想。本来,"民"作为"群","君"作为"群主"的依存关系是相互的,不仅群不可以无民,民亦不可无君,否则便无以为"国"。但由于在这种关系中,作为"群主"的君始终处于主动

---

[1] 伯纳德·施瓦茨:《美国法律史》,中国政法大学出版社1989年版,第91页。
[2] 《孟子·尽心下》。
[3] 《荀子·哀公》。

地位,作为"群"的民处于被动地位,因而君主民的这一面是显而易见的。至高无上的君竟要"关照"地位卑微的民这一面,则往往被人忽视。民本思想是在君民间的相互依存关系中强调对君的约束,提醒统治者要对"民"的社会地位与作用,民的生活状况给予一定的关切,不能饮鸩止渴,竭泽而渔,掠夺式的统治不仅会伤民气,产生民怨,更重要的还会伤及君国社稷的根本。国之财,皆出之于民,皆民之所供,这是山野村夫都能弄懂的道理,"百姓足,君孰与不足;百姓不足,君孰与足"?①儒家从这里看到了"民本"的关键。周景王二十一年,将铸大钱,单穆公劝阻道:"王废轻而作重,民失其资,解无匮乎?若匮,王用将有所乏。"他进一步指出:"绝民用以实王府,犹塞川原而为潢也,其竭也无日矣。"②民用为"川原"而王府为"潢",单穆公点明的这种经济上的本末源流关系,道出了君对民的依赖。由于此,儒家劝告统治者首先在态度上不可轻民,"众恶之,必察焉;众好之,必察焉"。③ 麻木不仁可致"覆舟"之患;体察民情可使社稷永固,儒家的"民本"思想正是从此着眼的。民既不可轻视,儒家也因此教给统治者——君"宽猛相济"的统治秘方。猛指刑罚强制,宽包括取之适度附加教化两个方面。"过犹不及"是孔子的一个重要命题,儒家坚决反对聚敛穷民。"万乘之家……与其有聚敛之臣,宁有盗臣。"④盗臣窃国,是穷末;聚敛之臣竭民,是穷本。"自古及今,未有穷其下而能无危者也。"⑤因此,聚敛之臣比盗臣危害更大。儒家的这一思想影响至远,意味深长。儒家反对滥杀无辜,提倡教化刑罚强制相结合。教化的目的是使民"明人伦"。"谨庠序之教,申之以孝悌之义"⑥,这"孝悌之义"便是处理"人伦"的准则。"人伦明于上,小民亲于

---

① 《论语·颜渊》。
② 《国语·国语》。
③ 《论语·卫灵公》。
④ 《礼记·大学》。
⑤ 《荀子·哀公》。
⑥ 《孟子·滕文公上》。

下"①,上下揖睦,万事大吉。教化的根本目的是麻醉人心,以达到"杀之而不怨"②的效果。被杀者既无怨,杀人者也就心安理得,平平安安。

这种勃兴于晚周的民本思想几经历史演化,已具有了两种功能。对历代统治者来讲,"民惟邦本"③认识具有警世的作用,它可以使其在政治上谨慎从事,不能漠视民的利益与要求;而在那些有着强烈的社会批判精神的思想家那里,民本思想则为其提供了社会批判的武器和政治评价的标准。

然而,不管它具有哪一种功能,民本不等于民权。中国文化传统中的民本概念与西方文化中的民权价值有着质的分别,而与人权概念更无瓜葛。民本与民权确有"貌合"之处,而彼此间的"神离"更为根本。如果说,民权与君权是相互对立、水火难容的,那么,民本与君主专制则是相互依存、互为补充的。民本所倡导的"重民"、"爱民"与神化君主、君权的关系,如同一个硬币的两面,一方面要求君主施"仁政","爱民如子";另一方面又要求民的驯化、绝对服从,尊君,敬祖,孝忠。尽管历史上有许多进步的思想家十分关心民众的利益、民生的疾苦,但却并没有体认到民权。民本思想可以为历代思想家提供社会批判的武器,但是它却不能为思想家提供一个全新的价值规范。民本思想发展到极端形式,也可能在一定程度上否定君主专制政治的合理性。明末思想家黄宗羲说:"今也以君为主,天下为客,凡天下之无地而得安宁者,为君也。"④古代思想家对专制政治的批判不可谓不深,但他们却不能在专制政治以外寻求社会的出路。他们一方面强烈地指斥暴君苛政的罪恶,另一方面又把优良的社会生活寄托于圣王明君。对暴君苛政斥之愈烈,对圣王明君也就爱之愈深。在传统的民本思想发展到极致之时,也正是对民的传统认识走入困境之日。

可以这样说,从中国民本这一文化传统之"树"中是结不出西方民权概

---

① 《孟子·滕文公上》。
② 《孟子·尽心上》。
③ 《孟子·梁惠王上》
④ 《明夷待访录·原君》。

念之"果"来的。

　　从孔夫子到顾炎武、黄宗羲、龚自珍,中国的民本传统既是近代以来的先进分子取之不尽的文化资源,也是近代中国第一批先知先觉者借以体认、接受西方民权概念的文化支点。得之于此,议会、民权这些在当时全然不为中国人知晓的西方观念随同西方的自鸣钟、显微镜等"奇技淫巧"舶来中国,并且以后为一代又一代的中国先进分子传诵着、高扬着、思考着。而一次又一次的腥风血雨又使他们心痛、悲怆,然后又有人从这悲怆中站起来走下去,至死不渝。事实上,中国近代最早一批知识分子,如王韬、郑观应等,正是借助于中国的民本文化资源,首先从"群"的意义上体认了西方的民与议院的关系以及由此而具有的巨大价值。

　　王韬说:"天下之治,以民为先。所谓民惟邦本,本固宁也。"①"国之所与立者,而君听于民者也。"②陈炽也说,"天生民而立君,君者,群也,所以为民也。"③何启、胡礼垣认为,"政者,民之事而君办之者,非君之事而民办之者。事既属于民,则主亦属于民。"④如何"重民"呢？他们认为,除了"与民共利"而"允许民间自立公司"、发展工矿、商务、铁路、航行等新型工商业而外,重要的是要在政治上消除"君民相隔"的专制弊端。专制主义造成了君民隔阂的局面,使得君恩难以下逮,民间疾苦无从上闻,其结果是"政失于上而不知,乱成于下而不悟。"⑤ 因此,在政治上"去塞求通"就成了"重民"的基本内容。国家的求强求富要在得民心,要得民心必须通上下之情,调整好君民关系。于是,从"重民"出发,他们看到了西方议院所确立的新型君民关系对医治中国之病的实用价值。王韬说,"试观泰西各国,……类皆君民一心,无论政治大小,悉经议院妥酌,然后举行。……中国则不然,民之所

---

① 《韬园文录外编·重民中》。
② 《格致书院课艺》。
③ 《报馆》,《弢书》外篇卷上。
④ 《新政论议》,《新政真诠》二编。
⑤ 邵作舟:《危言·除忌讳》。

欲,上未必知之而与之也;民之所恶,上未必察之而勿之施也。"①泰西诸国,"因民之利导之,顺民之志而通之","民以为不便者不必行,民以为不可者不得强"。② 泰西的良政之类就在于"上下相通,民隐得以上达,君惠亦得以下逮","有君民上下互相联络之效"。③ 因此,他们也要求中国朝廷"撤堂帘之高远,忘殿陛之尊严,除无谓之忌讳,行非常之技擢"。④ "联络众情……合四万万之众如一人",做到"上下一心,君民一体"。⑤

他们对此深信不疑:西方的议院所确立起来的新型君民关系就是西方强大的根源。"西洋各邦,立国规模,以议院为最良。"⑥"泰西议院之法……英美各邦所以强兵富国,纵横四海之根源也。"⑦其必然的逻辑关系便是:中国要自强就必须像西方那样,造成君民一体,上下一心的良政。

这一代知识分子和后来的知识分子一样,既是怀有救国济世远大理想的思想家,又是脚踏实地的实干家。作为思想家,他们愤世嫉俗,关切国家民族的命运。他们毫不怀疑自己在西方文化中发现的真理,他们认定西方的民权与议会就是他们所传达的那样,它不但是西方能够"纵横四海"的本源,而且也是中国借以自强的药方。在这种情形下,中国文化便成了他们观察、体认西方民权(主)、议院宪政的最重要的文化资源。这一代知识分子确乎是戴着中国文化的古老眼镜去看待西方文化的,他们把西方的民权和议院从文化中剥离出来,放在中国政治这个手术台上加以解剖,发现了全然不同于西方的价值,并强行将其与中国文化传统中的民本思想发生逻辑上

---

① 《弢园文录外编·达民情》。
② 王韬:《弢园文录外编·上当路论时书》;郑观应:《盛世危言·议院》。
③ 王韬:《弢园文录外编·重民下》。
④ 王韬:《弢园尺牍·与方铭山观察》。
⑤ 郑观应:《盛世危言·议院》。
⑥ 薛福成:《出使日记》,光绪十六年七月二十一日。
⑦ 陈炽:《庸书·议院》。

的关联,①并将其与传统民本加以调适,整合为带有中国文化意味的"重民说"、"君民共主论",试图以"民"作为范畴,建构一种"非中非西"、"既中既西"的政治学说。这样一来,在西方文化中的民权变成了中国式的"重民";西方的议会式的民主变成了"君民共主"。这一变换为以后的中国宪政文化生成、发展带来了双重结果:一方面,"重民说"、"君民共主论"为中国移进西方宪政文化,从"文化"意义上架起了一座桥梁,并为之找到了与中国本土文化融合的契合点。事实上,"重民"不等于民权,"君民共主"不等于民主,从前者到后者还有很长一段距离。当然,"君民共主"也不等于专制,从民本到民权,从专制到民主之间有很大一片中间地带,王韬、郑观应等一代知识分子就站在那里。另一方面,由于他们"误读"了西方宪政文化,因而也为中国近代传达了一个"错误的信息":似乎西方的民权、民主就是西方富强的本源,它的功用就在于解决"君"与"民"的关系,他们乃至以后的康有为、孙中山那一代的先进中国人都没有能洞察到西方议会制背后所隐含的个人与国家、人权与国家权力、法律与权力的对立和调适这更深一层的文化意蕴。因而,后来的先进分子把西方宪政文化价值中的个人自由、人权、个人意思自治等价值原素转"译"成中国文化能够接受的概念:民权、民主、民治等。"人"与"民"不只是字义的不同,重要的是文化上的差异。这就不难理解近人为什么把卢梭为解决个人与社会、个人与国家关系而写成的《社会契约论》译作"民约论";为什么在西方原本属于个人本位的大法——"私法"在中国一直当作"民法"而加以使用。

"人"与"民"在中国近代就这样鬼使神差般地被弄糊涂了。

三

寻求富强是中国近代的主旋律,其中也萦绕着"救亡"的强音。"富强"

---

① 薛福成在记叙了西方议院之后,把这种"君民共主之政"看作是中国夏商周"三代之隆",并用孟子"民为贵,社稷次之,君为轻"之说作为两者的共同精神。(见薛福成:《出使日记》光绪十六年九月九日。)王韬在他的《韬园文录外编》中也有类似看法。

像一根红线,贯乎于近代文化的全部。这条红线可以说明为什么康有为、梁启超这一代知识分子仍然主要对西方的民权和议会感兴趣,为什么这两者能成为他们观察探寻西方宪政文化的核心范畴。从思想渊源来讲,王韬、郑观应等那一代知识分子的"君民共主"观直接或间接地成为他们探寻西方宪政文化的阶梯,是这一心路历程的自然延伸和发展。就文化资源而言,中国文化传统中的民本主义既是他们认同西方民权和议会的"亲和力",也是他们深入探寻西方宪政文化真义的障碍。虽然他们对西方文化有了更多的了解,对议会的看法前后不同时期有变化,而且提出了前一代知识分子没能提出的民权概念,但他们对民权和议会的价值体认并无多少改观。

在这里,首先应注意的是梁启超对"群"的概念使用的解读,这是理解民权概念的关键。梁启超认为,治国之道应"以群为体,以变为用"。[1] 为此,他专门写了《说群》一文。张灏先生认为,梁的群概念是一个主要受西方社会团体组织和政治结合能力的事物所激发的新概念。主要有三层含义:一是带有整合的意思,即如何将中国人集合起来组成一个有凝聚力的政治实体;二是指政治参与,即一种合理的政治实体能够容纳什么样的社会分子参与;三是指政治共同体的范围,即中国是否应组织为一个民族国家。[2] 在梁启超看来,似乎宇宙间所有的变化和演进都由包罗万象的合群原则主宰。宇宙中的一切事物,包括有生命的或没有生命的,都由相反的原质构成,一切事物的存在都依赖合群原则,并将这些诸原质结合在一起。它是主宰宇宙间万物存亡的自然界本质规律。而根据自然界进化标准,合群原则愈益重要。在自然界的进化中,异质贵于同质,复杂贵于简单。作为它的一个推论,合群在生物界的关系要大于在非生物界,在人类社会里大于动物世界里,在开化民族中要大于在野蛮民族中。[3] 既然合群能力在自然界里千

---

[1] 梁启超:《饮冰室合集》文集之二,第3页。(下称文集、专集均取之于《饮冰室合集》。)
[2] 参见 HAO CHANGT, *Liang Ch'i-ch'ao and Infellectual Transition in China*, 1890-1907, Harvard University Press, p. 96。
[3] 同上书第97页;参见梁启超:专集之二,第5—6页。

差万别,那么自然界的竞争就是不可避免的。人类由于被赋予更大的竞争能力,因此在生存竞争中自然以胜利姿态出现,并因此得以大量繁衍。同样道理,当各个不同的人群处于竞争中的时候,具有更良好合群能力的开化民族总是战胜野蛮的民族。随着历史的发展,合群的趋势和必要性也不断增强,违背这一趋势和要求,便意味着死亡。①

这是一种警喻。梁启超用达尔文式的语言告诉中国人一个朴素的道理:不团结合群就无法与西方国家在世界的舞台上抗衡竞争,中国就会像拖着尾巴的猴子在人类进化的脚步下任人宰割,自取灭亡。中国人怎样才能团结合群组成一个像西方那样的政治共同体呢?梁启超认为,应向西方学习,参酌民权,开设议院,合民一心一体。这样,民权在民族主义的涌动下被提上了议事日程。民族主义的民权观乃是康有为、梁启超那一代及其以后的中国知识分子立论的一个基点。

以"在中国首倡言公理,首倡民权"②自谕的康有为在他所写的《实理公法全书》中,就提出了"人有自主之权","权归于众",君主只是民众所确立的"保卫者"和所选择的"中保人"这样一种"民权"思想。③ 他在《钦定立宪开国会折》中建议光绪帝"上师尧、舜三代,外强国,立行宪法,大开国会,以庶政与国民共之,行三权鼎立之制,则中国之治强,可计日待也。"④他的这句话不能算作是近代西方的民权理论,不过他说的"庶政与民共之",也断然不是古代思想家所说的"民为国本"或"与民同乐"。这时的梁启超的思路与其师差不多。他认为,"三代以后君权日益尊,民权日益衰,为中国积弱之根源。"⑤他甚至断言,"《春秋》古国之学无不言民权者。"⑥从这些话隐

---

① 梁启超:文集之二,第5—6页。参见 HAO CHANGT, *Liang Ch'i-ch'ao and Infellectual Transition in China*, 1890-1907, Harvard University Press, p.98。
② 康有为说:"在中国实首倡言公理,首倡民权者。"(见《康有为政论集》下册,第476页。)
③ 《中国文化研究辑刊》第一辑,第329、336、332、334页。
④ 《康有为政论集》上册,第339页。
⑤ 梁启超:《西学书目表后序》。
⑥ 《湖南时务学堂课艺批》,《戊戌变法》(二),第550页。

含着这样一个基本假定:三代之治存有民权,只是以后失掉了,中国才成为今天这个样子。即使不从正面立论,我们也可感知到康梁对西方文化语体中民权这一概念的理解和了悟。如此立论的还有谭嗣同,他说过与梁启超相类似的话:"中国所以不可为者,由上权太重,民权尽失。"他在其《仁学》一书中对这一思路作了进一步的发挥:"生民之初,本无所谓君臣,则皆民也。民不能相治,也不暇治,于是共举一民为君",因此结论道:"君也者,为民办事者也;臣也者,协办民事者也"。"君末也,民要也",若君臣不为民办事,民就可以"易其人"或者"共诛之"。[①] 那么,到底什么是民权呢?

梁启超在当时的《时务报》第9期撰写了一篇文章非常有代表性。他说:"西方之言曰:人人有自主之权。何为自主之权?各尽其所当为三事,各得其所应有之利,公莫大焉,如此则天下平矣。……权也者,兼事与利言之也。使以一人能任天下人当为之事,则即以一人独享天下人所当得之利,君子不以为泰也。……地者积人而成,国者积权而立,故全权之国强,缺权之国殃,无权之国亡。何为全权?国人各行其固有之权;何谓缺权?国人有有权者,有不能有共权者;何谓无权?不知权之所在也。无权恶乎起?曰:始也,欲以一人而夺众人之权,然众人权之繁之大,非一人之智与力所能任也,既不能任,则其权将糜散堕落,而终不能以自有。"这段话有三点值得注意:其一,权利是公有的,人人可享;其二,权利就是办事的机遇和应得的报酬;其三,一国之强盛,关键是国人有应享之权利,一人而专全国之权是行不通的,不现实的。前者是对"权利"的解释,后一点是对权利的评价。在这里,无论是康有为还是梁启超,民权本身并不构成独立价值,也不是一个独立的目标。他们所关切的是民权对国家强盛的意义。只有当"民权"能为国家富强带来好处时,它才会被置于一个凸现的位置。国家强盛是目的,民权只是致国家强盛的一种手段。民权是他们从西方宪政文化中所找到的对解决中国困境最有用的东西之一。所以,在他们眼里,民权始终与专制相对

[①] 《谭嗣同全集》第56页。

立。对民权的看重与对专制的不满是一枚硬币的两面,民权首先意味着一种分享君权或皇权的要求。和谭嗣同一样,梁启超也认为国君就是人们办事时推举的小头目,如果不好,随时可以更换。就像一个饭铺里的总管,那些伙计犹如侍奉皇帝的大臣,总管好,大家拥护,不好则弃之换新,绝对不存在神圣不可侵犯或万世长存的道理。至于到底什么是民权暂且可以不加深究。戊戌维新一代知识分子大都从君权、皇权与民权的对立去反对专制主义的。问题是,如果民权只是他们认定的那个样子,那么众人专权未必比一个人专权好,多数人的暴政往往比一个人的暴政更暴虐。从高扬众人之权而反对一人专权的思路批判专制主义是不彻底的。只是从"参权"人数的多寡去解读民主还是专制,不能不说是对西方宪政制度的一种误读。

为了进一步说明这个问题。有必要论及与民权概念密切相关的另一个概念——议院。

在康、梁的心目中,议院是一块闪亮的金子,救国的药方。1895年康有为在《上清帝第四书》中讲到西方"议院"制时认为,西方设议院是为了听取"众议",通达"下情",以使民之"疾苦"上闻,君之"德意"下达,以去"权奸"之私,杜"中饱"之弊,办好"筹饷"等"最难之事"。① 梁启超则断然认为:"问泰西各国何以强?曰:议院哉!议院哉!";中国之所以落后于西方,在于不知民权为何物,不设议院而行专制。"西人百年以来,民气大伸,遂尔勃兴。中国苟自今日昌明斯义,则数十年其强亦与西国同,在此百年内进入文明耳。故就今日视之,则泰西与支那有天渊之异,其实只有先后,并无低昂,而此先后之差,自地球视之,犹旦暮也。"② 其实梁启超要点破的是这一点:清廷想求生存和发展就必须向议会政治靠拢。为此他专写了一篇《古议院考》,认为中国历史上虽无议院之名,实有议院之体。他认定《礼记》中讲的"民之所好好之,民之所恶恶之,此之谓民之父母",就是议院思想。

---

① 《康有为政论集》上册,第150页。
② 梁启超:文集之一,第109页。

《孟子》里说的"国人皆曰贤,然后察之;国人皆曰不可,然后察之;国人皆曰杀,然后杀之",也是议院的思想,"《洪范》之卿士,《孟子》之诸大夫,上议院也;《洪范》之庶人,《孟子》之国人,下议院也"。①

这种牵强附会,以中推西,以古诞今的手法在中国近代是常见的。问题是,梁启超是怎样从中国的传统中推论西方的议院在时下中国所具有的价值?如果说张扬民权是为了反对过重的君权,那么论说议院便是为了政情上的求通,达到合群团结的目的。他曾明确地指出,"问议院之立,其意何在?曰君权与民权合,则情易通;议法与行法分,则事易就。"②中国最大的问题是层层堵塞,血脉不通。统治集团中你争我夺,互相防卫又相互争斗,塞而不通;高级官吏更是各据地盘和势力,揽权分肥;基层政权更是各自为政;言论不达,信息不灵;老者不能退,新人不能进,全国如一潭死水。"不动则堵,不通则塞,不进则退,亘古今中外,无中道而画之理。"求通就必须设议院,"动力之生,必自参用民权始矣"。梁启超的逻辑是:国之强弱悉推原于民权,而民权的集中体现便是议院;议院一立,上层可以集众官之智慧,中层可以听取国民之意见,下层可以发表立国之政见。这样,举国之人言治国,则情理通,信息灵,"民情"决定国家走向,必然带来一片生机。

在那一代爱国知识分子的思想深处,民权也好,议院也罢,其实都不具有独立价值。这与西方宪政制度下所保障的个人自由和权利的独立价值有着不同的文化取向和追求。无论是康有为还是梁启超,中国的落后挨打所带来的耻辱给他们的思想震撼比他们对中国个人的悲惨生活状况的关切要强烈得多。因此,个人作为活生生的个体容易受到冷落,最多也只能作为民族和国家致富致强的一种工具而被记起。这不是对西方文化了解够不够、充不充分的问题。后期的梁启超即便对西方文化有了透彻的了悟,他认准的仍是民族主义而不是个人主义。个人在他的思想中仍不占什么重要位

---

① 《时务报》第 10 期。
② 同上。

置。毕竟他们所面对的和他们的西方同行并不是同一个问题,而是两个彼此不同的世界。这就是为什么我们在梁启超高扬民权、议院的背后,时常听到是"国家!国家!"的呐喊。国家富强是一个无可争议的最高目标,要达到这个目标就要改革运转不灵的专制制度,必须参酌民权,改变一人独专的权力体制。而只有设立了议院,君官民才能去隔相通。"通"在他们的思想中处于一个中介位置,它既是手段也是目的。就目的而言,张民权、设议院在于求"通",而"通"也为更高一个目标服务,即为了"合群"。这样,以"群"为架构,以"合群"为轴线所形成的思想体系中,民权这一具有独立价值的概念已被完全融化在强烈的民族主义洪流中,成为中华民族复兴的"工具理性",并经过中国文化的浸染与磨炼形成了一种不同于西方民权的品格。

四

陈独秀在《敬告青年》一文中说:"吾宁忍过去国粹之消亡,而不忍现在及将来之民族,不适世界之生存而归削灭也。"这可算作是"五四"新文化运动的庄严而悲壮的宣言了。

近代,中国从师法西艺的洋务运动,到引入西政的变法和革命,花了三五十年时间,而从政治革命到敞开胸怀吸收西方精神的文化革命,仅仅隔了三五年的时间;无论从时间上说还是从实质上看,这都是一个飞跃;是"五四"一代知识分子——"五四人"充分认识主体作用并超越自己时代的飞跃;是中国近代对国家民族的认识由"民"到"人"的飞跃;是由民权到人权所完成的一次不甚彻底的转换。

"五四人"与上一代知识分子不同,他们不仅仅希望用民权作为材料创建一个团结合群的民族国家,而是呼唤着一个能给予个人全面自由发展的新型社会,创建一个以个体为独立价值的理想环境。这既是一种理想,也是一种奢望,但也说明了"五四人"不同于前人的情愫。在他们看来,新国家的建立,社会的改造,归根结底是把人的东西还给人,是个体创造与自由的弘扬。他们思考问题的方法,已不再从"群"的意义上探究民权,而是深入到政治法律文化的底层从国家与个体的关系上探寻人作为人应具有的尊严与价值。陈独秀说:"尊重个人独立自主人格,勿为他人之附属品。……集人成国,个人之人格高,斯国家之人格亦高;个人之权巩固,斯国家之权亦巩固。而吾国自古相传之道德政治,胥反乎是。"①在这里,"民"转换为"人",这一转换实质上就是国家与个体关系的一种颠倒:是个体决定国家和民族,个体比国家更重要,因为一个由享有充分人权的个体组成的国家必然强大和文明,而一个没有个体地位抹杀个性的国家必然贫弱落后。在他们眼里,这既是一种价值判断,也是一种事实陈述,中国便提供了例证。"五四人"既是西方文化的真诚信奉者,也是中国传统的背叛者,从"孔家店铺"里所看到的东西与上一代知识分子全然不同,后者看到了民权,他们看到是"吃人":"一曰损坏个人独立自尊之人格;一曰窒碍个人意思之自由;一曰剥夺个人法律上平等之权利;一曰养成依赖性,戕贼个人之生产力。"②鲁迅对中国传统的群体本位所造成的灾难性后果更是深表忧患:"中国人向来有点自大——只可惜没有'个人自大',都是'合群爱国的自大'。这便是文化竞争失败之后,不能再见振拔改进的原因。"③对那种个体人格和尊严丧失殆尽,拉着群体、国家作虎皮的人,鲁迅作了毫不留情的揭露和讽刺:"'合群的自大','爱国的自大',是党同伐异,是对少数的天才宣战;——至于对别国文明宣战,却尚在其次。他们自己毫无特别才能,可以夸示于人,所以把这个国拿来做个影子;他们把这国里的习惯制度抬得很高,赞美得了不得;他们的国粹,既然这样有荣光,他们自然也有荣光也。倘若遇见贡献,他们也不必自去迎战,因为这种蹲在影子里张目摇舌的人,数目极多,只须用 mob 的长杖一阵乱噪,便可制胜。胜了,我是一群中的人,自然也胜了;若失败了,一群中有许多人,未必是我受亏;大凡聚众滋事时,多具这种心理,这

---

① 《青年杂志》1 卷 5 号。
② 《新青年》5 卷 5 号。
③ 同上。

就是他们的心理,他们的举动,看似猛烈,其实却很卑怯。至于所生结果,则复古、尊王、扶清灭洋等等,已领教的多了。所以多有这'合群'的'爱国的自大'的国民,真是可哀,真是不幸。"①"五四人"说的话似觉刺耳,但这也正是他们的可爱可敬之处。他们的这份勇气是对那些一面搂着别人的女人睡觉一面高喊着"固守中华传统美德",一面自己享受着奢华的西式物质文明一面高喊着让老百姓到中国文化传统中去寻找那份"天人合一"的精神快乐的"假道人"、"假道学"的无情嘲讽和鞭挞,是对压抑个性、摧残人性的文化传统的激进反叛。在"五四人"这里,人权不是别的,它首先意味着人应把人当作人平等对待,人应按自己的意愿活着;它意味着每一个有良知的人应从自己生存的群体里体验自己的境遇,体验对己的态度。人权毕竟与"合群"式的爱国主义、民族主义是两回事。

"五四人"首先解去了自己身上的枷锁。他们张扬的人权是一个在中国历史及文化传统中找不到的全新价值体系。在这里,人权意味着:"要独立自主之人格,要平等自由之人权",②即"法律上之平等人权,伦理上之独立人格,学术之破除迷信,思想自由",以及"经济上之财产独立";③人权意味着:"个人之自由权利,载诸宪章,国法不得而剥夺之,所谓人权是也";④人权意味着:"内图个性之发展,外图贡献于其群";⑤人权意味着:"我有口舌,自陈好恶,我有心思,自崇自信,绝不容他人之越"。⑥ 人权就是人格独立、权利平等、思想自由,即对个体价值的张扬与信念。

可以这样说,"五四人"提出的人权概念是"中国三千年来文化上的一大变局"。它代表了那个时代最勇敢的言论。这意味着中国文化传统的神圣性在他们手中开始塌崩坏裂。他们既是传统的破坏者,也是新文化的开

---

① 《新青年》5 卷 5 号。
② 《新青年》1 卷 1 号。
③ 《新青年》2 卷 4 号。
④ 《新青年》1 卷 1 号。
⑤ 《新青年》2 卷 1 号。
⑥ 《新青年》1 卷 1 号。

创者。作为前者更需要勇气和胆识,满坑满谷的"卫道士"以及旧势力的敌视、绞杀自不必说,而他们自身也在这破坏中须经历痛苦的蜕变,首先要正视自己,正视自己生于斯长于斯所依恃的传统信仰,剖开灵魂,承受其失去精神家园的苦痛。他们既然背弃了传统,那就自然地成为一个无根性的漂流者。从这一意义上讲,他们是真正的孤独者。

与其说"五四"新文化是对人权的探求,毋宁说是对人、人权的信仰。"五四人"没有更多地在人权内涵上做文章,而是把它置于民主和科学的殿堂供奉着、信仰着。人权之于"五四",不是理性上的推敲,而是理想的许诺,信仰的许诺。他们相信它,所以它成为最高的真实,而一些人厌恶它、反对它,所以才成为最无用的谎言。大凡人世间的学问不过如此罢了。

"五四人"是爱国的,他们把民权转换为人权也正是从对民族前途的关切出发的。《新青年》创刊号中带有发刊词性质的《敬告青年》一文如是指出:"国人而欲脱蒙昧时代,羞为浅化之民也,则急起直追,当以科学与人权并重。"那爱国诚心昭然若揭。正因为如此,人权概念的提出与张扬更多地带有现实意义。他们那一代人亲眼目睹了中国从戊戌维新到推翻帝制建立民国近二十年的沧桑:一场维新运动的结果是高扬民权借法自强的爱国知识分子变成了"乱党",有的血洒菜市口,有的亡命天涯;波澜壮阔的辛亥革命赶走了皇帝、剪了辫子却换来了军阀,那些激动人心的革命原则和口号成了屠夫们装点门面的招牌。贪婪、卑鄙、肮脏、混乱、杀戮、复辟代替了国家自强民族复兴的努力,而这一切在很大程度上又是借助于传统文化而进行的。"五四人"从关切民族的命运出发,相信从西方文化盗来的人权之火会照亮中国兴旺的前程。陈独秀说,孔教宰治中国两千余年,诸子学说未能动摇其根本,道教佛教不免遭其统摄,若"无西洋独立平等之人权说以相较,必无人能议孔教之非"。[①] 救国、反传统、张扬人权实际上在"五四人"眼里是指一个东西。这是"五四人"把民权转变为人权并置一切讥诮于不顾的

---

① 《新青年》2卷3号。

主要原因。

也正是因为人权被看作是救国的新工具,所以"五四人"最终于不自觉中赋予人权同样的民族主义意义。当他们告诉青年人说:"内图个性之发展,外图贡献于其群"时,他们并没有发现这里面所隐含的巨大矛盾。实际上,个性的发展与国家民族的复兴是属于不同的价值范畴,硬要把两者扯在一块,在理论上会遇到无法克服的困难。如果人权意味着人性的被尊重,那么当"个人的发展"与"贡献于其群"发生矛盾时孰为重?假若以前者为重,后者的价值设定那就毫无意义也没有必要;假若以后者为重,那实际上是消除了人权价值的预设。在有的情形下,"五四人"对"贡献于其群"比对"个性发展"给予了更多的关注。陈独秀说:"国人而欲脱蒙昧时代,羞为浅化之民也,则急起直追,当以科学与人权并重。"这里,人权仍被看作是推进民族复兴与进步的工具,不是一个独立的价值实体。从这一意义上说,"五四人"对人权的价值体认与康、梁一代知识分子对民权的价值体认没有什么两样,不同的是前者在关心民族兴亡的同时,看到了个体的价值,而后者却没有。由于"救亡"迫在眉睫,"五四人"对人权的信念没有坚持到底。

张灏先生认为,康、梁一代知识分子与"五四人"虽然有重大区别,但两者也有着某种共同的东西:他们有着相同的人格理想和社会理想,都在不同程度上坚持集体主义和民族主义。而且经过五四运动,梁启超的国民理想成为 20 世纪中国价值体系的一个重要和持久的组成部分。① 这也是对中国近代民权与人权最好的总结。

五

文化就像一条不断流淌、绵延不绝的长河。作为中国近代文化一部分的民权和人权思想,无疑是在鸦片战争以后,伴随着学习西方、借法自强而

---

① 参见 HAO CHANGT, *Liang Ch'i-ch'ao and Infellectual Transition in China*, 1890-1907, Harvard University Press, p. 301。

开始孕育生长的。"赶上西方"这是回荡在整个中国近代史上的主旋律。因此,对民权与人权的价值设定不能不受其制约。

如果说,鸦片战争前后,龚自珍高举起经世致用的大旗,慷慨论天下之事,是把传统的经世之学发展为睁眼看现实的话;那么,龚自珍的朋友魏源提出的"师夷长技以制夷"的原则则包容了其后整个中国近代文化的变量。西方文化作为中国师学的"长技"在不同时期展现了它的不同的文化蕴意和内容。在洋务派人士手中,"长技"是船坚炮利的兵器之技;在王韬、郑观应等一代知识分子眼里,"长技"便是"君民共主";在康有为、梁启超一代知识分子那里,"长技"便是民权和君主立宪制;在以孙中山为代表的革命者看来,"长技"意味着"民主共和";"五四人"将其概括为"德赛二先生",即民主与科学。西方的"长技"在中国是一个涌动进步的过程,它的移入和落实必然关涉到中国文化传统的变革。

"师夷长技以制夷"开启了中西文化撞碰、交融的始端,并使其成为一个绵延不绝的长河。在魏源那里,"夷"(敌人)第一次成为"先生"(老师)。在这之前,中国自认为自己是世界的中心,其他的蛮夷小邦都应向它俯首称臣。当西方这个"蛮夷小邦"举着科学旗帜崛起于世界之时,中国却仍旧以其固有的保守,漫步在天朝大国的庭院之中。向"西夷"讨教,第一次使中国在近代世界里找到了自己的正确位置,这确乎是一个吞咽苦果的嬗变过程。是魏源首先拧成了一个"夷与师"相互交织的中国人无法解开的情结。虽然随着中西文化交流的增多,中国对西方的认识也有一个由"夷"到"洋"到"外国"的不断成熟过程。然而,许多中国人的心里底层仍隐秘着一个近乎一以贯之的看法:以船坚炮利自恃的西方是中国的敌人,它给华夏文明带来的屈辱无法释怀。但在另一方面,为了不至于再次受辱,中国又不得不向它学习。这一痛苦的选择是由魏源开启的,它在心灵与情感上一直折磨着中国人。"敌人与老师"的文化情结是一个范式,它是一个受尽了欺凌的民族对自己未来抉择必然出现的复杂而矛盾的心理,它是中西文化交融的一个基线,制约着近代中国对西方民权与人权价值取舍的范围和程度。

由于近代中国所面对的问题与西方截然不同,因此对民权与人权的价值判定就有了分别。在中国,即便是那些对西方文化有着深切体悟、准确把握的思想家,在对待民权与人权的价值时,也不能从其原生意义上加以把握。卢梭在他的《社会契约论》的开头就写道:"人是生而自由的,但却无往不在枷锁之中。"①而熟谙西方文化的思想家严复把这一"天赋人权论""转译"为古雅的中文却是:"民之自由,天之所畀。"②在这里,表达的思想看起来完全一致,但一字之差却道出了文化上的差异。"人"表达的是作为个体的人与整个社会、国家的对立,旨在强调国家、社会对个体自由的威胁,并暗含着约束国家权力这一价值准则。"民"表达的是"群"的含义,即一种国家权力关系,主张国家权力应向"民"所代表的"群"倾斜,其最高的目标是使国家的权力集中起来,以使国家发挥它的最大功效。这是近代中国一群爱国知识分子在自己的祖国受尽欺辱之后所具有的一种情愫:他们关切作为"群"的"民"胜过作为个体的人;他们思考的问题不是国家权力是否受约束以及怎样约束,而是国家能否充分行使权力使整个民族强大起来。这就是在近代中国民权不同于人权,民权高于人权的主要原因。

当人权在今日中国被大多数人从"人民"的意义上加以理解使用的时候,千万不要忘记它所植根的历史,面对的世界。

从历史深处吹来的风,往往使人睁不开眼睛。

编者记:本文刊载于《现代法学》1996年第3期。近代史上,中国文化语境下是否存在人权?如果存在,是否以与西方人权相同的样态存在?本文研究的正是人权在近代中国所植根的历史。正如文中所言,"当人权在今日中国被大多数人从'人民'的意义上加以理解使用的时候,千万不要忘记它所植根的历史,面对的世界",这也是本文的意义所在。

---

① 卢梭:《社会契约论》,商务印书馆1982年版,第8页。
② 严复:《辟韩》。

突破人权禁区的最初阶段

沈宝祥[*]

在"左"的年代,人道、人性、人权被彻底否定,不断遭到批判。有关人道、人性、人权问题的探讨,自然成了科学研究的禁区。在拨乱反正中,这些禁区逐步被打破。《法学》杂志2000年第5期刊文"人权禁区是怎样被突破的",介绍突破人权禁区的情况,而仅从1991年说起。其实,突破人权禁区是从1979年开始的。现将我所经历和知道的情况叙述如下,作为对该文的补充。

1979年年初,在拨乱反正中,一些人提出"要人权"的口号,甚至要求美国总统"关怀"中国的人权。邓小平同志严肃批判了这种资产阶级自由化的思潮。就是在这样的背景下,一些报刊开始陆续发表论人权的文章。

1979年3月22日,《北京日报》第1版发表题为《"人权"不是无产阶级的口号》的文章。这篇文章虽以个人署名,但用楷体字排印,又刊登在第1版,显得分量很重。文章说,"人权"是资产阶级的口号。它从来就不是无产阶级的战斗旗帜。在人民当家做主的今天,提出"要人权",究竟是向谁要"人权"?这篇文章对人权持完全否定的态度。时任中共中央宣传部部长的胡耀邦同志赞扬道:很好,《北京日报》有了自己的语言。

4月8日,《文汇报》也发表了一篇《"人权"是资产阶级的口号》的文章。这篇文章说,人权从来就是资产阶级的观念和口号。在无产阶级专政条件下,资产阶级的人权观念必然由过去维护资本统治的遮羞布变成他们

---

[*] 沈宝祥,中共中央党校中国特色社会主义理论研究中心特约研究员。——编者

反抗无产阶级专政、妄图恢复昔日特权的精神武器。"在无产阶级夺取政权以后,提出'争人权'的口号,只能是削弱无产阶级专政。"这篇文章还提出,应当分清行使"公民权"和"人权"的根本区别。

1979年5月4日出刊的《红旗》杂志第5期,发表了《马克思主义怎样看"人权"问题》一文。这篇文章的基本观点仍然坚持"人权"从来就是资产阶级的口号。

这一时期,特别是在1979年4月,各地报刊发表的一批论人权的文章,也都对人权持根本否定的态度。

而当时理论界的一些人士认为,对人权不应该全盘否定,需要作具体分析。在5月初举行的"纪念五四运动六十周年学术讨论会"上,与会者对《"人权"不是无产阶级的口号》《"人权"是资产阶级的口号》等文章提出异议。据《纪念五四运动六十周年学术讨论会简报》反映,有人认为,不能不加分析地就把"人权"奉送给资产阶级,更不能"对着干",应该是批判中有继承,否定中有肯定,不能再搞"五四"时期的形式主义了。有的与会者说,如果说人权是资产阶级提出来的,就该批,那么,岂非民主也要批,因为民主也是资产阶级提出来的。《人民日报》的内刊《情况反映》第1220期(1979年5月12日)以《对人权应作分析》为题,反映了理论界人士的意见。5月15日,胡耀邦同志阅后写了如下批示:"吴江同志:请你们写一篇。这个问题确实没有讲清楚,而这是资产阶级向我们进攻的一个口号。"吴江同志将这个任务交给了我。

与此同时,一些报刊发表文章,就什么是人权,人权是否都是资产阶级的口号,社会主义要不要讲人权,社会主义有没有人权等问题,阐述不同的看法。《光明日报》于1979年6月19日发表《论"人权"与"公民权"》一文,认为"无产阶级并不一般地反对人权,并不反对人权本身,而是用无产阶级的人权观反对资产阶级的人权观。'人权'口号虽然是资产阶级提出的,无产阶级也可以用,但各自的内容和目的决不一样。"文章指出,把人权简单化地统统斥之为"资产阶级口号"、"不是无产阶级口号",是不能解决问题的。

我承担撰写的《略谈人权问题》一文,征求了多位专家的意见,经胡耀邦同志审阅定稿,发表在《理论动态》第141期(1979年6月25日)。《光明日报》于10月20日作为本报评论员文章,予以全文发表。这是以评论员名义论述人权问题的第一篇文章。新华社发了此文的详细摘要,《人民日报》等报纸给予转载。向国外发行的《北京周报》第45期也做了摘转。这篇文章反映了当时主导方面对人权问题的看法和态度。

《略谈人权问题》一文在肯定人权的历史进步性的基础上,指出了以下几点:(一)第二次世界大战后,人权已经成为国际法的准则,但同时又是国际政治斗争的一个工具。因此,我们对人权要根据具体情况进行分析,采取适当的态度和灵活的策略,不能简单地对待。(二)事实上,在民主革命时期,我们党曾经提出人权口号,说明无产阶级不是根本不能提人权这个口号。(三)社会主义制度能够保证人民权利的充分实现。我国宪法规定了中华人民共和国的公民在政治、经济、文化等各个方面的基本权利。这些公民权利,在特定的涵义上说,也就是"人权"。(四)对于"人权"的议论,要作具体分析,不能一概否定。有些人鉴于林彪、"四人帮"横行时期,法制被践踏,公民权利被严重侵犯的惨痛教训,鉴于现实生活中,某些地方还存在压制民主,违背法制,侵犯公民权的情况,因此,迫切地要求保障人民的基本权利,健全并充分实行社会主义的民主制度。他们的这些实际要求,有许多是合理的、正当的。这篇文章对人权不是简单否定而是有所肯定。但文章又说,"如果离开我们的基本口号,抽象地提出人权口号,特别是在当前人权这个口号已被赋予了极其庞杂的内容的情况下,就会模糊我们的旗帜,引起思想混乱。"实际上,还是不主张在国内政治生活和社会生活中使用人权这个口号。这篇文章发表以后,在国内外都有反映。境外媒体认为,该文可视为当前中国对人权问题的总政策。文中对人权要作具体分析的那一段(即上述第四点),是中国对人权看法的最大改变。对于这篇文章,国内有人赞扬,也有人不满意。不满意的人认为,人权在我国不受尊重,而该文对此揭露得不够,又不主张大讲人权。写作这篇文章的情况和读者的反映,说明当时突破人权禁区的艰难。重要的是,毕竟前进了一步。

国内的人权问题与国际的人权问题是相联系的。

在国际斗争中,主要是在联合国,我国对人权问题曾经采取回避和超脱的态度,未参加联合国人权委员会。然而,形势的发展要求我们积极参与人权斗争。特别是第三世界国家,一再希望我国能够加入《国际人权公约》,参加人权委员会,以增强广大发展中国家在人权领域的战斗力。

1979年12月19日上午,外交部国际司邀请有关单位的人员开会座谈人权问题。我应邀参加了这个会议。我说,你们在联合国的发言很好(当年10月23日,我国观察员第一次在联合国人权委员会会议上发言)。他们说,这是从你们的文章中受到的启发。

1980年5月19日,以外交部等7个单位(其中有中央宣传部、中央党校、中国社会科学院)的名义向国务院报告,拟由它们组成"国际人权问题协作组",为参加国际人权斗争做准备,同时加强国际斗争和国内工作的密切配合。国务院领导同志批准了这个方案。

1980年11月24日,在外交部召开了这个人权协作组的预备会议。我参加了会议。会上,大家评析了人权问题上的"左"的思想。"会议纪要"说:我国国内长期把人权作为资产阶级口号全盘加以否定,理论界视人权为禁区,"见'人'就批"(人性、人道、人权),这是极"左"路线干扰的结果,也是闭关锁国的表现(这是我发言的主要内容)。与会者认为,对人权应作历史的、实事求是的分析。为了拨乱反正,在意识形态斗争中打主动仗,我们应该认真研究人权问题。大家主张,对参加国际人权领域的活动,我国宜采取积极又慎重的方针。有些人说,目前我国国内已经不存在作为阶级的剥削阶级,强调法制,接受人权口号,应当不再有困难,但要防止其消极作用。我们应当作出自己的解释,提出社会主义国家对人权的看法。这个会议和后来的几次人权协作会,促进了国内人权理论的研究。

1986年11月,中央领导同志指出,关于自由、民主、人道主义、人权等等,我们不能把这些口号的使用权让给资本主义国家。民主、自由对我们来说,不仅是旗帜,也是事实。为此,外交部国际司邀请全国人大常委会法制工作委员会、司法、公安、劳动人事、民政、民族、宗教、社会科学院、北京大学、外交学院等单位的专家、学者举行座谈。与会者认为,过去人权问题是个禁区,人们往往把它和资产阶级自由化联系在一起,认为民主、自由、人权与社会主义是相矛盾的,因而不敢谈。中央领导同志关于人权问题的指示,无疑是彻底打开了人权研究的禁区,有力地推动了我国理论界和实际工作部门开展人权问题的研究。

1988 年是联合国通过《世界人权宣言》的第 40 周年。全国人大常委会副委员长费孝通在于北京举行的、由外交部和中央宣传部等单位共同发起的纪念座谈会上讲话指出,中国是社会主义国家。社会主义并不排斥人权,也不笼统地否定人权。中华人民共和国宪法规定的公民权利,许多方面已经超过《宣言》的标准。中央主要报纸都发表了纪念文章。《光明日报》在 12 月 8 日发表的《社会主义与人权》一文指出,认为不能使用"人权"这个提法的观点,是思想上理论上仍然受资本主义与社会主义绝对对立的传统观念束缚的结果。文章说,"总之,无论在国际领域还是在国内,我们都可以而且应当理直气壮地讲人权,而不应讳言人权。"这次纪念活动又一次推动了人权研究。

进入 80 年代,我国积极参与国际社会的人权活动,坚决反对借人权干涉别国内政的霸权主义行径,切实履行了联合国常任理事国应尽的责任和义务。我国和广大发展中国家一道,共同推进世界人权事业的健康发展。在国内,我们反对人权方面的错误思潮和糊涂观念,在经济发展的基础上,进一步提高中国人的人权质量,积极保障中国人民行使广泛的民主权利。我们的新闻媒体试图将人权概念引进社会生活。在《人民日报》上出现了这样的标题:《打骂女工 侵犯人权》(1985 年 2 月 26 日)、《侵犯人权理应受到处罚》(1987 年 9 月 7 日)、《讲人权最大权利是劳动权利贡献权利》(1988 年 4 月 4 日)。

1989年以后，理论工作者批判借人权攻击社会主义的言行，坚持推进人权问题的研究。中央党校主办的理论刊物《党校论坛》1989年第6期发表编辑部述评文章，题目是《人权问题不应成为禁区》。这篇文章说：长期以来，"由于受'左'的影响，人们视人权为资产阶级的专利，把人权同社会主义对立起来，讳言人权。人权问题实际上成了一个禁区。这样，在实践上，不利于社会主义民主和法制的建设，也有损于社会主义的形象；在思想和理论上，使我们对人权问题处于无知的状态。现在，人权这个禁区已经被打开。我们应当在实践上进一步推进人权问题的发展，在理论上加强对人权问题的研究和宣传。这对建设有中国特色的社会主义，是有积极意义的。"这一时期，各地报刊继续发表论人权的文章，各地举办了一些关于人权问题的理论研讨会，如"马克思主义人权理论研讨会"（见1990年9月17日《人民日报》）、"高校人权问题的理论研讨会"（见1990年9月17日《人民日报》）等。

值得一提的是，在90年代初，我国理论界已经提出了"社会主义人权"的概念。秦刚在《科学社会主义》杂志1991年第1期（2月25日出版）发表《正确认识社会主义人权》一文。这篇文章说，社会主义使中国的历史发展进入到一个崭新的阶段，也把人权的发展推向了一个更高的层次，即社会主义人权。文章对社会主义人权作了论述。笔者在《党校科研信息》1991年第30期（10月30日出版）发表《需要确立"社会主义人权"的概念》一文，认为应当确立这样一个概念来表达我们的人权观，并在此基础上构筑我们的人权理论，以摆脱我们在人权问题上的被动状态。此前，中央党校将我的这个主张刊登了简报报送党中央，建议党的十四大解决这个问题。

从上可知，如果说，我国是在1991年打破了人权禁区，人权成为热门话题，那么，70年代末开始的努力则为此做好了准备。

编者记：本文刊载于《中共中央党校学报》2000年第4期。我国在上世纪90年代初打破了人权禁区，人权成为热门话题。从"禁区"到打破

"禁区",这中间经历了什么?本文给出了很好的解答。本文中所提的《略谈人权问题》一文,发表于1979年6月25日出刊的《理论动态》第141期,当时,鉴于人权问题的复杂性和敏感性,人们对这篇文章采取了谨慎的态度,直到当年10月26日,才在《光明日报》作为评论员文章公开发表。文章公开发表后,引起了强烈反响。境外媒体认为,这篇文章,可视为当前中共对人权问题的总政策。这篇文章对人权不是采取简单否定的态度,对现实生活中人们提出的人权要求,给以相当程度的肯定,并批评了不尊重人民权利的现象,而且,文章还表达了不能把提出人权要求一概说成是资产阶级自由化。在当时,这样讲是不那么容易的。这篇文章对人权禁区已经有所突破。但是,这篇文章虽然提出对人权不能简单地否定,又强调消灭阶级是人民的基本口号,实际上还是不主张在国内政治生活和社会生活中使用人权这个口号。因此,文章对人权禁区的突破又是不够的。从中我们可以看出,思想解放的确经历了一个艰难的过程。

人权的体系与分类

徐显明[*]

一

人权的分类,指的是人权体系在内容上的逻辑构成。研究人权分类的理论意义,在于明确主体在多大范围内可以享有和主张人权。由于分类的问题直接关涉到人权的立法和制度,所以分类实际上依据权利要素。从人权的理论产生至今,对人权的分类大致有理论形态的划分与人权宣言形态的划分两类。理论上的分类,起自于自然法理论的产生,现今以法哲学对其研究为盛。宣言形态的分类,是立法上的分类,不同的人权立法就有不同的分类方式。

从世界范围内观察人权立法史,偶合而成的四个"89年"分别对应了四个人权体系。第一个是1689年,该年产生了真正意义的英国式的人权体系,即英国"光荣革命"后标志封建制度寿终正寝的《权利法案》,该法共13条,每一条都能体现出胜利者的自豪。用法律宣告王权彻底失败,这在人类历史上还是第一次。由此,昔日在王权束缚下的人们逐步地、一点一滴地获得自由,先是人身的,再是政治的,最后是全面的,这就成了英国设定人权体系的传统。第二个是1789年,该年在血与火的洗礼中诞生了被后世视为样板而不断被模仿、膜拜的法国《人权宣言》,该宣言开创了整个自由时期所

---

[*] 徐显明,第十三届全国人民代表大会监察和司法委员会副主任委员,中国政法大学教授、博士生导师。——编者

有大陆国家共用的人权体系,它以全面性、准确性、概括性和体系化而获得了极高的荣誉。英国人虽然更骄傲地说 1215 年的《自由大宪章》首开人权先河,但真正产生世界影响的人权体系还是奠基于法国的《人权宣言》。第三个是 1889 年,该年产生的"明治宪法"固定了日本明治维新的成果,其中有"臣民的权利和义务"条款,在世界人权史上,这被认为是西方的人权思想在东方开花结果。但值得引起人权史学家深思的是,东方的第一部宪法,人权的主体用"臣民"表达,人权的内容全部被置于"法律范围内",由此在东方就形成了一种独特的人权观:人权和自由都是在法律范围之内的,法律之外再无人权。这是一种反映东方专制特点的让人权服从君权和法律的"有限人权体系"。在这部带浓重帝国特色的亚洲第一部人权法中,甚至通篇都未敢使用"人权"的概念。第四个是 1989 年,该年世界范围内的改宪蔚成风潮。亚洲国家首先是韩国,后来有菲律宾、印度尼西亚、新加坡等至该年均大致完成了这种改革。欧洲国家也在借纪念《人权宣言》诞生 200 周年之机修改人权体系,特别是社会权的保障体系。东欧国家则纷纷改弦易张,废旧宪而制新宪。这一年可称为人权体系在世界范围内的调整年。

三个世纪过去了,人权的有关理念和思想在世界各国逐步得到比较一致的理解。特别是 1948 年《世界人权宣言》的产生和联合国人权 A 公约与 B 公约的相继开放,加之联合国采取的"人权 10 年"行动,人权的普遍性原则已为世界各国所公认。在当代的国际关系对话中,人权已成为共同性话题。实行宪法典的国家,其人权内容大致远则本于法国人权宣言,近则摹于世界人权宣言,各国体系有趋同或趋近的倾向,除了文化上的原因所引起的差别外,由宪法宣告的人权内容也越来越表现出一致性。

二

自然法理论是最早对人权进行分类的理论,自然法对人权所做的先于国家的人权与基于国家的人权的二分法直接影响了法国人权宣言。所谓先于国家的人权,指的是不依赖国家而成立的人权,这些权利就是卢梭论证的人人生而平等的那些人权。这些人权在进入文字表达和法典中的时候,因其对国家的无关性,而可直接称为使人成其为人的人权。那些基于国家而产生并因国家的存在而成立的凡行使时必与国家发生联系的人权,则因其对应着国家政治(这时候的人已具有"政治动物"的属性,因而对其称谓为公民,即表明他是政治国家内的人),其权利不称人权而称公民权。法国的人权宣言,全称是"人和公民的权利宣言",所以很清楚,这个宣言所接受的人权划分是自然法思想指导下的划分。

自然法思想在处理人与国家关系时所论证的重要法理,是人的价值在国家之上。这种判断较君权至上的中世纪是巨大的历史进步。这一理论为未取得国家独立的人民也仍享有人权提供了依据。第二次世界大战后纷纷独立的国家,其人民所具有的人权绝不是从新国家那儿获得的,而是在新国家出现之前已具有的。本世纪最后获得独立的非洲国家纳米比亚和本年以全民公决而获得国家主权的亚洲国家东帝汶①,其人民在组成自己的新国家前也都是人权主体,所不同的只是,他们在自己的国家未建成时,难以行使公民权利,而作为自然人的人权则无论在哪个国家,其行使都不受影响。虽然现代各种新法学观点大量涌现,但自然法理论在人权分类方面的作用仍是其他理论所无法替代的。

理论上的另一分类方式是中国法哲学研究中对人权进行的划分②。这种划分的依据是从道德到法律到事实的三种形态,由此人权可分为应有的人权、法律上的人权和现实中的人权三类。应有的人权指道德意义上的人权,它的范围和内容是最为广泛的。应有的人权往往是法律上的人权的道德根据和理性说明。法律上的人权是指法律规范所肯定和保护的人权,它的内容和范围比应有的人权要小些,这是因为道德上普遍要求的人权在立

---

① 在世界宪政史上,以公决形式建成的国家被称为"投票箱中产生的共和国",如1981年开此先例的帕劳共和国。参见吉田丰等编:《世界的宪法——人权思想的脚步》,一桥出版社1989年版,第68页。
② 参见李步云:"论人权的三种存在形态",《法学研究》1991年第4期。

法时要受到客观条件的限制,其中尤以政治制度、经济制度限制为多,故而道德所要求的人权并非能够全部转化为法律上的人权。现实中的人权是指能够被人意识到并享有和行使的人权,它的范围比法律上的人权又要小些。这是因为客观权利向主观权利转化有三个环节需要联接。主观上认识到这种权利是首要环节,实现人权所必需的全部社会条件是基础环节,人权主体具备行为能力是必要环节。三个环节只要有一个中断,法律上的人权便难以变为现实中的人权。

人权的形态划分标准是人权的实践标准,三种人权范围的差别说明的是一国人权的实际状况,它们的差别越小,说明一国的人权状况越好。理想的人权追求是把应有的人权——凡在道德上能得到支持的都肯定在立法上,使之转化为法定人权,然后再以完善的制度使法定人权均变为现实,现实的人权才是一个国家真正的人权状况。当三种人权在形态上相等时,该人权制度就是最理想的。倘若立法远不及观念,现实又远不及立法,此时的人权状况就是令人忧虑的。若法定人权均变成现实的人权,而二者同应有人权差距较大,则说明立法应行扩展范围,以使现实也随而向上,不过这种制度状况仍是健康的。

理论上的第三种分类是人权的历史划分,即把人权的发展演变大致分为两个历史时期,一是自由权本位时期,二是现在仍在注重的生存权本位时期。人身自由和财产自由相汇而成就了自由资本主义,这时期的人权都紧紧围绕着自由权而展开。在人权史上,这一时期的人权被称作自由权本位的人权。但当法律上一个划时代的原则——财产权的行使必须为公众利益服务的原则确立之后,财产权受到限制,所有权就不仅仅是权利,而且还是义务。这时,自由权本位开始让位于生存权本位。这是人权体系内部集中反映人权实质要求的两大内容——自由与平等矛盾运动的结果。

这两种本位的人权有着诸多不同。其一,自由权本位的人权,处于人权的绝对权时期,而生存权本位的人权,则处于人权的相对权时期,这两个时期分别代表着两种人权的背景。其二,自由权本位时期的人权主体是无差别的一般公民,所有的人都是自由权的主体,而生存权本位时期的人权主体则侧重于保护在社会上受到自然条件、劳动条件和其他经济条件制约而成为社会弱者的人。生存权有广义和狭义之分,广义的生存权主体指所有的人,狭义的生存权主体仅限于"弱者"。人是强者的时候,是广义的生存权主体,而当从强者变为弱者——强者的下一人生阶段——的时候,他又是狭义的生存权主体。其三,自由权本位的人权所保障的内容是一般公民形式上的自由和平等,实际上的自由与平等因公民行为能力的差别而允许有所不同。生存权本位的人权所保障的内容是避免和补救社会弱者可能失去或已经失去的自由与平等,生存权的价值体现为使社会弱者也像其他人一样有尊严地生活于社会之中。其四,自由权本位的人权保障方法是防止国家介入公民的生活,要求国家干预的范围最小。而生存权本位的人权保障方法是要求国家积极介入社会经济生活,通过限制一部分资本自由而使社会弱者权利得到实现。其五,自由权本位的人权救济措施主要体现为司法救济,而生存权本位的人权救济方法则主要体现为行政救助,即由政府确定最低生活标准并以物质保障之。

理论上对人权的第四种分类是依主体的标准而将归附于主体的权利分为私性质权利与公性质权利两类。公性质的权利又可分为国家的权利和非国家的、带有公共性特征的主体的权利。属于国家的权利在人权理论上任何时候都不得称之为"人权",这其中一个原因是国家在任何时候都不得成为人权主体。该主体行使的权利可谓之权力,这时候它和私权利的关系是对立关系。私权利是指以满足个人需要为目的的个人权利。公权利是指以维护公益为目的的公团体及其责任人在职务上的权利,它是权利的特殊变种。

权利与权力之间存在着诸多差别,这主要表现在四种关系上。首先,主体不同。权力的拥有者只能是表现出强制力和支配力的专门机关、执行职务的公职人员或对内的社会集团的代表,公民不能充当权力主体。而人权主体却是公民个人,国家或集团在成为权利主体的时候,已是在法律上被人格化的与公民平等的"人"。其次,内容不同。权力的内容重在"力",表现为某种形式的强制或管理。人权的内容则侧重于"利",表现为权利人要求实现的价值。再次,指向对象的确定程度不同。权力的指向对象是特定的,管理活动与支配行为必定有具体的承担人,且权力拥有者与权力对象的地位绝对不平等。人权指向的对象,在一部分法律关系中是特定的,而在另一部分法律关系中又是不特定的,人权关系中的权利人与义务人的地位是平等的,不像权力关系那样存在着服从与被服从的关系。最后,法律对权力与人权的要求不同。权力与职责相对应,职务上的责任是公权力的义务,法律要求权力变为职责,职责是不能放弃的,弃置权力将构成渎职。权利与义务相对应,法律准予权利的能动性,使权利人对权利获得随意性,放弃权利被认为是行使权利的表现。当然,那些不可放弃和让与的权利除外。私权利和公权利在运行的时候经常发生冲突,每当这种情况出现,就需要否定其中的一个,谁超越了法定界限谁就将成为被否定的对象。

理论上第五种分类法是把人权分为规定的人权和推定的人权两类。前者指两种情况,其一是纲领性或原则性规定,如在宪法中表明国家对人权基本态度的条款,该条款可成为所有人权的基础。其二是对人权的列举性宣告,每列出一种,即等于规定一种。人权在被宪法规定出来的时候,即表明新列举的人权已具有对国家产生约束力的效力,所以言其为"规定的人权",目的不是说人权是被法律规定的,法律不规定就没有人权,而是说"规定"预示着对国家的一种强制,是为国家权力划定的不得超越的界限,正是在这个意义上,人权应尽量多地以列举的方式规定,且列举得越多,对国家的限制空间就划得越明确越具体。所谓立宪主义,主要指的是这个意义。

推定的人权,与规定的人权有逻辑联系。规定的人权中的纲领性或原则性的规定,是推定的人权被描绘的基础。对人权进行推定,是人权分类中不得已而采用的方法。在人权有可能被列举宣告的时候,应尽量避免使用推定的方式。理由主要是,被推定出来的人权如果缺乏制度上对其认可的效力,如立法解释中的认可或司法判决中的认可,则其仍是可以随意被人曲解和践踏的。如中国汉初的"约法三章",所谓杀人者死、伤人及盗抵罪,由此三个禁条中我们可以推定出人有生命权、健康权和财产权,但推定的这些权利在遇到皇权对人命的草菅、肉刑、刑讯以及以国家名义对人财产的罚没、充公、没收等,这时候的所有权利都会化为乌有。但当把这些权利宣告式地规定出来的时候,剥夺人的生命就得以法律的方式实施,肉刑与刑讯就是非法的,对人财产的处分也必须依法律进行。这个道理说明,人权在需要推定的时候,时常抵挡不住公权力侵害的危险。人权推定只有与国家的义务推定共同作为制度确定的时候,前一种推定才可能是有效的。这后一种推定指的是国家权力要对公民生活予以干预,必须负有自证根据的义务。即对公民而言,可推定法律所不禁止的都是可为的,换言之,都是自由的;对国家而言,可推定为凡未找到法律作为准予干预的依据,则其干预就都是无效的,凡干预就是侵权。当这两种推定同时成为一种制度时,权利推定才是有意义的。推定权利,如果只是把它作为解释权利的方法,在人权制度化和分类问题上是远远不够的①。要使权利推定成为有效的人权原则,同时应确立对国家实行义务推定的有效原则,只肯定其一而不肯定其二,其一就是不可靠的,也是无法单独成立的。作为技术意义的人权推定,指的是从人权的原则或某项母体性权利中推演出新的人权或子权利的方法,如从政治权利中推演出知晓权,又从知晓权中推演出获取情报自由;从获取情报自由中推演出获取情报方法自由等。又如从人权应当受到普遍的和崇高的尊重原则中,可推演出人的尊严权,这是一项在法西斯灭绝种族的暴行发生前各国宪法中都未曾出现的人权,它在被《联合国宪章》和《世界人权宣言》概括出来后,已成为各国间最无争议和差别的一项基本人权。由它而推导出来的新人权是隐私权,由隐私权而推演出个人信息控制权等,这样,规定的人权和推定的人权又共同组成一国人权在内容方面的体系。

---

① 参见郭道晖:"论权利推定",《中国社会科学》1991年第4期;夏勇:"人权推定与人权含义",《人权概念起源》第六章,中国政法大学出版社1992年版。

理论上的第六种分类是解释学上的分类,这种方法把人权分为"作为语言的人权"、"作为思想的人权"和"作为制度的人权"三种①。作为语言的人权,多指人们感受到的和观念上主张的习惯性人权,它在社会学意义上要回答"是谁的——我该不该有"、"指向谁的——我向谁要"、"有哪些内容——我能感受到的"等问题。如果一个无违法行为的公民被警察指令"跟我到警察局"而乖顺地跟去,然后莫名其妙地回来,全过程结束后不提出任何诘问和表示反对,则在这个公民身上发生的就是"作为语言的人权"。因为在这个公民的权利观中,听从警察的指令是应该的。假若有人告诉他警察已侵害了他的人权,他首先的反应是:警察既没骂我也没打我,我毫发无损,怎么能说我的人权受到侵害呢?对这个公民来说,其习惯的权利就是其人权的全部。但当他受到虐待的时候,他会意识到已被侵权,这时就会思考我的哪些权利受到损害。但当他确有违法行为时,即使警察对其有暴行,他也会自认倒霉,所以对他的侵权他仍不认为是侵权,这种意识,又回到了他的习惯权利观中。这类公民一旦有机会管束恶人,他会以同样的方式对待恶人,抓住小偷先打一顿,小偷事后既不告发打人者侵权,打人者也不认为自己侵权。习惯权利淹没了真正的人权。当每一个人都以习惯权利理解人权时,人权是因人而异的,这就是作为语言的人权。

作为思想的人权首先指的是人的主体性和对个人的解放,人再也不是供统治者任意驱使的工具,手段性和客体地位的根本性克服是人权思想首先论证的。从古典人权思想到现代人权理论,这一主流意识从未被动摇过。作为思想的人权,它提供了人类不平等的原因(天赋人权)、人对于政府的关系(有限政府)、群己之权界(自由原理)、人类防止恶政的方法(权力分立)、经济的目的(生存主义)、现代国家职能(社会保障)等一系列使人权成立的原理。作为思想的人权,实质上是设计了如何使国家权力与公民权利和谐相处的各种方案。思想上的人权,会因思想家的深刻程度或观察问题

---

① 参见樋口阳一:《一句话辞典:人权》,三省堂1996年版,第5页。

的角度而在一国内分成流派,也会因文化上的差异而在国与国间或洲际间有较大差异,但它的普遍性的一面在世界范围内占有主导地位。

作为制度的人权,指的是人权从法定到事实的一整套转换与保障的机制,制度性人权中既包含中国学者所划分的"法定的人权"形态,又包括其划分的"实有的人权"形态,它是两种形态的人权在制度状态下的有机整合。制度性人权的概念,是一个了不起的发明。它是把人权从人的要求,到思想家的论述,到立法家的设计,到事实上的享有这一全过程用最一般化的方法完整予以表达的概念。人权的制度,最主要的是其两大机制,一为人权侵害的预防机制,一为侵害发生后的矫正机制,凡称制度,这两大功能必须是同时具备的,作为制度的人权,就是通过这两种机制而使人权确立从法有到实有的形态。对人权在理论上做上述划分,并把实证的方式引入分类理论,这是目前人权体系研究中较为深刻的一种分类。

三

奉行立宪主义的国家均将人权按类别进行排列,然后以列举的方式宣告出来,对被宣告的人权进行的分类就属"人权宣言的分类",它实际上是对一国法律上使人享有的人权所做的分类。一般来说,现代各国的人权体系,大致把人权分为五大类,即自由权的人权、参政权的人权、生存权的人权、请求权的人权和平等权的人权,其中平等权的人权中包含着在基本权享有上的平等原则。而在生存权——也称社会权产生之前,人权是以自由权、参政权(也称政治权)和平等权三大类列于古典宪法中的,研究人权法定内容和体系的分类,应把古典人权分类与现代人权分类加以区别。

古典人权体系分类中最有名的学说是德国著名公法学者耶利内克在其名篇《主观的公权体系》(简译《公权论》)[①]中,根据公民对国家地位的理论而对人权所做的三分法。耶利内克认为,从社会学的角度认识国家,国家不

---

① 参见 Georg Jellinek, *System der subjektiven öffentlichen Rechte*, Tuebingen, 1905。

过是一个集团的统一体,从法律上为其定位,它不过是一个法人,国家的公权属于组成这个法人的公民,个人对于国家的权利可称为"个人公权",国家对于公民的权利可称为"国家公权",二者间形成的关系可定位于四种关系。其一是服从国家的关系,在这种关系中,公民处于被动地位,由此公民对于国家只有义务而无权利。其二是对国家权力的排斥或拒绝关系,在这种关系中,公民处于消极地位,但这组关系肯定了公民大量的自由权。当法律上肯定并保护公民某项自由时,公民便有权拒绝并排斥来自国家权力的干预。人权法上保护这种关系,自由权便有基本保障。最早的人权保障制度就是从肯定这种关系而建立起来的。其三是对国家的请求关系,在这种关系中,公民处于积极地位。国家应公民的请求而进行活动,满足了公民的请求,公民便获得受益权和请求权,如对司法的请求而使公民获得"接受公正的审判"的权利等。在这组关系中,满足公民请求是国家的义务。人权保障制度即是以人权法上肯定公民的积极地位为特征而完善起来的。其四是对国家活动的参与关系,在这种关系中,公民处于主动地位,这种地位表明主权在民,公民在这种关系和地位中获得的是参政权。参政权是人权精髓,无参政权的人权或参政权得不到有效保障的人权肯定是被抽掉了灵魂的人权,这种状况的人权几乎都与民主制无缘。由以上四组关系可以看出,公民对于国家的权利体系实则是由自由权、参政权和受益权三大类组成的。

在本世纪初生存权入宪之后,凯尔森(Hans Kelsen,1881—1973年)在其《国家学概论》中修正耶利内克的理论,将社会权增入体系之中,人权体系由三大类变为四大类。四种权利说在日本学界曾一度占统治地位。曾对日本现行宪法做出重大贡献,因对宪法的解释具有权威性而倍受尊敬的宫泽俊义院士又将公民对国家的四种地位发展为五种地位:根据法律而须履行义务的关系;对于国家法律无关系的关系,即人的自在状态;相对于国家法律的消极的受益关系,由此可从法律上获得大量的自由;相对于国家法律的积极的受益关系,由此可从法律上获得社会权和生存权,公民的积极请求即可成为国家必须履行的义务;相对于国家法律而对国家的参与关系,这便是参政权或政治权。宫泽的理论完全来自德国耶利内克和凯尔森的观点①。

在日本宪法学界自成重镇的东京大学教授小林直树则持另一分类法。他认为作为人权总原则并表明人权原理的应算一类,这类人权由三组组成:对人的尊重原则和人的生命权、健康权、生存权作为一组;幸福追求权作为一组;平等权及平等原则作为一组。第二类是自由权的基本权,由精神的各种自由和人身的各种自由两组构成。第三类是经济方面的基本权,由经济-社会的各种自由权如财产权、营业自由、居住自由、迁徙自由等一组,以及生存权的基本权如狭义生存权、劳动权、教育权、环境权等另一组构成。第四类是参政权和请求权的基本权,它由能动关系的各权利如参政权、请愿权、自治权等为一组,以请求权的各种权利如赔偿请求、审判请求、受益请求等为一组。人权体系就是由上述四类权利构成②。

在体系的分类方法上,还有以人权规范在作为审判根据时被适用程度的强弱而将人权分为:(一)生存权的基本权——这类人权的权利性比较稀薄,很难成为审判的直接适用规范,它在法律上的作用与其说是为审判提供依据,毋宁说是为国家政治提供指导原理;(二)经济的自由权——虽然有具体的权利性,但在与其他人权发生冲突时,其价值在其他人权之下,人权在适用标准上,应坚持对政治性人权与经济性人权的双重标准;(三)外在的精神自由权——在人权体系中占有比经济自由更优越的优先受保护的地位③,特别是对表达自由、学术自由及宗教行为自由要给予优先保护;(四)内在的精神自由权——该类自由权与其他人权和社会利益不发生冲突,具有一种内思性,它不会危害社会,所以在审判上应特别强调不准国家权力侵入人的内在思想和思考,司法应为这类人权如思想自由、情感自由、

---

① 参见宫泽俊义:《宪法Ⅱ基本的人权》,有斐阁1958年版,第333、430、445、455页。
② 小林直树:《宪法讲义》(上),东京大学出版会1976年版,第261、262页。
③ 人权保护的双重标准是1938年由美国联邦法院的斯通法官首创的。参见 United States v. Carolene Products Co. 304 U.S. 144。

良心自由、学术思考自由等设定排除侵害的机制。此外的其他人权,依其在司法上的地位可分别归于上述四类,如人身自由,在司法保护上可按上述第三类对待;参政权亦可按第三类予以优先保护;其他如手段性人权或补助性人权则可依其相近之基本权而归类。做出这种划分的是既有美国法学背景又有最高法院审判经历的东京大学法学部教授伊藤正己[1]。

宣言式人权的体系还可以人权的客体为标准进行分类,由此人权可分为以人格权表现的人权,以物权表现的人权,以请求权表现的人权和以知识产权表现的人权四类。以人格权表现的人权主要包括表现人格、实现人格、保护人格、发展人格方面的诸种权利,如人的各种自由和尊严;以物权表现的人权主要包括以对物的统领、支配、收益、处分等方面的诸种权利,如财产权及经济权等,以请求权表现的人权主要包括能引起或触动他人、国家等主体义务的诸如批评、建议、参政、诉讼受益等方面的权利。以知识产权表现的人权主要包括人的智能上的权利如学术自由及思想自由等,它兼有上述另三种人权的属性。人权必须有指向对象,为人权所指向的对象即是人权客体。客体与主体以及内容构成了人权的三要素。人权的内容指的是主体对客体的样态和范围,客体则必定要依归于主体[2]。

在宣言形态人权的体系划分上,中国学者曾做过一次堪称世界之最的分类,竟把社会主义国家公民的权利分成了28类[3],这是迄今为止对人权分类最多的一次。人权种类划分如此之细,使人很难区别种和类的不同,其科学性的缺乏和标准的含混显而易见。

四

研究人权分类的技术性目的在于寻找科学和适用的划分标准。人权的性质,人权的形态,人权的客体,人权主体对国家的关系,人权进步发展的阶

---

[1] 参见伊藤正己:《宪法入门》,有斐阁双书1987年新版,第128、133页。
[2] 参见徐显明:"人权理论研究中的几个普遍性问题",《文史哲》1996年第2期。
[3] 吴家麟主编:《宪法学》,群众出版社1983年版,第353、354页。

段等,这些均是人权分类的标准。标准的要素是构成人权体系门类划分的基础性要素。从标准的多样性可以看出,对人权的分类,只具相对性而不具绝对性。即使按照同一标准,在将某项人权归于 A 类之后,从另一角度又可能将其归于 B 类。即使是最早被追求和确立的人权——自由权,在把人权按当代最通行的五分法划分,即将人权分为自由权、政治权、社会权(生存权)、请求权、平等权(含原则)的标准中,它也具两重性。一方面它是由国家的消极抑制行为而使人得到实现的权利,另一方面它也是判断政府如何对待公民的最显露的政治标准。随意剥夺公民自由的政府,一定是背弃人权理念的人治政府,这样,自由具有了政治判别性,由此公民便会行使言论自由或集会游行等自由,这些自由均带有一定的政治目的,故而将其归之于政治权亦未尝不可。这就是自由权在分类方面的相对性,其他类权利也莫不如此。

研究人权体系更重要的目的,在于超越技术层面而达致一国人权体系的完善。通过标准的设定,可以发现一国人权立法的缺陷和不足,通过分类,甚至可以分析一国立宪时是否具有人权的理念。不具有这种理念的立宪,对于人权的标列可能仅有宣传的意义。这时候,人权体系的问题又转换为人权的制度和事实问题。

中国 50 年间的先后四部宪法,其人权内容分别为:《五四宪法》14 条、《七五宪法》2 条、《七八宪法》12 条、《八二宪法》18 条[①]。从数量上来说,现行宪法对人权的宣告是最多的。《七五宪法》在人权体系上曾创两项世界之最,其一,它是世界所有立宪国家中给予人民人权最少的宪法;其二,它是世界自有人权立法以来最不通法理的一部宪法。这表现在先设义务后设权利,颠倒了权利与义务的关系,形成了世界独特的"宪法义务本位"立宪现象。《七八宪法》在人权体系上也存有根本性缺陷,它所表达的人权地位是与人权精神背道而驰的。《七八宪法》的章节结构仍将国家机构置于人权

---

① 姜士林、陈玮主编:《世界宪法大全》(上卷),中国广播电视出版社 1989 年版。

之前，人权被置于国家之下，其奉循的理念即是"国家至上"。

这种内容结构与《钦定宪法大纲》在规定完君上大权之后再在"附则"中规定"臣民的权利和义务"在形式上是一样的。立宪凡以实现国家权力为诉求的，人权在宪法中的地位就是可有可无的，其内容也以不妨害国家权力的实现为限，因而数量也就是可多可少的。《七五宪法》和《七八宪法》没有体现人权的精义，所以从人权史的角度来分析，这两部宪法都不能算是"良宪"。《八二宪法》所设定的人权体系是迄今中国宣告公民人权种类最多的一个，其结构已克服前两部宪法的不足，它表征了当时立法者的最高人权情感和意识，但从经过1988年、1993年、1999年三次修宪而人权内容未有变动的情况来看，它有待完善的地方已逐步显示出来，这就是在人权设立上的结构性缺陷。

一般而言，凡用宣言表达人权——在宪法中设专章规定公民基本权——都在列举人权细目之前有一个对人权的纲领性宣示，以表达国家对人权最基本的态度。这一纲领性或总则性的人权条款至少蕴含两层意义：其一，它是一个国家在政治方面的最高道德。政权的政治伦理性要靠这一条款表现，所有政治家都要表示按照对人权予以尊重的政治理念去进行国务活动，当政治家不能尊重基本人权时，要依该原则承担政治伦理和法律上的双重责任；其二，纲领性人权条款是对公民进行人权推定和对政府进行责任推定的根据，缺乏这一总原则，人权列举就是僵硬的，公民只能在列举的人权领域中获取权利，未列举的和立法时认识不到而在日后出现却又不能及时补充于人权法上的那些人权就会出现争议。如果一国的人权保障都是在事先设定的舞台上表演，而不管现实生活多么丰富多彩，这显然是一种缺憾。所以人权的纲领性条款不仅是一种人权立法技术，更重要的还是国家关于人权的原则。在学理上把人权体系分为列举的人权和推定的人权两大类时，纲领性人权代表着推定的一个方面，这个方面缺乏，就是结构性欠缺。这一点，中国先后四部宪法均未能给予注意。

生存权是社会主义国家在人权问题上的独特贡献。中国共产党人早在

1921年即认识到它的重要性①。70年之后,1991年中国政府发表《中国的人权状况》白皮书,强调"生存权是中国人民的首要人权"②,把生存权列在中国人权体系之首。白皮书对澄清由于西方国家对中国人权状况的攻击所造成的各种误解是至为奏效的,它的历史价值在今天看来仍是巨大的和无可替代的。正是借白皮书的东风,中国学术界投入大量的力量开展人权问题的多学科研究,由此形成新中国历史上前所未有的人权研究高潮。可以认为,白皮书开启了中国人权理论的一个新时代。但是,评价仅停留于此是不够的,白皮书在改造中国人权体系方面还有更重大的历史意义,它补充了中国宪法所宣告的人权种类中对生存权规定的缺漏。这种评价,从消极方面言之,可以说白皮书所表达的"首要人权"的观点缺乏现行宪法上的依据,"首要"一说得不到宪法支持。而从积极方面言之,"生存权是首要的人权"的判断表达的又是中国人权历史与现状的事实。当今,生存权本位已是世界人权立法之大势。中国有辉煌的生存权实践,白皮书又从理论上和政府立场上对其做了充分说明,但它在宪法上至今还未能忝列一席。尽管与生存权相关的一系列权利在宪法上早已登场,如受教育权在《中华苏维埃共和国宪法大纲》中即已出现③,抚恤老弱孤寡在《陕甘宁边区抗战时期施政纲领》中即有规定④,获得物质帮助权在《五四宪法》中即已确定⑤,但这些与"母权利"相对应才成立的"子权利"在未找到自己的母本之前,总有些孤零感,这是中国人权体系在解决人权现实和人权名目不相称问题上亟需加以救平的。

  自由与平等是人权体系内的两个基础性权利。这一观点马克思主义的经典作家亦表赞同⑥。由于这两种权利存有内在的逻辑矛盾,所以在不同

---

① 参见徐显明:《人民立宪思想探原》,山东大学出版社1999年版,第5页。
② 国务院新闻办公室:《中国的人权状况》,1991年11月。
③ 参见该法第12条。
④ 参见该法第28条。
⑤ 参见该法第93条。
⑥ 参见恩格斯:《反杜林论》,《马克思恩格斯选集》第3卷,第145页。

性质的国家其价值认同是有差别的。资本主义的人权体系，从重经济自由出发而获得发展，所以自由类的人权就构成了资本主义人权的基本价值，这由资本自由的特性使然。社会主义的人权体系，注重人们在生产资料所有权上的共同享有，以消除人们不平等与不自由的基础，所以平等类权利就构成社会主义人权的基本价值，这由生产资料平等享有的特性使然。

由不同经济形态导致的人权价值差别可以看出，社会主义的人权特色主要应体现在平等权上。然而，中国宪法在平等权设立上却未能充分反映出这一应有特色，致使总纲中的经济制度表述与平等权表述不相协调，这主要表现在生产资料是全民平等所有的，而对公民权利的保护却不是完全平等的。其主要事实是：（一）劳动权的不平等。中国的劳动权仅是部分人的权利，仅是城市户籍拥有者的权利。农民对农田的耕作在法律上不被认为是"劳动"，因而没有设立农民的劳动权。（二）受教育权的区别对待。这表现在制度安排方面，其一是城镇义务教育主要由国家财政投入完成，而农村义务教育主要由农民自己投入完成；其二是受高等教育权上的不平等对待，即政府以划定录取分数线的方式实际上对农村考生实行差别待遇，这也违背权利保障向弱者倾斜的原则，是实行向强者的逆倾斜。（三）受保障权的双重标准。国家对社会保障制度的设立只以部分人受保障为设计主体，受到国家保障的人仅限于特定身份的城镇人口，其权利范围与劳动权主体相同，而农村广大农民的受保障权以另一种制度对待之，受保障权已是双重标准、双重体制。这种二元体制与《宪法》第45条"中华人民共和国公民"所标列的主体条件已有直接冲突。宪法所定受帮助权主体是"公民"，即只要是我国公民而不分其出身与现时身份，但制度设计时却是依城乡身份而非依公民身份。

上述不平等，向平等权提出严峻的问题：在基本权利上是否允许差别对待？如果基本人权可以因身份而有明显差别，平等权还是不是一项权利？由是观之，可以反剖中国《宪法》第33条第2款"中华人民共和国公民在法律面前一律平等"之不足，就是它没有包含平等的灵魂即公民的权利平等与义务平等的内容①。在立法可以确定身份差别的时候,所谓"法律面前一律平等"表达的只是同等身份的人之间的平等,而不同身份的人则不能平等。如果权利是按身份享有的而不是按同一标准的"公民"享有的,那么与身份对应的权利还不是完整意义上的人权。从以上分析可以看出,中国宪法中的"平等权"尚欠缺另一半内容,即平等不仅是一项权利,更重要的还是对权利进行保护的原则,即"平等保护原则"。只有平等权而无平等保护原则,平等权就可能是不平等的。当然,这种权利不平等或暂时难以平等的事实有其历史性根源与政治经济制度的现实性依据。但是在人权原理和平等权实现原则上,这种差别应当减少到最低限度,这是中国实现平等权时应予特别关注的。

"追求幸福的权利"是被马克思称为世界第一个人权宣言的美国《独立宣言》最早宣称的权利,后来它进入各国的人权体系。追求幸福在恩格斯所论定的"物质利益第一原则"中可获完美说明。它是基于人的本性而自具的一种本能。按照亚伯拉罕·马斯洛在《动机与人格》一书中对人的需要层次划分的理论分析,人每满足一个层次的需要,即是追求到一份幸福。从最低层次的生理需要到安全需要、归属和爱的需要、尊重需要、自我实现需要、对认识和理解的欲望需要、对美的需要,幸福是无限的,追求幸福的过程也是无限的。不准予人们追求幸福,是对人的本性的压抑。人性的理论是本原性人权的原始论证。如果换一下论据,用生产力与生产关系间矛盾的原理可否得出相同结论呢?邓小平同志的"三个有利于"的观点为之做了回答。"是否有利于提高人民的生活水平"②是作为最后一条来表达的,可见它是最重要的价值准则。"提高生活水平"在人权上的概念即是"幸福追求"。从中国社会主义经济发展的目的分析,准予人们追求幸福恰是经济运动的原因和动力,所以在社会主义市场经济条件下,将在宪法总纲中申

---

① 参见周永坤:"市场经济呼唤立法平等",《中国法学》1993 年第 4 期;另见拙文:"权利平等是我国公民平等权的根本内容",《中国法学》1993 年第 4 期。
② 《邓小平文选》第 3 卷,第 372 页。

明的对人的财产的保护①转化为"财产权",同时规定"幸福追求权",这两项权利的补充,将使中国人权体系中与人的自然性相对应的权利相对贫弱的状况有所改观。如何对待这两种权利,是设立中国的人权体系时应当充分考虑的。

编者记:本文刊载于《中国社会科学》2000年第6期。研究人权的体系和分类,在于明确权利主体享有人权的范围。在徐显明教授这篇文章发表以前,我们在国内并未看到将人权的分类论述得如此全面而深刻的文章。他从多种角度以不同的标准对人权作了系统的分析研究,对于学者们研究人权的内容具有提纲挈领的积极意义。

---

① 《中华人民共和国宪法》第13条。

人权法的失衡与平衡

罗豪才[*]　宋功德[**]

引言：问题的提出

人权是人之因其为人而应当享有的权利。尽管人们对"人权"概念和人权保障的见解莫衷一是，[①]但并不妨碍在以下两方面达成共识：一则，国家应当肩负起人权保障的重任，将尊重和保障人权当作"治国理政的重要原则"。[②] 1789 年法国《人权宣言》早就宣称"每一个政治社会的目的，皆是保护人的自然与不可战胜的权利"。但是，一旦国家权力遭到滥用就会与人权保障目标相背而行。因此，二则，需要依靠法律来规范国家和公民的关系，保证国家履行尊重和保障人权的法定职责。《世界人权宣言》序言指出："为使人类不至迫不得已铤而走险以抗专横和压迫，人权须受到法律规

---

[*] 罗豪才（1934—2018），我国著名法学家、教育家和社会活动家，中国现代行政法的开拓者和奠基人。——编者

[**] 宋功德，中共中央办公厅法规局副局长、机关党委书记，法学教授。——编者

[①] 有学者认为："不同人与群体之间、各个民族或国家之间、各个阶层、阶级或集团之间所存在的差异和对立，是导致人权概念不能同一的主要原因，次要原因是人权学者、立法者的立场、思想、知识和理解等不同，导致得出不同的甚至差异很大的人权概念。"概而言之，人权是人类中每个人及其组合体为了其生存、发展和进步，在各方面应当受到尊重和保障而享有的各种正当权利；国家、社会、国际组织应承担实现这些权利的义务。（参见关今华、李佳："人权概念复杂性探析"，《法律科学》2007 年第 1 期。）

[②] 2008 年 12 月 10 日，中国人权研究会在北京举行纪念《世界人权宣言》发表 60 周年座谈会，胡锦涛总书记致信指出："特别是改革开放 30 年来，党和政府把尊重和保障人权作为治国理政的重要原则。"

定之保障。"世界各国为此选择人权入法的方式,将符合道德性和普遍性要求的应然权利转化为实定法上的法定权利,实现了人权保障与法律之治的联姻,据此形成的关涉人权保障的法规范体系即是人权法。

但是,并非任何类型的法律制度都能够实现人权保障的目标。法律制度不仅有善恶之分,"一个保护人权的制度就是好制度。一个侵犯甚至根本不承认人权的制度便是坏制度";[1]而且还有平衡与失衡之别,人权保障目标的全面实现依赖平衡的人权法提供制度保障,一旦人权法上的权力与权利不和谐、权利与义务不统一、职权与职责不对称、程序法与实体法不匹配,那么人权法就处于失衡状态。人权法的失衡,暴露出人权保障理念的理性残缺,集中体现为法律制度安排偏离回应型,决定着人权法的调整能力不足,制约着政府提升人权保障能力。人权法的失衡在相当程度上可归结为国内公法的失衡,它意味着国家未能肩负起尊重和保障人权的应有职责。人权法的失衡不仅对外会使一国在国际人权对话和论战中处境被动,更为严重的是,对内会造成人权保障目标的部分甚至全部落空。进言之,因为法治化应将尊重和保障人权当作基本目标,人权法属于现代法的"硬核",所以,一旦人权法因其失衡而致公民应当享有的公民权利和政治权利、经济社会文化权利、生存权和发展权等得不到必要的尊重和保障,那么落空的与其说是人权保障目标,倒不如说是法治化目标——归根到底,最终会造成公民无法获得应有的发展并达到应有的自由状态。

人权保障不仅是一个敏感的政治问题,更是一个地道的法律问题。要提升一国的人权保障水平不仅要争取到政治重视,更要依赖法治建设;要改善人权保障制度和实践,不仅需要理性的政治话语支持,更需要科学的法学理论支撑。为此,我们试图从平衡与失衡的角度揭示人权法本质、凸显人权法理论根基。本文旨在表明,人权法从失衡到平衡的转变过程,既是

---

[1] A. J. M. 米尔恩:《人的权利与人的多样性——人权哲学》,夏勇、张志铭译,中国大百科全书出版社1995年版,第1页。

人权保障关系从失谐到和谐的改善过程,也是人权保障水平由低到高的提升过程。

一、人权法的平衡状态

法是社会关系的调节器,法治化就是要塑造和维护理性的社会关系。平衡的人权法应当能为国家全面履行尊重和保障人权的职责提供法律保障,适应建构和谐的人权保障关系的需要。什么是人权法的平衡状态?简言之,人权法的平衡状态集中体现为国家提供的人权保障措施与公民合理的人权保障诉求二者之间的"供求平衡",它是一种动态平衡,与政治经济社会文化发展密切相关。具体而言,这种平衡状态可以从人权法的机制、内容、形式、行动和结果五个方面加以描述。

(一)在机制上,平衡的人权法体现为人权保障目标与制度安排的匹配

人权法制保障涉及多个领域,由诸多环节构成,是一个围绕着人权保障目标持续不断地进行人权法的创制、实施、适用和遵守的过程。这就需要依靠适当的法律机制设计将目标导向下的分散的人权法制实践连接成有机整体。在机制上,平衡的人权法体现为人权保障的理性目标与制度安排之间的匹配性。

第一,平衡的人权法的目标是寻求人权保障绩效的最大化,它最终体现为在现实社会条件下最大限度改善公民自由状况。与这种目标相适应的人权法,应当具有完整的规范、调整、教育、引导和制裁等法律功能;应当以自由为本、秩序为用,通过维护公共秩序来保障公民自由;应当遵循权利导向设定相应的公民义务和公共权力,依靠义务的履行和国家承担人权保障职责来实现权利;应当以人为本,推动经济社会全面、协调、可持续性发展,实现人的全面发展和解放,"发展为了人民、发展依靠人民、发展成果由人民共享受";应当通过保障生存权、发展权、和平权等集体人权来为保障个人人权创造社会条件;应当在统筹兼顾各种人权保障的基础上优先保障社会弱势群体享有充分的人道权。

第二,平衡的人权法奉行一种多中心、多主体参与的公共治理模式。传统的人权法,特别是国内人权公法无论是奉行管理法模式还是控权法模式,其实质都是推崇单向度的"国家-控制"模式。[1] 平衡的人权法适应公共治理的现实需要,在多样化基础上对不同元素进行先后排序。例如,运用混合性人权法规范,在兼用国际法与国内法、硬法与软法、公法与私法的基础上主张国内法、硬法和公法的主导性;确立多样化的人权保障主体,在发挥国家保障、社会保障和个人保障优势互补的基础上强调国家应负主要保障职责;[2]推行多样化的人权保障方式,遵循比例原则在强制与非强制性、命令与协商、单方与双方之间作出理性选择。

第三,贯穿平衡的人权法始末的是制约与激励相容的法律机制。庞德将法当作一种社会控制的工具。[3] 不过,不能将法律的控制简单地等同于国家对社会的单向度强制。由于影响人权保障关系主体行为选择的因素主要来自预期成本和预期收益两个方面,因此,人权法既可以通过制约机制来增加非理性选择的预期成本以免人权保障目标的落空,也可以通过激励机制来增加理性选择的预期收益以促成人权保障目标的实现。亦即,平衡的人权法不仅要依靠完善的制约机制来控制公共权力和公民权利的滥用,实现权力的授予与控制以及权力保障与权利救济之间的协调;还需要健全的激励机制来激励公共权力的有效行使,同时激励公众广泛和深度地参与人权保障行动的过程。

(二)在内容上,平衡的人权法体现为公民权利及其实现方式的理性设定

人权概念的骨架是权利性,权利包括利益、要求、资格、权能和自由等五

---

[1] 参见罗豪才、宋功德:《软法亦法——公共治理呼唤软法之治》,法律出版社2009年版,第12—30页。
[2] Yogesh K. Tyagi, "Cooperation Between the Human Rights Committee and Nongovernmental Organizations: Permissibility and Propositions", *Texas International Law Journal*, Vol. 18, 1983, p. 273.
[3] 罗斯科·庞德:《法理学》第1卷,邓正来译,中国政法大学出版社2004年版,第352页。

个要素。① 平衡的人权入法应当能够对合理的人权保障诉求给予回应,设定一套有机统一的"权利束";在此基础上,围绕着人权保障目标的实现建立起一套与之匹配的人权保障实施体制和机制,这主要转化为对称性的权利/义务配置和非对称性的权力/权利配置。

第一,设定一套有机的权利体系。公民应当享有生存权、知情权、参与权、批评权、监督权和救济权等各种权利,人权入法的首要任务就是实现应然权利的法定化。为此,立法者应当审时度势、通盘考虑,将各种合理的人权保障诉求确认为法定权利,建构一套唇齿相依、相辅相成的权利体系。就其设定的每一种权利而言,都应当符合人权的权利性、道德性和普遍性三个要求,特别要强调对社会弱势群体的倾斜,②通过人道性的制度安排来填平弱者的"能力缺口"或"权利洼地"。就其设定的不同权利间的关系而言,应当遵循统一性要求,在不同权利之间建构起清晰的衔接性或者因果性等逻辑关系,处理好个人人权与集体人权、消极权利与积极权利、实体性权利与程序性权利之间的关系,避免出现权利"短板"。不仅要理顺不同的个人人权(包括人格权、自由权、平等权、民主权、劳动权、社会保障权、受教育权、人道权等)的内部关系,而且要理顺不同的集体人权(包括人民自决权、生存权、发展权、和平权等)的内部关系,避免权利体系内部的抵牾,在此基础上还要处理好个人人权与集体人权的关系,③在兼顾个体私益与公共利益的基础上实现社会整体利益的最大化。

第二,设定与权利相统一的义务。设定义务的目的在于实现权利,义务之于权利表现出从属性,这就要求人权法应当设定"相应"的义务,既不能

---

① 夏勇:《人权概念起源——权利的历史哲学》,中国政法大学出版社 2001 年版,第62 页。
② 处于相对弱势的标准不仅指政治权力,而且还指少数人的经济、社会、文化和社会地位。Felix Ermacora, "The Protection of Minorities before the United Nation," *Recueil des Cours de I'Academie de Droit International*, 1983, p. 292.
③ Jean-Bernard Marie, "Relations between People's Rights and Human Rights: Semantic and Methodological Distinctions," *Human Rights Law Journal*, Vol. 7, 1986, p. 195.

超过必要限度,应适可而止;也不能蜻蜓点水,不足以保障权利的实现。在国内人权法上,权利/义务的统一性往往体现为二者在法规范中的形影不离,但在国际人权法上,虽然也有少数人权法律文件同时设定权利/义务,例如《人的权利与义务美洲宣言》《非洲人权与民族权宪章》《亚洲人权宪章》等,但更多的人权法规范侧重于设定权利,只附带地规定义务,例如《世界人权宣言》《公民权利和政治权利国际公约》《经济、社会及文化权利国际公约》等。① 因此,人权法的权利与义务的统一性,是就国际、国内人权法整体而言的,不能局限于特定领域、特定位阶或者特定渊源的人权法规范,更不能局限于特定的法律文本。当然,由于国际人权法的主旨不在于为缔约国公民设定对等的权利/义务,而在于强调缔约国的人权保障责任,再加上国际法往往需要转化为国内法,因此,人权法上权利/义务的统一性就主要体现为国内人权法设定对称性的权利与义务。

第三,设定与人权保障相匹配的公共权力。倘若单凭设定公民义务就能实现人权保障目标,那么国家的人权保障职责就会变得非常单薄,主要表现为创制私法的立法和适用私法的司法。但事实并非如此。在市场失灵、合约失灵和社会自治失灵并存的社会,离开国家力量,人权保障是难以想象的;而面对着政府失灵,离开公法规制,人权保障更是难以想象。为了实现对立法权与司法权本身的规制,特别是为了保证行政通过主动、积极和事先的法律实施来保障人权,同时为了实现对具有主动性、裁量性、扩张性的行政权的规制,立法还需要创制公法,法院也需要适用公法,而行政机关则成为专门的执法部门。受公法规制的国家承担着越来越多的人权保障使命,自《世界人权宣言》颁布以来,各种国际人权条约和宣言一直将规定国家承

---

① 《世界人权宣言》提供的主要是一份权利清单,只附带地提及"人人对社会负有义务,因为只有在社会中他的个性才可能得到自由和充分的发展",这种模式在《公民权利和政治权利国际公约》和《经济、社会和文化权利国际公约》中一脉相承,二者也只是宣称"认识到个人对其他个人和对他所属的社会负有义务,应为促进和遵行本公约所承认的权利而努力",并未对个人应负义务作进一步具体规定。

担人权保障任务当作一个不变主旨,①而各国宪法和法律也将保障公民权利和自由以及监督与之相应的公民义务的履行当作政府的一项基本职能,作出诸如"国家尊重和保障人权"之类的规定,无论是消极权利还是积极权利的实现,都离不开来自法律规制之下的国家保障,"拒绝提供国家给付对公民造成的侵害可能并不亚于对财产和自由的侵害"。②

不过,公共权力之于人权保障是一把双刃剑。这就使得人权法对公共权力总是表现出既充满期待,又忧心忡忡的矛盾情结,人权法上权力配置的"匹配性"所要解决的一个基本问题就是如何实现扬公共权力保障人权之长、避公共权力危害人权之短。例如,1789 年法国《人权宣言》宣称:"每一个政治社会的目的,皆是保护人的自然与不可战胜的权利。这些权利是自由、财产、安全和对压迫的抵制",虽然"对人权的无知、健忘和蔑视,乃是公共灾难和政府腐败的唯一根源",但"对人和公民权利的保障,要求公共力量的存在;这种力量的建立乃是为了所有人的福利,而非那些受委托者的特殊利益"。我们认为,人权法设定与人权保障相匹配的公共权力,体现为建构理性的权力/权力关系(这又可以细分为立法权、行政权、司法权的关系,国家权力与社会权力的关系等)、权力/权利关系、权利/权利关系三种基本类型,其中非对称性的权力/权利关系是人权保障关系的核心,其他两类关系则围绕着这个核心展开。

(三)在形式上,平衡的人权法体现为人权法规范体系的协调一致

伴随着社会交往的愈加频繁、交往方式的愈加多样和交往风险的不断攀

---

① 例如,《公民权利和政治权利国际公约》指出:"各国根据联合国宪章负有义务促进对人的权利和自由的普遍尊重和遵行"。《维也纳宣言和行动纲领》也指出:"考虑到促进和保护人权是国际社会的优先事项之一","各个国家,不论其政治、经济和文化体系如何,都有义务促进和保护所有人权和基本自由。"《曼谷宣言》指出:"国家负有主要责任,通过适当基础设施和机制来促进和保护人权,并认为必须主要通过这种机制和程序来寻求和给予补救。"《突尼斯宣言》也指出:"实施和促进人权的职责主要在于各国政府"。《个人、团体和社会机构在促进和保护普遍公认的人权和基本自由方面的权利和义务宣言》也同样规定各国在促进和保护人权方面"负有首要责任和义务"。

② 哈特穆特·毛雷尔:《行政法学总论》,高家伟译,法律出版社 2000 年版,第 113 页。

升,人权保障要求法律之治从更多层面和更多侧面加以回应,这就有力地刺激着人权法规范类型的与日俱增,使得人权法发展成为一个由多样化法规范共同构成的混合法体系。在形式上,平衡的人权法应当同时符合以下两个要求。

第一,各种法规范形态齐全,由多样化规范合成的混合法机制能够全方位回应多样化的人权保障诉求。人权保障是一项复杂的社会工程,需要各具比较优势的法规范参与其中,诸如法律原则与法律规则,实体法规范与程序法规范,公法规范与私法规范,国际法规范与国内法规范,硬法规范与软法规范,从宪法到法律、法规再到规章的不同位阶的法规范,综合性法规范与专门性法规范,等等,"一个都不能少",否则容易出现人权保障法律之治的盲区或者盲点。

第二,多样化法规范之间应当协调一致。由于不同法规范的调整对象与/或调整方法有所不同,因此相互关系应当主要是相辅相成,通常不会发生冲突。但事实上,规范冲突却屡见不鲜。有鉴于此,人权法应当从两个方面保证体系的有机统一性:一方面,同一类规范群内部的不同规范,例如国际法规范、国内法规范、实体法规范、程序法规范、硬法规范、软法规范等,彼此的边界要清晰;另一方面,不同规范群之间应当融为一体,例如国际法与国内法;①公法与私法——"在现实的场景中,公共的和私有的制度经常是相互啮合相互依存的,而不是存在于相互隔离的世界里。"②亦即,人权入法应当遵循法制统一原则,在世界人权宪章与/或宪法的统率下,在各种人权法规范之间建立起完善的衔接机制——特别是因为国际人权法的国内衔接不以互惠为条件,所以更需要通过强化国际人权法的实施保障机制来敦促

---

① 在联合国看来,为了充分理解一个国家根据国际人权条约所承担的义务,有必要将该国参加的所有人权条约合起来看作一个整体,任何权利的完全享受都不可能是孤立的,而要取决于对其他所有权利的享受。这一互相依存是人权条约机构对其活动采取更为协调做法的一个理由,特别是鼓励各国把执行所有条约的条款看作一个单一目标的一部分。http://www.un.org/chinese/hr/issue/treaty.htm,2010年10月30日访问。
② 埃利诺·奥斯特罗姆:《公共事物的治理之道》,余逊达、陈旭东译,上海三联书店2000年版,第31页。

这种衔接——并依靠法律规范冲突的发现和纠错机制来去异存同。

（四）在行动上,平衡的人权法体现为人权保障过程基于协商达成共识

在哈贝马斯(J. Habermas)看来:"科学为之奋斗的目标就是社会解放,是在人与人之间建立一种没有统治的交往关系和取得一种普遍的、没有压制的共识。"①相对而言,人权法的平衡更加倚重平等协商。首先,国际人权立法往往要在尊重主权与保障人权,强调人权保障的国际普适性与承认人权保障的国情差异性,要求缔约国全面履行国际人权法义务与尊重主权国家自主选择是否缔约以及允许缔约国因出现紧急状态等而"克减"履约义务等若干范畴之间寻找平衡点,②这显然主要依靠协商而非强制。其次,国内人权法往往要在政治与法治、个人人权与集体人权、人权保障和社会发展等若干范畴之间寻找平衡点,要凝聚这种制度变革共识,在深层次上只能依靠民主协商而非行政命令。最后,就国际和国内人权法总体而言,人权的权利性、道德性和普遍性要求,导致人权入法既容易卷入法与道德的纠缠不清之中,又容易陷入普遍性的人权保障与特殊性的人道救助的矛盾之中,立法者要摆脱这种左右为难的尴尬境地,就应更多地依靠"说服"而非"压服"。亦即,无论是在国际法与国内法关系上如何实现尊重主权与保障人权的平衡,还是就整个人权法而言如何获得广泛共识,需要更多的"同情的理解",而不能抱守成见和偏见;需要更多的真诚对话,而不能相互指责和消极对抗;需要更多的平等协商,而不能武断决定甚或诉诸武力。

就其根本而言,平衡的人权法强调通过协商形成共识,这体现出对人的主体性和不同能动主体之间的主体间性的一种尊重。人权保障最终谋求的是人的全面发展和人的自由的最大化,不能以抑制人的主体性、特别是公民自由的方式来保障人权,否则就是舍本逐末。为此,平衡的人权法在过程上就要建构一种平等协商、良性互动的人权保障关系。人权保障的法律关系包

---

① 哈贝马斯:《认识与兴趣》,郭官义等译,学林出版社1999年版,第201页。
② Torkel Opsahl, "Emergency Derogation from Human Rights," *Nordic Journal on Human Rights*, Vol. 5, no. 3, 1987, p. 4.

括私法关系和公法关系两种,相对而言,平衡的人权法所建构的良性互动关系,或者说激活、彰显和尊重人权保障法律关系中的主体间性,更加依赖于公法的平衡,或者说在公法设定的权力/权利关系中得到更加集中的体现。首先,它要求所有的公法主体具有平等的法律人格和法律地位,在国际人权法上不能因为缔约国的大小强弱之别,在国内人权法上不能因为不同主体的禀赋能力差异而推行歧视待遇、作高低尊卑之分。其次,它要求人权公法对权力/权利进行均衡配置,形成一种公私主体可以公平博弈的制衡均势,以平等的法律身份表达利益诉求。再次,它要求人权保障的法治化是一个理性交涉、产生共识的过程,既不能因为片面追求效率而简单推行命令—服从方式,也不能因为强求合意而陷入没完没了的谈判扯皮之中,人权保障方式的选择应当强调效率性、互动性和协商性,这在过程上体现为重视协商程序和遵循程序正当原则,在结果上体现为人权保障关系主体对制度安排或者法律决定的高度认同。

不难看出,这种平等协商的人权保障法治化过程,将人权保障传统模式中国家与社会的对立、公共机构与个人的对抗、权力与权利的对峙转变为一种良性互动的公私合作伙伴关系,超越非此即彼的命令—服从关系或者谈判扯皮关系之外,将人权保障实践行动打造成一个多方主体平等参与、公平博弈的交涉过程,将人权保障法律关系塑造成一种论证-商谈的民主协商关系。这种人权保障关系因其重视对话、沟通、协商从而更有可能获得共识、共赢和公平的社会利益分配——类似于依靠哈贝马斯意义上的"交往"的主体间性达至阿多诺意义上的主客体之间的"和解"状态,[①]有助于推动人权保障关系的各方能动主体形成一种比较稳定的互动合作格局,能够最大限度地产生预期的人权保障绩效。

(五)在结果上,平衡的人权法体现为特定时空下人权保障绩效的最大化

人权入法旨在真正实现国家尊重和保障人权的目标,人权保障不能局

---

① 参见谢永康:"批判理论的范式转型及其问题——重思'后形而上学思想'与'否定的辩证法'的关系",《中国社会科学》2009年第3期。

限于消极的形式合法性,而应当追求绩效的最大化。人权的权利性、道德性和普遍性决定着平衡的人权法应当为最大多数的公众提供最大限度的人权保障,最大限度地提升公民地位和改善人的自由状况。

第一,人权保障绩效的最大化意味着预期的人权保障法律效果得到最大限度的实现。人权法的权威得以普遍确立,人权法规定得以全面付诸实施,国家肩负的尊重和保障人权的法定职责和公民负有的尊重他人的权利的义务得到切实履行,因不履行义务和权力滥用而致的侵犯人权现象得到最大限度的防治,人们合理的人权保障诉求得到最大限度的满足。

第二,在此基础上,人权保障绩效的最大化意味着通过正当的法律规制实现社会效果的最大化,人权入法全方位回应了经济社会科学发展提出的人权保障要求,而人权入法的实践则有力地推动了社会资源的最优配置和社会财富的公平分配,最大限度促成社会的文明化。

第三,人权保障绩效的最大化集中体现为人权保障效益的最大化。人权法的正当性包括道德性与经济性两个维度,平衡的人权法能够以符合公共道德要求的方式、耗费最少社会成本产生最大人权保障收益。人权保障耗费的社会成本主要包括法律规制的交易费用、制度选择的机会成本、法律创制及其实施的公共成本和私人成本,人权保障的收益主要包括法律效益、经济效益、政治效益和社会效益等。人权入法的效益最大化应当是一种卡尔多-希克斯效率,①在社会再分配时要特别考虑对弱势群体和强势群体产生不同的边际效用,以追求人权保障社会整体效用和效益的最大化。

---

① 卡尔多-希克斯效率区别于帕累托最优的一个重要标志就是确立了补偿原则。一般认为,很少有政策能够满足帕累托最优条件,亦即不以其他人处境的恶化为代价使一些人的状况变好。补偿性原则旨在表明,在从一种经济状态向另一种经济状态转变的过程中,尽管一些人的受益是以另外一些人的受损作为代价,但是,如果凭借具有"潜在可能性"的补偿性支付,就会产生受益者的处境得到改善,而受损者的处境却没有被恶化的结果。亦即,补偿性原则支持的是当受益者的收益超过受损者的损失时,那么此种制度变革就具有正当性。一言以蔽之,倘若一项制度变革利大于弊,那么它就是有效率的。(参见尼古拉斯·麦考罗、斯蒂文·G.曼德姆:《经济学与法律——从波斯纳到后现代主义》,吴晓露、潘晓松译,法律出版社2005年版,第24页。)

由此可见，平衡的人权法的目标定位和制度安排通过运用一种多主体交互关系的视角，形成一个多主体诉求交织的人权保障视野，建构一种多主体理性交涉的开放行动过程。交互关系视角告别了传统人权保障要么拘泥于公民权利本位、要么强调公共利益至上的国家管理单中心思维定式，转向建构辩证统一的权利/义务关系和良性互动的权力/权利关系的人权保障进路，"过程包含关系，关系建构过程，过程的核心是运动中的关系，关系的运动形成了过程"。[1] 这种交互关系视角和理性交涉过程有助于汇聚更多主体的重叠共识，产生人权保障统一行动的合力。

二、人权法的失衡及其成因

人权法的理想状态是一种平衡状态，法律制度安排能够全面回应公众合理的人权保障诉求。但历史地看，人权法比较容易失衡，造成失衡的原因错综复杂。

（一）人权法的失衡状态

第一，权利设定的顾此失彼。《维也纳宣言和行动纲领》明确指出："所有人权都是普遍、不可分割、相互依存和相互联系的。国际社会必须站在同样的地位上、用同样重视的眼光、以公平、平等的方式全面看待人权。"[2] 一套完整的人权体系应当包括消极权利与积极权利、个人人权与集体人权、实体权利与程序权利等多种权利组合，它们相辅相成、环环紧扣，缺一不可。不过，在坚持义务本位、国家压制的管理法模式下，人权入法容易重实体、轻程序，重权力、轻权利，重集体人权、轻个人人权；而在坚持权利本位和权力控制的控权法模式下，人权入法则容易重消极权利、轻积极权利，重个人人权、轻集体人权。人权入法一旦选择了这两种人权法模式，难免就会造成权

---

[1] 秦亚青："关系本位与过程建构：将中国理念植入国际关系理论"，《中国社会科学》2009年第3期。
[2] 《残疾人权利公约》《个人、团体和社会机构在促进和保护普遍公认的人权和基本自由方面的权利和义务宣言》等国际人权公约和宣言等都曾作过类似规定。

利体系的"短板"或者权利链条的断裂。

第二,人权保障目标与人权法律手段不匹配。权利通常不能自我实现,因此霍菲尔德认为自由权的对立面是一项责任或义务,[①]人权法要通过设定法定权利来实现人权保障目标,就得建构一套与之匹配的权利实现机制,它由私法上的权利/义务配置、公法上的权利/权力配置及其派生的权力/权力配置共同构成。如果人权入法只规定权利而不设定相应的义务,或者其所设定的义务与对应的权利不对等,或者其所规定的权力/权力配置与所要保障实现的人权目标不相称,就会制约人权保障目标的实现。

第三,人权法规范体系的不统一。现代社会的人权法越来越成为一个由国际法与国内法,实体法与程序法,硬法与软法,宪法、法律、法规和规章等不同法规范共同构成的混合法结构,每类法规范侧重于回应人权保障某一方面的需要。如果人权入法违背法制统一原则,缺乏统筹兼顾的整体视野,就会造成国际人权法与国内人权法的各说各话,上位法与下位法的互相矛盾,实体法与程序法的各行其是,硬法与软法的各自为战等。

第四,人权法与外在社会结构关系的不协调。"权利决不能超出社会的经济结构以及由经济结构所制约的社会的文化发展",[②]人权法深嵌于其所依存的外在社会结构,受制于一国的历史传统和现实政治经济社会发展程度的约束。诚如社会学法学所主张的,不可能存在一门完全孤立的、自我中心的、自足的法律科学,法律秩序乃是社会控制的一个方面,因此倘若不将法律秩序置于整个社会现象的背景之中,它就不可能为人们所理解。[③]因此,一旦人权入法超前或者滞后于特定社会发展水平,就会成为无本之

[①] A. J. M. 米尔恩:《人的权利与人的多样性——人权哲学》,夏勇、张志铭译,中国大百科全书出版社1995年版,第172页。
[②] 《马克思恩格斯选集》第3卷,人民出版社1995年版,第305页。
[③] 罗斯科·庞德:《法理学》第1卷,邓正来译,中国政法大学出版社2004年版,第334页。

木,难免被束之高阁。

(二)人权法失衡的成因分析

人权法之所以会失衡,既有内因,也有外因,往往是内外因里应外合的结果。

第一,人权法失衡的内因主要在于各种人权之间的紧张关系以及人权法的跨部门法性。首先,人权法的功能定位存在着内在张力,这使得人权入法不太容易确定起制度结构的重心。各种人权诉求不拘一格且变动不居。以法国《人权宣言》所宣称的"自由、财产、安全和反抗压迫是人的自然的和不可动摇的权利"作为起点,至今已相继出现了三类意义上的人权,亦即形成于美国和法国大革命时期,旨在保护公民自由免遭国家专横之害的第一类人权;形成于俄国革命时期,旨在要求国家积极干预社会经济生活,发展社会福利事业的第二类人权;形成于20世纪下半叶反对殖民主义过程,旨在保障民族自决权、发展权、环境权、和平权等集体人权的第三类人权。① 在现实生活中,这三类人权并存于同一时空,三者分别对应于不同意义上的国家与公民之间的关系,在人权入法上针对国家提出了截然不同

---

① 西方国家倾向于认为人权就是个人人权,不包括集体人权,而发展中国家则认为人权既包括个人人权,也包括集体人权。西方的人权观与其将理性以及理性主义(唯理主义)当作近代西方社会科学的基石密切相关,它肯定个体选择的极大能动性,相信理性选择的因果效应能带来进步和绝对真理。因此,如果我们从"关系"而非"理性"出发,那在人权的理解上,就可以从运动中的关系——西方的人权以理性的个体为基础——重新发展集体人权的概念(参见苏长和:"认真地对待'关系'",《中国社会科学报》2009年8月13日第4版)。《世界人权宣言》在这点上存在着历史局限性,它只涉及个人与社会的关系,而没有规定人民自决权、发展权等集体人权。这种缺陷在后来的国际人权法律文件中得到部分矫正。1952年联合国大会通过的《关于人民和民族自决权的决议》开宗明义:"人民与民族应先享有自决权,然后才能保证充分享有一切基本人权。"1960年联合国大会通过的《给予殖民地国家和人民独立宣言》庄严宣告:"所有人民都有自决权;依据这个权利,他们自由地决定他们的政治地位,自由地发展他们的经济、社会和文化。"1966年《公民权利和政治权利国际公约》和《经济、社会及文化权利国际公约》都在第一部分第1条用完全相同的措辞规定了人民自决权,表明了人民自决权这项集体人权与个人人权有不可分割的联系。国际社会对自决权、发展权等集体人权的确认,是对西方传统的人权概念的重大突破。(参见赵建文:"国际人权法的基石",《法学研究》1999年第2期。)

的要求。其中,为了保障第一类人权(即消极人权),人们更加需要消极克制的有限政府,避免公民权利和政治权利免受来自私人、特别是公共机构两个方向上的侵犯。为了保障第二类人权(即积极人权),人们更加需要积极作为的服务型政府,能为公民的经济、社会和文化权利的实现提供必要的物质设施和政策环境。就保障集体人权而言,人们更加需要对外主权独立、对内有力维护和增进公共利益的政府,以有效整合社会资源,充分调动全社会的积极性。这就意味着,人权法当且仅当寻找到一个兼顾三类人权保障的平衡点时,才能实现对不同人权保障诉求的统筹兼顾,否则就会造成人权法的失衡。

其次,人权法的跨部门法性导致各类人权法规范不容易形成一个有机体系。与刑法、行政法、民商法和诉讼法等部门法相似的是,人权法的法律渊源也具有纵向上的多位阶性与横向上多规范并列的特点,[1]但与之不同的是,人权法是由宪法和各部门法中有关人权保障的法规范整合而成的一个法规范体系,它围绕着国家尊重和保障人权这个主题展开,聚集着多样化的法律调整对象,并综合运用多种法律调整方法,由多部门法规范纵横交错而成一个混合法体系。人权法的这种跨部门法特性,决定着其平衡的实现对诸部门法产生依赖性:无论是相关部门法制度安排的不平衡——例如行政法的权力/权利配置的结构失衡;[2]还是诸部门法之间的衔接不紧——既指公法与私法之间的边界不清,也包括诸部门公法之间的各自为战,[3]二者

---

[1] 硬法和软法是现代法的两种基本表现形式,其中硬法是指国家立法当中的那些具有命令-服从行为模式、能够运用国家强制力保证实施的法规范;软法是指不能依靠国家强制力保证实施的法规范,包括国家立法中的非强制性规范、国家机关制定的规范性文件中的规范、政治组织创制的自律规范以及社会自治团体创制的自治规范等。就人权法而言,软法规范仅限于国家法中的软法,至于政治组织和社会自治团体创制的法规范,其所规定的只能是成员身份的权利,不能设定人权。(参见罗豪才、宋功德:《软法亦法》,法律出版社2009年版,第296页。)

[2] 参见罗豪才、宋功德:"行政法的失衡与平衡",《中国法学》2001年第2期。

[3] 参见袁曙宏、宋功德:《统一公法学原论》,中国人民大学出版社2005年版,第334—367页。

都会直接造成人权法的失衡。

第二,人权法失衡的外因主要在于人权法体系中的国际法规范因国内法衔接或者转化的乏力而容易出现内外不一。

人权的权利保障要求具有普遍性这个内在要件,再加上人权保障的全球化背景这个外在要件,决定着任何一个主权国家都不应当成为我行我素的人权保障"孤岛",世界各国的人权法极少由纯粹的国内法规范构成,程度不等地都是国际与国内两部分法规范的混合体。一方面,当下的国际人权法已经基本形成一个以纲领性的《世界人权宣言》为统帅,以综合性的《公民权利和政治权利国际公约》、《经济、社会及文化权利国际公约》为支柱,由诸如《消除一切形式种族歧视国际公约》、《残疾人权利国际公约》等专门性的人权法和诸如《欧洲人权公约》、《美洲人权公约》等区域性人权法共同构成的人权法规范体系,据此逐步确定起一套国际人权标准。另一方面,在各主权国家内也逐步形成一套由宪法所统率的,以法律、法规、规章中的硬法规范为主,以国家法中的软法规范为补充的国内人权法体系,它们为一国人权保障提供直接的法律依据。尽管人权法的这两个组成部分关系比较密切——这一点区别于行政法主要是一门国内公法,但国际人权法却因为缺乏一套诸如报复措施之类的强制实施机制——这一点区别于 WTO 法,再加上国际人权法的国内转化难免会受到尊重主权与保障人权、诉诸法治与政治决策等微妙关系的深刻影响,就使得国际人权法虽然强烈要求缔约国积极履行人权保障的国际义务,但同时又不得不承认人权保障主要属于国内事务,由主权国家自主决定是否缔约和批准加入,是否声明保留、作适当限制,是否加入公约的任择议定书以及是否退出人权条约等。① 如此

---

① 大多数人权公约都规定了退出条款,但《公民权利和政治权利国际公约》和《经济、社会及文化权利国际公约》却没有规定退出条款。根据《维也纳条约法公约》第 56 条的规定,只有在取得了这两个公约的所有缔约国同意的情况下才能够退出公约。(参见曼弗雷德·诺瓦克:《民权公约评注:联合国〈公民权利和政治权利国际公约〉》,毕小青、孙世彦等译,上海三联书店 2003 年版,第 11—12 页。)

一来，国际人权法确定的国际人权保障标准，在转化为国内人权法的过程中就容易出现大打折扣的问题。

特别是，不同时空下人权法自身正常的差异性容易因遭到过分夸大而形成遮蔽失衡的"隐体"和辩解失衡的借口。从逻辑上来讲，各国如果都能对照着国际人权法确立的人权保障国际标准这根共同标杆，就能够形成"统一的"国际人权法。但事实并非如此。人权法的平衡是一种动态平衡，因不同的时空而异，这就意味着多种不同的制度安排在各自的时空下都有可能实现平衡，而同样的人权法在不同的时空下却未必都是平衡的。人权法平衡的这种时空差异，恰恰体现出人权保障的普适性与特殊性之间的一种微妙平衡。因此，国际人权法承认人权保障既有普适性也有特殊性，人权保障主要属于国内事务。由于各国的人权保障诉求与国家满足条件都相去甚远，因此就自然会出现有差异的平衡。但遗憾的是，人权法的这种合理的"差异性"容易在国内立法中遭到滥用，导致人权入法与平衡目标的南辕北辙。例如，有些国家借口这种差异性选择背离平衡的人权法模式，或者是选择统治取向、权力本位的压制型法，或者选择割裂于外在社会、自给自足的自治型法。[①] 又如，有些国家在人权入法时滥用这种差异性作非理性的权衡，背离平衡取向确定选择什么样的人权、以何种方式转化为什么样的法规范。再如，有些国家利用这种差异性作为"掩体"来遮蔽人权法律制度安排的不合理和制度结构的失衡缺陷，凭借这种差异性来为人权法的失衡辩解，阻止国际人权法的国内转化。

以上这些内因与外因纠缠在一起，无疑会使人权法的失衡概率变得居高不下。如果支配人权入法的理念是一种"国家-控制"的人权保障理念，那么人权法的失衡恐怕就在所难免了。反思世界各国历史和现实中人权法的失衡现象，其根本症结在于人权入法长期以来受制于一种非此即彼的机

[①] 诺内特、塞尔兹尼克:《转变中的法律与社会》，张志铭译，中国政法大学出版社1994年版，第35、85、87、91、93、97页。

械保障理念,要么国家控制社会,要么社会控制国家,二者势不两立。这种与传统的基于单中心、单向度和对抗性的国家管理模式相适应的人权入法,其制度安排的逻辑起点是国家与社会对立或者公私对抗的行为假定,必然会选择将主权国家当作人权保障的单一中心,并依靠国家对社会的单向度强制实施法律的方式来实现人权保障目标。这种或者与"夜警"国家或者与"全能政府"捆绑在一起的人权入法模式,在实质上与人权的权利性、道德性和普遍性相悖,严重地制约着权利与义务统一、权利与权力良性互动、法治建设与社会自治的相互强化,极易造成人权法的失衡和人权保障关系的失谐。

就此而言,在公共治理模式日益取代国家管理模式成为公域之治主导性模式的背景下,[1]那种失衡的、屈从于压制型法或自治型法、管理法或控权法模式的人权法,已经越来越不能满足公众对国家提出的合理人权保障诉求。鉴于造成人权法失衡的根本原因在于人权入法受制于"国家-控制"理念,导致其制度安排奉行主体对抗思维,拘泥于单向度视角,局限于单一性视野,无法形成良性互动的人权保障关系,因此,要解决人权法失衡问题,就应适应公共治理崇尚交互关系、交涉过程和良性互动的需要,反思和重构人权法的理论基础,依靠理性的人权入法来改变人权法的失衡现象。

三、人权法失衡的矫正

人权法的平衡对应于理性和谐的人权保障关系,而人权法的失衡则会造成人权保障关系的扭曲。要解决人权法的失衡问题,就要依靠理性的人权入法重构和谐的人权保障关系。在人权入法过程中,立法者往往需要对人权保障诉求的种类、运用什么方式、通过什么类型的法规范去确认这三种选择作出审慎权衡。人权入法权衡的理性程度直接决定着人权法的失衡与

---

[1] 参见罗豪才、宋功德:"公域之治的转型",《中国法学》2005年第5期。

平衡,要在公共治理的背景下解决人权法的失衡问题,需要选择基于公私商谈的公共选择进路、遵循理性的标准对人权入法进行审慎的权衡,保证人权入法的现实正当性和普遍认同性。

(一) 在关系视野下审慎权衡人权入法

较单中心、单向度的主体视角或者行为视角而言,关系视角更加开阔、更具有包容性、更能够反映主体间性,对应于更加全面的人权保障视野。所谓在关系视野下审慎权衡人权入法,是指要通盘考虑选择特定类型的"人权"、通过适当方式的"入"、为合适的实定"法"所确认三个方面。

第一,审慎权衡入法的"人权"。一方面,无论是国际还是国内人权法,都不可能对所有人权保障诉求照单全收,而应慎重考虑人权保障在时间与空间两个维度上所受的约束,合理设定人权保障的范围,并具体规定各种权利的内涵和外延。虽然不同时空下的人权保障诉求与满足这些诉求的社会条件之间的差异性比较明显,但历史地看,入法的人权呈现出范围不断拓展、种类持续增多、含义日益丰富的"包容性发展"趋势,从个人人权拓展到集体人权,从消极权利拓展到积极权利,从单纯强调对权利的尊重转变为强调附义务的权利实现等。另一方面,人权的入法不可能一哄而上,在面对多种人权保障诉求时,人权法的创制者应当区分各种权利间的主从关系、因果关系、替代关系、平行关系等多种逻辑关系,确定每种权利的价值,判断特定权利实现条件的满足程度等多种因素,按照人权保障的轻重缓急对需要入法的人权进行先后排序。①

第二,审慎权衡人权如何"入"法。立法主体选择什么方式、步骤和期限来实现人权入法,这主要是一种程序性选择。要解决人权法的失衡问题,

---

① 例如,1952年联合国大会通过的《关于人民和民族自决权的决议》开宗明义:"人民与民族应先享有自决权,然后才能保证充分享有一切基本人权。"再如,中国《国家人权行动计划(2009—2010年)》也明确指出:"切实把保障人民的生存权、发展权放在保障人权的首要位置。"

就需要联合国和主权国家二者就入法程序作出审慎权衡。在国内人权法的创制过程中,立法者应当根据宪法和立法法等相关规定作出理性选择,其中,权衡人权"入"法的一个关键就是选择适当的方式实现国内人权法与国际人权法的衔接。一方面,从衔接的起因和时间角度,可审慎选择被动性衔接或主动性衔接,前者是指缔约国因为批准加入国际人权公约而在此后进行国内法与国际人权法的衔接,后者是指主权国家在批准加入特定国际人权公约之前,其国内立法自觉或不自觉地与国际人权法保持一致。另一方面,就衔接内容和方式而言,可审慎选择形式性转化和实体性转化,[①]前者是指经过或不经过程序性的国内立法来实现国际人权法与国内法的对接——例如,日本式宪法上的一元化(即所缔结条约依宪法规定无须经过特别转化程序即在国内生效,并成为国内法的一个部分,可以直接为国内的行政或司法所适用),中国式的事实上的一元化(即宪法未就所缔结条约的转化问题作出明确规定,实践中往往不经过特别转化程序而在国内生效,因其可以直接为国内的行政或司法所适用而属于一种法律渊源,但又不属于国内法的一个组成部分,当二者发生冲突时,国际人权法优先),英国式的宪法上的二元化(即所缔结条约依宪法规定必须经过特别立法程序赋予其在国内实施的效力,国内法与国际法二者是分离的,未经国内立法的转化程序不能直接为行政或司法适用),美国式的宪法上的一元化而事实上的二元化(即其所缔结的国际人权条约虽然根据宪法规定无须经过转化即成为国内法的一个部分,能为行政和法院所适用,但在法律实践的事实上,往往借助将条约界定为非自动执行条约等方式,将国内立法程序性转化确立为适用的前提);后者是指通过国内法的调整性转化或适

[①] 以英国为例来说明二者之间的这种差异性。英国 1972 年直接将《欧洲共同体法》引入英国的国内法律体系,这是一种形式性转化;1998 年《人权法案》确定了《欧洲人权公约》中特定的条款和规约,称为"公约权利",并将其作为原则渗透进英国的法律,这属于一种实体性转化。

应性转化来实现国内人权法与国际人权法制度安排的一致性。① 人权"入"法的理性权衡虽然容许因各国宪法规定的不同而选择不同转化方式,但缔约国不应制造转化壁垒,应当积极进行主动性衔接,不得拖延被动性衔接;应当不打折扣地实施形式性转化,并量力而行,积极推行实体性转化。

第三,审慎权衡人权应当入什么"法"。人权入法审慎权衡的最终结果是建构一套协调一致的人权法体系。为了实现特定的人权保障目标,立法者应当选择与之相适应的特定形态的法规范。这种权衡应当视野开阔,放眼于在整体上实现人权法规范体系的结构性均衡,以世界人权宪章与/或宪法为统帅,以综合性与专门性人权保障法规范统分结合,由多位阶、多领域、多形态的人权法规范有序排列组合的人权法体系。具体而言,应当以国际人权法为先导或者示范,发挥国际人权法对国内人权法制度变革的催化作用,推动形成完善的国内人权法,实现国际法与国内法的并行不悖;以私法保障公民权利为基础,发挥公法在人权保障上的主导作用,形成一个公私兼顾的人权法结构;以实体法保障为主体,借助完善的程序法来实现程序正义,并推动实体正义的实现,形成实体法与程序法的珠联璧合;依靠硬法建构一套刚性的人权保障行为模式,辅以软法补充和细化,形成一个刚柔相济、软硬并举的混合法结构。

---

① 所谓被动的调整性转化,即在国际人权条约完成形式性转化之后,缔约国为了解决现实存在的规范冲突问题,对照着国际人权条约的规定调整现行有效的国内法,通过修改或者废止某些与之冲突的国内法规范的方式,去异存同,变不一致为一致;所谓主动的适应性转化,即在批准加入国际人权条约之前,或者是在完成国际人权条约的形式性转化之后,国内立法自觉地与国际条约保持一致,从而避免国内法与国际人权条约之间出现规范冲突。发挥国际人权法对国内人权法制度变革的催化作用,推动形成完善的国内人权法,实现国际法与国内法的并行不悖;以私法保障公民权利为基础,发挥公法在人权保障上的主导作用,形成一个公私兼顾的人权法结构;以实体法保障为主体,借助完善的程序法来实现程序正义,并推动实体正义的实现,形成实体法与程序法的珠联璧合;依靠硬法建构一套刚性的人权保障行为模式,辅以软法补充和细化,形成一个刚柔相济、软硬并举的混合法结构。

(二)人权入法应遵循理性的权衡标准

在衡量各国在人权保障方面取得的成就时,人们经常使用的一个共同标准就是《世界人权宣言》。① 但就具体的人权入法而言,我们还需要一套权衡标准,人权入法的审慎权衡只有在理性权衡标准的指引下才能适当地展开。一套理性的权衡标准应当是主观与客观的统一,应具有包容性、现实性和可接受性,能够综合反映人权保障与一国政治、经济、社会发展之间的密切关联性。我们认为,人权入法的理性权衡应当遵循以逻辑和经验为经纬,以先验、超验、情感、道德、良知等多种元素为补充,多种标准交织而成的一套权衡标准体系。首先,人权入法的审慎权衡应当符合逻辑要求。没有逻辑的人权法规范无异于一盘散沙。在人权法内部的构成要素之间以及人权法与外在社会结构之间存在着不容违背的规律性,解决人权法的失衡问题应当符合法治化、人权保障和人权入法的逻辑要求。不过,理性不止是逻辑性,因此,其次,人权的审慎权衡不得背离经验性要求。要重视人权保障的历史经验和个案经验,重视对经验的归纳,重视对他人和自身经验教训的反思,基于可靠的经验来循序渐进地推进人权入法。最后,人权入法的权衡还须认真对待先验、超验、情感、道德、良知等其他考量因素,它们往往促成了人权保障的特殊性。② 在彰显人权的某种属性或者决定某个领域、某一层面的人权入法时,这些因素会成为权衡人权入法一个不容小觑的标准。

---

① 《世界人权宣言》宣称:"大会,发布这一世界人权宣言,作为所有人民和所有国家努力实现的共同标准",《关于〈世界人权宣言〉六十周年的宣言》(联合国大会,2008年)重申:《人权宣言》是衡量所有国家和人民在人权领域取得的成就的一个共同标准。

② 一方面,人权保障的共同标准主要体现在被称为"国际人权宪章"的《世界人权宣言》《公民权利和政治权利国际公约》和《经济、社会及文化权利国际公约》当中;另一方面,人权特殊性主要是指世界各大文化和各主要法系以至各国可以根据自身特殊情况来实行共同人权标准,可以选择不同人权保障模式。《曼谷宣言》指出:"尽管人权具有普遍性,但应铭记各国和各区域的情况各有特点,并有不同的历史、文化和宗教背景。"《维也纳宣言和行动纲领》在强调人权普遍性的同时指出:"民族特性和地域特征的意义,以及不同的历史、文化和宗教背景都必须要考虑。"(相关研究参见赵建文:"国际人权法的基石",《法学研究》1999年第2期;李步云、杨松才:"论人权的普遍性和特殊性",《环球法律评论》2007年第6期。)

例如,人权的道德性与良知紧密相关,人权保障的神圣性从先验或者超验性中获得有力支持,宗教在不少国家被当作宪政的一个维度,自然法则被当作一种高级法背景影响着宪法结构的设计和法律制度安排。①

权衡标准的多样化,代表着权衡视角的多样化和权衡视野的开阔性,有助于由人权保障法治化的内部视角和社会文明化的外部视角二者交织成一个理性的人权保障法律规制区域,它凝聚着人权入法长期实践的智慧和共识。尽管对于不同时期和地方的立法者而言,不同标准的分量和意义往往不同,例如逻辑性标准在成文法传统下会拥有更高权威,而在判例法实践中,经验性标准具有逻辑性无法企及的优势,但是,在现代人权入法实践中,逻辑性和经验性标准正在由相反相成变为相辅相成,人们正是依靠逻辑之线将碎片化的经验串成一个有机的整体。

(三)人权入法应选择一种开放性的公私商谈模式

平衡的人权法应当充分尊重人民的自决权,②促成人的主体性和主体间性得到最大限度的尊重和发挥。因此,解决人权法的失衡问题固然离不开国家,甚至必须承认国家在人权入法和人权保障中的主导作用,但它却天然地抵制全能政府,不能也不应指望全能政府以包揽人权入法的方式实现人权法的平衡。特别是在公共治理模式正在崛起的当下,人权入法的权衡更不能听任立法机关垄断,而应主要依靠多中心、开放性、多主体参与其中

---

① 在人权入法之初,赋予人权概念以神圣性的元素主要不是逻辑和经验,而是宣称"天赋人权"的超验性和宣称"人人生而平等"的先验性这两种元素,这就使得早期的人权保障文献随处可见深深的先验或者超验的印痕。例如,法国《人权宣言》宣称:"国民议会在上帝(Supreme Being)的保佑下,承认并宣布下列人类和公民之权利……人人生来并有权保持自由与平等"。(参见卡尔·J.弗里德里希:《超验正义——宪政的宗教之维》,周勇、王丽芝译,三联书店1997年版;爱德华·S.考文:《美国宪法的"高级法"背景》,强世功译,三联书店1996年版。)

② 《公民权利和政治权利国际公约》第1条规定:所有人民都有自决权。他们凭这种权利自由决定他们的政治地位,并自由谋求他们的经济、社会和文化的发展。知情权、参与立法,这应当是一种重要的自决权。1986年联合国大会通过《发展权利宣言》宣称:"确认发展权利是一项不可剥夺的人权,由于这种权利,每个人和所有各国人民均有权参与、促进并享有经济、社会、文化和政治发展"。

的公共选择机制,运用平等协商达成人权入法的共识,并借助理性反思机制不断积累经验和修正错误,循序渐进地接近人权法的平衡。

第一,人权入法的权衡机制应当是开放的结构。开放的结构要求人权法的制度变革过程公开、透明,尊重相关主体的知情权和参与权,人权入法过程应对利害关系人、相关社会自治组织、人权问题专家等开放。能对多样化的人权保障诉求开放,立法过程的每个参与者都应当耐心倾听其他参与者的意见和建议。应当对各种有用的知识开放,得到法学、经济学、社会学、政治学、伦理学、哲学等多学科知识的共同支撑。应当对各种评论和批评开放,并从中获得教益。国内人权立法应当以开放的心态面向世界,这既包括国内人权法积极地与国际人权法衔接,也包括积极借鉴外域的人权入法经验,实现人权入法一般规律与具体国情的创造性结合。[1]

第二,人权入法的权衡过程应当是平等协商的过程。人权入法是一个多方博弈的过程,在自身利益最大化偏好目标导向下,不同博弈参与者在预测其他参与者的可能性策略基础上决定自身行为选择,并根据对方的策略变化调整其行为选择。人权入法的博弈应当是一个平等协商的过程,寻求人权保障水平的"包容性增长"。[2] 首先,所有与之相关的主体都能以自己的名义平等地参与协商过程,不同主体的法律身份虽然不同,但法律地位平等,国不分大小,人不分高低,都享有平等的表达诉求和发表意见的权利。[3]

---

[1] Bernhard Graefrath, "The Application of International Human Rights Standards to States with Different Economic, Social and Cultural Systems", *UN Bulletin of Human Rights-Special Issue*, 1985, p. 7.

[2] 2010 年 9 月 16 日,胡锦涛主席在第五届亚太经合组织人力资源开发部长级会议上发表题为《深化交流合作实现包容性增长》的致辞,强调"实现包容性增长,根本目的是让经济全球化和经济发展成果惠及所有国家和地区、惠及所有人群,在可持续发展中实现经济社会协调发展。"一般认为,"包容性增长"强调参与和共享两个方面。http://opinion.people.com.cn/GB/12955373.html,2010 年 10 月 30 日访问。

[3] Christian Tomuschat, "Equality and Non-Discrimination under the International Covenant on Civil and Political Rights", in *Festschrift für Hans-Jürgen Schlochauer*, Berlin/New York, 1981, p. 691.

其次,主体协商是一个交涉过程,各种参与主体能够平等地提出主张并对其正当性加以公开证明,通过对话和沟通来获得支持并达成共识,[1]只能以理服人,不能以强凌弱。再次,作为平等协商的前提,联合国宪章和各国宪法应当确立一套公平的、用以规范协商活动的商谈规则,提供一个开放的、供协商之用的"场域",[2]诸如各种人权会议和论坛等,所有参与主体都遵循商谈规则,在开放的论证平台上平等协商,根据理性的权衡标准对话、沟通和辩论,据此明辨事理、产生共识。最后,强调人权入法的平等协商并不排斥票决,人权入法涉及利益调整,不可能奢望总能形成合意,对于理性的人权入法而言,平等协商的过程与最后决议环节的票决往往缺一不可。

第三,人权入法的权衡行为应当基于持续的试错和反思。法治化是一个持续不断的制度试错过程。要矫正人权法的失衡、实现人权法的平衡,就不仅要确立起一种试错性的立法理念,将制度变革过程当作一个不间断的证伪过程,以解决现实的人权保障问题为着力点逐步接近平衡,既不能指望一蹴而就实现平衡,也不能指望实现平衡之后一劳永逸;而且要确立一套完善的人权入法纠错机制,通过确立诸如立法后评估制度,通过开放性的多主体参与的绩效评估机制等,来发现人权立法中的错误,并依据法定程序修改或者废止不适当的人权保障法律制度。诚如罗斯科·庞德所言:"一个法律制度之所以成功,乃是因为它成功地在专断权力之一端与受限权力之另

---

[1] 日本学者提出通过对话和实践来认识人权的普遍性:"我们应该通过不同文明之间在尊重对方的社会条件的前提下的不断对话来达成一个共同的人权标准,那些已被国际社会所公认为属于强制法的基本权利应该得到立即和普遍的实施。至于其他权利,则没有必要形成一个统一的实施模式。各国的侧重点不同,它们可以根据各自的文化和社会条件采取渐进措施来实现这些权利。"(堤功一:"对人权的尊重:普遍性和相对性",王家福等:《人权与21世纪》,中国法制出版社2000年版。)

[2] 在皮埃尔·布尔迪厄的生成结构主义理论中,所谓"场域","从分析的角度来看,一个场域可以被定义为在各种位置之间存在的客观关系的一个网络,或一个架构"。场域概念是关系性的,一个场域就是一个游戏空间,它只是在下述意义上才存在,即那些相信它所提供的酬赏并积极寻求这种酬赏的"游戏者"投身于这一空间。(皮埃尔·布尔迪厄、华康德:《实践与反思——反思社会学导引》,李猛、李康译,中央编译出版社1998年版,第19—20页。)

一端间达到了平衡、并维续了这种平衡。这种平衡不可能永远维续下去,文明的进步会不断地使法律制度失去平衡。但是,一旦将理性适用于经验之上,这种平衡又会得到恢复。只有凭靠这种方式,政治组织社会才能使自己得以永久地存在下去。"[1]

结语

作为一种理想状态,平衡的人权法代表着人权法制建设的努力方向。对照着平衡性这根标杆,世界各国的人权法都存在着程度不等的失衡问题,这并不奇怪,理想与现实之间总有距离。在这个意义上,研究人权法的平衡与失衡,其理论关怀现实的重心不在于评判一国的人权法是否平衡,而在于据此检视人权法失衡的内容、性质和成因,特别要检讨是否以端正的态度对待失衡问题以及是否以理性的方式来矫正失衡。被置于同一评判标杆之下,那种运用对己宽容、对人严格的双重标准所为的"选择性"批评自然就会显得苍白无力。

我们注意到,中国最近三十多年的人权法制建设事实上一直贯穿着追寻人权法平衡这根主线。虽然中国曾经是一个缺少法治传统和人权保障意识的国家,人权法制建设底子薄、起步晚,但改革开放以来,人权法在理论研究与制度建设两方面都取得了巨大进步,涌现出一大批人权法专题研究文献,[2]人权法教材也得以出版,[3]包含和谐与包容等中国元素的人权话语在世界人权对话中的声音越来越响亮;[4]伴随着中国特色社会主义法律体系的形成与不断完善,出台了大量的人权法规范,基本上解决了人权保障无法

---

[1] Roscoe Pound, "Individualization of Justice",转引自 E. 博登海默:《法理学:法律哲学与法律方法》,邓正来译,中国政法大学出版社 1999 年版,第 149 页。
[2] 笔者在中国知网(http://dlib.cnki.net/kns50/scdbsearch/cdbindex.aspx)上检索,发现自 1979—2009 年发表的研究文献中,题名含有"人权"的共有 7100 条。(相关研究参见谷春德:"30 年来的中国人权理论研究与创新",《高校理论战线》2009 年第 2 期。)
[3] 参见李步云主编:《人权法学》,高等教育出版社 2005 年版。
[4] 有中国学者提出可将和谐权当作"第四代人权"。(参见徐显明:"和谐权:第四代人权",《人权》2006 年第 2 期。)

可依的问题。历史地看,改革开放以来的人权法制建设呈现为一种从表明立场到制度建设、再到实践发展的逐步深化过程,[①]显示出一种从未间断的反思和解决人权法失衡问题的努力。《国家人权行动计划(2009—2010年)》载明:"坚持各类人权相互依赖与不可分割的原则,平衡推进经济、社会和文化权利与公民权利及政治权利的协调发展,促进个人人权和集体人权的均衡发展。"这既是对改革开放以来中国人权法制建设追求平衡实践经验的一种总结,也表明寻求平衡性将会继续成为中国推进法治建设、提升人权保障水平所要遵循的一项基本原则。

毋庸置疑,改革开放以来中国人权保障取得了举世瞩目的成就,正如胡锦涛总书记在纪念中共十一届三中全会召开30周年大会上指出的那样:"30年来,中国政治体制改革不断深化,公民有序的政治参与不断扩大,人权事业全面发展。"但同时,我们也清醒地认识到目前距离人权法平衡还存在着明显差距:人权保障理念和意识还有待强化,人权法理论体系还不成熟,人权保障的能力和水平还需要继续提高,人权法上权利与义务不够统一,特别是权力与权利不够和谐的问题还比较突出,严重侵犯人权的违法事件仍然时有发生,研究解决人权法失衡的理论期待和实践需求的迫切性与日俱增。中国正在经历一场与公共治理相契合的社会转型,我们已经深刻地认识到:"在一个国家里实现民主自由和人权的根本途径是社会进步稳定和经济的发展",[②]应当致力于通过科学发展提升人权保障水平。[③] 国家要肩负起宪法规定的"尊重和保障人权"的重任,就需要努力形成一种"既

---

① 1991年,国务院新闻办公室发布《中国的人权状况》,旗帜鲜明地宣称"人权"是个"伟大的名词","享有充分的人权"是一个"崇高的目标"。2004年,"国家尊重和保障人权"被载入宪法。2009年,国务院批准《国家人权行动计划(2009—2010年)》,授权国务院新闻办公室公布,就经济、社会和文化权利,公民权利与政治权利,少数民族、妇女、儿童、老年人和残疾人权利这三大类权利中的22种具体权利的保障,以及人权教育、国际人权义务的履行及国际人权领域交流与合作做出部署,明确未来两年中国政府在促进和保护人权方面的160多项工作目标和具体措施。
② 《江泽民论有中国特色的社会主义》,中央文献出版社2002年版,第322页。
③ 罗豪才:"通过科学发展提升人权保障水平",《人民日报》2010年10月20日第7版。

尊重人权普遍性原则,又从基本国情出发"的人权保障的中国模式,就要更加主动地将法治建设与人权保障紧密结合起来,有意识地培育、确立和强化平衡法思维,更加冷静地分析人权法失衡的成因,更为自信地面对各种善意的人权评论,更加理性地推进人权法制度变革,更加自觉地矫正人权法失衡问题,更为坚决地为维护公民正当权益提供日益完善的法律保障。

编者记: 本文刊载于《中国社会科学》2011年第3期。罗豪才先生在2014年1月20日接受《中国法律评论》期刊的采访中提到:"有些人讲到人权,总要把人权与主权对立起来,这可能是不全面的。从哲学角度来看,人权与主权是一对矛盾,对立只是一个方面,并不是全部。""在当前的环境背景下,更多地应强调个人权利与公权力的互动合作,这样才可以扩大公共利益,实现共赢。我们讲人权,强调保护个人权利,既要靠个人的努力又要靠公共权力的保护,不能把它们完全对立起来。"本文即是从不同的角度——从和谐的人权保障关系与平衡的人权法的角度——对人权法治建设进行了深入思考和分析*。

---

* 参见"为了权利与权力的平衡——对话罗豪才",《中国法律评论》(创刊号)2014年第1期,第14页。——编者

论人权条约的保留
——兼论中国对《公民权利和政治权利国际公约》的保留问题

龚刃韧[*]

一、条约保留制度的历史变化

条约保留问题主要产生于多边条约。在传统国际法上存在着关于条约保留制度的"全体一致规则"（unanimity rule），即一国对条约的保留只有得到其他所有缔约国的明示或默示同意才能成立，否则提出并维持保留的国家不能成为条约的当事国。据此，对于一国提出保留的效力，其他任何缔约国都具有一票否决权。这一规则在第一次世界大战之前的国际多边条约实践中就曾被广泛采用，[①]因而被阿根廷籍的国际法院法官鲁达（J. M. Ruda）推论为早已确立的国际习惯法规则。[②]

国际联盟成立后沿用了这一规则。1927年6月13日，应国际联盟行政院请求，国际法编纂专家委员会提出报告："为了对条约某一条款提出任何保留，正如在谈判过程中被提出的那样，该项保留必须得到所有缔约国接

---

[*] 龚刃韧，北京大学法学院教授、博士生导师，北京大学法学院人权与人道法研究中心主任，中国政法大学人权研究院特聘教授。——编者
[①] H. W. Malkin, "Reservation to Multilateral Conventions", 7*B. Y. I. L.*, 1926, pp. 141-162.
[②] J. M. Ruda, "Reservation to Treaties", 146 *Recueil des Cours*, 1975, p. 112.

受。否则,该项保留,如其所附的签署一样,是无效的。"① 同年6月17日国际联盟行政院通过了这一报告,要求主管条约登记的国联秘书处依此处理多边条约的程序问题。在联合国成立后的最初几年,这一规则继续成为联合国秘书处的实践。② 事实上,除少数东欧国家以及美洲国家之间区域条约制度以外,③1951年以前在条约保留方面起支配作用的国际法规则主要是全体一致规则。

1951年国际法院对《防止及惩治灭绝种族罪国际公约》(简称《禁止灭种公约》)的保留问题的咨询意见是条约保留制度的一个重要转折点。根据《禁止灭种公约》第13条规定,公约应自第20份批准书或加入书交存之日起90日后发生效力。然而,截至1950年10月12日,联合国秘书长接到了19份批准书和加入书,其中菲律宾和保加利亚的保留受到一些国家的反对。④ 这样就涉及联合国秘书长在接到第20份批准书或加入书时公约能否在90日之后生效的问题。对此,联合国大会在1950年11月16日通过第478(V)号决议,请国际法院对此发表咨询意见。

1951年5月28日国际法院以7票对5票的相对多数作出咨询意见。法院认为《禁止灭种公约》"显然是为了纯粹人道主义和文明的目的而被通过的。""禁止灭种公约的宗旨和目的意味着制定该公约的(联合国)大会和国家的意图是应该有尽可能多的国家参加该公约。把一个或更多的国家完全排除不仅将限制该公约的适用范围,而且将贬损作为该公约基础的道德和人道原则的权威。不能想象,缔约国对一项次要的保留的反对就能轻易地产生这种结果。"⑤

---

① McNair, *The Law of Treaties*, Oxford: Clarendon Press, 1961, pp. 163, 176.
② Ibid.
③ I. Sinclair, *Vienna Convention on the Law of Treaties* (2nd Edition), Manchester University Press, 1984, pp. 56-57.
④ UN Multilateral Treaties, Ch. IV. 1.
⑤ *Reservations to the Convention on the Prevention and Punishment of Crime of Genocide, Advisory Opinion*, International Justice of Court (I. C. J) Reports, 1951, pp. 23-24.

关于条约的保留,国际法院的主要结论可以归纳如下:第一,一个国家对该公约的保留受到一个或更多的当事国反对而未受到其他当事国反对,只要保留与该公约的目的和宗旨(object and purpose)相符合,提出和维持保留的国家仍然可以被看作是该公约当事国。第二,如果一个当事国认为该项保留不符合公约的目的和宗旨而反对保留时,事实上可认定该保留国不是该公约当事国。第三,如果一个当事国认为该项保留符合该公约的目的和宗旨而接受保留时,事实上可认为该保留国是该公约当事国。① 根据国际法院这一咨询意见,除非条约另有规定,国家具有对条约提出保留的权利,条约保留的效力应由各缔约国分别判定。这样,条约保留的"全体一致"传统规则被国际法院所否定。

不过,国际法院的这一咨询意见并没有得到广泛的支持。例如,同年联合国国际法委员会关于多边条约的报告仍然坚持全体一致规则的传统立场。② 直到1961年英国国际法学家沃尔多克(Waldock)被任命为第四任条约法专题特别报告员以后,国际法委员会立场才开始发生变化,③并最终在条约法条款草案中基本上采纳了国际法院的咨询意见。④ 这主要体现在1969年《维也纳条约法公约》第19条至第23条所规定的条约保留制度。

由此可见,国际法院这一咨询意见对条约保留制度的改变产生了重要影响。新的条约保留制度在国际实践中所带来的最明显的后果就是促使更多的国家参加到许多重要的多边条约中,特别是那些建立在"道德和人道

---

① *Ibid.*, pp. 29-30.
② "Report of the International Law Commission on Reservations to Multilateral Conventions", *Yearbook of the International Law Commission*, 1951, vol. II, pp. 125-131.
③ I. Sinclair, *Vienna Convention on the Law of Treaties* (2nd Edition), Manchester University Press, 1984, pp. 58-59.
④ "International Law Commission, Draft Articles on the Law of Treaties with Commentaries", *Yearbook of International Law Commission*, 1966, vol. II, pp. 203-207.

原则"基础上的人权条约。① 然而,在条约保留方面否定"全体一致"的传统规则也带来了削弱条约"整体性"(integrity)的后果,即不仅在内容上而且在保留国与其他缔约国之间的关系上,等于把每个条约又分解为截然不同的条约关系。② 此外,国际法院强调的以符合条约"目的和宗旨"作为限制保留的许可性(permissibility)标准尽管具有重要指导意义,但这一标准不仅本身具有一定的主观性,而且由各缔约国自行判断更容易引起缔约国之间的分歧。

1948年《禁止灭种公约》作为对第二次世界大战的反省,是由联合国主持制定的第一个人权条约。尽管该条约的"纯粹人道主义和文明的目的"之特性显然对国际法院的上述咨询意见产生了重要影响,③但国际法院的咨询意见并没有使国际社会聚焦在人权条约保留的特殊性问题上,而是引起了一般条约保留制度的变化。

二、对人权条约保留所引起的新问题

在国际社会,除了人权条约以外,几乎所有其他内容的条约都规定了国家之间的权利和义务,并一般都具有相互性或互惠性。即使那些关涉国际社会整体利益的条约,如裁军条约或环境保护条约,也都不仅规定了国家之间的相互权利或义务,而且各缔约国也有各自的利益。然而,与其他所有的条约不同,人权条约主要规定了个人应享有的各项权利和国家应负的各项义务。由于人权条约的受益者主要是个人,人权条约缔约国之间不存在着

---

① 到目前为止,世界上绝大多数国家都已批准或加入了重要的或核心的国际人权条约。截至2011年5月,《公民权利和政治权利国际公约》当事国167个;《经济、社会及文化权利国际公约》当事国160个;《禁止种族歧视公约》当事国174个;《消除对妇女一切形式歧视公约》当事国186个;《儿童权利公约》当事国193个;《禁止酷刑公约》当事国147个。此外,《防止及惩治灭绝种族罪国际公约》在1951年5月28日国际法院作出咨询意见以前只有25个当事国,现在增加到141个。UN Multilateral Treaties, Ch. Ⅳ.4.
② P. Reuter, *Introduction to the Law of Treaties*, trans. by J. Mico and P. Haggenmacher, London: Pinter Publishers, 1989, pp. 61, 65.
③ I. C. J. Reports, 1951, p. 23.

权利或义务的相互性或互惠性，缔约国也没有任何自己的利益，而只有一个共同的利益。① 因此，人权条约的大量出现是国际法上带有变革性质的历史现象。

正是人权条约所具有的特性使得对人权条约的保留成为条约法上的一个新问题。例如，按照《维也纳条约法公约》第 20 条 4 款（乙）项的规定，即"保留经另一缔约国反对，则条约在反对国与保留国之间并不因此而不生效力，但反对国确切表示相反之意思者不在此限"。这一条是当时国际法委员会根据苏联的建议把否认条约在保留国与反对国之间生效的负担加在反对国身上。② 由于人权条约没有互惠性，实际上很少有反对保留的国家对条约效力做出相反意思的表示。但按照《条约法公约》上述条款，如果反对保留的国家没有这样表示，即未能阻止在与反对国关系上保留国成为条约的当事国，这种反对实际上具有与接受保留相同的效果。③ 而这样的效果显然违背了对人权条约保留提出反对国家的意愿。

又如，按照《条约法公约》第 20 条第 5 项规定，即"倘一国在接获关于保留之通知后十二个月期间届满时或至其表示同意承受条约拘束之日为止，两者中以较后之日期为准，迄未对保留提出反对，此项保留即视为业经该国接受"。但由于一国对人权条约的保留通常不会对其他缔约国直接带来损害性后果，大多数缔约国都出于事不关己的态度而不会提出反对。因此，《条约法公约》关于默示接受的第 20 条第 5 项的意义被放大了，导致其他国家"被"接受这种保留。④ 其实，其他缔约国没有提出反对意见，未必就等于对人权条约保留的默示同意。

---

① I. C. J. Reports, 1951, p. 23.
② I. Sinclair, *Vienna Convention on the Law of Treaties* (2nd Edition), Manchester University Press, 1984, pp. 62-63.
③ P. Reuter, *Introduction to the Law of Treaties*, trans. by J. Mico and P. Haggenmacher, London: Pinter Publishers, 1989, p. 64.
④ L. Lijnzaad, *Reservations to UN-human Rights Treaties: Ratify and Ruin?*, Martins: Nijhoff Publishers, 1995, p. 112.

再如,按照《条约法公约》第 21 条的规定,即"保留国与反对保留的当事国之间关系依照保留的范围修改保留所关涉的条约规定;倘反对保留的国家未反对条约在其本国与保留国间生效,此项保留所关涉的规定在保留范围内于该两国间不适用。"然而,由于人权条约不存在互惠性,在保留国与反对国之间也不存在调整条约适用范围意义上的相互关系。

《公民权利和政治权利国际公约》所设立的人权事务委员会 1994 年在第 24 号一般性意见中也认为,《维也纳条约法公约》有关条约保留的反对作用的规定并不适用于解决人权条约的保留问题。人权事务委员会指出:

> 国家没有提出反对并不意味着保留符合还是不符合《公约》的目标和宗旨。一些国家有时候提出反对,但是其他国家则不提出反对,提出反对时的理由也不一定具体说明;当提出反对时,常常并不说明法律后果,有时候甚至提出反对方并不认为《公约》在有关各方之间无效。简言之,表现形态很不清楚,因此无法推定不表示反对的国家认为某项保留可以接受。委员会认为,由于《公约》作为人权条约的特殊性质,反对在各国之间的作用如何尚不明了。①

虽然一些联合国人权条约明文规定禁止与条约目的和宗旨不相符合的保留,②然而,对保留是否与条约目的和宗旨相符合的判断本身就会带有一定的主观性,而由缔约国分别判定更缺乏统一的客观标准。这样,就出现了对人权条约保留如何判断以及应由谁来判断的新问题。对人权条约保留效力的判断机制问题是一个相对新的现象,1969 年《条约法公约》的起草者对

---

① HRI/GEN/1/Rev.9(2008),p.215,para.17.(中文版第 216—217 页,第 17 段。)
② 例如,1965 年《消除一切形式种族歧视国际公约》第 20 条第 2 款规定:"凡与本公约的目标及宗旨抵触的保留不得容许。"又如,1979 年《消除对妇女一切形式歧视公约》第 28 条第 2 款也明确规定:"不得提出内容与本公约目的和宗旨抵触的保留。"

此没有考虑到。①

中国国际法学家李浩培曾认为:《条约法公约》关于多边条约保留制度的规定的"实际价值可能不及英国代表所建议的将保留须经全体缔约国一致同意的规则改为须经缔约国三分之二或四分之三同意的规则"。② 但假使《条约法公约》采纳了英国代表的建议,也无法适用于人权条约。例如,1965年《消除一切形式种族歧视国际公约》第20条第2款就规定:"凡经至少三分之二本公约缔约国反对者,应视为抵触性或阻碍性之保留。"这一条款所规定的多数判断机制似乎是关于人权条约保留的一个精心设计,但事实上多数缔约国都不会对此有所反应,在实践中不会产生什么影响。③ 如1989年阿拉伯也门共和国加入该公约时提出保留,排除适用第5条中的c款(政治权利)、d款4项(缔结婚姻及选择配偶的权利)、d款6项(继承权)和d款7项(思想、良心与宗教自由的权利)。针对也门的保留,以违反公约目的和宗旨而提出反对的国家虽然相对较多,但也只有十几个,而且主要是西方国家。④ 这与1989年当时该公约120多个缔约国的三分之二多数反对还相差甚远。⑤

由于人权条约没有互惠性,也不存在各个国家自己的利益,多数缔约国不会认真审查对人权条约保留的效力并提出反对。⑥ 所以,由一个条约机构来对保留进行判断似乎显得更加合理。与1948年《禁止灭种公约》不同,后来出现的核心的人权条约通常都规定设立一个监督实施的条约机构,即条约监督机构(Treaty Monitoring Body)。在这样的背景之下,人权条约的

---

① A/CN.4/558/Add.2(2005),para.154.
② 李浩培:《条约法概论》,法律出版社1987年版,第201页。
③ L. Lijnzaad, *Reservations to UN-human Rights Treaties: Ratify and Ruin?*, Uartins: Nijhoff Publishers,1995,p.175.
④ UN Multilateral Treaties,Ch. Ⅳ. 2.
⑤ 到2011年该公约缔约国已经增加到174国。
⑥ M. T. Kamminga and M. Scheinin (ed), *The Impact of Human Rights Law on General International Law*,Oxford University Press,2009,p.84.

监督机构在判定条约保留效力方面发挥作用便成为一种新的动向。

较早肯定人权条约的监督机构拥有评估保留效力权限的是在区域性人权条约机制中显现出来的。例如,1983年欧洲人权委员会在"特迈尔斯塔西诉瑞士案"中指出人权条约的特殊性,并自认为委员会有决定保留是否符合公约的权限。[1]

作为普遍性的人权文件,1993年世界人权会议通过的《维也纳宣言和行动纲领》也提到人权条约机构应审查保留的问题,即"消除对妇女一切形式歧视委员会应当继续审查对《公约》(《消除对妇女一切形式歧视公约》)的保留。促请各国撤销与《公约》的目的和宗旨有抵触、或与国际条约法不相符合的保留"(二/B/3/ 39)。

人权事务委员会1994年在第24号一般性意见中更明确地指出:

> 必然要求委员会确定某项具体保留是否符合《公约》的目标和宗旨。如上所述,其部分原因在于在人权条约方面这是一项不适合缔约国的任务,部分原因则在于这是委员会在履行职责中不可避免的工作。为了了解委员会对缔约国在第40条下的遵守情况或在第一项《任择议定书》之下所交来文进行审查的责任范围,委员会必然需要确定某项保留是否符合《公约》的目标和宗旨以及是否符合一般国际法。由于人权条约的特点,必须参照法律原则客观地确定某项保留是否符合《公约》目标和宗旨,而委员会尤其适合担当这项任务。[2]

不过,人权事务委员会的上述第24号一般性意见受到法国、英国、美国的批评,理由是人权事务委员会没有宣告国际法一般问题的权限,该委员会

---

[1] *Temeltasch v. Switzerland*, 5 E. H. R. R. 417, paras. 59-67 (1983); *Leading Cases from the European Human Rights Reports*, Edited by R. Gordon, T. Ward, T. Eicke, London: Sweet & Maxell, 2001, pp. 1407-1408.

[2] HRI/GEN/1/Rev. 9(2008), pp. 215-216, para. 18. (中文版第217页,第18段。)

也不能被等同于国际法院或法庭,后者是基于事实并在听取当事者双方法律争论之后才达成判决。① 的确,人权条约的监督机构毕竟不同于区域性人权法院(如欧洲人权法院和美洲人权法院),这些法院不仅拥有条约或其议定书的明确授权,而且是通过诉讼程序来对人权条约保留的效力进行判定。尽管如此,在人权条约的保留问题上,相对于由各个缔约国分别判断,人权条约的监督机构的判断至少会更客观一些。

在1999年的"肯尼迪诉特立尼达和多巴哥案"中,人权事务委员会就面临对特立尼达和多巴哥关于《公民权利和政治权利国际公约》任择议定书的保留效力的判断问题。此前,特立尼达和多巴哥对议定书第一条提出保留,旨在排除人权事务委员会接受和审查任何与死刑犯有关的个人来文的权限。人权事务委员会在多数决定中认为特立尼达和多巴哥的保留无效。人权事务委员会指出:

> 该项保留是在第24号一般性意见公布后提出的,它并非要排除人权事务委员会按照任择议定书对公约任何特定条款的(监督)权限,但却是为了特定一类的申诉人即死刑犯而排除委员会对整个公约的权限。然而,该项保留并不因此而符合任择议定书的目的和宗旨,相反委员会不能接受给予特定群体的个人较其他所有人享受较少程序保护的保留,委员会认为这构成一种歧视,违背了公约及其议定书所体现的一些基本原则,因此该项保留不能视为符合任择议定书的目的和宗旨。因此,委员会可以按照任择议定书审议本件来文。②

---

① A. Aust, *Modern Treaty Law and Practice* (2nd Edition), Cambridge University Press, 2007, pp. 150-151.
② *Kennedy v. Trinidad and Tobago* (845/98), *The International Covenant on Civil and Political Rights: Cases, Materials and Commentary* (2nd Edition), Edited by S. Joseph, J. Schultz and M. Castan, Oxford: Oxford University Press, 2004, pp. 813-814.

在法理上,人权条约的监督机构应当具有对缔约国的保留是否符合条约目的及宗旨的判断权限。[1] 即使人权条约没有明确规定,这种权限也可以从条约所设监督机构对缔约国定期报告的审查权限中推演出来,缔约国有义务定期报告条约实施的进展。同时人权条约监督机构的权限也部分地可以从依照任择议定书对个人来文的审查权限中推演出来。[2] 然而,人权条约监督机构的这种判断能否直接产生导致某缔约国保留无效的法律效力尚存疑问。[3]

虽然人权条约所设监督机构对保留效力做出判断的现象已引起国际社会的广泛重视,但人权条约监督机构对保留效力的判断权限尚未得到实在法上的一般确定。从长远效果来看,通过在人权条约中增加条款或者制定附加议定书的方式授权监督机构宣布保留无效更为稳妥。

三、联合国国际法委员会对条约保留专题的研究

上述《维也纳宣言和行动纲领》和人权事务委员会第 24 号一般性意见相当于对《维也纳条约法公约》有关保留规定提出的"修正",因而也是条约法所面临的新问题,从而引起了国际社会广泛的关注。虽然《条约法公约》已有关于条约保留的规定,但联合国国际法委员会第四十五届(1993 年)会议决定将"与对条约的保留有关的法律与实践"专题列入其工作方案。无疑,人权条约保留问题的特殊性是国际法委员会进行此项作业的重要原因之一。

1995 年关于条约保留专题的特别报告员阿兰·佩莱(Alain Pelliet)在初步报告里就承认了人权条约保留问题的特殊性,即:《条约法公约》有关"保留的总体制度虽极为灵活,但却充满对等观念,此种观念不大可

---

[1] A/CN.4/558/Add.2(2005),para.155.
[2] HRI/GEN/1/Rev.9(2008),para.18.
[3] 实际上,正如国际法委员会特别报告员阿兰·佩莱在第十次报告中所指出的那样:与条约目的和宗旨的相符合性原则"是一条从未受质疑的习惯法规则。但其内容依旧模糊不清,一项与条约目的和宗旨不相符合的保留会带来何种后果也仍然不太确定"。A.CN.4/588/Add.1(2005),para.56.

能移用到人权或其他领域。人权条约的本意即在毫无歧视地适用于所有的人,因此不适于对其运用保留及反对;尤其是,反对国不应解除对保留国公民的条约义务";"人权方面的条约比其他条约更经常设有监督机制,于是就出现了这些机构在评估保留的效力方面权限如何的问题"。①特别报告员在 1996 年提出的第二次报告中所载"暂定研究计划"第一项的标题就列为"对多边条约的保留的法律制度的统一性或多样性(对人权条约的保留)"。②

1997 年国际法委员会首先通过了一个《关于对规范性多边条约包括人权条约的保留的初步结论》。该《初步结论》承认:"许多人权条约设立的监督机构在判断国家提出的保留的可接受性方面,引起了在起草这些条约时没有预想到的法律问题";但"监督机构的这一权限并不排除或影响缔约国遵照 1969 年和 1986 年《维也纳条约法公约》的上述规定采取传统的监督方式"。③

这里,国际法委员会原则上仍然维持《条约法公约》关于保留制度的基本框架,但由于意识到人权条约保留问题的特殊性,因而也表现出一定的灵活性,期待今后人权条约的监督机构能发挥更重要的作用。例如,《初步结论》规定:"……凡未就保留作出明确规定的条约,所设监督机构除其他外,有权就可否接受国家的保留作出评估和提出建议,以便履行所赋予的职能";"如果各国寻求授予监督机构评价和决定一个保留的可接受性的权限,在特别是包括人权条约在内的规范性多边条约中规定一个特别条款,或者在现存条约的议定书中详细阐述";"委员会吁请各国与监督机构合作,并对这类机构可能提出的任何建议给予应有的考虑,如果这类机构将来授

---

① A/CN.4/470(1995),paras. 138、140.
② A/CN.4/477(1996). para. 37.
③ "Preliminary Conclusions of the International Law Commission on Reservations to Normative Multilateral Treaties including Human Rights Treaties", *Yearbook of International Law Commission 1997*, Vol. II, Part Two, p. 57, paras. 4 and 6.

有决定权时,遵守其裁定"。①

2005年特别报告员阿兰·佩莱在第十次报告中作为一种指导方针指出:"如果条约设立监测条约适用情况的机构,该机构为履行其职能的目的,应当有权评估国家或国际组织提具的保留的效力。"②显然,这里主要是指人权条约所设监督机构应当拥有评估条约保留效力的权限。

然而,国际法委员会通过的草案对人权条约的监督机构的权限和作用则显得更加谨慎。2007年国际法委员会通过的《对条约的保留准则草案》专门规定了下列一些涉及人权条约保留的条款。③ 其中主要有以下几点:第一是禁止违反强行法规则的保留;④第二是禁止对不可克减权利的保留;⑤第三是对一般人权条约的保留应考虑各项权利的不可分割性、相互依赖性和相互关联性。⑥

总之,在人权条约的保留方面,国际法委员会的基本立场是尽量限制保留,其中上述前两点是对人权条约特定权利条款保留的禁止规定,而第三点则表示应尽量限制对一般人权条约实质条款(substantive provisions)或权利条款的保留。而第三点与本文下面将要分析的对《公民权利和政治权利国际公约》保留问题有密切联系。

---

① "Preliminary Conclusions of the International Law Commission on Reservations to Normative Multilateral Treaties including Human Rights Treaties", *Yearbook of International Law Commission 1997*, Vol. Ⅱ, Part Two, p. 57, paras. 5,7,9.
② A/CN.4/558/Add.2(2005), para.171.
③ 《国际法委员会报告》(2007年),补编第10号(A/62/10),第154段,第76、80、87页。
④ 《准则草案》3.1.9规定:"违反强行法规则的保留不得以违反一般国际法强制性规范的方式排除或更改一项条约的法律效力。"同上注,第154段,第76页。
⑤ 《准则草案》3.1.10规定:"一国或一国际组织不得对不可克减权利的条约规定提出保留,除非有关保留与该条约所规定的基本权利和义务相符。在评估是否相符时,应考虑缔约方在规定有关权利为不可克减权利时对有关权利的重视程度。"同上注,第154段,第80页。
⑥ 《准则草案》3.1.12规定:"在评估一项保留是否与保护人权的一般条约的目的和宗旨相符时,应考虑条约所载各项权利的不可分割性、相互依赖性和相互关联性,保留所针对的权利或规定在条约的主旨中所具有的重要性,以及保留对条约产生的影响的重要程度。"同上注,第154段,第87页。

四、中国对《公民权利和政治权利国际公约》的保留问题：对中国法学界一项集体研究成果的评析

人权条约可以分为专门人权条约与一般人权条约（或综合性人权条约）两类。作为一般人权条约，在联合国范围内最重要的就是 1966 年《公民权利和政治权利国际公约》与《经济、社会及文化权利国际公约》。此外，还有一些区域性人权条约，如《欧洲人权公约》《美洲人权公约》《非洲人权宪章》等也属于一般人权条约。通常，判断对人权条约实质条款的保留是否符合条约目的和宗旨要比对专门人权条约复杂得多。

（一）中国法学界集体课题组关于公约批准的建议书

《公民权利和政治权利国际公约》是当今世界上最为重要的一般人权条约，也是"国际人权宪章"的基本法律文件之一。该公约本身没有明确禁止保留的规定。中国政府已于 1998 年 10 月 5 日签署了该公约，但全国人大常委会尚未批准。

关于中国对《公民权利和政治权利国际公约》（以下简称《公约》）的批准问题，中国法学界的一项集体研究成果值得注意。2002 年由中国法学会研究部与中国政法大学刑事法律研究中心共同完成了一项研究课题——"公民权利和政治权利国际公约批准与实施问题研究"。[①] 来自国内各大学及研究机构的众多法学者参与了课题研究。作为此项集体研究的最终成果是"关于批准和实施《公民权利和政治权利国际公约》的建议书"（以下简称《建议书》）。该《建议书》在将中国法律制度与公约实质条款进行逐条比较之后指出：从总体上说，《公约》的绝大多数条款都不需要保留，但是对于表达自由和结社自由权，我们认为应当提出在我国宪法、工会法及其他相关法

---

① 中国政法大学刑事法律研究中心、中国法学会研究部："关于批准和实施《公民权利和政治权利国际公约》的建议"，《政法论坛》2002 年第 2 期，第 100—108 页；陈光中主编：《〈公民权利和政治权利国际公约〉批准与实施问题研究》，中国法制出版社 2002 年版。

律所允许的范围内实施的解释性声明。①《公约》有关"表达自由"的规定是第19条,有关"结社自由"的规定是第22条。

(二) 对上述《建议书》的评析

关于《建议书》提到的中国法律与《公约》大多数条款基本一致的结论,我认为还有商榷的余地,但这里仅就《建议书》提出的对《公约》有关表达自由和结社自由权条款的"解释性声明"作些分析。

1.《建议书》所提"解释性声明"在本质上属于保留

《建议书》使用的是"解释性声明",而没有使用"保留"一词。但《条约法公约》第2条1款(丁)项明确规定:"称'保留'者,谓一国于签署、批准、接受、赞同或加入条约时所做之片面声明,不论措辞或名称如何,其目的在摒除或更改条约中若干规定对该国适用时之法律效果。"可见,无论采用什么措辞,只要其目的是为了"摒除或更改条约中若干规定对该国适用时的法律效果"就等于保留。显然,《建议书》所提到的"解释性声明"在性质上等于保留。

实际上,早在2001年2月28日,全国人民代表大会常务委员会决定批准《经济、社会及文化权利国际公约》时对公约关于工人结社自由的第8条第1款(甲)项就发表了类似的"声明"。② 由于组织和选择工会的自由被广泛认为是劳工的一项基本权利,针对中国人大常委会的上述"声明",荷兰、挪威、瑞典等一些缔约国提出了反对,认为中国的这一"声明"属于违反公约的目的与宗旨的保留。③

应该承认,上述《建议书》之所以提出这一主张是有着客观依据的。因为中国在有关表达自由和结社自由方面的国内法律制度与《公约》第19条

---

① 中国政法大学刑事法律研究中心、中国法学会研究部:"关于批准和实施《公民权利和政治权利国际公约》的建议",《政法论坛》2002年第2期,第108页;陈光中主编:《〈公民权利和政治权利国际公约〉批准与实施问题研究》,中国法制出版社2002年版,第523页。

② 《中华人民共和国全国人民代表大会常务委员会公报》2001年第2号,第143页。

③ UN Multilateral Treaties, Ch. IV. 3.

和第22条都还存在较大的差距,而且很难在短期内缩小这种差距。尽管如此,仍有必要从人权条约保留的角度来分析一下《建议书》所提"解释性声明"的许可性或是否违反公约目的和宗旨等问题。

2.《公约》原则上不禁止对第19条和第22条的保留

在国际法上禁止对人权条约保留还没有成为一般的规则。这是因为禁止对人权条约保留不仅会导致条约规定的含混不清,还会导致较少国家批准条约。① 由于《公约》没有明确禁止保留的条款,除了属于国际习惯法乃至强行法的条款以外,原则上该公约是允许保留的。② 2007年国际法委员会通过的《对条约的保留准则草案》也规定了禁止违反强行法规则的保留以及对不可克减权利条款的保留。③

由于该《公约》有关表达自由的第19条和有关结社自由的第22条既不是国际习惯法的规则,也不是《公约》第4条2款所规定的不可克减权利,④所以《建议书》所主张的对第19条和22条的保留并不为《公约》和习惯法所禁止。

不过,对人权条约尽量不保留是国际社会一个值得重视的新趋向。例如,中国政府参加并签署的《维也纳宣言和行动纲领》第26条规定:"敦促所有国家普遍批准人权条约,鼓励所有国家加入这些国际文书,鼓励所有国家尽可能避免提出保留。"又如,人权事务委员会1994年在第24号一般性意见中也指出:"原则上,各国最好能够接受全部的义务,因为人权规范属于全体人类应享基本权利的法律表现。"⑤

---

① M. T. Kamminga and M. Scheinin (ed), *The Impact of Human Rights Law on General International Law*, Oxford University Press, 2009, p.65.
② 人权事务委员会在第24号一般性意见中进一步列举了不应保留的内容:包括等于国际习惯法的《公约》条款(何况具有强制性规范特点)的《公约》条款可能不属于保留对象。HRI/GEN/l/Rev.9 (2008), p.212, para.8.
③ 《国际法委员会报告》(2007年),补编第10号(A/62/10),第154段,第76、80页。
④ 参见龚刃韧:"不可克减的权利与习惯法规则",《环球法律评论》2010年第1期,第5页。
⑤ HRI/GEN/1/Rev.9 (2008), p.211. para.4.

3. 公约第 19 条和第 22 条与公约目的和宗旨的关系

接下来的问题是,对表达自由和结社自由权条款的保留是否违反《公约》的目的和宗旨的问题。

2002 年,国际法院在"刚果境内武装活动(刚果诉卢旺达)案"的临时保全措施命令中指出,卢旺达对《防止及惩治灭绝种族罪国际公约》关于争端解决条款的第 9 条的保留并不违反该公约的目的和宗旨,理由是"该公约不禁止保留"、"该项保留与实体法无关,而仅与国际法院的管辖有关"。①由此可见,关于人权条约的保留,主要是对条约的实质条款或权利条款的保留更会产生违反条约目的和宗旨的问题。由于《公约》第 19 条和第 22 条都属于实质条款,对这些条款的保留显然会涉及是否违反条约目的和宗旨的问题。

在一般人权条约中,很难说某项权利比另一项权利更为重要,而且权利之间是相互联系的。《维也纳宣言和行动纲领》第 5 条就宣称:"一切人权均为普遍、不可分割、相互依存、相互联系。"国际法委员会在对前引《对条约的保留准则草案》第 3.1.12 项的评注中也指出:"准则草案 3.1.12 是为了在不同的考虑因素之间达到特别微妙的平衡,而把三个要素结合起来",即"条约中所规定的权利的不可分割性、相互依存性和相互联系性"、"作为保留的主题的权利或规定在其主旨的范围内所具有的重要性",以及"保留对它的影响的重要性"。②

事实上,《公约》第 19 条、第 22 条与该公约其他许多权利条款都是相互联系和相互依存的。例如,作为"不可克减权利"的公约第 18 条规定:"人人有权享受思想、良心和宗教自由。"但没有表达自由,也就不可能有思想。而没有思想自由,就等于把人沦为精神上的奴隶或动物,人的尊严

---

① Case Concerning Armed Activities on the Territory of the Congo (New Application: 2002) (Democratic Republic of the Congo v. Uganda), Provisional Measures, Order of 10 July 2002, I. C. J. Reports, pp. 245-246, para. 72.

② 《国际法委员会报告》(2007 年),补编第 10 号(A/62/10),第 89 页。

无从谈起。① 没有表达自由,宗教信仰自由也无法体现。② 同样,表达自由与《公约》第21条规定的"和平集会的权利"也相互联系,因为集会的权利可被视为表达自由的一种特殊的表达方式。还有,表达自由与《公约》第25条规定的选举权更是密不可分,因为民主制度下的选举应当是"选举人意志的自由表达"。③

又如,结社自由是公民政治权利的基本内容。④《公约》第25条承认并保护每个公民参与公共事务的权利、选举和被选举的权利和参加公务的权利。但在现代民主制下,没有结社自由,公民参政权是难以实现的。人权事务委员会1996年第25号一般性意见也强调《公约》关于公民参政权的第25条规定与关于表达自由的第19条和关于结社自由的第22条之间的特殊紧密联系。⑤ 同样重要的是,表达自由和结社自由也是所有人特别是劳动者享有经济权利和社会权利的基础。⑥

有无表达自由以及结社自由是衡量一个国家的制度是否为民主制度的

---

① 法国思想家帕斯卡尔的一句名言是:"人的全部尊严就在于思想。"帕斯卡尔:《思想录》,何兆武译,商务印书馆1985年版,第158、164页。
② 人权事务委员会在第22号一般性意见中指出:"第18条在思想、良心、宗教或信仰自由同表明宗教或信仰的自由之间作了区分。不许对思想和良心自由、或对拥有或信奉自己选择的宗教或信仰的自由施加任何限制。"如同第19条第1款中所规定的:人人可持有主张、不受干涉的权利,上述自由应无条件地受到保护。第18条第2款和第17条规定,"任何人不得被迫表明他的思想或奉行某一宗教或信仰。"HRI/GEN/1/Rev.9(2008),p.205, para.3.(中文版第205页,第3段。)
③ 《公民权利和政治权利国际公约》第25条第乙项规定:"在真正的定期的选举中选举和被选举,这种选举应是普遍的和平等的并以无记名投票方式进行,以保证选举人的意志的自由表达。"
④ 所以1966年《经济、社会及文化权利国际公约》第8条也规定了工人结社自由的内容。
⑤ HRI/GEN/1/Rev.9(2008),p.221, paras.25-26.
⑥ 国际劳工组织1944年5月10日在美国费城召开的第26届国际劳工大会通过的《关于国际劳工组织的目标和宗旨的宣言》(即《费城宣言》)在规定基本原则的第1条中宣布:"(a)劳动不是商品;(b)言论自由和结社自由是不断进步的必要条件。"这个在第二次世界大战后期产生的《费城宣言》实际上也是对剥夺劳动者言论自由和结社自由的法西斯主义侵略国家批判和反省的结果,从而调整了国际劳工组织的发展方向,并成为国际劳工组织的里程碑式的基本文件。

试金石。没有表达自由和结社自由,即使一个国家定期地举行所谓的选举也只能是徒具形式,因为这种选举不能保证"选举人意志的自由表达",投票已从公民权利变质为国民义务。1995年10月1日由一些国家的人权学者在南非约翰内斯堡举行的会议上通过的《关于国家安全、表达自由和获得信息的约翰内斯堡原则》序言宣称:"重申以下的信念:表达自由和信息自由对民主社会是至关重要的,对民主社会的进步和福祉以及对其他人权及基本自由的享有也都是必不可少的。"①

所以,《公约》第19条和第22条与公约的目的和宗旨密切相关。对这两条提出的保留不仅对这两个条款,而且对整个《公约》实质意义的影响都是非常大的。人权事务委员会在第24号一般性意见中也明确指出:"在一项规定了这么多公民权利和政治权利的文书中,许多条文中的每一条以及它们之间的相互作用可以保障《公约》的目标。《公约》的目标和宗旨在于,通过界定某些公民权利和政治权利并将其置于对批准国有法律约束力的义务框架之内,建立具有法律约束力的人权标准,并为所承担的义务提供高效率的监督机制。"②

由此可见,《公约》关于表达自由和结社自由的条款不仅与其他许多权利条款相互联系和相互依存,而且在民主社会中具有"中枢"意义。至少可以说,《公约》第19条和第22条的重要性一点也不亚于那些"不可克减"的权利条款。

因此,国家对《公约》第19条和第22条提出广泛的保留确实存在着违反《公约》目的和宗旨之嫌,应尽量不保留或尽可能小幅度地提出保留。即使提出保留,其用意也不应该是使中国国内与人权条约的差距永久化。正如人权事务委员会所指出的那样:"为了不至于因为保留而导致永远达不到国际人权标准,保留就不应造成有系统地使所承担的义务缩减为仅等于

---

① The Johannesburg Principles on National Security, Freedom of Expression and Access to Information. E/CN.4/1996/39, p.28.
② HRI/GEN/1/Rev.9(2008), p.212, para.7.(中文版第213页,第7段。)

国内法目前比较低要求的标准所体现的义务。"①

4. 对人权条约不宜提出笼统性质的保留

一般来说，对人权条约的保留可分为具体的保留和笼统的保留两种方式。其中，笼统的保留方式被认为是一种"更为有害的方式"，因为会进一步限制人权条约的效果。② 在这方面，区域性人权条约的实践值得借鉴，如1950年《欧洲人权公约》第57条（原第64条）规定：

（1）任何国家在签订本公约或者交存批准书时，如因该国领土内现行有效的任何法律与本公约的任何规定不相符合，必须声明对此提出保留。一般性质的保留不得根据本条规定获得许可。

（2）根据本条规定所提出的任何保留应当包含相关法律的简要说明。

可见，《欧洲人权公约》明确反对笼统的保留，不仅禁止"一般性质的保留"，而且要求保留"包含相关法律的简要说明"。欧洲人权法院在1988年"贝利洛斯诉瑞士案"判决中认为瑞士对欧洲人权公约第6条的保留无效，其理由就是"保留用词太模糊或太广泛以至于不可能确定其保留的含义和范围"，并且瑞士的保留也不符合公约关于保留事项的第64条2款所规定的对相关法律简要说明的要件。③ 欧洲人权法院在1994年的"肖赫尔诉奥地利案"判决中则判定奥地利关于人身自由事项的公约第5条的保留有效，因为该项保留比较具体，符合公约第64条规定。④

---

① HRI/GEN/1/Rev.9(2008), p.216, para.19.（中文版：第217页，第19段。）
② L. Lijnzaad, *Reservations to UN-human Rights Treaties: Ratify and Ruin?*, Uartins: Nijhoff Publishers, 1995, p.191.
③ *Belilos v. Switzerland*, 10 E. H. R. R. 466, paras. 56-60 (1988); R. Gordon, T. Ward, T. Eicke(ed), *Leading Cases from the European Human Rights Reports*, Edited by R. Gordon, T. Ward, T. Eicke, London: Sweet & Maxell, 2007, pp. 1416-1417.
④ 1958年奥地利在批准公约时作了如下的保留："公约第5条规定将在不与行政程序的法律所规定剥夺自由的措施（在联邦官方公报第172/1950刊载）相抵触的条件下适用，该措施受奥地利宪法所规定的行政法院或宪法法院审查。"*Chorherr v. Austria*, 17 E. H. R. R. 358, paras. 19-21 (1994); R. Gordon, T. Ward, T. Eicke(ed), *Leading Cases from the European Human Rights Reports*, Edited by R. Gordon, T. Ward, T. Eicke, London: Sweet & Maxell, 2007, pp. 1419-1420.

在联合国范围内限制对人权条约笼统保留的立场也得到了重视。如《维也纳宣言和行动纲领》就规定："世界人权会议鼓励各国考虑限制它们对人权文书所提出的任何保留的程度,尽可能精确和小幅度地提出保留,确保任何保留不会与有关条约的目标和宗旨相抵触,并定期予以审查,以期撤销保留"(二/A/5)。人权事务委员会第24号一般性意见进一步指出："保留必须具体和透明,以便委员会以及保留国和其他缔约国管辖下的人能够明白,所承担的或没有承担的是人权方面的哪些遵守义务。所以,保留不能泛指,而是必须提到《公约》的具体条款,精确地指出这方面的范围。"[1]

值得注意的是,国际法委员会于2007年通过的《对条约的保留准则草案》专门有一条关于禁止笼统保留的条款,即3.1.7(含糊、笼统的保留)规定："保留的措辞,应能确定其范围,尤其应能评估其是否与条约的目的和宗旨相符。"[2]对此条款,国际法委员会在评注中还引用了前述人权事务委员会第24号一般性意见,[3]国际法委员会这样指出："当一项保留援引了国内法,但该国在提出保留时却没有确定有关条款或指明该条款是否载于其宪章或民法或刑法中时,情况往往这样。在这种情况下,援引保留国国内法本身并非问题,问题在于援引国内法的保留常常较为含糊和笼统,这使得其他缔约国无法对其采取立场。"[4]

上述中国法学界的《建议书》并没有具体或精确地表明保留的详细内容,而只是提到按照中国法律所允许的范围内实施。显然,《建议书》所建议的对《公约》第19条和22条的"解释性声明"属于笼统的保留方式。

实际上,同时对《公约》第19条和第22条都提出这种笼统性质的保留更容易产生违反公约目的和宗旨的后果,因为这种保留意味着可以任意地

---

[1] HRI/GEN/1/Rev.9 (2008), p. 216, para. 19. (中文版第217页,第19段)。
[2] 《国际法委员会报告》(2007年),补编第10号(A/62/10),第64页。
[3] 同上注,第65、68页; Report of the International Law Commission (2007), Supplement No. 10(A/62/10), pp. 84, 87.
[4] 《国际法委员会报告》(2007年),补编第10号(A/62/10),第65页。

用中国国内法来摒除或更改《公约》第19条和第22条规定对中国适用的法律效果。人权事务委员会在第24号一般性意见中指出:"国家应当建立程序,以确保每项拟议的保留都符合《公约》的目标和宗旨。提出保留的国家最好精确地指出其认为与保留所指《公约》义务不一致的国内立法或做法;说明需要多长时间才能使自己的法律和做法与《公约》取得一致,或说明为何无法使自己的法律和做法与《公约》取得一致。"①

所以,中国在批准《公约》时决定对第19条和第22条提出的保留应当是具体的和精确的保留,至少包括列举并说明与条约条款不一致的中国相关法律的具体条文。

5. 各国对《公民权利和政治权利国际公约》第19、22条保留概况

在实践中,只有少数几个国家对《公约》第19条提出保留,而且一般都是比较具体的保留。例如,荷兰、卢森堡、爱尔兰等国都对公约第19条第2款提出了相类似的保留,其中荷兰的保留如下:"荷兰王国接受这项规定,条件是此项规定不妨碍荷兰王国要求广播、电视或电影企业申请执照。"②又如,马耳他对公约第19条的保留是马耳他宪法允许对政府或公职人员(public officers)的表达自由进行限制。③

到目前为止,对《公约》第22条提出保留的国家也很少,但也有个别国家提出笼统保留的情况。例如,韩国对《公约》第22条提出了笼统的保留:即"韩国政府声明《公约》第22条规定应在与包括韩国宪法在内的国内法规定相一致的条件下适用"。④ 本来,韩国对《公约》第22条提出保留的原因在于韩国有关法律对公务员工会的否定性规定,⑤但在表述方式上韩国却对公约第22条提出了笼统的保留。针对韩国这种笼统的保留,一些缔约

---

① HRI/GEN/1/Rev.9(2008),p.216,para.20.(中文版第217—218页,第20段。)
② UN Multilateral Treaties,Ch.Ⅳ.4.
③ Ibid.
④ UN Multilateral Treaties,Ch.Ⅳ.4.
⑤ 金玄卿:"韩国实施《公民权利和政治权利国际公约》简介",《环球法律评论》2007年第4期,第108页。

国如德国、英国等国表示了反对,理由是这一保留违反了《公约》的目的和宗旨,或者对其效果缺乏足够的说明。[1] 人权事务委员会在审查1999年10月第2次韩国政府报告后也"强烈建议考虑撤销对第22条的保留"。

到目前为止,同时对《公约》第19条和第22条这两个条款都提出保留的国家大概只有马耳他。[2]

五、结 论

虽然国际法院1951年对作为人权条约的《禁止灭种公约》保留问题所作出的咨询意见是促使战后条约保留制度改变的一个重要转折点,但由于人权条约本身的特性引起的保留仍然是条约法的新问题。尽管近年来国际法委员会对此问题高度重视,但国际社会尚未形成新的人权条约保留规则。在人权条约没有明文禁止保留的情况下,只要不违反条约的目的和宗旨,对人权条约的保留在原则上是允许的。但如何判断及由谁来判断一国对人权条约实质条款保留的许可性和效力依然是个非常复杂的问题。

随着中国社会的发展和进步,批准《公民权利和政治权利国际公约》应该摆到国家政治生活的议事日程上来了。尽管中国法学界集体课题组的上述《建议书》的本意是为了促进中国尽早批准该公约,但《建议书》所提出的对该《公约》第19条和第22条应提出符合中国法律的"解释性声明",无论从人权条约保留的性质还是从该《公约》目的和宗旨之角度考虑都存在着诸多问题。

由于各项权利相互密切联系和不可分割,《公约》有关表达自由和结社自由的第19条和第22条又非常重要,如果中国对这两个条款都提出笼统的保留,不仅会产生违反公约的宗旨和目的之问题,而且也会使得批准该《公约》的实际意义大为减弱。《条约法公约》第27条规定:"一当事国不得

---

[1] UN Multilateral Treaties, Ch. Ⅳ.4.
[2] *Ibid.*

援引其国内法规定为理由而不履行条约"。这也是公认的国际习惯法规则。

最后，为了促进中国的人权事业，比对人权条约提出保留更为重要的是：中国应按照《公民权利和政治权利国际公约》第 19 条和第 22 条的规定尽快改进国内法。这也是该《公约》第 2 条第 2 款所规定的缔约国义务。①

在本文提交之后，笔者又从联合国网站看到最新公布的人权事务委员会今年 7 月间写出的关于公约第 19 条第 34 号一般性意见，其中提出："考虑到言论自由与《公约》中其他权利的关系，虽然对第十九条第 2 款的某些内容提出的保留可以接受，但对第 2 款规定的权利的笼统保留不符合《公约》的目标和宗旨。"②

编者记：本文刊载于《中外法学》2011 年第 6 期。我国政府于 1998 年 10 月签署《公民权利和政治权利国际公约》以来，学术界已对批约问题进行了大量的研究，但对一些细节问题的讨论，如保留和声明问题，有分量的深入研究实不多见。龚刃韧教授长期致力于研究人权条约保留问题，治学严谨，研究精深，写就此文，编者认为值得向实务界和理论界广为推荐。

---

① 该公约第 2 条第 2 款规定："凡未经现行立法或其他措施予以规定者，本公约每一缔约国承担按照其宪法程序和本公约的规定采取必要步骤，以采纳为实施本公约所承认的权利所需的立法或其他措施。"
② CCPR/C/GC/3, 12 September 2011, para. 6.

瑞典家庭法对同性伴侣的保护及评析

夏吟兰[*] 谈 婷[**]

瑞典法律体系根源于大陆法系的制定法传统,通常认为其属于罗马-日耳曼法系。瑞典主要有四种法律渊源:制定法;筹备立法文件[①];案例法[②];法律文献。其中制定法是主要且最重要的渊源,其他三种通常用来在特定情形下解释法律。[③]

瑞典制定法包括议会立法和政府法令。但议会是唯一拥有立法权的机构,基本法和一些特定事项只能由议会立法规定。政府根据宪法规定或经议会授权,可以就其他事项制定政府法令,但不得与议会立法冲突。政府是向议会提起法律制定或修订议案的主要机构,但政府提案前必须进行调查

---

[*] 夏吟兰,中国政法大学人权研究院教授、博士生导师。——编者
[**] 谈婷,北京城市学院讲师。——编者
[①] 筹备立法文件在瑞典法律解释中的地位重要。法院解释制定法时,十分重视解释筹备立法文件,特别是政府部门关于法律提案的解释性报告。筹备立法文件被作为议会文件印制。
[②] 司法判例在瑞典法律体系中不具有其在英美普通法中的同等约束力,但仔细研究最高法院的判决非常重要,因为下级法院通常遵从该类判决。在解释司法判决时,判决理由(ratio decidendi)与法官宣判时的附带意见(obiter dictum)之间的差别没有在英美法中那么重要。
[③] Sofia Sternberg, "Update: Swedish Law and Legal Materials", http://www.nyulawglobal.org/globalex/sweden1.htm.

程序①和咨询程序②。除政府外,有权提起法律议案的还包括议会本身、公民个人、特殊利益团体或公共管理机构。③ 宪法要求立法不得与欧洲保护人权和财政自由的公约冲突,这些公约于 1995 年 1 月 1 日起成为瑞典法律体系的一部分。筹备立法文件对于法律解释的重要作用是瑞典法律体系的特色之一。而最高法院的案例法对推动瑞典法律的发展发挥了重要作用。

瑞典没有类似于法国民法典和德国民法典的私法编纂。而是于 1734 年制定了一部旨在覆盖所有法律部门体系的庞大的制定法。尽管该法历经无数次修订,但目前在形式上仍然生效。该法由若干部分组成,其中有的被称为法典。例如 1987 年《婚姻法典》,该法典又辅以大量补充立法。④

家庭法在瑞典法律体系中占有重要地位,其主要由 1987 年《婚姻法典》、1949 年《父母子女法典》、1958 年《继承法典》、2003 年《同居法》、1982 年《姓名法》、1993 年《儿童申诉专员法》等一系列法律法令构成,⑤全面调整婚姻、同居、注册伴侣关系、父母子女关系、继承等家庭生活领域的法律关系。⑥ 现行瑞典家庭法在全球范围内广受瞩目的一大特色在于其对同性伴侣的平等立法保护,即同性伴侣原则上享有与异性伴侣相同的权利,承担相同的义务,体现了瑞典家庭法反对歧视,崇尚平等,保护弱势群体利益的人权理念。

---

① 调查程序(the inquiry stage)是指政府向议会提交法律议案前,必须就该议案进行分析评估。通常由政府部门组织成立调研委员会,成员包括各领域专家、官员、政治家等。调研委员会独立工作,就相关议题进行深入调研并提交报告,提出解决问题建议方案。
② 咨询程序(the referral process)是指政府采纳调研委员会的建议前,向相关主体(包括相关核心政府机构,特殊利益集团,当地政府部门以及其他受影响的主体)咨询意见。该程序可提供有益反馈,并帮助政府判断其提案的受支持程度。如果大量被咨询主体不支持该建议,政府可另寻替代解决方案。
③ Ministry of Justice, "The Swedish Law-Making Process", http://www. sweden. gov. se/content/1/c6/08/48/61/758e413e. pdf.
④ Michael Bogdan, Eva Ryrstedt, "Marriage in Swedish Family Law and Swedish Conflicts of Law", *Family Law Quarterly*, Volume 29, Number 3, Fall 1995, pp. 675—676.
⑤ Government Offices of Sweden, "Family law", http://www. sweden. gov. se/sb/d/3288/a/19570.
⑥ Ministry of Justice, "Family Law", http://www. sweden. gov. se/sb/d/2707/a/15193.

一、瑞典家庭法对同性伴侣保护的立法演进

虽然现行瑞典家庭法对同性伴侣给予与异性伴侣平等的立法保护,但从历史发展的视角来看,其经历了"不保护-区别保护-平等保护"的立法进程。

（一）不保护阶段

瑞典历史上受基督教的影响深远,在相当长的时间内禁止同性恋。同性恋关系不仅非法,而且入罪。直到1944年,瑞典才实现了同性恋的非罪化,取消了对同性恋者的刑事制裁。但当时对同性恋群体的歧视仍然是一种社会普遍观念。虽然瑞典逐步重视对弱势群体的人权保护,强调人人平等,但直到上世纪80年代以前,瑞典家庭法并没有保护同性伴侣权益的立法规定。

（二）区别保护阶段

瑞典家庭法对同性伴侣的保护始于同居关系领域。

同居关系最早在瑞典并不受到法律保护。但第二次世界大战之后的数十年间,非婚同居关系在瑞典市民中日益盛行,特别是年轻人之间以此作为"相互了解"的方式,同时社会也日益强调保护弱势群体权益,瑞典于1973年通过了名为《非婚同居（共同家庭）法》（On Unmarried Cohabitants Joint Home）的临时性法律,后来又于1987年通过了《同居（共同家庭）法》以取代前者,但这两部法律都只保护异性同居伴侣。

为了消解瑞典社会对同性恋群体的歧视,瑞典政府于1978年开始着手对同性伴侣保护的立法调研。立法讨论时,有议员建议对同性伴侣的保护应纳入《婚姻法》或至少纳入《同居（共同家庭）法》,但考虑到"同性婚姻与社会核心生活领域的公共舆论背道而驰",而社会观念已充分接受同性同居关系作为一种正常的生活方式,议会最后的决定是:另行制定一部专门保护同性同居关系的新法,即1987年《同性同居法》,并于1988年1月1日起

生效。① 虽然《同性同居法》与《同居(共同家庭)法》的立法保护内容基本相同,但在立法技术上仍将同性伴侣与异性伴侣区别对待。

1991年,瑞典成立伴侣关系委员会,进行同性伴侣关系立法调研。该委员会1993年提交的报告认为,基于人权平等理念,社会有义务使人们在不伤害他人的前提下,按照自己的选择和个性生活,社会无需对人们选择的生活方式发表观点;同性恋与异性恋有相同的价值,同性伴侣需要合理的制度设计以宣示他们的爱情。由于《同性同居法》仅在有限的财产范围内对同性伴侣给予保护,委员会建议制定伴侣关系法,允许同性伴侣通过注册程序建立伴侣关系,使其原则上与夫妻关系适用相同的规则。②

1995年,瑞典《注册伴侣关系法》生效,该法仅适用于同性伴侣关系,承认同性结合的合法性,赋予其类似婚姻关系的法律地位和权利义务内容。瑞典因此成为继丹麦和挪威之后,世界上第三个承认同性结合合法性的国家。

早期的《注册伴侣关系法》在注册条件、收养、未成年子女监护等方面仍规定了不同于婚姻关系的限制规则,例如:同性伴侣至少有一方是瑞典公民,才可以在瑞典申请成为注册伴侣关系;注册伴侣不得单独或共同收养儿童,也不得共同行使对未成年子女的监护权;《人工授精法》及《体外受孕法》不适用于注册伴侣;基于婚姻的性别基础而赋予异性婚姻配偶特殊待遇的法规不适用于注册伴侣;婚姻、收养与监护法规涉及国际法律关系的,也不适用于注册伴侣。③

《注册伴侣关系法》从1995年1月1日生效到2009年5月1日废止,期间几经修改,限制规定日益放宽。例如,从2000年开始,在瑞典合法居住

---

① Fariborz Hozari, "The 1987 Swedish Family Law Reform", *International Journal of Legal Information*, Vol. 17:3 1989, pp. 227-231.
② Ake Saldenn, "Sweden: More Rights For Children And Homosexuals", *Journal of Family Law*, Vol. 27 1988-1989, pp. 296-297.
③ 熊金才:《同性结合法律认可研究》,法律出版社2010年版,第173—174页。

的外国人可以申请成为注册伴侣;从 2003 年开始,注册伴侣可以收养子女;从 2005 年 7 月 1 日开始,女同性伴侣可以接受辅助受孕治疗。[1]

不论是《同性同居法》还是《注册伴侣关系法》,都将同性伴侣区分于异性伴侣单独立法,虽然在权利义务内容规定方面二者日趋相同,但形式上的区分愈发凸显对同性伴侣的区别对待。

(三)平等保护阶段

2003 年,瑞典施行新的不分性别的《同居法》并适用至今,自此在同居关系领域,对同性伴侣和异性伴侣适用完全相同的法律和保护规则。

2009 年 5 月 1 日起,瑞典施行修订后的《婚姻法典》,允许同性伴侣结婚,不论配偶双方为同性或异性,平等适用婚姻法规则。同时废止《注册伴侣关系法》。[2] 瑞典自此实现家庭法对同性伴侣与异性伴侣的平等保护,并成为世界上第七个承认同性婚姻的国家。

二、瑞典家庭法对同性伴侣的保护模式

当前瑞典家庭法对同性伴侣提供了三种家庭形态的保护模式,即婚姻保护模式、注册伴侣关系保护模式和同居保护模式。分别规定了不同范围、不同程度的保护内容,由组成或希望组成家庭的同性伴侣自由选择。其中对婚姻关系的保护最为全面;对注册伴侣关系的保护作为一种过渡时期的模式,主要在形式上与婚姻模式不同;同居保护模式仅提供一定财产范围的有限保护。

(一)婚姻保护模式

婚姻保护模式是指依照《婚姻法典》规定,允许同性缔结婚姻,使结婚的同性配偶与异性配偶在婚姻家庭各方面享有相同的权利,承担相同的义务。

---

[1] Wikipedia,"Same-sex Marriage in Sweden", http://en. wikipedia. org/wiki/Same-sex_marriage_in_Sweden.

[2] Ministry of Justice, *Family Law*, Regeringskansliet,2009, p. 7.

现行瑞典《婚姻法典》于2009年5月1日起修订生效。此次修订贯彻了"性别中立"的立法原则,废除了异性才能结婚的条件限制,并在相应措辞上予以修改,例如,将"夫妻"的称谓改为"配偶"等。修订的指导思想是使所有婚姻关系适用相同的规则,因此在权利义务内容方面没有针对同性婚姻予以特别规定。[1]

(二)注册伴侣关系保护模式

注册伴侣关系保护模式是指根据瑞典《注册伴侣关系法》规定,同性伴侣可以建立类似婚姻地位的家庭形式。由于注册伴侣关系和婚姻关系在原则上具有相同的立法内容,只是名义不同,因此自2009年5月1日起《婚姻法典》允许同性结婚后,《注册伴侣关系法》已没有存在的必要性,相应予以废止。从2009年5月1日起,在瑞典不能再申请成立新的注册伴侣关系,但已成立的注册伴侣关系继续有效,直到该关系解除或转为婚姻关系。

对于现存的注册伴侣关系,如果伴侣双方共同向瑞典税务机构提出申请,可以转化为婚姻关系。自瑞典税务机构收到申请之日起,该伴侣关系适用婚姻关系规定。此外,伴侣双方还可以选择根据《婚姻法典》的规定结婚。自举行结婚仪式之日起,双方关系即被视为婚姻关系。转化没有时效限制。

注册伴侣的姓氏,扶养义务,财产和债务,关系解除以及继承方式,与婚姻关系中的配偶适用相同的规定。

注册伴侣可以收养子女。收养条件与配偶相同,首要条件是申请者能否为孩子的成长提供良好的环境。但跨国收养的限制和条件,适用被收养儿童所属国家的规定。注册伴侣也可以作为特别指定监护人[2],共同履行

---

[1] Michael Bogdan, Private International Law Aspects of the Introduction of Same-Sex Marriages in Sweden, *Nordic Journal of International Law*, 78 (2009), pp. 253-261.

[2] 根据瑞典家庭法,注册伴侣和同性同居者可以被指定为特别指定监护人,共同履行监护职责。通常情况下,孩子由父母双方或一方监护,但某些情况下,会指定特别指定监护人履行监护人的职责。例如,当孩子的监护人不能照顾孩子,而有人能够更适当地照顾、保护和抚养孩子,则其会被指定为特别指定监护人。

对未成年人的监护职责。[1]

(三) 同居保护模式

同居保护模式是指根据瑞典 2003 年《同居法》规定,对于形成同居关系的同居者,提供一定财产范围的有限保护。仅适用于同居者没有结婚,也没有注册伴侣的情形。

《同居法》将"同居"界定为:二人(不论同性或异性)拥有共同住所,并像夫妻一样长期共同生活。这意味着"同居者"必须同时满足三个条件,才属于《同居法》保护范围:(1)长期共同生活,排除短期交往;(2)性生活是生活的一部分,排除类似兄弟姐妹同住的关系;(3)分担家务劳动和家庭开支,有共同的家庭。

同居保护模式旨在当同居关系终止时,对弱势一方提供最基本程度的保护。其核心内容是关于如何分割同居者的共同住所和家庭用品。[2]

三、瑞典同居法对同性伴侣的保护内容[3]

(一) 瑞典同居法旨在保护同居关系终止时弱势方权益

瑞典政府立法调研表明:同居关系在瑞典是一种相当普遍的家庭形态。如果没有明确的法律规制,弱势一方权益在同居关系终止时无法得到有效保障,这是同居关系最突出的社会现实问题。因此,瑞典同居法的立法目的即在于保护同居关系终止时弱势方的基本权益。

该法明确了同居关系终止的含义:当一方结婚;或双方不在一起居住;或一方死亡后,同居关系即行终止。同时规定了视为终止的情形:一方申请法院分割财产;或申请法院支持其在财产分割生效前继续在共同住所居住的权利;或主张取得另一方拥有的不属于财产分割范围的共同住所。

---

[1] Ministry of Justice, *Family Law*, Regeringskansliet, 2009, pp. 25-26.
[2] Ministry of Justice, Cohabitees and their joint homes—a brief presentation of the Cohabitees Act, http://www.sweden.gov.se/sb/d/574/a/155258.
[3] Ministry of Justice, *Family Law*, Regeringskansliet, 2009, pp. 20-24.

保护弱势方权益的基本原则体现在瑞典同居法的具体制度规则中。例如，财产均分规则；保护生存同居者利益的规则；特殊情况下一方取得另一方住所的规则等。

（二）瑞典同居法对弱势同居方提供的是有限保护

同居不能代替婚姻。因此，与家庭法对婚姻关系和注册伴侣关系的全面保护相比，同居法重在解决同居关系存在的现实问题，对弱势同居方提供最基本权益的有限保护。这主要表现在以下两点：

1. 只调整同居者之间的财产关系，不涉及双方人身关系的保护。其一，即使长期同居，同居者之间也没有任何扶养义务。其二，同居者之间没有法定继承的权利，只能通过遗嘱方式继承对方财产。其三，同居者不能共同收养子女。对同居关系中所生的子女，适用父母子女关系法的规定。

2. 对同居者财产关系的保护范围仅限于共同住所和生活用品。共同住所和生活用品是指同居者长期共同生活居住的各类住所（例如独立别墅、公寓）和通常属于该住所的家庭设备（例如家具、家电）。财产分割范围不包括类似短期居住的度假别墅及其中的家庭设备；也不包括银行存款、股票、汽车、船只等其他财产，这些财产在同居关系终止后仍归原所有人。

为尊重同居者的意思自治，如果同居者希望保持各自的财产独立，他们可以通过签订书面协议的方式，排除同居法规定的财产分割规则，或约定一定范围的财产不属于财产分割范围。

（三）瑞典同居法主要规定了同居关系终止时的财产分割规则

1. 财产分割范围

不论财产由何方支付，只要是同居者为同居生活共同使用而取得的住所和家庭用品，都属于同居法规定的财产分割范围。但如果双方同居后一方搬入另一方在同居前已经享有产权的住房，即使双方分担了该住房的银行贷款及其他费用，该住房仍属于另一方个人财产，不列入同居财产分割范围。除非该房产后来被出售，且出售所得用于购买新的同居共同住所，则新住所属于财产分割范围。此外，同居期间的其他财产不能列入财产分割范围。

2. 提起财产分割的主体和时效

(1) 主体。只有同居者才能提起财产分割要求。具体包括两种情形：一是同居关系解除时，同居者一方或双方提起要求；二是一方死亡导致同居关系终止时，只有生存方有权提起要求，死亡同居者的继承人无权要求分割。如果同居者任何一方都不提起，则各方保留原有个人财产，死亡同居者的财产由其继承人继承。

(2) 时效。同居者应当在同居关系终止后一年内提起财产分割要求。如果由于同居者一方死亡导致同居关系终止，或者同居者一方在同居关系终止后一年内死亡，提起财产分割的要求不得迟于遗产清单拟定之时。

3. 财产均分规则及例外

(1) 财产均分规则。在财产分割之前，应先对债务进行扣除，即将与待分割财产有关的个人债务（如房屋抵押贷款、家具分期付款）从待分割财产总额中先行扣除。

扣除债务后的剩余财产原则上应当在同居者之间平均分配。如果同居者一方比另一方更需要共同住所和家庭用品，经综合考虑分配的合理性，其可以全部取得共同住所和家庭用品，但应当向另一方支付相应金额的补偿。

(2) 财产均分规则的例外。财产均等分割的原则主要存在两种例外情形。第一种例外情形是如果均等分割将导致分配结果不合理，拥有大多数财产的一方可以分得更多的财产。法院在裁判如何分配时，应首先考虑同居关系的持续时间，还应考虑同居者的财务情况和通常经济状况。某些情形下，裁判的结果可能是同居者各自保留其个人财产。

第二种例外情形是仅适用于同居者一方死亡情形的"小基数规则"(little base amount rule)。即为保护生存方利益，扣除债务后，只要财产金额足够，生存方就可以取得相当于两倍"基数"（"基数"金额由国家保险法确定）的财产份额，2009 年国家保险法规定的该"基数"金额是 85600 克朗。

4. 特殊情形下一方取得另一方住所的规则

如果一处住所并非为同居共同生活而取得,但实际上已经作为共同住所使用,该住所应当属于取得该住所的同居者的个人财产,不列入财产分割范围。但如果同居者一方存在极其需要该住所的合理事由(例如抚养子女需要),其可以在财产分割时取得该住所,但需要对另一方进行等额补偿。

取得有时效限制。即必须在同居关系终止之日起一年内提起主张。如已搬离住所,必须在三个月内提起主张。但一年的时效限制不适用于拥有住所的同居者死亡且生存同居者继续在该住所居住的情形。

双方不能通过协议方式排除该取得权。除非该住所是通过赠与、遗嘱或继承方式取得,且赠与、遗嘱、继承以该住所是接受者的个人财产为生效条件。

5. 同居期间处分可分割财产的限制。虽然在同居期间,同居者的财产归个人所有,债务由个人承担,但为了保证可分割财产的安全,未经另一方同意,一方不得出卖、赠与、抵押今后可能参与分割的财产。如果共同住所的登记所有人或承租人是同居者一方,则双方可通知财产登记机构(国家土地调查局),将该住所登记为双方的共同住所,以防止登记方在另一方不知情的情况下出卖或抵押该住所。

四、关于瑞典家庭法对同性伴侣保护制度的评析

(一)瑞典家庭法对同性伴侣的保护体现了保护弱势群体利益的人权理念

人权是人之所以为人应当享有的权利。为保障人之为人的基本尊严,平等性是人权的内在特性。正如博登海默所言:"人的平等感的心理根源之一乃是人希望得到尊重的欲望。"尊严是平等的目的,平等是尊严的基础。虽然世界各个地区和国家对"人权"具体内涵的理解不尽相同,但平等和非歧视是国际人权法公认的原则,也是现代法制文明的重要标志。形式

平等理论以抽象人格为出发点,以法律面前人人平等为宗旨,强调法律对人的一体、无差别的保护。① 这对保护人权以及排除对社会弱者的歧视具有重要意义。但实质平等理论认为,由于具有差别性的人们在权利实现手段和范围的差异,法律规范的形式平等往往导致强者越强,弱者越弱的不平等结果。作为对形式平等的修正,实质平等理论承认人的差异性,主张在保证每一个人享受平等自由权利的前提下,强者有义务给予弱者以各种最基本的补偿,使弱者能够像强者一样有机会参与社会的竞争。因此,根据实质平等理论的要求,应对处于弱势的人给予倾斜性、补偿性的法律保护,以实现真正的公平正义。②

在人类发展的历史长河中,同性恋群体虽然长期存在,但由于社会主流观点出于人类繁衍、保护未成年子女利益、伦理道德等因素考虑,③同性伴侣在较长期间一直处于不被主流社会认可的边缘地位,这一方面是对同性伴侣平等法律地位的限制,另一方面客观上可能引起同性恋群体对社会歧视的反抗,成为社会的不安定因素,不利于社会的和谐稳定。

在家庭法领域,瑞典官方从20世纪70年代末开始关注如何消除对同性恋关系的社会歧视,致力于对同性伴侣的立法保护,并在之后的三十多年间取得了长足发展。现行瑞典家庭法以"性别中立"为重要指导思想,④不论是调整婚姻关系还是同居关系,对同性伴侣和异性伴侣都适用相同的法律和规则,在法律规范上不再人为地对二者做出任意区分,实现了对同性伴侣在法律形式上的平等保护。

应当说,当今瑞典社会对同性恋群体已经有了相当程度的认同,据

---

① 丁海湖、房文翠:"人权:弱势群体法律保护的价值基础",《行政与法》2006年第9期。
② 夏吟兰:"在国际人权框架下审视中国离婚财产分割方法",《环球法律评论》2005年第1期。
③ 熊金才:《同性结合法律认可研究》,法律出版社2010年版,第114—157页。
④ Ministry of Justice, *Family Law*, Regeringskansliet, 2009, p. 7.

2009年以前的一次民意调查显示:有71%的瑞典民众尊重未来可能的同性婚姻,有51%的瑞典民众赞成同性伴侣领养子女。① 然而,在瑞典社会普遍性消除对同性伴侣的各种歧视之前,未来瑞典家庭立法是否会对同性伴侣予以特别倾斜性保护,笔者不得而知。但从当前瑞典在全球范围内致力于消除各种性别倾向和性别身份的歧视来看,瑞典议会和政府的保护态度无疑是十分积极的。②

(二)瑞典家庭法对同性伴侣的保护经历了逐步推进消除歧视的立法进程

瑞典家庭立法实现对同性伴侣的平等保护不是一蹴而就的,其充分考虑到瑞典国情和当时社会普遍价值观,经历了逐步推进的反歧视立法进程。

1978年1月17日,瑞典政府组织成立专家委员会对瑞典社会的同性恋关系进行全面调查,以作为瑞典议会讨论解决社会歧视同性恋问题的决策参考。

该委员会于1984年做出的最终调查报告表明:有两个决定性因素影响到同性恋的社会地位:一是同性恋者的沉默以及同性恋者不被视为是社会的正常组成部分,导致社会不认同同性恋人群作为一种社会群体和文化群体存在;二是社会对同性恋的歧视及误解,即强势观点认为爱情只能发生在男人和女人之间,在同性恋者之间只存在纯粹的性关系。

正如报告所言,尽管有必要对同性伴侣进行立法保护,但仅靠立法不能解决歧视问题,社会必须认识到同性恋是一种现实生活。只有社会接受同性恋人群作为一种社会群体和文化群体存在,才有可能结束对同性恋者的各种歧视。因此,虽然当时有议员建议将同性伴侣关系与异性伴侣关系通过相同法律(《婚姻法典》或《同居(共同家庭)法》)予以调整,但考虑到社

---

① "Eight EU Countries Back Same-sex Marriage", http://www.angus-reid.com/polls/5787/eight_eu_countries_back_same_sex_marriage/.
② Gunilla Carlsson, "Homosexuals in Africa Need the Support of Sweden", http://www.sweden.gov.se/sb/d/14198/a/171861.

会各方面接受程度,议会决定首先通过单独制定《同性同居法》的立法技术手段对同性同居关系予以区别保护。①

之后,瑞典于1995年实施《注册伴侣关系法》,2003年实施新的《同居法》,2009年5月1日起实施修订后的《婚姻法典》,瑞典家庭法对同性伴侣的保护与对异性伴侣的保护相比,经历了由实体和形式规范上的双差别对待,逐步发展为实体无差别但形式规范上的差别对待,最后发展为现行立法的全面无差别对待。瑞典对同性伴侣关系的历次立法和修订,都在充分调查国情和民意的基础上进行,较好地平衡了各种社会力量的利益保护和冲突。

（三）瑞典家庭法为同性伴侣提供了多元化的保护

当前瑞典家庭法为同性伴侣提供了多种家庭形态保护模式的选择,充分尊重同性伴侣的意思自治。婚姻模式赋予同性伴侣缔结婚姻的权利,使其与异性配偶享有相同的权利和义务。注册伴侣模式在保护内容方面与婚姻模式相同,但名义不同,其存在的意义在于保护既存的注册伴侣关系,使其不因《注册伴侣关系法》的废止而被否定;尊重既存的同性伴侣的自由选择,双方既可选择转化为婚姻关系,也可选择继续维持现有的注册伴侣关系。同居模式则对选择建立同居关系的同性伴侣弱势方给予有限范围的适度保护。多元化的法律规制模式适应了瑞典社会道德多元化、婚姻关系多元化的实际需求,也为长期处于社会边缘的同性恋群体撑起了法律的保护伞。

结语

瑞典家庭法对同性伴侣的保护在立法理念、立法模式与立法内容上均在世界范围内位列前沿。但任何立法只有充分考虑并融于国情和民俗才能

---

① Fariborz Hozari, "The 1987 Swedish Family Law Reform", *International Journal of Legal Information*, Vol.17:3 1989, pp.230-231.

达到其目的和效果,才具有生命力。就我国而言,对同性伴侣的立法保护任重而道远。而立足我国现实国情,瑞典家庭法从对同居关系保护着手的立法进程,不失为一种有益的借鉴。

编者记:本文刊载于《民商法论丛》第53卷,2013年8月。同性婚姻问题是一个重要的伦理和法律问题。首先,它实际涉及到深刻的道德哲学争议,迄今为止,学界争议不断,莫衷一是;其次,作为法律问题,欧洲多个国家已经在制度设计上先行一步,通过立法保障同性伴侣的利益。本文对瑞典家庭法中关于同性伴侣保护制度的研究,可以为我们观察制度运行效果,提供可资借鉴的经验。

理论研究

从人本到人权的发展轨迹
——以中国法制历史为视角

张晋藩[*]

摘　要：本文论述了在法制文明发达较早的古代中国很早便出现了人为邦本的思想，并通过立法与司法保护人的生存权、生命权和对弱势社会群体的保护权，表现出了中国古代人道主义的原则。进入近代以后，西学东渐，天赋人权的学说成为先进的中国人救亡图存，富国强兵和建立民国的舆论工具。20 世纪 30 年代以后，针对国民党的反动统治，各种政治力量围绕人权进行各种活动和斗争，但均以失败告终。抗日战争时期，解放区政权相继颁布了保障人权、财权的施政纲领和单行法，使人权斗争进入到新的阶段。2004 年"八二宪法"进行第四次修改，使人权入宪，标志着为人权而斗争的历史所取得的成就，同时也进入到一个新的历史时期。

关键词：人本　民本　人权

一

中国由野蛮进入文明社会建立国家以后，人的价值便随着国家活动的展开而日益凸显出来。首先，人的生产是社会存在与发展的物质基础，也是国家赖以存在的经济来源，没有人的社会性生产，国家就难以存在。其次，人是国家赋税的承担者，国家存在与发展的要素之一就是捐税，从夏朝起赋

---

[*] 张晋藩，中国政法大学终身教授、博士生导师。——编者

税已经成为维持国家活动的财政来源。再次,人是国家军队的主要来源,在古代中国,"祭"与"戎"是国之大事,没有军队的国家就失去了重要支柱,就无法实现国家对内与对外的职能。正因为如此,古代的统治者采取各种制度保证源源不断的兵源供给。最后,人是国家重大工程的主要营建者,有些工程如治水几乎成为国家起源与存在的重要条件。此外,诸如道路的修建、宫廷的建筑、边塞的建设等等都是由人来完成的国家重大工程。因此,对于徭役的征发成为国家的重要任务之一。可见,每一项国家活动都是人作为主要承担者、参与者、完成者。民为邦本之说便由此而兴起。重人重民成为了国家的基本政策。

早在夏朝,已经显示了民心的向背直接关系到国家的兴亡。如夏桀无道,百姓发出了"时日曷丧,余及汝偕亡"[①]的愤怒呐喊,终于招致夏朝的覆亡。更具有说服力的是周之代商,当商与周大战牧野之际,商朝庞大的如火如荼的军队发生阵前倒戈,迫使商纣王自焚身死,商朝竟然为小邦周所灭,这个历史的教训,使周初的政治家周公旦深深震撼,他感受到了人心向背的历史推动作用,因而发出了:"民情大可畏","人无于水监,当于民监"[②]的警示。在这个认识的基础上,他提出了明德慎罚的治国方略,也可以说是法制建设的指导原则。明德在于敬德,以德化民,以德作为社会控制的手段;慎罚在于保民,不得滥刑无辜。基于明德慎罚的政治立场,周公制礼作乐,形成了礼乐政刑综合为治的国家体制。同时,还确立了区别用刑、无罪推定、三刺三宥、三赦等一系列法制原则,并贯彻于司法运行当中。

随着商朝的灭亡,商统治者宣扬的率民以祀神的天道观也发生了动摇。周人的天道观与夏商不同,周统治者强调"皇天无亲,惟德是辅",周之代商在于周人有德所致。同时,周统治者把敬天落实到保民上,所谓:"民之所欲,天必从之"。可见周统治者关注的焦点已经从天上转移到地上,从神转

---

① 《尚书·汤誓》。
② 《尚书·酒诰》。

移到人,中国古代的人本主义便由此发轫。

至春秋时期,争霸战争蜂起,人的价值进一步凸显出来,诸子百家相应地展开了对于人的论述。其中,以儒家为代表。儒家认为,在自然界的万物之中,人是最尊贵的,"惟人万物之灵",①"天地之性人为贵"②。人与动物的区别,就在于人是有道德理性的高级动物。荀子还以明白的语言表述了人为天下最贵,他说:"水火有气而无生,草木有生而无知,禽兽有知而无义,人有气、有生、有知亦且有义,故最为天下贵也。"③在儒家思想指导下的唐律疏议,还以国家法典的形式,宣布:"夫三才肇位,万象斯分,禀气含灵,人为称首。"④特别需要提出的是孔子提出"仁者,爱人",创立了儒家的人本学说体系。它不仅属于中国古代的哲学范畴,同时也为法制确立了人文主义的理论基础。孔子的仁学被孟子全面继承和发展。孟子提出仁、义、礼、智是区别人与禽兽的"四端"。他在"性本善"的认识论基础上,将"爱人"具体化为"亲亲而仁民,仁民而爱物"⑤的现实政治主张,把人本思想演绎成系统的"仁政"学说。其核心是"重民",宣扬"天视自我民视,天听自我民听",⑥"民为贵,社稷次之,君为轻"⑦。墨子也主张以民为本,他说:"卑而不失尊,曲而不失正,以民为本也。"⑧

可见在儒家的思想中仁义礼智是与生俱来的,是人与动物的根本区别。人生的目的就在于实现人之所以为人的道德标准,人生奋斗的主要过程就是通过自我修养成为社会的道德楷模,然后再推己及人,达到"泛爱众"、"天下归仁"的理想境界。孔子所说:"己所不欲,勿施于人",⑨"己欲立而

---

① 《尚书·泰誓》。
② 《孝经·圣治》。
③ 《荀子·王制》。
④ 《唐律疏议·名例》。
⑤ 《孟子·尽心上》。
⑥ 《孟子》引《泰誓》。
⑦ 《孟子·尽心下》。
⑧ 《墨子·内篇》。
⑨ 《论语·颜渊》。

立人,己欲达而达人";①孟子所说:"老吾老,以及人之老,幼吾幼,以及人之幼",②都意在说明不仅需要自我的道德修养,还要推而广之,用来调整人际关系。这既表现了"仁者无不爱"的宗旨,也反映了希望由此而达到"天下归仁"的目的。

儒家在天人关系上,一方面论证了作为个体的人,是和生生不息的自然界联系在一起的,是天造了生命,所谓"天地之大德曰生",③天地"以生为道"。④ 甚至伦理道德也是"则天之明,因地之性"而成的,所谓"为君臣上下以则地义,为夫妇外内以经二物,为父子兄弟姑姊甥舅婚媾姻亚,以象天明"。⑤

另一方面,儒家也指出在人与自然的关系中,人并不是被动地接受自然界的恩赐,而是以积极的能动作用"制天命而用之""为天地立心"⑥,使自然的生命秩序得以完成,实现人与自然的和谐与平衡,即所谓"化成天下"。

以人为本的人本主义是属于哲学范畴,由人本发展到民本则是属于政治范畴,前面提到的民为邦本以及修身齐家治国平天下的儒家论断都表明了只有在人本的基础上才能实现治国平天下的政治目标。本文主要侧重于从法制的层面论证由人本到人权的发展轨迹,揭示人本思想在立法与司法运行中的体现,以及由人本发展到人权的历史必然性。

(一)以德化民,定律绳顽,明刑的目的在于弼教

早在周初,周公从商亡的历史教训中认识到民心的作用,因而提出明德慎罚的思想。这既是立法的指导思想,也是司法的基本规则。汉兴以后汉儒从总结秦二世而亡的教训中,再次认识到徒法不足以治天下,相反"刑罚

---

① 《论语·雍也》。
② 《孟子·梁惠王上》。
③ 《周易·系辞传》。
④ "二程集",载《遗书》(卷二上)。
⑤ 《左传·昭公二十五年》。
⑥ 张载:《西铭》。

积而民怨背"①招致亡国。由此确立了德主刑辅的法制模式。需要指出周初的明德慎罚和汉初的德主刑辅，主要是经验性的总结。至董仲舒创立大德小刑之说，以及两汉儒家对三纲之说的广泛论证，使得德刑互补的关系由经验上升到理论的高度。至唐朝以礼设范立制的《唐律疏议》，宣布"德礼为政教之本，刑罚为政教之用"，并将二者比喻成"昏晓阳秋相须而成者也"②。

明初朱元璋厉行法制，严惩赃吏，首定大诰以警示贪官，然而积三十年之经验使他认识到严法酷刑只能收一时之效，而不可能杜绝犯罪的根源，更不能以德化民，收拾人心。因此，洪武三十年大明律成，他亲自昭告天下"明礼以导民，定律以绳顽"③。"明礼"在于以礼化民，导民向善，使礼取代严刑，作为社会控制的基本手段；"绳顽"在于以法打击奸顽，明确法律的锋芒指向，使之不敢违非。可见，从明德慎罚到德主刑辅，德礼为本，刑法为用，再到明礼导民，定律绳顽，是贯穿中国古代二千余年的一条定律。它产生于以人为本的基础之上，是人本主义的具体表现。正因为如此，凡是认真贯彻实施者则国兴，慢而废弃者则国亡。这是一条历史的规律。

（二）立法确保人的生存条件、生活环境和基本的利益要求

从人本出发，历代统治者注意通过立法确保人的生存条件、生活环境和基本的利益要求。孟子说："是故明君制民之产，必使仰足以事父母，俯足以畜妻子，乐岁终身饱，凶年免于死亡"。④北宋名臣范仲淹也说："善政之要，惟在养民。"⑤由于中国古代以农立国，农业生产是基本的经济形态，农民是国家最基本的阶级构成，因此人本反映在经济上就是农本。历代农业立法在法律体系中占有重要地位。早在公元前4世纪的秦国便出现了《田

---

① 《汉书·贾谊传》。
② 《唐律疏议·名例》。
③ 《明实录》卷一百六十。
④ 《孟子·梁惠王上》。
⑤ 《陈十事疏》。

律》《仓律》《厩苑律》等法律规定,其规范之细密令人惊讶,如《仓律》规定了每亩地播种种子的数量:"种:稻、麻每亩用二斗大半斗,禾、麦一斗,黍、荅亩大半斗,叔(菽)亩半斗。"在农业立法中,最重要的是土地立法,历代都详细规定了土地的占有、使用、收益、转让等一系列法律规范。与田制密切相联系的,是垦荒法,历代垦荒法基本规定了无主荒田归开垦者所有,开垦的荒田在一定时间内不收取田税,借以鼓励开垦荒田。

除此之外,与农业生产密切相关的水利立法也较为发达。汉代便已制定了《水令》。唐代《杂令》中规定了:"诸以水溉田,皆从下始。"在唐、明、清律中也都有关于兴修水利设施的规定以及官吏不及时兴修造成水灾的惩罚。

为了确保人民从事生产与生活的自然环境,历代也注意环境立法,保护民众赖以为生的生态环境和自然资源。早在夏朝便流传"禹之禁,春三月,山林不登斧,以成草木之长;夏三月,川泽不入网罟,以成鱼鳖之长。"[①]西周时,颁布《伐崇令》,规定:"毋坏屋,毋填井,毋伐树木,毋动六畜。有不如令者,死无赦。"《逸周书》和《伐崇令》中可能有后人的假托,但云梦秦简的出土,则得到了确证。《秦律·田律》规定:春天二月,不准到山林伐木,不准堵塞水道。不到夏季,不准烧草为肥料,不准采取刚发芽的植物,或捉取野兽、鸟卵和幼鸟,不准毒杀鱼鳖,不准设置捕捉鸟兽的陷阱和网罟,直到七月方解除禁令。

在《唐律疏议》中,更详细规定:"诸部内,有旱、涝、霜、雹、虫、蝗为害之处,主司应言而不言,及妄言者,杖七十。"(律169条):"诸部内田畴荒芜者,以十分论,一分笞三十,一分加一等。罪止徒一年。户主犯者,亦计所在荒、芜,五分论,一分笞三十,一分加一等。"(律170条):"诸不修堤防,及修而失时者,主司杖七十。毁害人家,漂失财物者,坐赃论,减五等……"(律424条):"诸失火,及非时烧田野者笞五十……"(律430条):"诸弃毁官私

[①] 《逸周书·大聚解》。

器物及毁伐树木、庄稼者,准盗论。"(律 442 条)其后,以唐律为蓝本的《宋刑统》《大明律》《大清律例》等法典,也传承了这些环境与资源立法,其立法理念,即在于保障民生。

（三）重视生命的价值,控制死刑的决定权,实行死刑复审制,力求罚当其罪

随着人的使用价值不断受到重视,人的生命权也受到保护,这在司法中表现极为明显。早在夏朝已有"与其杀不辜,宁失不经"①的刑罚原则,这不仅是"罪疑惟轻"慎刑思想的最初体现,也可以说是中国无罪推定刑法原则的原型。《尚书·吕刑》规定:"五刑之疑有赦,五罚之疑有赦","附从轻,赦从重",充分表现了对人的生命价值的重视。

为了控制死刑的决定权。隋文帝时规定:"诸州囚有处死,不得驰驿行决";"诸州死罪不得便决,悉移大理案覆,事尽然后上省奏裁","死罪者三奏而后决",②从而将死刑的决定权操于皇帝之手。与此同时,还规定了死刑复核的三复奏程序,以示重惜生命。至唐太宗时,地方死刑案件执行前实行三复奏,京城死刑案件执行前实行五复奏,唐太宗还专门下敕:"自今门下复理,有据法合死而情有可宥者,宜录状奏。"由唐以后,宋元明清各朝基本沿袭唐朝建立的死刑复核制度。清朝除罪大恶极的罪犯实行立决外,一般死刑监候案件须经秋审复审之后,再分别决断,如须执行死刑,须由皇帝御笔勾决。康熙皇帝曾在多种场合下指出最令他感到厌恶的事情莫过于勾决死刑。至乾隆十四年九月十五日,上谕废止秋审死刑案三复奏:"各省秋审亦皆三复奏,自为慎重民命,即古三刺三宥遗制,谓临刑之际,必致详审不可稍有忽略耳,非必以'三'为节也。朕每当勾决之年置招册手傍反复省览,常至五六遍,必令毫无疑义。至临勾时,犹必与大学士等斟酌再四,然后予勾、岂啻三复已哉!若夫三复,本章科臣匆剧具题,不无亥豕,且限于时

---

① 《左传·襄公二十六年》。
② 《隋书·刑法志》。

日,岂能逐本全览？嗣后刑科复奏,各省皆令一次。"①

通过秋审"大典",渲染重视民命、公平用法、敦礼远祸,所谓"明刑所以弼教,关系甚大"。② 此外也应看到死刑犯处理是否得当也会对社会的安定发生影响,因此,不得不慎重。

（四）对社会弱势群体实行恤刑,或减或免

所谓社会弱势群体,主要指老幼妇残而言,此类人对社会的危险性较小,因此犯罪时法律予以宽宥,体现了人道主义的精神。早在《周礼·秋官》中便有以下记载:"壹赦曰幼弱,再赦曰老旄,三赦曰蠢愚"。《礼记·曲礼上》也说:"八十、九十曰耄,七年曰悼。悼与耄,虽有罪,不加刑焉。"《礼记》还说:"使老有所终,壮有所用,幼有所长,鳏寡孤独废疾者,皆有所养。"这种根据法律主体的行为能力确定其法律责任的原则,体现了明德慎罚的司法原则。汉时,矜恤老幼妇残的恤刑已见诸法律。至唐代,此项法律已经定型。《唐律疏议·名例》规定:"诸年七十以上、十五以下及废疾,犯流罪以下,收赎。（犯加役流、反逆缘坐流、会赦犹流者,不用此律；至配所,免居作。）八十以上、十岁以下及笃疾,犯反、逆、杀人应死者,上请；盗及伤人者,亦收赎。"《唐律疏议·断狱》规定:"诸妇女犯死罪,怀孕,当决者,听产后一百日乃行刑。若未产而决者,徒二年；产讫,限未满而决者,徒一年。失者,各减二等。其过限不决者,依奏报不决法……诸妇人怀孕,犯罪应拷及决杖笞,若未产而拷、决者,杖一百；伤重者,依前人不合捶拷法；产后未满百日而拷决者,减一等。失者,各减二等。"唐律还规定:"诸犯罪时虽未老、疾,而事发时老、疾者,依老、疾论。""若在徒年限内老、疾,亦如之。""犯罪时幼小,事发时长大,依幼小论。"③

上述钦恤老幼妇残的法律一直延续到晚清修律为止,辗转传承,从汉朝起近两千年,成为一项体现人道主义的司法传统,在世界法制史上也属于

---

① 《钦定台规》卷十四,刘科分掌。
② 《大清律例通考》卷首,《世宗宪皇帝上谕》。
③ 《唐律疏议·名例》,"犯时未老疾"。

仅见。

综括上述,在中国古代立法、司法中表现出的人本主义思想与规定,表现出了高度发达的中华法制文明,起到了良好的社会效应。虽然古代法制中的人本思想本质上仍然是为了维护封建国家的统治,但其价值是不能抹杀的。就其维护人的生存权、生命权的某些规定而言,也具有近代意义上的人权的内涵。但中国古代的国情不可能孕育出近代意义上的人权理念。专制主义的政治制度,从建立时起便沿着螺旋上升的轨迹不断强化,在皇权至上的笼罩下,不要说百姓无政治权利可言,即使是官僚也随时被剥夺他所享有的权利,甚至生命。明朝实行廷杖大臣的暴行,说明了官僚的人权也扫地已尽。由于百姓是为承担国家义务而存在的,如果不能如期完成国课,参加徭役、兵役,随时可能被送入监狱和处刑。在封建的法律中,贵贱尊卑是同罪异罚的,奴婢和位列贱籍的贱民按律等于畜产,完全不具备人格,更遑论人权。除专制制度践踏人权外,古代实行的家长制家庭也剥夺了卑幼应有的权利,甚至婚姻权。家族主义是专制主义的补充,家长的权利受到官府的保护,家长的特权除政治原因外,农本的经济结构也有着重要的影响。家庭既是社会的基本细胞,也是一个独立的生产单位,为了维持农业再生产,以满足家庭成员的生活需要,家长握有生产的支配权,子女不准私产私蓄。如果违犯了家长的教令,便触犯法律,家长不仅有处罚权,而且还握有送惩权。卑幼如有违犯国家法律的行为,家长负有管教不严之责,这就从不同的角度支撑了家长的权利。相对而言,家长的权利越膨胀,卑幼的权利或称人权越缩小。

除此之外,儒家的学说也支撑了君权、父权和夫权。孔子强调正名,君君臣臣,父父子子各安其位,各守其道,规范了相互间的权利义务关系。至两汉,儒家创立了三纲学说,强调君为臣纲,父为子纲,夫为妻纲,并且使三纲入律。通过法律严格维护君权、父权和夫权,出现了君叫臣死,不敢不死,父叫子亡,不得不亡,这被称为无所逃于天地之间的伦常关系。法律与道德在这一点上统一起来了。以上说明了在中国古代为什么不可能出现近代意义上的人权思想。

二

近代意义上的人权概念和思想是1840年鸦片战争后传入中国的。鸦片战争的炮火轰开了中国闭关锁国的门户,西方的法文化书籍同西方的商品一并涌入到中国,而且很快便攻破了顽固守旧的传统法文化堡垒,赢得了一些先进的士大夫的赞赏,其中天赋人权的思想尤其受到青睐。1895年,早期改良主义者严复发表《论世变之亟》一文,大声疾呼改革旧制,建立君民共主的政治新体制。他借用天赋人权的理论,喊出了:"唯天生民,各具赋畀"。① 借以为兴民权,君民共治提供舆论准备。他还发表了《辟韩》一文,论述人民是"天下之真主也",批驳韩愈为专制制度辩护的君权神授论、专制有理论。1902年,梁启超在《论进步》一文中,提出:"天生人而赋之以权利,且赋之以扩充此权利之智识,保护此权利之能力。"鉴于封建专制制度对于中华民族人权的践踏,以及西方国家由于兴民权而带来的富强,梁启超痛陈:"言爱国,必自兴民权始";"能兴民权者,断无可亡之理"。②

可见,天赋人权的思想成为争取人权的具有启蒙意义的思想,天赋人权的思想对于晚清主持修律的沈家本不仅有所影响,而且贯穿于他主持修律的某些法律当中。针对《大清律例》中蓄婢的条例,他向清廷提出《禁革买卖人口变通旧例议折》,指出:"律文虽有买卖奴婢之禁,而条例复准立契价买",不仅造成"法令参差",而且使得蓄奴盛行。由于奴婢"律比畜产",既没有独立的法律地位,人身权和生命权也缺乏法律的保护。他说:"以奴婢与财物同论,不以人类视之,生杀悉凭主命。……贫家子女,一经卖入人手,虐使等于犬马,虐待甚于罪囚。呼吁无门,束手待毙,惨酷有不忍言者。"③

---

① 王栻主编:《严复集》,中华书局1986年版,第3页。
② 梁启超:《爱国伦》。
③ 《禁革买卖人口变通旧例议》,《寄簃文存》卷一。

鉴于"现在欧美各邦无买卖人口之事,系用尊重人权之主义,其法实可采取",①因此应该"择善而从","嗣后无论满汉官员军民等,永禁买卖人口。如违,买者卖者均照违制律治罪"。②他还酌拟了十条办法,以便实施。即"契买之例宜一律删除"、"买卖罪名宜酌定"、"奴婢罪名宜酌改"、"贫民子女准作雇工"、"旗下家奴之例宜变通"、"汉人世仆宜酌量开豁"、"旧时婢女限年婚配"、"纳妾只许媒说"、"发遣为奴之例宜酌改"、"良贱不得为婚媾之律宜删除"、"买良为倡优之禁宜切实执行"。上述办法,虽然表现了改良主义的不彻底性,但无疑是重大的变革,是沈家本思想中最具民主色彩的部分,也是中国近代人权思想史上的一篇巨著。在随后制定的《大清新刑律》中,买卖奴婢的条款悉被删除。

特别需要指出天赋人权论还是资产阶级民主派发动政治革命,推翻清朝统治的有力武器。1903年,邹容发表《革命军》,这是一篇号召革命的檄文。他说:"今试问我侪何为而革命?必有障碍吾国民天赋权利之恶魔焉,吾侪得而扫除之,以复我天赋之权。"他大声疾呼:"杀尽专制我之君主,以复我天赋之人权",并把这一点视为"中华共和国"的重要标志。

孙中山不仅深刻揭露了清朝专制统治践踏人权的罪行,而且由此提出了民权的主义。他说:"无论为朝廷之事,为国民之事,甚至为地方之事,百姓均无发言与闻之权;其身为官吏者,操有审判之全权。人民身受冤枉,无所吁诉……至其堵塞人民之耳目,锢蔽人民之聪明……凡政治书多不得浏览,报纸尤悬为厉禁……国家之法律,非人民所能与闻……至于创造新器,发明新学,人民以惧死刑,不敢从事。所以中国人民无一非被困于黑暗之中。"③"在满清之世,集会有禁,文字成狱,偶语弃市,是人民之集会自由、出版自由、思想自由,皆已削夺净尽,至二百六十余年之久。种族不至灭绝,亦

---

① 《禁革买卖人口变通旧例议》,《寄簃文存》卷一。
② 同上。
③ "伦敦被难记",《孙中山全集》第一卷,第50—51页。

云幸矣。"①他在此基础上提出"三民主义",将其与提倡人权的林肯所主张的"民有,民治,民享"等而视之。辛亥革命后,孙中山在就任临时大总统期间,组织制定了《中华民国临时约法》,规定了公民所享有的权利。他还迭发大总统令,彻底废除了自明朝以来列为贱民的乐户、堕民、世仆、伴当、蜑户的"贱籍",禁止贩卖人口,禁止体罚刑讯,禁止妇女缠足,禁止称呼大人老爷、行跪拜礼等等,表现了尊重人权的精神与改革社会陋习的努力。

在北洋政府统治期间,军阀连年战争,以民国之名行军阀专政之实,人权进一步遭到践踏。这时,具有共产主义觉悟的李大钊、陈独秀撰文痛斥北洋军阀的政治是"宰猪场式的政治"。陈独秀还发表了《敬告青年》一文,提出:"国人而欲脱蒙昧时代,当以科学与人权并重",号召"战胜恶社会而不为恶社会所征服"。② 可见,人权继续成为与北洋军阀进行斗争的理论武器。

1929 年,国民党建立了南京国民政府,为了炫耀资产阶级民主,发表了一项保障人权的法令:"当此训政开始,法治基础亟宜确立。凡在中华民国法权管辖之内,无论个人或团体均不得以非法行为侵害他人身体、自由及财产,违者即依法严刑惩办不贷。"③此后,以资产阶级民主为号召的胡适、罗隆基、梁实秋、潘光旦等人相继在《新月》刊物上发表关于人权的论文,被称为"新月派"。胡适还专门发表了《人权与约法》的文章,要求国民党政府"快快制定约法以确定法治基础,快快制定约法以保障人权"。④ 在胡适等人的舆论催促下,1931 年 6 月,国民党政府公布了《中华民国训政时期约法》。《约法》虽然规定了公民的一些权利,但它是以国民党一党专政为主要特点的。《约法》规定:"训政时期由中国国民党全国代表大会代表国民大会行使中央统治权。中国国民党全国代表大会闭会时,其职权由中国国

---

① 《社会建设》自序。
② 《新青年》1 卷 1 号。
③ 《国民政府公报》,1929 年 4 月 10 日。
④ 《新月》第 2 卷第 2 号。

民党中央执行委员会行使之。"可见这部约法确立了国民党一党专政的法统。《约法》制定以后，国民党更加肆无忌惮的围剿苏区革命根据地，并且在国统区实行严酷的白色恐怖统治。《约法》并没有实现胡适所呼吁的那样确定民主的法治基础，更谈不上保障人权。它所确立的是内战与践踏人权的法统。需要指出，这一时期"人权派"关于人权内容的论述较前丰满，但1931年"九一八"事变后，在蒋介石的收买下"人权派"逐步分化和瓦解。1932年，胡适发表了《民权的保障》一文，说："一个政府要存在，自然不能不制裁一切推翻政府或反抗政府的行动。"①此论一出，遭到瞿秋白的激烈抨击。瞿秋白在诗文中说得好："文化班头博士衔，人权抛却说王权，朝廷自古多屠戮，此理今凭实验传。人权王道两翻新，为感君恩奏圣明，虐政何妨援律例，杀人如草不闻声。……能言鹦鹉毒于蛇，滴水微功漫自夸，好向侯门卖廉耻，五千一掷未为奢。"②

1932年12月29日，针对国民党统治期间大规模的查禁书刊、剥夺人民的言论出版自由，特务横行、疯狂逮捕革命人士、进步作家，血腥屠杀共产党人等等暴行，在上海成立了由宋庆龄任主席，蔡元培任副主席，杨杏佛任总干事的中国民权保障同盟。蔡元培在同盟成立的记者会上宣布同盟的宗旨是"唤起民众努力于民权之保障"。它的具体任务是："一、争取释放国内政治犯，反对目前到处盛行的监禁、酷刑和处决的制度。本同盟首要的工作对象是无名囚犯。二、予政治犯以法律的辩护及其他援助，调查监狱的状况和公布国内剥削民权的事实，以唤起舆论的注意。三、协助关于争取公民权利，如出版、言论、集会和结社自由的斗争。"民权保障同盟获得了广泛的反响，组织不断扩大，于北平、上海等地设立分会，越来越为国民党反动派所深忌，终于派遣特务暗杀中国民权保障同盟的总干事杨杏佛，宋庆龄和鲁迅等人也受到了暗杀的恐吓，同盟被迫停止活动。这说明在旧中国为人权而斗

---

① 《独立评论》38号。
② "伪自由书"、"王道诗话"，《鲁迅全集》第5卷。

争是何等的艰苦与激烈。

抗日战争时期,在中国共产党领导下的抗日民主政府,为了保护抗日人民的人权,发动群众战胜日本帝国主义,曾以根本法的形式明确规定保障人权的条款。1941年颁布的《陕甘宁边区施政纲领》第六条规定:"保证一切抗日人民(地主、资本家、农民、工人等)的人权、政权、财权及言论、出版、集会、结社、信仰、居住、迁徙之自由权,除司法系统及公安机关依法执行其职务外,任何机关、部队、团体,不得对任何人加以逮捕审问或处罚。……"1943年颁布的《晋察冀边区目前施政纲领》第六条规定:"一切抗日人民有言论、集会、结社、出版、信仰及居住自由,非依政府法令及法定手续,任何机关、团体或个人,均不得加以逮捕、禁闭、游街及任何侮辱人格、名誉之行为,以保障人权。"不仅如此,陕甘宁边区政府还于1942年2月公布了《陕甘宁边区保障人权、财权条例》,"以保障边区人民之人权、财权不受非法之侵害为目的"(第一条)。其他抗日解放区也公布了类似的单行法。如《晋西北保障人权条例》等。这一段历史充分说明了保障人权对于唤起民众战胜日本帝国主义的重要性。同时,它也是中国近代人权斗争史上值得大书的一笔。

解放战争时期,为了打败国民党反动派,东北和豫皖苏解放区也都颁行了保障人权的布告和法律,为人民民主政权的法制建设提供了重要的历史经验。

改革开放以后,中国进入了一个新的历史时期,经济改革与政治改革相并而行,社会主义法治建设也进入了一个新的阶段。2004年,十届全国人大二次会议通过了八二年宪法的第四次修正案,在第33条中增加"国家尊重和保障人权"一款。人权入宪开辟了宪政史上新的一页。它显示了宪法的要务在于保障权利、限制权力,反映了与时俱进的时代精神,宪法的稳定性和适应性的统一,不仅提高了国家根本法的权威性,也激发了广大人民建设民主法治中国的积极性。然而,依据宪法从多方面保障人权,还任重道远,但在法治中国的大环境下,我们有信心迎接未来的成熟的人权的立法与实施。

　　以上概括地描绘了由中国古代的人本发展到近代人权的轨迹,虽然古代不可能出现近代意义上的人权观念,但无论人本还是人权,其主体都是人,由于人具有共同的自然属性,因此中国古代的人本的思想与立法也带有近似于近代民权的某些内容。譬如重视人的生存权、生命权,古今是相通的。如果说中国古代的人本是统治者从人心向背决定国家兴衰的历史教训中总结出的,那么中国近代的人权思想则是和反专制主义、争取民主政治的斗争密切联系在一起的。没有晚清的新政和立宪,就不可能有体现人权的立法,没有具有资产阶级共和国性质的南京政府,就不可能有《中华民国临时约法》和一系列保障人权的大总统令,没有抗日民主政权,根据地内也不会制定出一系列保障人权的立法。在国民党统治时期,是以一党专政打击各种民主的政治势力、扼杀各种争取民主政治的思想为特征,在这样的背景下,向国民党祈求人权而不是进行革命斗争岂不等于与虎谋皮。历史的经验证明,民主政治是实现人权的前提条件。这个过程充满了流血与不流血的斗争。在这中间,理论的先导作用,先驱者的不屈不挠的斗争,特别是广大群众的要求与渴望,终于推动了人权斗争经过迂回曲折,跌宕起伏的路程,最终走上了不回归的康庄大道。但是,今天的中国还是政治、经济、文化发展不平衡的大国,如何从国情实际出发有针对性的宣传人权、推动人权建设是值得研究的。在人权入宪以后,如何通过各种相关的立法保证此项法定权利的认真实施,这不仅有助于民权事业的发展,也会极大地提高宪法的权威性。由于新中国成立至今不过六十余年,中间又经历了十年"文革",因此,我们的人权理论和人权立法都尚不成熟,但它已经迈开了历史性的步伐。

　　在强调中华民族伟大复兴的今天,振奋全民的人权意识将会推动社会主义的经济建设和法治中国的实现。我们热切期望扫除一切羁绊人权的障碍,将宪法所规定的人权条款落到实处。

"完善人权司法保障制度"刍议

樊崇义[*] 刘文化[**]

摘 要:完善人权司法保障制度是推进中国法治建设的重要内容、是衡量我国人权状况的重要指标、是实现司法文明的重要前提。完善人权司法保障制度应遵循程序法定原则、人本主义原则、权力谦抑原则和权利救济原则。要依托"国家尊重和保障人权"载入宪法的大背景,积极贯彻十八届三中全会通过的《中共中央关于全面深化改革若干重大问题的决定》中明确提出的"推进法治中国建设"为目标总要求,牢固树立正当程序理念、切实遵循"司法"的规律和特征、合理配置审判权与检察权、加强对弱势群体的保护,不断完善和发展我国人权司法保障制度。

关键词:人权 司法保障 制度 正当程序

一、人权司法保障制度的概念辨析

"人权司法保障"概念的形成经历了一段历史的演变过程。根据资料记载,最早、最近似的使用这一概念是在1997年3月,国务院新闻办公室发表的《1996年中国人权事业的进展》白皮书,该书首次提到了"人权的司法保障"这一概念。1997年9月,党的十五大报告首次将"人权"概念写入党的全国代表大会主题报告。2002年11月,党的十六大再次在主题报告中将"尊重和保障人权"确定为新世纪新阶段党和国家发展的重要目标。

---

[*] 樊崇义,中国政法大学诉讼法学研究院名誉院长,教授,博士生导师。——编者
[**] 刘文化,原中国政法大学诉讼法学专业博士研究生。——编者

2004年,"国家尊重和保障人权"明确写入宪法,进而将"人权的司法保障制度"提到了法律的最高层次。

究竟如何界定"人权司法保障制度"？我们认为应该拆分"人权"、"司法"和"制度"等细分概念展开分析。关于人权的定义,在许多法学、政治学和哲学著作中,人权是与公民权相对应的。人权指那些直接关系到人得以维护生存、从事社会活动所不可缺少的最基本权利,如生命安全、人身自由、人格尊严、基本的社会保障等。在权利本位范式结构内,人权被作为权利的一般形式,大凡与人的尊严、生存、社会活动有关的权利,均可纳入人权的范畴,人权概念因而也被广泛使用。[①] 由联合国委托编写的一本人权宣传材料指出:"人权的概念有两个基本的意义。人权的第一种意义是由于人作为人而享有与生俱来的不可剥夺的权利。它是来自每个人性中所具备的道德权利(moral rights),而且它的目的是保障每一个人的尊严。人权的第二种意义是法律权利(legal rights),它是根据社会——既包括国内社会、也包括国际社会——法律产生过程而制定的。这种权利的基础是得到被统治者(即权利的主体)承认,而不是作为第一种意义之基础的与生俱来的法则。"[②]关于人权的分类,《世界人权宣言》首创了两大类人权的划分方法,即第一类是公民和政治权利;第二类是经济社会和文化权利。西方有的学者和人权组织根据世界各国人权法和国际人权法,将人权概括为六类:(1)生命权;(2)自由权;(3)财产权;(4)关于公民个人地位的各种权利,例如,国籍权和各项民主权利;(5)涉及政府行为的权利。尤其是涉及法治和司法行政的权利,比如,不受任意逮捕的权利和公平审判的权利;(6)经济、社会和文化权利,例如受教育、工作、社会保险、休息、娱乐,以及足以维持个人健

---

① 张文显:《法哲学范畴研究》,中国政法大学出版社2001年版,第399页。
② 利厄·莱文:《人权:问题与答案》,香港商务印书馆1990年版,第57页,转引自张文显:《法哲学范畴研究》,中国政法大学出版社2001年版,第400页。

康和福利的生活水准的权利。①

关于司法的概念,通说认为,广义的司法是指国家司法机关根据法定职权和程序,具体运用法律处理案件的专门活动;狭义的司法仅指与立法、行政相对应的法院的审判活动。② 关于制度的理解,根据《辞海》的解释,"制度"是指(1)要求成员共同遵守的、按一定程序办事的规程或行动准则,如工作制度、学习制度。(2)在一定的历史条件下形成的政治、经济、文化等各方面的体系,如社会主义制度。③ 笔者在此选择第一种含义进行引用。综上,"人权司法保障制度"是指国家司法机关执行的,有关支持或确保直接关系到人得以维护生存,从事社会活动所不可缺少的最基本权利得以实现的,共同遵守的规程或行为准则。

"人权司法保障制度"具有以下特点:

第一,"人权司法保障制度"侧重于从司法的角度来保障人权的实现。在国际人权法的视野里,司法的人权保障主要包括:一是作为前设人权的"司法请求权",即参与司法过程的个体享有对主持司法的法院、法官或其他司法主体的请求权;二是作为基本人权的"公正审判权",即公民获得法院公正审判的权利;三是作为新兴人权的"获得司法帮助权",主要是指对贫困者的法律援助和公益诉讼等制度。④ 作为法律运行四个环节"立法、执法、司法、守法"的一部分,"人权司法保障制度"的最大特点就在于其鲜明的司法性。这一特点要求"人权司法保障制度"务必遵循司法活动的基本规律、遵守现代正当司法理念,严格区分和远离行政化的雾霾,顺应现代法学思维回应型司法的基本特点。

第二,设计"人权司法保障制度"的目的就是切实维护和保障人权。为

---

① 张文显:《法哲学范畴研究》,中国政法大学出版社2001年版,第401页,转引自樊崇义:《检察制度原理》,法律出版社2009年版,第300页。
② 李龙:《法理学》,武汉大学出版社2011年版,第231页。
③ 辞海编辑委员会:《辞海》(上),上海辞书出版社1999年版,第523页。
④ 李龙:《法理学》,武汉大学出版社2011年版,第234—235页。

实现此目的,人权司法保障的制度设计会遵循一系列最基本的法律公正法则,诸如权力谦抑原则、权利救济原则、人道主义原则、司法最终裁决原则等基本要求,同时也会建立诸如非法证据排除等一系列程序性制裁措施,通过对一些侵犯人权的违法行为进行程序性制裁来否定其正当性,从而在反面维护和保障人权。

第三,人权司法保障制度是一个综合的、立体的网状格局。鉴于人权含义的复杂性,我们无法通过一个或数个简单的国际公约、刑事司法准则等其他国际性法律文件或国内法律、法规就企图予以完整的概括和引用。人权司法保障制度的完善,涉及到宪法、行政法、刑事诉讼法、行政诉讼法、民事诉讼法、民法等诸多部门法,而且随着国际人权事业的不断进步与发展,随着人类社会文明的积累、财富的不断集聚,人权的种类与形式也自然会不断更新和补充。因此,在这个体系和内容极为丰富的知识结构中,人权司法保障制度也会不断处于稳定与发展的动态平衡之中。

二、完善人权司法保障制度的意义

（一）完善人权司法保障制度是推进中国法治建设的重要内容

2010 年中国特色社会主义法律体系已经形成,党的十八大报告提出了"科学立法、严格执法、公正司法、全民守法,坚持法律面前人人平等,保证有法必依、违法必究"的依法治国总要求,明确提出到 2020 年"依法治国基本方略全面落实、法治政府基本建成、司法公信力不断提高、人权得到切实尊重和保障"的奋斗目标。

"人权司法保障制度"突出"司法"的救济功能,能为公民被侵犯的人权提供充分的程序救济,成为维护整个社会公平正义的最后一道防线。人权司法保障制度的内容更直接关系到公民基本的生存权、发展权,与公民的日常生活密切相关,是人民日常生活所必不可少的系列权利。保护好、发展好这些权利,有利于促进公民个人的全面、协调发展,也有利于整个社会的和谐与稳定。在这样一种充满公正、秩序的法治文化熏陶下,公民的法治思维、法治习惯会被逐渐养成,从而在根本上孕育了法治中国建设的思想基础和力量源泉。

(二)完善人权司法保障制度是衡量我国人权状况的重要指标

人权的概念,不但是对法律价值概念的发展,而且是现代社会对法律价值最典型的抽象表达。法治的时代,必然要求司法制度体现保障人权的理念。[1] 近半个世纪以来,保障人权、发展人权已经成为国际社会的普遍认识和不可阻挡的历史洪流。二战以来,一系列有关人权的国际法律文件陆续公布,主要包括《世界人权宣言》《公民权利和政治权利国际公约》《经济、社会及文化权利国际公约》《禁止酷刑和其他残忍、不人道或有辱人格的待遇或处罚公约》《少年司法最低限度标准规则》《联合国囚犯待遇最低标准规则》等。中国政府继 1997 年 10 月签署加入《经济、社会及文化权利国际公约》之后,于 1998 年 10 月又签署加入了《公民权利和政治权利国际公约》。

司法领域中的人权保障如何,是一个国家人权发展水平的重要标志,反映着一个国家、一个民族的民主、进步、文明的程度。[2] 我国人权司法保障制度的设计和运作是贯彻落实以上国际人权公约的具体实践,是顺应现代国际社会对人权价值崇高追求的职责使命所在。通过人权司法保障制度的不断摸索与实践,逐渐缩小我国人权司法保障制度与国际人权公约的差距,争取让我国已经签署加入的国际人权公约能在最短的时间内批准生效,这既是对国际人权事业发展的整体贡献,也是树立我国良好国际形象的重要渠道。

(三)完善人权司法保障制度是实现司法文明的重要前提

司法文明是指司法机关在长期处理各类案件与争议过程中所创造的先进的法律文化及其各种表现形式的总和,它是社会的物质文明、精神文明、

---

[1] 陈绘春:"论司法领域人权保障机制的构建",东北师范大学 2006 年硕士论文,第 3 页。
[2] 同上。

政治文明在司法领域中的表现方式。它是司法活动发展进步的一种状态,是人类社会在长期的司法活动中所积累、创造的精神成果、物质成果和政治成果的总合。① 在内容上,司法文明包括三个基本要素,即恪守"以人为本"的司法理念、追求"正义与效益"的司法制度,遵循"正当法律程序"的司法行为。② 在核心要求上,即体现"尊重人格、合乎人性、体现人道、体恤人情、保障人权。"③

司法文明的理论基础就在于以人为本,充分尊重每一个公民的诉讼主体地位,保障每一位公民各项权利的行使和实现。人权司法保障制度的设计,直接背离和反对原始的、野蛮的、不人道的司法方式,是人类社会文明进步的必然产物,也符合司法文明的内在机理与时代要求。

完善人权司法保障制度的最大意义和操作性就是在于通过各种精密、正当法律程序的设置,千方百计的减少国家公权机关对公民个人私权的侵害,为天生就具有扩张本性的公权力运行设置层层阻碍和过滤装置,尽最大可能避免公权对私权的伤害;在这种阻碍和过滤装置的作用下,野蛮的、愚昧的、未开化的各种司法行为会被有效遏制,即使未被得到及时遏制,事后也可以通过人权司法保障制度周密的司法救济程序予以弥补。通过这些文明与野蛮、人道与非人道司法方式的对比与抗衡,通过一些持续性的、连贯性的、反复性的程序性制裁,那些不科学的司法理念会逐渐匿迹、那些不正义的司法制度会慢慢瓦解、那些不文明的司法行为会不再出现。

三、完善人权司法保障制度的基本原则

(一) 程序法定原则

程序法定原则是一切程序法所要求的最基本原则,它包括两层含义:一

---

① 参见李莉:"论司法文明",海南大学 2006 年硕士论文,第 3 页。
② 参见樊崇义:《刑事诉讼法再修改理性思考》,中国人民公安大学出版社 2007 年版,第 560—570 页。
③ 陈浩铨:《刑事诉讼法哲学》,法律出版社 2008 年版,第 95 页。

是立法方面的要求,即所有司法程序应当由法律事先明确规定;二是司法方面的要求,即一切法律程序均应当依据国家法律规定进行。①

程序法定原则对人权司法保障制度的最基本要求就是所有对人身自由、生命财产等与人权密切相关的各项权利的限制必须遵循法定的程序进行,必须遵守一系列最基本的诉讼原则,严格规范和限制公权力的行使,确保公权力的行使一直沿着法制的轨道进行,没有任何超越法律权限,违反法律程序的行为发生。

(二) 人本主义原则

人本主义是指人是法律之本,如果没有人,任何法律都无存在的必要,也无存在的可能。在西方,"人本"源于拉丁文"humanus",意大利 14、15 世纪的世俗异端文人用它来表示与正统经院神学研究对立的世俗人文研究。而在英文中,"人本"又称"人文",人文为"humanity",有三个基本的含义:人道或仁慈,人性,人类。当"humanity"以复数形式出现时,它便指人文学科,即研究人类价值判断和精神追求的学科,以探求人生的价值、寻求人生的意义为研究目的,从而帮助人们树立正确的人生观、世界观、价值观,使社会人生更趋完美和和谐。②

人权司法保障制度中的人本主义,含有这样的一种基本理念,就是在整个司法程序中尊重个人的自由、权利和人格尊严,在制度设计上将人(特别是那些权利最易被抹杀的犯罪嫌疑人、被告人)以"人"相待,承认并尊重其主体地位和诉讼权利,给予其作为人应有的礼遇,反对将其物化、客体化、工具化。③

---

① 宋英辉:《刑事诉讼原理》,法律出版社 2003 年版,第 71 页。
② 樊崇义:《刑事诉讼法哲理思维》,中国人民公安大学出版社 2010 年版,第 161—162 页。
③ 参见樊崇义:《迈向理性刑事诉讼法学》,中国人民公安大学出版社 2006 年版,第 72—77 页。

(三) 权力谦抑原则

谦抑原则本是刑法学上的一个基本术语,借用在此,基本含义是指对于公权力的克减和限制。权力谦抑原则是针对司法实践中一直注重公权力的扩张,却漠视人权保护的弊端而提出的思想观点。它的宗旨是改变司法实践中刑罚化、有罪推定、滥用强制措施、刑讯逼供等状况,使人权司法保障制度朝着更加文明、人道、和缓、克制、妥协、宽容的方向发展。①

人权司法保障制度确立权力谦抑原则有利于更好地树立保护人权的理念,严格控制公权力的行使范围,确保公权力的行使始终处于一种谦和、低调、保守的行使状态,从而尽最大限度的减少对私权利所带来的伤害。

(四) 权利救济原则

何为救济? 在汉语中,"救济"一词的通常含义是救援、救治、救助或援助等,是指对那些陷入困境的人实施的物质意义上的帮助,以使受救济的人摆脱困境或暂时脱离险境。② 在法学领域,则是指某种权利受到或可能受到某种行为侵害时,如何矫正和补救的问题。③《牛津法律大辞典》云:"救济就是纠正、矫正或改正已发生或业已造成伤害、危害、损失或损害的不当行为。"④

"有权利必有救济"、"无救济则无权利",这是一条法律人再耳熟能详不过的法律公理。从权利诞生的那一刻起,权利就与救济密不可分,共同构成权利实体的两个不可分割的部分。一方面,权利的实现必须依靠救济。如果权利受到侵害时却缺乏一种有效的弥补、矫正、纠正办法和机制的话,那些规定得再多、设计得再完美、再细致、再科学、再完善的各项

---

① 参见郭云忠:"刑事诉讼谦抑论",中国政法大学2005年博士论文,第4页。
② 中国社会科学院语言研究所词典编辑部编:《现代汉语词典》(2002年增补本),商务印书馆2002年版,第2002页。转引自金川:《罪犯权利缺损与救济研究》,清华大学出版社2008年版,第74页。
③ 谢佑平:《刑事救济程序研究》,中国人民大学出版社2007年版,第5页。
④ 汪勇:《理性对待罪犯权利》,中国检察出版社2010年版,第195页。

权利也无非就是空中楼阁、一纸空文,失去了权利设计者、制定者预想的成效和意义,其实践操作性自然也大打折扣;另一方面,救济在本质上也是一种权利,是权利的另一种表达方式和形式。具体体现在:当实体权利受到损害时,法律会自然派生出一种自行解决或请求司法机关及其他机关给予解决的权利,这种权利就是救济权。可见,救济权的产生必须以原有实体权利受到侵害为基础,如果原权利没有纠纷或冲突就不会产生救济权,救济权是相对于主权利的助权。① 正是因为权利和救济如此粘连与相互伴生的关系,在英国1703年的"阿什比诉怀特案"中,首席大法官宣称:"一个人得到救济,也就得到了权利;失去救济,也就失去了权利。"②

公权力天生的扩张性导致公民的基本人权更容易受到侵犯,因此人权司法保障制度更应该充分体现权利救济的要求。要通过一系列救济制度的设置和运作,来弥补、匡扶和矫正那些因侵犯而失去的权利。由此才能一直确保人权司法保障制度的完整、尊严和可操作性。

四、完善人权司法保障制度的基本内容与要求

近年来,我国的人权保障事业取得了令人瞩目的成绩,加强人权保障也一直成为司法改革的重要目标。具体表现在,中国的立法机关2004年颁布宪法修正案,将"国家尊重和保障人权"载入宪法;2012年修改的刑事诉讼法将尊重和保障人权写入总则。中国司法机关依法采取有效措施,遏制和防范刑讯逼供,保障犯罪嫌疑人、被告人的辩护权,保障律师执业权利,限制适用羁押措施,维护被羁押人的合法权益,加强未成年犯罪嫌疑人、被告人的权益保障,严格控制和慎用死刑,健全服刑人员社区矫正和刑满释放人员帮扶制度,完善国家赔偿制度,建立刑事被害人救助等制度,努力把司法领

---

① 参见程燎原、王人博:《权利及其救济》,山东人民出版社1998年第2版,第358页。
② 赵运恒:《罪犯权利保障论》,法律出版社2008年版,第155页。

域的人权保障落到实处。①

但是,我国司法对人权的保障还存在范围狭窄,不够全面的缺陷。比如,法院的受案范围不能适应我国人权保障事业发展的需要。行政诉讼受案范围过于狭窄。公民提起行政诉讼的范围主要局限于行政机关侵犯行政相对人的人身权和财产权的情形,行政机关的抽象行政行为排除于司法审查之外。另外,宪法赋予公民的许多基本权利和自由无法通过行政诉讼的渠道得到救济,一些具体法规诸如《集会游行示威法》《社会团体登记管理条例》和《城市生活无着的流浪乞讨人员救助管理办法》中不但没有对公民诉权的规定,反而在程序上限制公民权利的行使。对基本人权的一些领域,尤其是公民的基本政治权利,无法寻求最基本的司法救济。还有,现行的社会权利保障立法,如《教育法》《妇女权益保护法》《未成年人保护法》等,尚无司法救济程序的规定。在住房、医疗等社会保障领域主要以出台公共政策进行调整,尚缺乏统一的立法,法律实施机制仍不健全。②

再以刑事法领域为例,在司法的程序理念上,"重打击罪犯、轻保障人权"、"重实体、轻程序"、"有罪推定"的思想仍然比较严重;检察权、审判权的权力配置不甚合理,当前侦查机关的自我授权现象依然比较严重,缺乏对侦查机关必要和可行的侦查监督制约机制,某些侦查机关往往在自己侦办的案件中充当了自己的法官,违背了最基本的自然正义原则。

2013年11月十八届三中全会通过的《中共中央关于全面深化改革若干重大问题的决定》(以下简称《决定》)明确提出了"推进法治中国建设"的目标总要求,为我国人权司法保障制度建设阐明了基调,也树立了信心。《决定》强调,要深化司法体制改革,加快建设公正高效权威的社会主义司

---

① 中华人民共和国国务院新闻办公室:《中国的司法改革》白皮书,2012年10月9日发布,http://www.gov.cn/jrzg/2012-10/09/content_2239771.htm,2014年1月21日访问。
② 刘旭:"司法保障人权机制推进路径探析",《重庆交通大学学报(社科版)》2007年第2期,第28页。

法制度,维护人民权益,让人民群众在每一个司法案件中都感受到公平正义。《决定》还从维护宪法法律权威、建立科学的法治建设指标体系和考核标准、深化行政执法体制改革、完善行政执法程序、确保依法独立公正行使审判权检察权、建立符合职业特点的司法人员管理制度、健全司法权力运行机制等方面进行了论述,这些围绕"法治中国建设"总目标的若干细则要求,为我国人权司法保障制度的运行提供了良好的法制运行外部环境和条件。《决定》还特地具体要求了"完善人权司法保障制度"的几项重点工作,包括"国家尊重和保障人权"宪法性原则的确立,在刑事司法领域进一步规范查封、扣押、冻结、处理涉案财物司法程序;顺应民众的司法期待、回应社会热点,下大力气纠正冤假错案,健全错案防止、纠正、责任追究机制;切实解决司法顽疾、严禁刑讯逼供、体罚虐待,严格实行非法证据排除规则;顺应国际刑事法发展趋势,逐步减少适用死刑罪名;解决劳动教养制度异化问题,果断废止实施56年的劳教制度;完善对违法犯罪行为的惩治和矫正法律,健全社区矫正制度;在对弱势群体的司法救助上,健全国家司法救助制度、完善法律援助制度;强化律师队伍建设,完善律师执业权利保障机制和违法违规执业惩戒制度,加强职业道德建设,发挥律师在依法维护公民和法人合法权益方面的重要作用。可以说,《决定》的纲要性措施的出台,为我国人权司法保障制度的设置、运行提供了宏观上的政策指南,也是未来十年我国人权司法保障制度的行动方向。

鉴于人权司法保障制度是一个非常庞大的系统工程,体系丰富、内容繁多,就如何完善人权司法保障制度,笔者仅择其要点简论如下:

(一)牢固树立正当程序理念

正当程序,也称正当法律程序,是指国家在剥夺或限制公民、法人的权利时,必须经过正当合理的法律程序,否则就不得作出此类决定。正当程序的功能,一方面在于使权利行使的形式合法化,即可促使决策的最佳化、吸收当事者的不满、限制决定者的恣意、减轻决定者的责任风险、增强决定的可预见性、权威性和可执行性等;另一方面在于保证权力行使的实质合法性。最合理的权力不仅要在形式上合法,还应当在实质上合法。也正因为正当程序的这些功能,正当程序起源并在早期发展于英国后,在美国获得了巨大发展,并从一个少数国家的权力行使原则发展为一个区域性人权保障原则,并最终成为一个国际性的人权保障原则,为《联合国宪章》《世界人权宣言》《公民权利和政治权利国际公约》《执法人员行为守则》《禁止酷刑和其他残忍、不人道或有辱人格的待遇或处罚公约》《关于司法机关独立的基本准则》《联合国少年司法最低限度标准》《保护所有遭受任何形式的拘留或监禁的人的原则》《关于律师作用的基本原则》《关于检察官作用的准则》所吸纳。①

人权司法保障制度要求对一切有关公民生命权、自由权、财产权、经济社会和文化等权利的剥夺必须严格遵守法定的正当程序,严格杜绝和防止有超越法律权限、践踏法律尊严等违法行为的发生,切实尊重程序的正当性要求,实现"程序法定、程序人道、程序中立、程序平等、程序自治、程序公开"等底线正义要求。

(二)切实遵循司法的规律和特征

人权司法保障制度侧重于从司法层面来保障人权,因而其制度设计中必须充分尊重和体现司法的基本规律和特征。作为法律运行的一个环节,司法具有不同于立法、执法和守法的鲜明特征。司法的特征集中表现在司法的被动性和透明性。司法的被动性要求司法应该保持一种不同于立法和执法的消极性,在处理事务和情感对待上务必采取理性克制的办法,从而确保司法的中立性;而司法的透明性,主要是指司法的裁判过程一般应向公众公开、允许媒体采访报道、允许社会公众旁听,裁判所依据的法律和理由也应当说理充分,并尽可能公开透明。

在司法规律方面,司法区别于行政的最大特点就是其独具的诉讼性,而

---

① 樊崇义:《刑事诉讼法哲理思维》,中国人民公安大学出版社2010年版,第333—334页。

非行政的直线性。司法的鲜明特点在于"两造具备,师听五辞",即典型的"三角诉讼结构",如果任何司法活动不具备这一典型样态,司法则只会沦落为行政强制和行政强权的悲惨命运。

遵循上述规律和特征,人权司法保障制度的设计必须鲜明的体现司法的被动性、透明性和诉讼性特点。被动性要求人权司法保障制度必须严格贯彻不告不理原则,合理区分公权与私权的界限,在行使公权的过程中要尽一切可能避免对私权的伤害;透明性则要求人权司法保障制度必须在阳光下运行,增强媒体和民众对司法全程的监督,充分保障他们的知情权与诉讼参与权,切实保障司法的公正与高效运行;诉讼性则要求人权司法保障制度不得成为强者对弱者的肆意践踏,不得蜕变为强权对私权的简单线型攻击,而必须始终保持一种平等武装、裁判居中的三角结构,对于当事人不认可的司法裁判结果还应当允许其申请复议、赋予诉讼双方向更高一级司法机关提起申诉的权利。

(三)合理配置审判权与检察权

一般认为,审判权是国家赋予审判机关即人民法院审理和判决案件的权力。检察权则是人民检察院行使的主要包括侦查权、批准逮捕权、公诉权和法律监督权等权力。学理上将其总结概括为包括公诉权和监督权在内的"职权二元论"。其中,公诉权包含了检察机关对少数案件的侦查权,监督权则主要包括侦查监督、审判监督和执行监督等权力。

合理配置审判权与检察权的前提之一就是必须确保依法独立行使审判权检察权。人民法院、人民检察院依法独立行使审判权检察权,不受行政机关、社会团体和个人的干涉,是我国宪法确立的一项重要原则。党的十八大报告和《中共中央关于全面深化改革若干重大问题的决定》也再次强调要确保审判机关、检察机关依法独立公正行使审判权检察权。切实保证审判权检察权依法独立公正行使,有利于完善人权司法保障制度内在结构、有利于提升人权司法保障制度精神内涵,有利于促进我国人权事业的整体建设与发展。

合理配置审判权与检察权还必须遵循诉讼原理,明确两者之间的区别与特点。对审判权而言,要切实增强法院的审判中心主义地位,明确司法最终裁决原则,增强审判权的权威性和终局性;要视司法公正作为最大价值目标,切实恪守法院和法官的中立地位,在人权司法保障制度运行中扮演好消极角色,为塑造我国司法权威和司法公信树立良好形象。

对检察权而言,要合理区分和处理好公诉权和监督权的关系。公诉权方面,要切实履行检察机关最基本的"客观义务"要求,区分好人权司法保障制度中的一般侵权和重大侵权、是否追责与免于追责,科学合理的运用起诉裁量权;监督权方面,要切实加强检察机关的法律监督职能,尤其是对于人权司法保障制度领域适用人身强制措施、超期羁押、刑讯逼供等重大违法行为,以及查封、扣押、冻结、处理涉案财务等司法程序加强监督。

(四)加强对弱势群体的保护

一般而言,弱势群体是指儿童、老年人、残疾人、精神病患者、失业者、贫困者、下岗职工、灾难中的救助者、农民工、非正规就业者以及在劳动关系中处于弱势地位的人。由于这类群体一般处于事实上的弱势地位,其生存权利、人身权利、政治权利、经济、社会和文化权利在现实生活中更难以得到有效保障。重视和加强弱势群体的人权司法保障制度,是促进社会和谐、维护社会公平正义、促进全社会健康有序协调发展、增进全民整体认同感、幸福感指数的有效途径。

人权司法保障制度要充分关注和支持弱势群体的人权保障诉求,充分赋予其足够的诉讼权利和救济手段。通过人权司法保障制度和司法手段,首先确保他们基本生存权和发展权的满足,在满足他们基本生存权的前提下,保障他们的平等权、选举权、被选举权、言论出版集会结社游行示威自由权、监督权、批评建议权、控告检举权、申诉权、人身自由权、公民的住宅不受侵犯权、公民财产权、工作权、休息权、包括社会保险在内的社会保障权利、身心健康权、受教育权、参加文化生活权、妇女、儿童以及家庭、婚姻自由受保护等政治、经济、社会和文化权利的实现。要健全司法救助制度,切实保障被害人、困难当事人的合法权益,加大对他们的救助和扶持力度;要完善法律援助制度,普及法制教育,确保弱势群体能免费获得法律专业人士的帮助。确保全社会包括弱势群体在内的每一个公民的人权都能得到保障和尊重,这既是最基本的人道主义要求,也符合人权司法保障制度设计之"善"与"正义"的价值追求。

《世界人权宣言》第一条中"良心"一词的儒学解读
——一种尊重历史的视角[*]

朱力宇[**] 化国宇[***]

摘 要:张彭春在《世界人权宣言》的起草过程中,运用儒家学说,向其他国家的代表解释了中国的某些人权观念。《宣言》第一条中关于"良心"的表述,被公认为是他将儒家"仁"的思想的引入。张彭春主张的"良心"又含有互相理解、体谅的内涵:要求互相承担一种克己义务,顾及他人,不过分行使权利,不逾越人我之间的界限,即孔子所说的"己所不欲,勿施于人"。张彭春倡导的"仁"的理念还意在提示人权的道德伦理性,进一步论证了人权进步与教育的关系。世界人权观是多彩、包容与交流互鉴的。所以,应当从尊重历史的视角,研究并理解张彭春特别是儒家思想对《宣言》的贡献。

关键词:张彭春 人权 儒学 良心 仁

---

[*] 本文是在由朱力宇命题并指导、化国宇撰写的博士论文《人权活动家张彭春与〈世界人权宣言〉》的某些章节的基础上,根据第七届北京人权论坛的主题,由朱力宇和化国宇改写而成。——编者
[**] 朱力宇,中国人民大学法学院教授、博士生导师,中国人民大学人权研究中心执行主任,中国人民大学欧洲问题研究中心研究员,法律硕士教育工作委员会主任。——编者
[***] 化国宇,中国人民公安大学法学院讲师、硕士生导师。——编者

人人生而自由,在尊严和权利上一律平等。他们赋有理性和良心,并应以兄弟关系的精神相对待。

——《世界人权宣言》第一条

作为联合国合法性基石之一的国际人权法体系,是以《世界人权宣言》(以下简称《宣言》)为根柢发展而来的。第二次世界大战之后,国际社会基于对残酷的侵略战争和大规模侵犯人权现象的反思,在联合国的主导下制定了《宣言》这一世界性的人权法律文件。《宣言》列出了一张人类应当享有的基本权利和自由的清单,并建构了各国在人权领域应当努力实现的目标。换言之,《宣言》编织了一个世界性的人权梦。而在这一人类绚丽美好的梦境中,中华文明以及儒学思想,贡献了自己的浓墨重彩。具体而言,这一贡献在起草《宣言》的过程中,是通过人权活动家张彭春来完成的。

一、张彭春:《世界人权宣言》及其第一条的起草者

现今,人们往往把《宣言》这一国际范围内的第一个真正的世界性人权文件与西方人权观联系起来,而忽略了其中其他民族的思想资源要素。其实,这一普世的人权文件是世界范围内多种文明思想通过沟通交流才产生的。在西方人权理念资源之外,中华文明和儒家思想也做出了重大贡献。

《宣言》的大部分研究者普遍认同,在起草过程中,18个人权委员会成员国的代表团和8个起草委员会成员国的代表们都做出了巨大的努力和贡献,很难断言谁的角色更为重要。"即使是经常在诸多方面固执、刁难的苏联代表,也提出了极有价值的建议"[1]。然而,许多研究者还认为,其中有五位成员在起草过程中贡献最多,他们是:美国代表埃莉诺·罗斯福、中国代

---

[1] Sam Macfarland, *A Tribute to the Architect, Eleanor Roosevelt, Peng-chun Chang, Charles Malik, John Humphrey and René Cassin*, paper presented at the International Society of Political Psychology, Paris, July 2008.

表张彭春、黎巴嫩代表查尔斯·马立克、法国代表勒内·卡森①和加拿大代表约翰·汉弗莱。

中国代表张彭春(1892年10月21日—1957年7月19日),又名蓬春,字仲述,天津人,是南开学校创始校长张伯苓的胞弟。他1908年毕业于南开中学,后赴美在克拉克大学和哥伦比亚大学学习心理学、社会学、教育学和哲学,获得克拉克大学文学学士和哥伦比亚大学文学硕士和教育学硕士学位。1919年6月进入哥伦比亚大学攻读博士学位,继续学习哲学和教育。张彭春曾任南开新剧团副团长、导演,南开大学教授、代理校长和清华大学教务长,以及中华民国政府外交官等。他不仅在南开大学、清华大学的创办方面做出了重要贡献,还在外交事务中发挥了重要的作用,他在戏剧艺术方面的建树更是向来为人称道。他在联合国任经济及社会理事会中国常任代表,兼任人权委员会副主席。后又任联合国新闻自由会议中国首席代表和安全理事会中国代表,还是世界卫生组织的发起人之一。联合国的官方网站评价张彭春为剧作家,哲学家,教育家和外交家。②

张彭春同时还兼任《世界人权宣言》起草委员会的副主席,也是其中唯一能够代表亚洲人权观念的起草成员。在制定《宣言》的两年时间里,起草工作并不是一帆风顺的,人权委员会和起草委员会遇到了来自各方面的阻力,也遇到了诸多想象不到的困难。张彭春是制定和通过《宣言》最为坚定的拥护者和支持者。张彭春最为中外学者所称道的,是他在起草过程中运用儒家学说,向其他国家的代表解释了中国的人权观念,从而使不同思想派别达成妥协,并在辩论过程中创造性地解决了很多僵局。法国法兰西学院院士米海尔依·戴尔玛斯-马蒂(Mireille Delmas-Marty)指出,张彭春实际

---

① 关于勒内·卡森的贡献,还可以参见化国宇:"勒内·卡森对《世界人权宣言》的贡献",《人权》2013年第6期。
② 即Playwright,philosopher,educator and diplomat,参见联合国对张彭春的介绍,载联合国官方网站,http://www.un.org/depts/dhl/udhr/members_pchang.shtml,访问时间:2013年10月21日。

上发挥了比一般人通常所说的要大得多的作用。这位外交官兼剧作家和哲学家在起草工作启动之初即提交了他自己的方案，因而他被推选为起草委员会的副主席。① 也正是由于张彭春的努力，《宣言》的起草工作才得以顺利进行。法国代表勒内·卡森事后回忆说："全靠他用适当字句，摒除障碍，《世界人权宣言》得以顺利通过。"② 中国学者卢建平中肯的评价是："由于他的折冲樽俎，宣言的起草才得以顺利进行而免于流产。"③

由于张彭春将儒家关于人权的理论和学说介绍给人权委员会和其他联合国成员国，因而在人权委员会，他被别国代表视为"东方文明"的代言人。同时根据笔者的研究，在起草过程中，他对很多条款的形成和确立都产生了直接或间接的影响，其中包括但不限于：第 1 条和第 2 条平等不受歧视的权利条款、第 6 条法律人格权条款、第 7 条受法律平等保护的权利条款、第 14 条寻求和享受国际庇护权条款、第 20 条和平集会和结社自由权条款、第 21 条政治参与权条款、第 24 条休息和闲暇权条款、第 25 条获得一定生活水准及社会服务的权利条款和第 26 条教育权条款；等等。

张彭春更为重要的贡献还在于，他为《宣言》以及世界人权理论注入了儒家的核心理念——"仁"。《宣言》第一条中关于"良心"的表述被公认为是张彭春将儒家思想引入《宣言》最为显著的标志，这也是张彭春受到中外学者广泛赞誉的重要原因。因此，本文也主要以他在《宣言》第一条的起草中的作用和贡献为研究对象。

二、"仁"：作为《世界人权宣言》中"良心"一词的思想来源

如前所引，《宣言》第一条的后半句写道："他们赋有理性和良心，并应以兄弟关系的精神相对待。"其中，"理性"（reason）的观念是基于马立克的

---

① 米海尔依·戴尔玛斯－马蒂："当代中国的依法治国进程：进展与阻力"，石佳友译，《中外法学》2003 年第 2 期。
② 崔国良、崔红编：《张彭春论教育与戏剧艺术》，南开大学出版社 2003 年版，第 708 页。
③ 卢建平："张彭春和《世界人权宣言》"，《南方周末》2008 年 12 月 25 日第 D25 版。

建议而加入的,而"良心"(conscience)一词则完全是张彭春的贡献。原本勒内·卡森草案的第一条为"人人都是一个家庭的成员,拥有平等的尊严和权利,并且应当互相像兄弟般对待",其中并没有出现"理性"和"良心"的措辞。后来卡森、马立克和英国代表杰弗莱·威尔逊组成的工作组又举行了两次会议,将上述内容修改为:"人人皆为兄弟。作为被赋予理性的一个家庭的成员,他们是自由的并拥有平等的尊严和权利。"①更改的内容除了调整了语句的顺序之外,还按照马立克的要求增加了"赋予理性"这一契合西方理性主义传统的措辞。

在起草委员会第一届八次会议上,罗斯福夫人对这一表述感到满意。张彭春也就此表达了他的意见。他说:"应当在'理性'基础上增加一项理念,如果从汉语的字面翻译过来应当是'人与人的互相感知'(two-man-mindedness)。相当于英语中的'同情'(sympathy)或者'对同伴的感知'(consciousness of one's fellow men)。"他认为这一新的理念应当被看作是人的基本属性。② 张彭春所说的"人与人的互相感知",即是儒家的核心思想"仁"。他更为详细地阐述了这一来源于儒家,然而却应该为世界所有人所共有的理念:"仁"是一个人(在自己有需求时)能够感受到他人与自己具有同样的需求,而在享有权利时,能够考虑到他人也拥有同样的权利。③ 卡森从张彭春的建议中受到启发,他认为张彭春所说的"仁"类似于法国启蒙思想中的"博爱"思想,因此他认为增加这一措辞之后,第一条的表述就将"自由、平等和博爱"都包含了进来。④ 这使卡森联想到卢梭的"同情"(compassion)概念。马立克和英国代表威尔逊建议将"仁"翻译为"conscience"(良心)一词,张彭春最终勉强接受了这一建议,所以委员会决

---

① Official document of the United Nations: E/CN.4/AC.1/W.1, p.2.
② Official document of the United Nations: E/CN.4/AC.1/SR.8, p.2.
③ Chung-Shu Lo(罗忠恕), "Human Rights in the Chinese Tradition", *Human Rights: Comments an Interpretations*, edited by UNESCO, New York, Columbia University Press, 1949, pp.186-187.
④ Official Document of the United Nations: E/CN.4/AC.1/SR.8, p.2.

定用"conscience"作为对"仁"的翻译。

应当说,张彭春之所以"勉强",因为这确实是一个非常西方化的翻译,甚至还是一个并不太达意的翻译。因为在英语中,"conscience"一词通常是用于"良心自由"(freedom of conscience)的表述之中。根据《牛津法律大辞典》的解释,"良心"是指"判断自己和他人的动机或行为的道德水准,赞成或谴责其善恶的精神能力或才能。"①其大体上可追溯到14世纪在英国发展起来的以"正义、良心和公正"为基本原则的衡平法,衡平大法官就被视为国王良心的维护者;同时,良心自由又与宗教容忍相伴随,②继而发展为与宗教自由和言论自由关系紧密的一个个体人权范畴,因而这一概念在法哲学上带有强烈的个人主义色彩。无论从正义观念或个人自由的角度来理解"良心",它都与张彭春希望传达的"仁"的内涵,即"人与人的互相感知"不无扞格。

关于"仁",其提出者孔子本人也未曾给出清晰定义。孔子的思想倾向于亲践的、伦理的,而非理论的、形而上的"仁",因此他只是尽可能通过设定具体的情景和事件来表达在他的哲学视角下"仁"的含义。③ 而且此后经历代儒家及当代新儒家的发展,"仁"已经成为一个含义极为丰富的概念,甚至成为儒学理论大厦的根基。所以,笼统地谈论"仁"的概念并不能更清楚、确凿地解释张彭春在《宣言》中注入的"仁"的观念(或说对"良心"一词的正确解读),我们应当用尊重历史的视角去寻求答案。

尽管《宣言》起草委员会的会议记录对于张彭春关于"仁"或"良心"的解释记叙的并不详细,仅提到张彭春向他国代表解释说,"仁"在字面上解释为"人对人的感知",大体上相当于英语中的"怜悯"(sympathy)或者"对

---

① 戴维·M.沃克(David M. Walker):《牛津法律大辞典》,李双元等译,法律出版社2003年版,第247页。
② 参见约翰·范泰尔(L. John Van Til):《良心的自由——从清教徒到美国宪法第一修正案》,张大军译,贵州大学出版社2011年版。
③ 牟复礼(Frederick W. Mote):《中国思想之渊源》,王立刚译,北京大学出版社2009年版,第38—39页。

同伴的感知"(consciousness of one's fellow men);但是他还认为这一新的理念应当被看作是人的基本属性。① 卡森在听完张彭春的解释之后,最终得出的结论是:"'仁'实际上将人和动物区别开来,并同时赋予人较于地球上的其他存在更多的庄严和义务。"②因而张彭春所说的"仁"是带有义务属性的,尤其是对他人的义务。这一结论被张彭春在第三委员会的发言所验证。在讨论第一条是否要保留"以兄弟关系的精神相对待"的表述时,张彭春坚持必须保留,因为它暗含有"责任"的内容,它使得第一条实现了权利和义务的平衡,并且不致使《世界人权宣言》显得像一份自私自利的文本。因此他也同样支持保留第 29 条的义务性规定。③ 他认为对义务和权利的陈述都是《宣言》不可分割的组成部分。他认为这种精神符合中国人对"礼"(manners)和亲切、周到地对待他人的重要性的认知,只有当人的社会行为到达这一水平,他才是真正的人。④ 因此,"仁"强调善待他人的"爱人"⑤义务。换句话说,也就是"忠"的义务,尽力为人谋,中人之心,通过"达人"而"达己"。

联合国第一任人权司司长汉弗莱的日记还记载说,在第三委员会的辩论阶段,张彭春再一次做了有关于"仁"的演说。日记写道:"今早在第三委员会的辩论热烈有趣。张彭春以他号召的'人与人之间的感知'(two man mindedness,即 conscious)为题作了一场非常智慧的演说。他提请那些试图在《宣言》中强加诸如自然法等特殊哲学概念的国家注意,《宣言》针对的是

---

① Official Document of the United Nations:E/CN.4/AC.1/SR.8,p.2.
② Official Document of the United Nations:E/CN.4/AC.1/SR.13,p.4.
③ 《世界人权宣言》第29条:(一)人人对社会负有义务,因为只有在社会中他的个性才可能得到自由和充分的发展。(二)人人在行使他的权利和自由时,只受法律所确定的限制,确定此种限制的唯一目的在于保证对旁人的权利和自由给予应有的承认和尊重,并在一个民主的社会中适应道德、公共秩序和普遍福利的正当需要。(三)这些权利和自由的行使,无论在任何情形下均不得违背联合国的宗旨和原则。
④ Official document of the United Nations: GAOR, Third Session, Proceedings of the Third Committee (A/C.3),pp.98-99.
⑤ "爱人"语出《论语·雍也篇》,"樊迟问仁,子曰:'爱人'。"

全世界的所有人。"①

　　张彭春这次关于"仁"的演讲②阻止了巴西等国家代表要求在《宣言》写进"上帝"和"自然法"的主张。他提醒这些国家代表注意:《宣言》是为全世界的人们而写的,加入"上帝"和"自然法"的概念对于这样一份世界性的人权文件是不合时宜的。中国拥有世界上最多的人口,并且拥有良好的礼节、仪式等等,然而却并没有主张将这些概念加入《世界人权宣言》中去。因此,"他希望代表们应当表现出同样的理解",撤回这些涉及形而上概念的提案。"同样的理解"就是"仁"的要求,也是《宣言》第一条中"良心"的要求。同时,他也借此指出西方"宗教不容忍的时代"已经结束了。张彭春评论说,"中国可能是最不受'宗教歧视'困扰的国家。而且这个事实已经被18世纪的英国哲学家注意到了。"他的言外之意就是,"宗教容忍"在中国的确不构成一个问题。然而在这个世界级人权专家齐聚的人权委员会,在制定具有世界普遍意义的《宣言》的过程中,他却感受到了来自宗教不宽容的阻力。所以,他希望各国秉持一种更为宽容的理念。值得指出的是,在西方和伊斯兰国家,"宗教容忍"至今仍然是重大人权课题。

　　综合上述两方面的回顾,张彭春主张的"良心"又含有互相理解、体谅的内涵。这就是要求互相承担一种克己义务,顾及他人,不过分行使权利,不逾越人我之间的界限,即孔子所说的"克己复礼为仁"③,同样还要承担"恕"的义务,我所不欲的,也是他人所不欲的,要推己及人,也即"己所不欲,勿施于人。"④

---

① A. J. Hobbins, *On the Edge of Greatness: Diaries of John Humphrey, First Director of the UN Division of Human Rights* (*Vol. 1 1948—1949*), McGill-Queen's University Press, 1999. pp. 55-56.
② A. J. Hobbins, *On the Edge of Greatness: Diaries of John Humphrey, First Director of the UN Division of Human Rights* (*Vol. 1 1948—1949*), McGill-Queen's University Press, 1999. p. 55.
③ 《论语·颜渊篇》。
④ 《论语·卫灵公》。

正是由于张彭春站在"良心"立场上的反对,《宣言》第一条最终没有加入任何关于自然(nature)、上帝(God)和造物主(Creator)的表述。换言之,这也体现了中国人和儒家思想中的"宗教容忍"精神。

张彭春希望传达的"仁"的理念也是具有道德性或者伦理性的,因此他主张"伦理思考"在《世界人权宣言》的讨论中"应当引起更大的重视"[①]。他试图通过在《宣言》中增加道德和伦理的因素,将人权与人的道德性相联系,以弥补"理性"一词作为人权思想来源的不足。在西方,自然法源于将理性适用于人的本质,"人的本性"即理性是自然法思考的起点,也被认为是将人区别于世界上其他事物或动物的品质。然而理性本身是中性的,并不具有价值导向和伦理色彩,它只是"通过论点与具有说服力的论据发现真理……通过逻辑的适用而非仅依靠表象获取知识"[②],因而与道德和伦理有着明显的区别。理性智慧并不能给予人权足够的关照,因为它并没有对他人的权利予以足够的考量。张彭春在《宣言》起草过程中不止一次强调"人对人的残酷无情"[③],他认为缺少道德约束是人与人争斗的根源。他在南开修身班演说时就强调过,"社会中之争斗,本意欲求利己,以多获利益为志。然争斗一开,则不惟不利己,且不利群。群亡则己败矣",然而"强群即所以利己也","爱人者人恒爱之。处处为人设想,自无往而不利,且爱为永存……故孔子曰:'仁者不忧'"[④]。"十九世纪的欧洲人民走向狭隘之路并以自我为中心,但经过第二次世界大战之后,人类应该以博大的眼光来看待世界性的问题"[⑤]。因此,对他人设身处地的体恤以及对他者权利的考量,理所应当是当今新国际人权理论研究的重要课题。

---

① Official document of the United Nations: GAOR, Third Session, Proceedings of the Third Committee(A/C.3),p.87.
② 戴维·M.沃克:《牛津法律大辞典》,李双元等译,法律出版社2003年版,第941页。
③ 张远峰:《怀念我亲爱的父亲》,载《张彭春论教育与戏剧艺术》,第610页。
④ 张彭春:"道德与教育之关系",南开《校风》第95期,转引自《张彭春论教育与戏剧艺术》,第51—54页。
⑤ 田沧海:"联合国《人权宣言》的起草功臣张彭春",《华声报》1989年5月19日版。

张彭春主张"仁"和"理性"一样,同属人的本性。而"仁"的要求又高于"理性"。因为,一个人在其所生存的社会中,他必须具有意识到其他人存在的整体观念。在对待他人权利的态度上,"理性"是在"后果主义"的指导下进行的,根据得失利弊而决定是否遵守权利之间的界限,因而自己的利益与他人的利益始终处于一种此消彼长的紧张关系;而"仁"则是从道德出发,主动顾及他人的权利,不逾越人我之间的界限,通过"达人"以致"达己"。因而"理性"是被动的,"仁"是主动的;"理性"强调了人的智慧(生理)面向,而"仁"则强调了人的伦理面向。在张彭春看来,增加"仁"的叙述将有助于人类道德成长及成熟,有助于改变那种纯粹将人权概念作为守护个人利益的围墙的情况。

这正好符合了《宣言》的目的。《宣言》的目的和意图是造就更良好的人性,由此它不应仅仅被当作一项索取个人自我权利的清单。因而,"仁"的理论同时构成了张彭春在人权委员会支持第 29 条限制性条款的理由:"联合国的目标不是确保个人私利的获得,而是应尽力提高人们的道德水准……增加对义务的意识使人能够达到更高的道德水平。"[1]这才是一个"权利与义务大体平衡"的《世界人权宣言》。

尽管"仁"是对人的较高的道德要求,然而又并非不可践行。尽管人在很大程度上是动物,然而人的善良之性使人与动物区别开来。只有当人的社会行为符合"仁"的要求时,他才是真正的人。因而张彭春才认为"仁"与"理性"一样,都是人的本性,"仁"只不过是"与他人日常交往中所遵循的道德生活准则。""仁"的普遍可践性正如张彭春本人在其著作中所描述的那样:"他(孔子)的学说并不要求人们放弃职业或家庭,也不要求他们脱离他人的生活,而是与他人一起生活,以高尚的但并非不能实施的行为准则制约自己。这就是孔子思想至今一直对中国人民的生活有如此巨大的影响的原

---

[1] Official document of the United Nations: GAOR, Third Session, Proceedings of the Third Committee(A/C. 3), p. 87.

因之一。"①

因此,《宣言》文本中所谓的良心不能等同于西方"良心自由"意义上的"conscience"(正义观念),毋宁是儒家所倡导的"良心者,本然之善心。即所谓仁义之心也。"②《宣言》中的"良心"一词,在起草之初实际上意在向世人传达一种"克己"、"忠恕"和"权利义务平衡"的人权观念。

同时,张彭春倡导"仁"的理念还意在提示人权的道德伦理性,从而又进一步论证了人权进步与教育的关系。作为一名儒学的倡导者和资深的教育家,张彭春深信教育对道德的激发和促进作用。他主张"我们信教育者,因之教育为一造道德能力思想之机关,能使人人格高峻,能力增长,思想清明。且欲造新民新国,非教育不为功"③。张彭春曾引用一句儒家经典概括他的民主教育理念:"古之欲明明德于天下者,先治其国;欲治其国者,先齐其家;欲齐其家者,先修其身;欲修其身者,先正其心;欲正其心者,先诚其意;欲诚其意者,先致其知,致知在格物。"④政治、道德和教育的关系在这句儒家经典中被明确地表达了出来。因此张彭春时常提醒委员会不能忽视《宣言》的教育目的和作用,指出应当侧重于通过教育和道德手段促进人权的发展和改善,并促使序言中写入了"努力通过教诲和教育促进对权利和自由的尊重"的表述。而在受教育权的问题上,他也始终秉持"有教无类"的儒家理念,坚持教育对所有人平等开放。

三、结语:世界人权观的多彩、包容与交流互鉴

长久以来,国内外学界对于《宣言》的起草历史,以及每个条款的来龙去脉并未有详细的历史考证和研究,而只是对于其中某些条款的解释做某种法

---

① Peng-chun Chang, *China at the crossroads*, London: Evans Brothers Ltd. Montague House, 1936, pp. 48-49.
② 《孟子·告子上》:"虽存乎人者,岂无仁义之心哉?其所以放其良心者,亦犹斧斤之于木也。"朱熹集注:"良心者,本然之善心。即所谓仁义之心也。"
③ 张彭春:"南开同志三信条",段茂澜记录,南开《校风》第89期,1918年3月17日。
④ 《礼记·大学》。

律文化或法哲学层面的探讨。这当然是可以的。但是实际上,当时很多条款起草的初衷已经与今人的解读相去甚远,若不做尊重历史的研究,则永远无法真正了解其原意。当然,这样也就更无法理解中华文明和儒家思想曾在《宣言》起草过程中起到的重要作用。对于"良心"一词如何写入《宣言》时的争论或沟通就是如此。所以我们认为,《宣言》之所以冠之"世界",对其历史的解读就不能仅止于西方的文明或话语。《宣言》之所以能在联合国最终通过,也说明各国各民族在各自的文化或文明之内寻求对人权的共识是可能的。

2014年3月27日,中国国家主席习近平在巴黎联合国教科文组织总部发表演讲时指出:文明是多彩的,人类文明因多样才有交流互鉴的价值。他还指出:文明是包容的,人类文明因包容才有交流互鉴的动力。中华文明是在中国大地上产生的文明,也是同其他文明不断交流互鉴而形成的文明。[①] 依此而论,中国代表张彭春倡导的儒家思想,特别是这种思想的包容以及同其他文明的交流互鉴,也应当是《宣言》得以通过的最重要原因之一。

所以,在当今世界,有必要通过不断挖掘各民族的人权思想和文化并加以整合,对普遍的人权观念做出符合本国国情的解释,从而形成本民族能够接受的人权理念。同时,还应当积极推进跨文明的整合,求同存异,在国际人权领域达成某些符合各自文化背景的共识,并向国际社会积极主张自己的人权观,通过思想的沟通与交流使其获得理解。这样,才可能在不违背最基本的人权理念的情况下,实现最大限度的理解和包容,使各国之人权能在互相理解和借鉴中发展。

最后需要指出的是,张彭春作为这一践行的典范,他个人学贯中西的学识,包括他对西方文明的深刻把晤和对中国儒学的了然于胸,也是《宣言》及其第一条获得通过所必不可少的。所以,从尊重历史的视角,研究并理解张彭春特别是儒家思想在《宣言》中的贡献,对于打破西方人权观的普世神话,对于构建中国特色社会主义人权理论体系,也是很重要的。

---

① 参见《人民日报》,2014年3月28日第1版。

人权保障与社会稳定

张晓玲[*]

摘　要：人权保障与社会稳定有着内在的联系。人权保障是社会稳定的基石，是化解社会矛盾冲突的基本途径；人权保障也是巩固共产党执政合法性、增强政府公信力的重要手段。尊重和保护人权应当成为社会转型期维护社会稳定的价值共识。加强人权保障，切实解决好社会转型期出现的各种权利问题，是维护和促进社会稳定的治本之策。

关键词：人权保障　社会稳定　对策建议

从人权的视角看，一个社会的稳定状态取决于社会全体成员的权利得到保障的状况；取决于社会成员之间的权利关系、社会成员的权利和公权力之间的关系是否和谐；取决于当权利与权利之间、权利与权力之间出现矛盾时，能否在民主法制的途径上得到妥善解决，从而使人权得到保障。加强人权保障，切实解决好社会转型期出现的各种权利问题，是维护和促进社会稳定的治本之策。

一、人权保障是社会稳定的基石

人权得以保障是社会稳定的基石，也是社会稳定的重要特征。一个人权得到保障的社会才会安全稳定，而社会稳定的目的是为了实现人的幸福

---

[*] 张晓玲，中央党校政法教研部副主任，中央党校人权研究中心主任，教授、博士生导师。——编者

和尊严。离开了人权保障,社会稳定将无从谈起。

(一)人权保障是化解社会矛盾冲突的基本途径

人权保障是社会稳定的底线。人权是属于每一个人的权利。正如《世界人权宣言》宣布的那样:"人人生而自由;在尊严和权利上是平等的。"人权是一个体系,主要包括公民权利与政治权利,和经济、社会及文化权利两大类。这些权利得到了基本保障,特别是人的生存权和发展权得到保障,社会才能实现最基本的稳定。改革开放三十多年来,我国综合国力大大提高,2011年我国GDP总量达到471564万元人民币,位于世界第二,人民的生存和发展状况达到了前所未有的水平。这就为我国政治稳定、民族团结、社会总体安定奠定了最重要、最基本的基础。但是,我国的经济社会发展的水平同世界上发达国家相比,仍然比较低,人均GDP排位处于世界的后列,位于第89位,解决广大人民群众的权利保障的物质基础还比较薄弱,加之正处于社会转型期,伴随着体制转轨,社会矛盾进入高发期,进入了"风险社会"①。

从根本上说,权利是利益的集中体现,社会矛盾冲突表面上看是利益冲突,实质是权利和权利之间的冲突,或者是权利和权力之间的冲突,特别是广大社会底层群体的权益受到损害,歧视和侵犯人权是造成社会矛盾冲突的根本原因。

当前,我国的社会矛盾冲突表现出两个特点:一是权利受损人数众多,权利受损面广泛。例如,农民工、下岗失业工人、失地农民,人数众多,他们的生存权、发展权、财产权、就业权、报酬权、休息权、劳动安全权、社会保障权、受教育权、平等权、知情权、参与权等受到不同程度的损害。二是矛盾冲突的激烈程度在增加。近年来,由于利益受到损害,社会底层的民怨已越聚越多,维权方式日趋激烈:自杀自焚、堵路堵桥等非理性的群体事件、社会泄愤事件等时有发生,这些情况对社会稳定产生了巨大的破坏作用。

---

① 国际经验表明,人均国内生产总值达到3000—5000美元,在这一期间社会矛盾复杂尖锐,特别容易出现社会动荡。

在这种客观情势下,加强人权保障,加强对人权问题的解决,维护广大人民群众的权利,是化解社会矛盾冲突的最有效的基本途径。

从现代国家解决社会危机的经验来看,人权保障是化解社会矛盾冲突、促进社会转型的必然选择。比如,20世纪30年代,美国爆发了经济危机,并导致了社会危机。为了渡过危机,罗斯福上台后推行新政,加强了对底层劳动者的权利保障,承认工会的合法性,承认罢工权,出台了《社会保障法》,保障民众的基本生存权。在1941年他又提出了免于恐惧的自由、免于匮乏的自由、宗教自由、言论自由的"四大自由"主张,并采取了一系列措施,包括积极干预社会的政策,加强了对公民人权的保护。正是通过这些人权措施,帮助美国顺利度过社会危机。而当代西方国家从20世纪40年代以后,社会相对稳定,与它们注重对人权的保障,特别是对底层民众权利的保障,建立了较完善的人权保障制度有很大关系。

而从上个世纪70年代末以来,很多拉美国家的人均GDP已达到3000美元,个别国家甚至超过5000美元,却不断地发生社会动乱。一个重要的原因就是这些国家在经济社会发展中,忽视对民众权利的保障,大多数人民承担了发展的成本,却没有从发展中得到好处。一些拉美国家的基尼系数甚至达到0.6,这是一些拉美国家陷入社会不稳定的深层原因。

(二)人权保障是增强政府公信力的重要手段

社会稳定的一个重要内容就是党和政府同人民群众之间关系的和谐稳定,党执政的合法性得以巩固,政府公信力得以增强。

在现代政党政治下,一个政党能否上台执政并且长期执政,并非取决于强制性的公共权力,而主要依据社会多数成员的自愿服从。正如哈贝马斯所言,"任何一种政治系统,如果它抓不住合法性,那么,它就不可能永久地保持住群众(对它所持有的)忠诚心,也就无法永久地保持住它的成员们紧紧地跟随它前进。"[1]合法性的消解意味着社会控制力的下降,社会不稳定

---

[1] 哈贝马斯:《重建历史唯物主义》,郭官义译,社会科学文献出版社2000年版,第264页。

因素就会直线上升。对于我们党来说,其执政的权力来源于人民,服务于人民,必须立党为公、执政为民。人民群众相信党、拥护党的领导,就是因为党代表和保护着人民的权益。

我们的政府是党领导下的人民政府,政府公信力是政府通过行政行为赢得公众信任的能力,它体现的是政府对社会公众的凝聚力和影响力。政府的公信力是政府权威的来源,构成整个社会稳定的中枢,它可以维持人们对政府和制度的信任,凝聚人心,使政府在社会危机关头,做到说话有人听、做事有人信,从而能够维持社会的稳定。

党执政的合法性和政府的公信力的状况直接关系到社会的稳定,在一定意义上说,党执政的合法性和政府公信力的状况,来源于对广大人民群众权益的保障状况,进而影响着社会稳定的状况。但是,近些年来,在政府的一些部门中,有的官员作为公共权力的代表同民众权利的矛盾比较突出,主要表现在以下几个方面:

一是有的公职人员的不作为,引起的人们的不满。近些年不断发生食品和药品安全问题,从苏丹红、假奶粉到三聚氰胺奶粉、毒豇豆、瘦肉精、地沟油,再到假药和劣质药品事件,给公民的生命权、健康权、安全权造成了极大损害。

二是有的政府部门的公职人员人权观念缺失,以违法行为侵犯民众权利,引起群众与政府的矛盾。比如,"钓鱼式执法事件"[①]、"半夜收缴黄色光盘事件"[②]。

三是有的公职人员违法侵权,引起了群众与党和政府的矛盾。从佘祥林杀妻错案、到赵作海杀人错案、再到"躲猫猫事件"[③]等,刑讯逼供和警察的渎职行为对公民生命权、人身自由权造成巨大伤害。

---

① 2009年9月16日,张晖搭载自称胃痛的路人前往医院而被指非法运营;11月19日,张晖状告闵行交通执法大队案宣判,交通执法大队被判违法。
② 2002年8月18日晚11点在延安市发生警察没有法律的授权,半夜到老百姓家里收缴黄色光盘的事件。
③ 2009年2月,云南青年李乔明死在看守所,警方称其"躲猫猫"时撞墙。最后,看守所有关警察的渎职行为受到法律的追究。

四是有些地方政府官员为了追求地方经济的发展和政绩,在处理社会矛盾冲突中,不是站在公正的立场,而是站在企业主、开发商等利益集团一边,以公权力来压制公民的权利,使得社会利益群体的矛盾冲突,转换为政府与民众之间的矛盾,严重影响了党和政府的形象。

这些矛盾冲突严重损害了党执政的合法性和政府的公信力。在一些因社会矛盾引起的突发事件中,人们宁愿相信流言,也不相信有关部门的解释。更为严重的是,部分群众在降低了对相关部门的信任度的同时,也会失去对社会伦理规范和法律的认同和遵守,酿成不稳定因素。近年来出现的群众集体上访、围攻党政机关,造成警民冲突等,都表现出部分群众在社会矛盾冲突中的受挫、失望和对抗,从而对党执政合法性和政府公信力形成了严峻的挑战。

究其原因,从根本上说,就是有的公职人员没有履行好宪法和党章要求的"尊重和保护人权"的责任,甚至侵犯公民的权利。对党和政府的公权力的信任和认同是民心向背的问题。加强对人权的保障可以获得人心和信任,从而最大限度地巩固党执政的合法性和提高政府的公信力,唤起人民的政治认同,为维护社会稳定创造政治保障。

(三) 把尊重和保护人权作为社会转型期维护社会稳定的价值共识

社会的价值共识是社会的凝聚力和精神支柱。一个社会如果缺乏价值观的基本共识,就不可能形成真正的凝聚力。在社会的转型期,利益多元化、不同的价值观念、不同的行为模式、不同的利益诉求等等,容易出现社会道德失范状态。如果没有基本的价值共识和追求,这个社会必然是一个没有凝聚力的社会,是一个不稳定的社会。"一个人,作为社会的一个成员,不管在自己的一生中怀抱什么样的个人和社会的理想,追求什么样的价值目标,有一些基本的行为准则和规范是无论如何必须共同遵循的。否则社会就可能崩溃。"[①]在所有价值中,人权是最基本的价值,是最基本的社会规

---

① 何怀宏:《底线伦理》,辽宁人民出版社1998年版,第6页。

范,也是底线的道德规范。

对于转型期的我国来说,把尊重和保障人权作为社会的价值共识,尤其重要。当前,我们社会上出现了很多价值观念混乱情况,诸如利己主义、拜金主义横行、道德失范、诚信缺失、人文精神失落等等,从深层次的价值理念上看,就是只看到了"个人的物质利益",忘记了做人,忘记了他人。这是发生诸多侵犯人权的现象、造成社会利益矛盾冲突背后的精神根源。

尊重和保障人权应该成为转型期社会的价值共识,一是因为人权代表着人的本性,同人的生存和发展有着本质的联系。社会成员之间是共生共存的关系。每一个人从内心里产生对人权的认同,将会产生一种巨大的凝聚力量,推进人与人之间相互理解、尊重、宽容、友爱互助,促进社会的公正和稳定。

二是尊重和保障人权同市场经济的发展健全是内在相关的。从历史上看,正是商品经济的发展唤醒了人对自身权利的觉醒,17、18世纪资产阶级思想家提出的天赋人权,正是对商品经济中独立的交换主体和自由、平等交易权利的理论反映。从现实看,市场经济本质上是权利经济。正像美国经济学家奥尔森指出那样,只有个人权利得到清晰的界定和强有力的保障,不存在任何形式的强取豪夺,市场才不会遭到破坏。

三是尊重和保障人权具有极大的凝聚力和感召力。尊重和保障人权既代表着一种崭新的人文精神和美好的理想,也是当今社会最基本的道德标准和道德底线。在社会转型期,不同的利益主体在价值取向上存在多元化,这是必然的、客观的,但是,尊重和保障人权必须作为最基本的价值受到社会的普遍接受和认可,一方面,是因为这是维系社会不同群体良性互动的道德底线,是社会利益多元化情况下防止社会分裂和仇恨,促进社会团结的价值保障。另一方面,它具有内在的道德约束力,要求每一个人发扬人的善性,抑制人的恶性,要求要把人当作人对待。把尊重和保障人权作为社会的价值共识,就会提升公民的道德素质和守法意识,从而减少社会的矛盾冲突,增强人民的幸福感,构建一个更加稳定的社会。

四是尊重和保障人权赋予国家、企业和个人以新的责任。人权在本质上是个人对国家和社会提出的正当要求。国家首先要承担尊重和保障人权的基本责任。党和政府的各部门应当树立以人权为基础的社会稳定观,不能把尊重和保护人权同维护社会稳定对立起来,把民众的合理权利诉求视为不稳定因素,更不能通过压制民众的利益表达,来维护社会稳定。人权要求企业必须承担社会责任,全面尊重劳动者的各项权利,促进劳动关系这一重要社会关系的和谐。人权也要求,每一个人都要共信共守人权价值,把人权作为最基本的道德规范,成为行为的指导和标准。这些必然会促进社会成员的互助友爱,促进社会的团结和谐。

五是在当今的世界上,人权已经成为了文明和进步的重要标志。尊重和保障人权成为文明转型期的社会价值共识,是不以人的意志为转移的社会发展趋势,自觉地选择这一价值,会避免社会危机,顺利实现社会转型。

二、我国社会转型期面临的权利问题

纵观人类历史,一个带有规律性的现象是,现代的和完整意义上的人权问题,是伴随着商品经济或者说市场经济的发展而出现的。市场经济对于人的权利来说,具有两重性,它既促进了人的权利觉醒,同时又会扭曲人的权利。随着改革开放的发展,我国正在经历从传统计划经济体制向社会主义市场经济体制、从农业社会向工业社会、从传统社会结构向现代社会结构的转型过程。在这一转型中,我国的所有制结构、分配方式、产业结构、社会阶层、就业方式、人们的思想观念等等发生了巨大的变化,这种变化会对不同的群体产生不同的影响,产生了越来越复杂和多样的权利问题。分析认识这些问题,是解决这些问题、维护社会稳定的前提。

(一)利益多元化构架下的权利冲突

改革开放以前,我国实行的是单一的公有制体制,利益主体单一,主要是工人阶级、农民和知识分子组成的传统利益格局,人们的利益在根本上是一致的。改革开放后,随着社会主义市场经济的发展,我国社会经济成分、利益关系日益多样化,出现了一些新的社会阶层。中国社会科学院"当代中国社会结构变迁研究"课题组,以职业分化和组织资源、经济资源、文化资源占有状况为标准,把我国社会结构分为 10 个阶层:国家和社会管理者阶层、经理人员阶层、私营企业主阶层、专业技术人员阶层、办事人员阶层、个体工商户阶层、商业服务员工阶层、产业工人阶层、农业劳动者阶层、城乡无业半失业者阶层。① 这些新阶层的出现使中国的利益主体发生了新的排列组合,出现了利益主体多元化趋势,而利益的分化带来了大量的权利冲突。主要表现为:

一是穷人与富人的权利冲突。主要表现为穷人的生存权与富人的财产权的冲突,穷人的平等权与富人的自由权的冲突。这些年,"富人更富,穷人更穷"已经成为一个新的社会现象。在贫困人口收入下降的同时,中国的百万富翁、亿万富翁的人数和财富却在增长。《2007 年:中国社会形势分析与预测》蓝皮书的数据表明,我国最高收入 20% 的人口与最低收入者,实际上收入差距达到 18 倍左右,而且这种差距在向纵深发展。《2014 年:中国社会形势分析与预测》蓝皮书的调查显示,贫富分化取代物价、房价问题成为 2013 年最受关注的社会问题。

一些富人为富不仁、巧取豪夺,导致贫富差距扩大。比如,非法煤矿主的暴富、富人的偷税漏税使得蛋糕的分配越来越不公正。② 根据世界银行公布的数据显示,中国居民收入的基尼系数已由改革开放前的 0.16 上升到目前的 0.47,不仅超过了国际上 0.40 的警戒线,也超过了世界所有发达国家的水平。由于部分群体隐性福利的存在,有专家认为中国实际收入差距还要更高。贫富差距的拉大,使得社会公平问题突出。普通群众对分配不公、不正当收入造成的差距以及违法致富现象十分不满。

二是劳资权利冲突。主要是工人的报酬权、休息权、劳动安全权等同私

---

① 陆学艺主编:《当代中国社会阶层研究报告》,社会科学文献出版社 2000 年版,第 8 页。
② 胡鞍钢主编:《影响决策的国情报告》,清华大学出版社 2002 年版,第 103 页。

人企业主和外资企业主的经济自由权、财产权的冲突。近年来,劳动者特别是农民工的权利受到严重侵犯,引起了劳资关系的激烈对抗,如"通钢事件"、部分地区"出租车停运事件",2010年南海本田工人罢工事件、富士康公司在不到半年里14人跳楼自杀事件;农民工的抗争更是发展到以命讨薪的激烈方式,出现了堵高速公路、停工罢工、静坐等有组织的集体行动。有专家提出,"在我国,事实上已经到了这样一个时期,不对劳动者正当权益进行维护,劳资利益失衡的格局将日益恶化,劳资双损的局面终将出现,劳资对抗与冲突不仅不可能维护社会稳定,更会直接损耗国民经济发展的大好机遇"。①

三是城市居民与农民的权利冲突。主要表现在城市居民与农民在就业权、受教育权、卫生医疗权等方面以及城市居民的市容权与农民的生存权方面的冲突。从上世纪90年代开始,北京、上海、广州等不少大城市都曾对外来人口(主要是农村流动人口)规定了就业范围,不允许他们从事城市居民愿意从事的行业工种。直到2000年后,各地才陆续废止这些规定,但是在现实中仍存在歧视农民工的现象。

在一些城市,谋生的农民不能平等就业,为了生存摆起小摊做点小买卖,但是被认为是影响市容,遭到城市管理执法人员的没收、罚款,城管人员的暴力执法和小摊贩的暴力抗法成为一个严重的社会问题。

这种权利冲突的结果是城乡收入差距的扩大。目前我国是世界上城乡差别最大的国家。②

四是城市拆迁户与开发商等的权利冲突。主要表现为城市拆迁户的住房权、财产权与开发商的经济自由权和财产权的冲突。这一权利冲突已经成为社会矛盾焦点。近些年来,在我国房屋拆迁已演化成为最易激发矛盾、

---

① 《劳动合同法能否成为平衡劳资关系的利器》,http://news.sohu.com/20060509/n243150723.shtml。
② 陆学艺:"实现城乡协调发展必须进行体制改革",《大连大学学报》(社科版)2004年第3期。

引起冲突的领域之一。

五是失地农民与村委会和开发商权利冲突。主要是失地农民的知情权、决策权、财产权与村委会干部的决策权、财产权以及开发商的经济自由权和财产权的冲突。比如,2011年发生的广东乌坎村事件。①

当前,由于我国正处于社会转型时期,解决各种社会权利冲突的体制机制、具体政策、方法手段等还不完善,致使这些矛盾不能得到及时、妥善的解决,造成了不同社会群体的关系紧张,影响社会稳定。

(二)弱势群体权利受损引起群体性事件高发

据公安部的统计数据表明,1993—2003年这10年间,群体性事件数量急剧上升,年平均增长17%,由1994年的1万起增加到2003年的6万起,增长5倍;参与群体性事件的人数年均增长12%,由73万多人增加到307万多人;②2004年群体性事件74000起,2005年群体性事件87000起;③2009年群体性事件超过了9万起④。

据全国总工会统计,2009年我国各地因劳资纠纷而发生的罢工、怠工、集体上访、请愿、游行示威事件近万件。其中影响较大的吉林通钢事件,造成7个高炉一度停产、1名企业高管被殴致死。

这些群体性事件的主要参与者是社会上的弱势群体⑤。我国社会转型

---

① 2011年9月21日上午,乌坎村400多名村民因土地问题、财务问题、选举问题对村干部不满,到陆丰市政府非正常上访,随后发生了打砸警员、警车事件。随着事态发展,11月21日,村民再次集体上访,数日内不断引发冲突,随后事态逐渐平息。
② 王东进等:"积极化解人民内部矛盾妥善处理群体性事件",《中国社会发展战略》2004年第3期。
③ 于建嵘:"安定有序是和谐社会基本性的标志",《南方都市报》2007年11月14日。
④ 杨敏:"群体性事件之政府答卷",《决策》2009年第1期。
⑤ 社会弱势群体与弱势群体内涵一样,这两个术语在本文中通用。郑杭生、李迎胜在《社会分化、弱势群体与政策选择》(中国网,2003年1月21日)中指出,社会弱势群体,"它主要是一个用来分析现代社会经济利益和社会权力分配不公平、社会结构不协调、不合理的概念"。李学林主编:《社会转型与中国社会弱势群体》(西南交通大学出版社2005年版,第108页)指出,"社会各个阶层的分化加剧,一些社会阶层在经济、政治和文化生活中的影响力相对上升,成为所谓的'强势阶层',一些社会阶层在经济、政治和文化生活中的影响力相对下降,成为'弱势阶层'。"

过程中出现的弱势群体,结构复杂、人数庞大。弱势群体成为群体性事件的主要参与者,根本原因是其权利受到了侵害,主要是经济和社会权利受到损害,比如被强制征地、强制拆迁、失业、低工资、被拖欠工资、工伤得不到赔偿、劳动条件差、生活没有保障等等。

在社会的发展中,弱势群体面临严重的生存困境和压力,遇到的歧视、暴力相对多,机会相对少,焦虑情绪比较严重,相对剥夺感强烈,容易产生心理失衡和对抗社会的心态,甚至做出一些偏激的行为,这一状况不能得到有效的遏制,损害的不仅是社会的弱势群体,而且最终会危害到社会的稳定。

(三)人权保障制度滞后于社会转型的要求

美国经济学家威廉姆·J.鲍莫尔等指出:"市场机制中没有什么能保证收入公平;相反,市场倾向于产生不公平,因为它高效率的基本源泉是赏罚。"[1]以市场作为资源配置的主要方式必然产生"马太效应"、"优胜劣汰",造成许多不公平现象。社会公正和公民权利的实现,需要国家建立完善的人权保障机制。而我国处在经济转轨和社会转型的变革阶段,人权保障机制还不完善,主要表现在:

1. 人权立法滞后和不完善,不能及时反映现实中权利冲突的新情况

例如,立法缺乏禁止社会出身歧视的规定。城乡二元结构下的身份限制是我国社会中存在的一个不公正的现象,这一制度限制了农民向城市转移的机会,剥夺了农民在市场经济中平等竞争的机会,以户籍制度为基础形成的劳动用工制度、劳动工资制度、职工福利制度、财政制度、社会保障制度和教育制度,加剧了农民和农民工的不平等地位,是他们成为弱势群体的一个重要因素。

歧视和不平等伤害了公民的尊严,破坏了社会的合作原则,使一些社会

---

[1] 威廉姆·J.鲍莫尔、阿兰·S.布莱德:《经济学:原理与政策》(第七版),叶伟强译,辽宁教育出版社1999年版,第377页。

群体容易产生对社会的不信任和隔阂,甚至产生反社会的倾向。

2. 执法制度不完善

执法制度不完善,人权法律在现实中常常得不到落实。比如,行政执法机构权责不明,多部门重复管理,上下错位,职责重叠,执法重实体、轻程序,权力寻租现象和地方保护主义的影响等等。

3. 权利救济制度不完善

有权利必有救济。救济制度是权利得以保障的最后一道防线。"救济在本质上是一种权利,即当实体权利受到侵害时从法律上获得自行解决或请求司法机关及其他机关给予解决的权利。这种权利的产生必须以原有的实体权利受到侵害为基础。"[1]尽管我国建立了权利救济制度,但是存在的问题就是,公力救济成本太高、程序繁琐[2],因此,民众在权利受到损害后,不选择正常的制度途径,而是采取私力救济的方式,这些私力救济行动的后果是带来了对社会秩序的冲击和犯罪率等上升。

4. 社会保障制度不健全

社会保障制度是生存权的主要保障制度。1952 年国际劳工组织《社会保障最低标准公约》提出,社会保障制度主要包括:失业津贴制度、工伤津贴制度、医疗保障制度、老年津贴制度、家庭津贴制度、生育津贴制度、残疾津贴制度、住房保障制度等。长期以来,我国的社会保障体系由于受到财力和指导思想等因素的限制,存在覆盖范围小、公平性不足、立法滞后、法律效力层次不高等问题。

三、切实加强人权保障,促进社会稳定

稳定的社会必定是一个公正的社会。"正义是社会制度的首要价值,

---

[1] 程燎原、王人博:《权利及其救济》,山东人民出版社 1998 年版,第 358 页。

[2] 据北京致诚农民工法律援助与研究中心计算,仅仅是申请工伤认定就有可能花 2 年 4 个月到 3 年 11 个月的时间;全部程序都走完,总共要 3 年 9 个月,如果有延长,会到 6 年 7 个月。2009 年备受社会关注的张海超"开胸验肺"事件就是比较典型的例子。

正像真理是思想体系的首要价值一样。"①而正义的背后是人权。在一切公平中,权利的公平是最基本的公平,决定了其他的公平。每一个人在享有权利上是平等的,维护了其基本的人权,就是维护了社会公平。因此,人权首先是对国家制度的政治伦理要求,要求社会在制度上要体现以人为本的理念,消除歧视、不公正、贫穷,为保持社会稳定创造根本条件。人权既是目的性概念,也是促进稳定的工具。在社会转型期,按照十八届三中全会的新要求,推进国家治理体系和治理能力现代化,切实加强人权保障,促进社会稳定发展。

(一)把尊重和保障人权作为促进社会转型的基本原则

社会的转型是社会向新文明的发展,从农耕文明转向商工文明意味着人的地位会进一步提高,人权会受到进一步重视。以人为本,尊重和保障人权应当成为促进这一转型的基本原则和标准。

把人权保障作为促进社会转型的基本原则意味着,要把人权放到一个更加重要的优先位置考虑,正确处理好经济发展与人权保障的关系;要把是否有利于尊重和保障人权作为制定决策和检验决策的根本标准。

一是要在立法中坚持人权的原则。人权只有通过法律的确认,才能从应然权利,转变成法定权利,才能上升为国家意志,才能得到根本保障。

二是推进依法行政,防止公共权力对人权的侵害。公共权力机关的行为要有法律授权,有法定的依据,严格依照法定程序来办事;滥用权力,侵害了公民权利,要承担法律责任。

三是司法机关切实履行人权最终捍卫者和救济者的职责。司法公正是保障人权的基本要求和基本标志。党的十六大报告明确提出,"社会主义司法制度必须保障在全社会实现公平和正义"。司法是社会的最后纠错机制,对人权保障非常重要。要按照党的十八届三中全会的要求,"健全司法

---

① 约翰·罗尔斯:《正义论》,何怀宏、何包钢、廖申白译,中国社会科学出版社1998年版,第2页。

权力运行机制,完善人权司法保障制度"。

四是要开展人权教育。正如前联合国人权事务高级专员路易斯·阿博尔(Louise Ar-bour)指出的那样:"人权教育是推动'人人享有人权'目标实现的重要战略,是发展人权文化的基本手段,是促进平等和促使人民在民主机制下参与决策的工具,也是防止侵犯人权和暴力冲突发生的一种投资。"① 我国《国家人权行动计划(2012—2015 年)》提出:"广泛开展人权教育。继续开展对公务人员的人权培训;在各级各类学校开展多种形式的人权教育;在全社会普及人权知识,不断提高公民的人权意识。"

当前,人权教育的重点是各级领导干部和公职人员,提高他们的人权意识和责任感,有利于推动国家人权政策的完善,有利于推进我国人权立法、执法和司法制度的完善。

提高全社会的人权意识。对于每一个公民来说,既要了解自己享有的权利,又要尊重别人的权利,要正确处理权利与义务的关系、个人权利同他人权利、同集体权利的关系。形成人权文化是社会转型的必然要求和文明进步的重要标志。

(二)强化政府保护弱势群体权利的责任意识

德沃金提出,"一个政治社会中的弱者,有权利享有他们政府的关心和尊重"②。罗尔斯看到,过于平等会破坏经济激励因素,既会伤害富人,也会伤害穷人,但是,他仍然强调"所有的社会基本善——自由和机会、收入和财富及自尊的基础——都应被平等地分配,除非对一些或所有社会基本善的一种不平等分配有助于最不利者"。③ 他的正义理论强调了"权利的公正分配"问题,提出了向弱势群体倾斜的原则。

---

① 联合国网站。
② 罗德纳·德沃金:《认真地对待权利》,信春鹰、吴玉章译,中国大百科全书出版社 1998 年版,第 262 页。
③ 约翰·罗尔斯:《正义论》,何怀宏、何包钢、廖申白译,中国社会科学出版社 1988 年版,第 292 页。

弱势群体的人权保障问题从根本上讲,就是分享经济发展成果的问题。邓小平同志指出:"少部分人获得那么多财富,大多数人没有,这样发展下去总有一天会出问题。"①党的十七大报告和十八大报告一再强调人民共享"发展成果"的思想。发展成果最主要的是指经济成果,包括"公共产品",如基础设施、供水供电、公共安全、公共管理、公共医疗、公共卫生、文化教育、环境保护等。②实现发展成果的公平分享,从根本上说必须依赖于正确的权利配置。

当前,弱势群体问题已成为我国公正的焦点问题。在制定扶持弱势群体的政策时,各级政府应当确立一个基本观念:帮助弱势群体,不是政府的恩赐,而是政府的责任;弱势群体问题是社会公正问题,是人权问题。英国著名人权学者米尔恩明确把"获得帮助的权利"作为一项基本的人权,认为"世界性道德将伙伴身份推及所有人类,任何处在困扰中的人都享有受帮助权,任何可以提供帮助的人都负有这样去做的义务"。③而国家应当通过政策和制度去落实这一责任。

底层社会成员对社会的绝望往往是引发社会动荡的主因。如果不能有效支持社会弱势群体的发展,他们最容易产生对政权体系和整个社会的敌视心理,从而不利于社会的整体稳定。

政府的人权政策应更多地关心弱势群体,保障他们享有充足的食物权、工作权、住房权、医疗权、受教育权、文化权等,在社会保障制度方面向弱势群体倾斜等,对弱势群体的权利予以特别的保护等。

(三)完善人权保障制度

尊重和保障人权,制度建设是重点。人权保障制度是有关尊重和保障

---

① 中共中央文献研究室编辑:《邓小平年谱(1975—1997)》,中央文献出版社2004年版,第1364页。
② "用法治手段促进和保障发展成果的公平分享——与中国法学会经济法研究会副会长李昌麒一席谈",《法制日报》2008年1月2日。
③ A. J. M. 米尔恩:《人的权利与人的多样性》,夏勇、张志铭译,中国大百科全书出版社1996年,第52页。

人权的法律法规和体制机制的总和,是人权的法律化和制度化。人权保障制度建设的水平和程度,决定着人权状况的程度,也是社会主义民主法治建设程度的重要标志。离开了人权制度建设,离开了对人权制度的不断完善,广大人民群众的人权保障就会变成空话。人类政治文明发展史表明,法治是调整人与人之间利益关系的最有效的手段,也是协调权力与权利关系,实现社会稳定发展的制度保障。

1. 加强对弱势群体权利的制度保障

(1) 完善社会保障制度。把消除贫困和最低生活保障作为优先的社会保障模式,加强对弱势群体生存权和发展权的制度保障。

(2) 废除以户籍制度为核心的一系列不合理的制度安排,保障农民的平等权。落实十八届三中全会提出的"让广大农民平等参与现代化进程、共同分享现代化成果"的新要求。

(3) 立法应确立罢工权的法律地位,赋予劳动者在利益博弈中的力量,同时也把事实上存在的罢工行为纳入到法律规范的轨道,维护社会稳定发展。

(4) 提高公共服务的均等性和可获得性。从制度上保障弱势群体的医疗卫生权、受教育权、住房权等基本需要。

2. 完善权利救济制度

(1) 完善行政侵权救济制度。扩大行政侵权救济的范围,加强行政侵权救济的可操作性,用制度落实"法不授权不得行,法有授权必须为"的法治原则,对于政府机构及公职人员不作为和滥用公权力侵害公民权利的行为,必须追究其民事、行政及刑事责任。

(2) 完善劳动争议处理制度。目前"一裁二审"的劳动争议处理程序,造成维权程序复杂,成本高,不能在强资本、弱劳工的格局下很好维护劳动者权利。可以考虑实行"裁审自择,各自终局"的格局,以劳动仲裁、劳动诉讼两种模式双轨并行。这可以节约当事人因劳动争议付出的成本,同时解决了仲裁与诉讼的衔接问题,避免司法浪费。

（3）设立劳动法院或者劳动法庭专司劳动审判。我国当前运用民事诉讼程序来审理劳动争议是在上世纪80年代确立的,但随着社会转型,劳动争议数量增多,劳动争议自身的复杂程度也在增大,适用民事诉讼规则审理劳动争议出现许多矛盾。我们可以借鉴发达国家处理劳动争议的方式,设立专门的劳动法院或劳动法庭处理劳动争议案件。

（4）建立国家人权机构。近十多年来,在联合国的倡议下,越来越多的国家建立了专门的国家人权机构。建议我国建立专门的国家人权机构。

3. 改革和完善收入分配制度

（1）加强收入分配制度改革,提高中低收入阶层的收入水平。

（2）完善税收制度。税收制度是遏制贫富分化的有力手段。我国应当制定出台《遗产税法》《慈善法》等,为我国的政治与社会稳定发挥积极的作用。

4. 加强对公民的知情权和监督权的保护

（1）制定《政府信息公开法》,进一步完善政府信息公开制度,加强对公民知情权的保护。

（2）完善有关机制,加强对人民群众的举报权、信访权及媒体监督权的保障。

5. 完善人权法律体系

我国应制定《工资支付法》《最低工资法》《反歧视法》等法律,规范社会领域出现的新情况新问题,防止权利的冲突,更好地保护公民的基本人权。

建构主义对分析人权与公益关系的启示*

常　健** 赵玉林***

摘　要:人权与公益之间的关系,是人权理论界争论的一个重要话题。在分析人权与公益的关系方面,主要存在主体价值视角和客体利益视角的对立。政治建构主义和社会建构主义从主体间视角出发,将人权理解为主体间互动和共识的产物,倡导以协商民主的方式来处理人权与公益之间的冲突。它为重新审视人权与公益的关系提供了重要启发。

关键词:人权　公共利益　政治建构主义　社会建构主义　协商民主

人权与公共利益之间的关系,是人权理论界争论的一个重要课题。在美国的窃听事件中,存在着国家安全与公民的隐私权之间的冲突;当欧洲国家通过大规模屠杀方式控制疯牛病疫情时,存在着公共卫生与公民的财产权之间的冲突;在东南亚国家通过隔离方式控制"非典"疫情扩散时,存在着公共健康与感染者人身自由之间的冲突;中国实行计划生育政策,也面临着社会福利与公民生育自由权之间的冲突。面对人权与公共利益发生冲突,自由主义认为人权是绝对的王牌,大过任何公共利益;功利主义则认为

---

* 本文是教育部人权教育与培训基地重大项目"市场经济初创时期各国人权发展道路比较研究"基金项目(12JJD820021)及国家社科重大项目"中国特色人权发展道路研究"(11&ZD072)。——编者

** 常健,南开大学周恩来政府管理学院教授、博士生导师,南开大学人权研究中心常务副主任。——编者

*** 赵玉林,原南开大学周恩来政府管理学院博士生。——编者

人权不过是形而上学的虚构,公共利益高于一切。政治建构主义和社会建构主义从主体间视角出发,对二者关系作出了富有启发性的新解释。

一、主体价值视角与客观利益视角的争论

(一)主体价值的视角

主体价值视角主要以自由主义为代表,它从个人主体的绝对价值出发,主张人权高于公益。

罗纳德·德沃金是自由主义的典型代表,人们耳熟能详的是他的著名观点:"权利是掌握在个人手中的政治王牌"(trump),①就是说人权永远"大过"公共利益。公民在"强硬意义上"享有某些针对政府的基本权利,即使限制这些权利将给全社会带来的利益大于所带来的损害,也不能"仅仅以此"就认为政府的限制措施是正确的。德沃金明确反对"平衡公共利益和个人权利"的说法。他认为虽然这种理念根植于政治和司法的修辞之中,但是,它混淆了"社会的权利和社会成员的权利",所以是个错误的、虚假的模式。德沃金认为个人权利侵犯公共利益,不过是使社会多付出点钱,而如果政府为了公共利益侵犯个人的权利,造成的结果却是对个人尊严的侮辱。② 弗里曼(Michael Freeman)认为,德沃金的表达和论证是不清楚的。如果一个人威胁公共利益,为什么他的权利大过公共利益?当公共利益可以用人权概念来加以分析时,这个问题更难回答:假设杀死一个人可以挽救10个人的生命,这10个人也都具有生命权,那如何解决这种权利间冲突?③

在偏向自由主义的学者中,麦克罗斯基(J. H. McCloskey)坚决反对在

---

① 罗纳德·德沃金:《认真对待权利》,信春鹰、吴玉章译,中国大百科全书出版社1998年版,第11页。
② 同上书,第263页。
③ Michael Freeman, *Human Rights: An Interdisciplinary Approach*, Cambridge: Polity Press, 2002, p.69.

解决人权冲突时适用功利原则。他认为,把功利考虑上升为解决生命权冲突的普遍适用原则,将从根本上否定人权的重要性。这等于是宣称人们没有平等的人权,只有不平等的人权。在处理人权间冲突时,这样做将使功利原则成为压制人权的工具;在处理人权与社会功利的冲突时,这样做在伦理上是不能容忍的。①

罗尔斯并不在理论上完全否认可以用公共利益限制人权,但却为此设定了极高的门槛,罗尔斯提出,各种自由是作为一个家族整体而非个体优先于其他利益,其他规范性范畴只有在为了维护现存人权体系的完整所必需时才能压制人权。② 按照这一标准,其他规范性范畴几乎是不可能限制人权的。③ 如果人权可以被其他价值范畴限制,将价值规范划分为人权和非人权两类就失去了任何意义。

格维斯(Alan Gewirth)同样排除非人权的价值范畴可以限制人权的可能性,除非非人权的价值范畴中包含有人权要素。他认为:"一项人权只能被另一项人权所压制,特别是当后者的目的比前者的更需要采取行动时。即使一项人权被公共福利之考量所压制,但该公共福利要真正具有压制力,就必须包含个人权利。"④

舒特(Olivier De Schutter)等人提出了"最小限制原则",认为政府出于保护公共利益的需要而不得不限制个人权利时,只能采取必要的"最小限制"措施:在时间上尽可能短,在程度上尽可能弱,在范围上尽可能窄,尽可能地为公民保留自由自主的空间。该原则被吸纳入国际和地区性人权公约

---

① H. J. McCloskey,"Respect for Human Moral Rights versus Maximizing Good", in R. G. Frey (ed.),*Utility and Rights*,Oxford:Basil Blackwell,1984,p. 134.
② J. Rawls,*A Theory of Justice*,Cambridge,Mass:HUP,1989(revised edition).*Political Liberalism*,New York:Columbia UP,2005(2nd edition).
③ Rex Martin,*Rawls and Right*,University Press of Kanas,1985,p. 134.
④ Alan Gewirth,*Human Rights:Essays on Justification and Applications*,Chicago:University of Chicago Press,1982,p. 6.

中,通常被称为"必要性检测原则"。①《公民权利和政治权利国际公约》在第18条(宗教或信仰自由)、第19条(言论自由)、第21条(和平集会权)、第22条(结社自由权)等条款均表明,政府为"尊重他人的权利或名誉",或为保障国家安全、公共秩序、公共卫生或道德,在确有"必要"时,可以依法采取限制性措施。

(二)客观利益的视角

客观利益的视角以功利主义为典型代表,它从现实的利益比较出发,主张公共的整体利益高于个体人权。

边沁(Jeremy Bentham)是功利主义的创始人。他认为,道德选择的最终标准是社会功利,即"最大多数人的最大利益"。人权不过是一种形而上学的虚构。换言之,社会最大功利永远要优先于个人权利。功利主义最大幸福概念的问题在于:它无法在原则上谴责法西斯主义。

在偏向功利主义的学者中,约翰·密尔(John Mill)用边沁的功利主义原则来解说人权以及人权与公共利益的冲突。他认为,保护或限制一项权利或利益的根本原因,"我只能够说是因为公益(公共的功用),此外不能给它什么理由"②。个人基本自由是个人和社会的"关键利益",只有足够尊重和保护这些关键利益,社会才能够最终获得最大功利。③ 正如阿玛蒂亚·森(Amartya Sen)所评论的:"权利可以被视为实现其他目标的有价值的工具。这是'工具的观点',权利的功利主义方法很好地说明了这种观点,在这种观点中,权利没有内在价值,也不是内在善的实现,侵犯权利本身不是一件坏事。但是,根据这种观点,承认权利在于它促进了最终重要的东西,

---

① Olivier De Schutter and Francoise Tulkens, "Rights in Conflicts: the European Court of Human Rights as a Pragmatic Institution", *Conflicts Between Fundamental Rights*, in Eva Brems (ed.) Antwerp-Oxford-Portland: Intersentia, 2008, p.188.
② 约翰·密尔:《功用主义》,唐钺译,商务印书馆1957年版,第58页。
③ 刘琼豪:"密尔功利主义容纳个人权利的方法探析",《齐鲁学刊》2010年第6期,第87—91页。

即效用。"①

彼得·琼斯(Peter Jones)提出了规则功利主义,来修补传统功利主义面临的困境。该理论仍然坚持应该根据那些能够最好地促进公共利益的规则来生活。他分析道:人们之所以不应当侵犯他人的人权,是因为必须遵守公正的理想规则;即使是为了短期的公共利益,也不应当牺牲个人的人权,因为这样就破坏了规则可能带来的长期利益。②弗里曼认为,这种解决方案对那些认为不应该为保护更多人的权利而侵犯一个人的权利的人们来说似乎是可以接受的,但不能确定的是,我们是否总是能采取这一立场。③莫尔根认为,规则功利主义人权观存在两个主要缺陷:第一,在理论上的"无逻辑"。以最好的结果为目的,选择服从规则,但是在面对更好的结果时却拒绝背弃那些规则的做法是不合逻辑的;第二,在实践上的"不完全遵从"。现实生活中充斥着为了个人利益而牺牲他人人权的现象,如抢夺财物、奴役和剥削以及不平等对待等。④

法官理查德·波斯纳(Judge Richard Posner)提出应当平衡人权与公共利益,在国家处于紧急状态时,可以根据国家安全的考虑来限制人权。在这种情况下,人权只是对政府权力的较弱的边际约束(side-constraints)。如果国家安全与一项或多项人权发生冲突,那么平衡不可避免地要倾向于前者。⑤

沃尔德伦(Jeremy Waldron)指出:"对于许多人权理论家来说,功利主

---

① Amartya Sen, "Rights and Agency", *Philosophy and Public Affairs*, 1982, 11 (1), Winter, p. 2.
② Peter Jones, "Human Rights, Group Rights, and People's Rights", *Human Rights Quarterly*, 1999, 21 (1), pp. 80-107; *Rights*, Palgrave Macmillan, 1994, pp. 203-204.
③ Michael Freeman, *Human Rights: An Interdisciplinary Approach*, Cambridge: Polity Press, 2002, p. 69.
④ 蒂姆·莫尔根:《理解功利主义》,谭志福译,山东人民出版社2012年版,第156—157页。
⑤ R. Posner, *Not a Suicide Pact: The Constitution in a Time of National Emergency*, Oxford: OUP, 2006.

义的冲突解决方式是令人不快的。功利主义的推论涉及权衡交换(trade-offs):如果有两个行动过程摆在我们面前供选择,一个是伤害 A,另一个是伤害 B 和 C(他们具有同等程度的权重),我们会认为伤害 A 是合理的,因为在我们的道德计算中它的损失可以抵消 B 可测量到的好处(没有被伤害的好处),还留下 C 同样的好处(不被伤害的好处)作为我们决策的决定因素。但这样来论证伤害 A 的合理性似乎是一种冷酷和残忍的事情。这似乎是将它用来为他人谋福利,这样似乎违背康德的禁令,即不能将人本身用作手段而不是目的。而人权理念是被许多人拿来抵制权衡交换的一种方式。……但是,如果权利本身相互冲突,权衡的幽灵就会再次被引入。"①

二、建构主义的主体间视角对人权与公益关系的解读

20 世纪末期发展起来的各种主体间理论视角,为突破主体价值视角和客观利益视角的局限提供了新的思路。主体间视角将人权解读为主体在特定社会历史条件下达成的主体间共识。人权产生于主体间在一定社会条件下的相互作用,它相对于特定的社会历史条件、社会共同体和人们主体意识的发展,因此具有主体间的相对性。同时,人权的道德和法律规范是这种主体间互动和共识的产物,因而具有主体间的绝对性。在人权理论界,从主体间视角解读人权与公益之间关系的理论,主要是社会建构主义和政治建构主义。前者分析人权产生的客观社会过程,后者分析人权的合法性来源。

(一) 社会建构主义

社会建构主义(social constructivism)是博格(Peter Berger)和卢克曼(Thomas Luckmann)在 1966 年发表的《现实的社会建构》②一书中提出的一种理论。约翰·塞尔(John Searle)在 1995 年出版的《社会现实的建构》③一

---

① J. Waldron, "Rights in Conflict", *Ethics*, April 1989, 99 (3), pp. 507-508.
② Peter L. Berger and Thomas Luckmann, *The Social construction of Reality: A Treatise in the Sociology of Knowledge*, New York: Penguin Books, 1966.
③ John Searle, *The Construction of Social Reality*, London: The Penguin Press, 1995.

书中进一步发展了社会建构理论。杰克·唐纳利（Jack Donnelly）、本杰明·格雷格（Benjamin Gregg）、特纳（Bryan Turner）和沃特斯（Malcolm Waters）等人进一步将社会建构主义用于对人权的分析。

博格和卢克曼遵循哲学家胡塞尔的现象学方法,通过对日常生活的现象学分析,以不同于传统本体论的方式回答了"社会秩序是以什么方式产生的"这一问题。他们提出:"对这一问题最一般的回答是:社会秩序是人的产物,或更确切地说,是正在进行中的人类生产。它是由人在其正在进行的外在化过程中生产出来的。……社会秩序不是'事物的自然本质'的组成部分,也不会派生于'自然法'。社会秩序只是作为人的活动的产物而存在。如果不是绝望地混淆其经验显现,就不可能赋予其任何其他的本体论地位。无论在其创生中（社会秩序是过去人的活动的产物）,还是在其任何时刻的存在（社会秩序只有当人的活动继续生产它时才能存在）,它都是人的产物。"[1]

在探讨制度是如何产生时,他们用"习惯化"来解释制度的产生。他们分析道:所有的人类活动都趋向于习惯化。任何经常重复的行动都会形成一种模式,使其以后可以省力的方式重现。"当各类行动者的习惯化行动存在着互惠的典型化（reciprocal typification）时,就出现了制度化。换言之,任何这样的典型化都是一种制度。必须强调的是制度典型化的互惠性,同时,典型化的不只是行动,而且是制度中的行动者。那些构成制度的习惯化行动的典型化总是共享的。它对所涉及的特定社会群体的所有成员都是可及的,制度本身不仅典型化了个体的行动者,也典型化了个别的行动。制度确定 X 类型的行动要由 X 类型的行动者来实施。"[2]

---

[1] Peter L. Berger and Thomas Luckmann, *The Social construction of Reality: A Treatise in the Sociology of Knowledge*, New York: Penguin Books, 1966, pp. 69-70.

[2] Peter L. Berger and Thomas Luckmann, *The Social construction of Reality: A Treatise in the Sociology of Knowledge*, New York: Penguin Books, 1966, p. 72.

在分析制度的特点时,他们强调制度的历史性,指出:"制度进一步意味着历史和控制。互惠的典型化的行动是在一种共享历史的过程中构建起来的。它们不可能是瞬间建成的。制度总是具有历史,它们是历史的产物。如果不理解其产生的历史过程,就不可能充分地理解制度。制度还以其存在来控制人的行为,它确立预先定义的行为类型,使其朝向一个方向而不准朝向许多在理论上可能的其他方向。必须强调的是,这种控制特征是内在于这样的制度化过程的,它先于或分离于为支持这一制度而专门建立的任何制裁机制。当然,这些机制(其总合构成了一般所说的社会控制系统)的确存在于许多制度中和我们称之为社会的各种制度群中。但它们的控制效能是第二级的或补充性的。"①

在分析制度的客观性时,他们强调:"必须要记住的是:制度世界的客观性,无论它对个人显得多么宏大,都是由人来生产和建构的客观性。人的活动的外在化产物获得客观性特征的过程是客观化。制度世界是客观化的人的活动,每个单个的制度也是如此。换言之,尽管客观性标志着人们所经历的社会世界,但它并不就因此获得独立于人的活动的本体论地位,是人的活动创造了它。"②

在分析制度的合法性时,他们认为,"制度世界要求合法化,即它能够被'解释'和证明的方式。这不是因为它显得不够真实。如我们所见,社会世界的真实性在其转化的过程中已经相当深厚。但这种真实性是历史的真实性,对于新一代人来说,它们是一种传统,而不是生平的记忆。……因此,需要以各种合法的公式向他们解释其意义。如果要使新一代人对其抱有信心,这些解释就必须在制度秩序上是一致的和全面的,可以这么

---

① Peter L. Berger and Thomas Luckmann, *The Social construction of Reality*: *A Treatise in the Sociology of Knowledge*, New York: Penguin Books, 1966, pp.72-73.
② Peter L. Berger and Thomas Luckmann, *The Social construction of Reality*: *A Treatise in the Sociology of Knowledge*, New York: Penguin Books, 1966, p.78.

说,这同样的故事还必须要讲给所有的孩子们听。这使得扩张的制度秩序发展出相应的合法化华盖,用以保护对它的认识的和规范的解释。这些合法化又被新一代在其社会化自身与该制度秩序的同样过程中学会了。"①

杰克·唐纳利在1999年发表的《国际人权的社会建构》②一文中用社会建构主义对人权进行分析。他批评当代自由主义者试图将人权的发展历史视为"自然权利的内在逻辑的逐渐展开"。在他看来,"在围绕人权观念的有序的社会和政治生活中,没有什么自然的和不可避免的东西。今天我们奉为权威的这个特殊的权利清单反映着对历史的特定条件的一种偶然回应。"③然而,"国际人权规范的历史偶然性并不使其权威性有任何减损。它们既不是通过我们意志的行为而任意确定的,也不能通过我们的意志行为而改变,它们深深地植根于塑造我们生活的社会建构之中。它们所反映和要实现的人的尊严的愿景,主导着当代国际社会,被几乎所有国家接受为具有权威性——无论它们在实践中如何偏离这些规范。人权已经成为20世纪后期社会和政治现实的核心的甚至可能是界定性的因素"。④

唐纳利提出,人权只具有相对的普遍性(relative universality),这种普遍性分为三个层次:第一是法律的普遍性,即人权已经被几乎所有国家接受为具有国际法约束力的义务。第二是重叠共识(overlapping consensus)的普遍性,这是借用政治哲学家罗尔斯完备性学说(comprehensive doctrines)与正义的政治学概念之间的区分,各种不同的完备性学说可以在正义的政治概

---

① Peter L. Berger and Thomas Luckmann, *The Social construction of Reality*: A Treatise in the Sociology of Knowledge, New York: Penguin Books, 1966, p. 79.
② J. Donnelly, "The Social Construction of International Human Rights", in T. Dunne and N. J. Wheeler (eds.) *Human Rights in Global Politics*, Cambridge: Cambridge University Press, 1999, pp. 71-102.
③ Ibid, p. 84.
④ Ibid, p. 85.

念上达成重叠共识,这种共识只是部分的,不是完全的,它只限于正义的政治概念。人权是一种正义的政治概念,它不是道德理论的范畴,而是政治、法律和社会理论的范畴。人权也可以基于多种不同的道德理论,如康德主义、功利主义、新亚里士多德主义、马克思主义、社会建构主义、后现代主义等等,它们基于自身不同的理由参与对人权的重叠共识,这种共识是在第二次世界大战以后出现的。第三种是功能共识,即人权代表着一套应对现代市场和国家对人的尊严所带来的"标准威胁"(standard threats)的"最佳做法"(best practices)。①

唐纳利进一步认为,人权最终依赖于社会决定才能存在。人权像所有的社会实践一样需要论证,但这种诉诸"基础"的论证最终只是一种同意或假定,而非证明。②他分析了人权的五种相对性:(1)本体论的相对性:人权不是现实自然构造的组成部分,它不是在任何地方和所有时间都适用的;(2)历史和人类学的相对性:人权是对现代市场和国家所带来的标准威胁的历史的偶然回应,它们在传统的非国家和非市场的社会中并不存在,也没有理由假定它将适用于未来非常不同类型的社会;(3)基础的相对性:人权具有相当数量的相当不同的基础;(4)享有的相对性:人权虽然被普遍持有,但是由各个国家来实施,因此其享有要相对于一个人偶然出生和生活的地方;(5)规范的相对性:人权的清单反映着社会学习的过程,它针对的是对人的尊严的历史的特定的和偶然的标准威胁。③

唐纳利还区分了人权普遍性和特殊性的三个层次:在基本概念层次上,人权大致是普遍的;在对这些基本概念的接受或解释上,存在着明显的但有限的多样性合法空间;在实施的特殊性上,大量的地方多样性都是

---

① Jack Donnelly, *International Human Rights*, Fourth Edition, Westview Press, 2013, pp.38-42.
② Jack Donnelly, *Universal Human Rights: in Theory and Practice*, Third Edition, Ithaca and London: Cornell University Press, 2013, p.22.
③ Ibid, p.99.

合法的。①

本杰明·格雷格在 2012 年出版的《作为社会建构的人权》②一书中,运用社会建构主义方法从政治学角度提出了自己的人权观点。他指出:"我的看法与许多人权思维截然不同,他们坚持认为这种权利的有效性必须是直接普适的,实际是先验的。这种思维趋向于空想,或是形而上学的空想,或是神学的空想。我对二者都作了足够长的分析,表明这样假定的普适人权被证明是不可实现的,而我的现实主义的、针对本土的、出生时很小的、司空见惯的人权,其有效性却可以扩展,跨越不同的文化和政治共同体,即使它考虑的是任何本土环境或任何具体环境的独特和特别的特征。它允许人权具有普适的有效性,如果这种有效性被解释为世俗的、现实的和偶然的:作为某种非给定或显露而达到的东西。"③他强调人权是本土的、带有地方特色的和偶然的,并主张从实用主义的角度来理解这种偶然性。他写道:"我主张人权最好被理解为对想要达到的结果的一种实用的迫切要求(pragmatic imperative),以区别于比如对客观真理的认识论上的迫切要求。"④

社会学家特纳扩展了这种分析,他认为通过联合国制度化了的人权是全球化的社会过程的一个重要特征,用社会学的术语来说,人权可以被视为一种全球意识形态(global ideology)。特纳运用了马克斯·韦伯的论证,社会的历史的"理性化"削弱了法律和权利的宗教的和形而上学基础。实证主义和相对主义是世俗化的后果。这解释了为什么联合国在通过世界人权宣言的过程中将自然权利的形而上学概念转化为人权的世俗概念。但从社会学的观点来说,人权是没有内在价值的"社会事实"(social facts without

---

① Jack Donnelly, *Universal Human rights: in Theory and Practice*, Third Edition, Ithaca and London: Cornell University Press, 2013, p. 100.
② Benjamin Gregg, *Human Rights as Social Construction*, Cambridge: Cambridge University Press, 2012.
③ Ibid, p. 3.
④ Ibid, p. 5.

inherent value)。特纳同意弗威拉克(J. Foweraker)与兰德曼(T. Landman)的观点,公民的概念与近代民族国家有密切的联系,但认为这种政治形式受到了若干问题的影响,如帝国主义、全球化、地区化、移民工人、难民和原住民,这提出了将民族国家作为对公民和权利进行充分分析的框架的问题。由于全球化产生的问题不只限于民族国家内部,所以公民权利的概念必须扩展为人权的概念。从社会学的角度说,人权的概念可以由用社会制度保护脆弱人类的需求而社会制度又反过来对这些人类构成了威胁来加以解释。将人权以社会的和法律的方式制度化,是近代解决这一困境的最主要的努力,这一困境是近代社会内在的问题。①

沃特斯主张,关于人权的社会学理论必须采取社会建构主义方法,将人权的普遍性本身视为一种社会建构(social construction)。根据这一观点,人权的制度化反映着各种政治利益的现实平衡。人权话语的崛起,不是像特纳所主张的用人的脆弱性和制度威胁来加以解释,而是要用对阶级利益的主张来加以解释。世界人权宣言最初的规范和后来的进化与实施都可以用四个利益集合来加以解释:第二次世界大战联合起来的胜利者在污化和惩罚其被击败的敌人的利益;冷战中的超级大国在削弱相互合法性的利益;超级大国将其干预其他国家事务的行为合法化的利益;弱势群体针对国家主张自己权利的利益。②

人类学家如威尔逊(Richard Wilson)认为,人权话语的抽象普遍主义经常忽视当地情境,并因此误解关于权利冲突的社会和文化维度。人权法说得清楚和肯定,而人权经历却是复杂和不确定的。为了从主观性过渡到权威的客观性,人权话语自相矛盾地将其主体非人化。人类学的任务是使人

---

① B. S. Turner,"Outline of A theory of Human Rights",*Sociology*,1993,27(3),pp. 489-512;"Introduction:Rights and Communities:Prolegomenon to A Sociology of Rights",*Australian and New Zealand Journal of Sociology*,1995,31(2),pp. 1-8.
② M. Waters," Human Rights and the Universalisation of Interests: towards a Social Constructionist Approach",*Sociology*,1996,30(3),pp. 593-600.

回归到人权中。①

舍莫尔和斯托尔(D. Stoll)认为,脱离情境的普遍主义会导致反效果的国际人权干预,或是因为不适当地强调了法律改革而忽视了社会结果,或是因为将复杂的社会和政治关系过分简单化。人类学通过对文化、社会和政治环境的更深理解,可以帮助人权干预更加有效。②

(二)政治建构主义

政治建构主义(political constructivism)是由罗尔斯和哈贝马斯所开创,伊文(Aagje Ieven)将其用于对人权冲突的解决。

如前所述,罗尔斯提出了在价值多元的前提下通过重叠共识达成正义的政治概念。在应对人权冲突方面,罗尔斯区分了对人权的"规制"(regulation)与"限制"(restriction)。他认为,各种自由是作为一个家族整体而非个体优先于其他利益,当各种自由之间出现冲突时,它们就必须相互调整。这种调整既非平衡,也非以王牌比大小,自由是被"规制"了,而不是被"限制"了。自由的核心范围受到保护。规制要诉诸时间、方式和空间类型的规则。例如,当一个人要讲话时,必须允许他讲,但要规制的是何时、何地、何种方式讲。由于基本自由是作为一个家族整体优先于其他利益,那么这种规制的目的就总是为了提升基本自由的整体体系,而不是单个的自由。③ 规制也不是任意的,其实施应当是为了保证平等的各项

---

① R. A. Wilson, "Human Rights, Culture and Context: an Introduction", in R. A. Wilson (ed.), *Human Rights, Culture and Context: Anthropological Perspectives*, London: Pluto Press, 1997, pp. 1-27; "Representing Human Rights Violations: Social Contexts and Subjectivities", in R. A. Wilson (ed.), *Human Rights, Culture and Context: Anthropological Perspectives*, London: Pluto Press, 1997, pp. 134-160.

② J. Schirmer, "Universal and Sustainable Human Rights? Special Tribunals in Guatemala", in R. A. Wilson (ed.), *Human Rights, Culture and Context: Anthropological Perspectives*, London: Pluto Press, 1997, pp. 161-186; D. Stoll, "To Whom Should We Listen? Human Rights Activism in Two Guatemalan Land Disputes", in R. A. Wilson (ed.), *Human Rights, Culture and Context: Anthropological Perspectives*, London: Pluto Press, 1997, pp. 187-215.

③ J. Rawls, *A Theory of Justice*, Cambridge, Mass: HUP, 1989 (revised edition). *Political Liberalism*, New York: Columbia UP, 2005 (2nd edition).

政治自由的公平价值。至于具体如何来进行规制,罗尔斯提出了"协商民主"(deliberative democracy)和"协商自治"(deliberative autonomy)的概念。宪法建构主义(constitutional constructivism)借用政治建构主义的这两个概念,将其扩展为解决权利冲突困境的框架。

根据哈贝马斯的协商民主观点,人权或法治与民主或人民主权原则都是人的自主性概念的具体体现。个人的自主性是法治的合法性原则。现代法是围绕着个人权利概念构建起来的,这一概念假定个人是被赋予了自主性的有重要意义的道德实体。现代法不是以义务为基础的,而是以权利为基础,其基本原则是"法无禁止即自由"。在现实生活中,个人是根据他们为自己建立的道德和法律自由地生活,唯一的限制就是要保证其他人可以同样地享有道德的自主生活。法治确保个人自由和平等地根据其自己的道德标准来生活,对他们自由的唯一限制是他人有平等的权利这样生活。然而使问题复杂化的是:在道德层面上,我们所有人都是我们生活所依据的法律的制定者。但是,法治所设定的限制,为了保证这种道德自主性对所有人都是平等的,是由"制定和实施法律的权威机构的集体的有约束力的决定"①来颁布的。所以,在法律的层面上,就引入了法律的颁布和实施者与法律的受约束者和遵守者之间的区分。"道德领域的自主性成了一堆碎片,在法律领域中它只表现为私人自主性和公共自主性的双重形式。"②私人的或个人的自主性是根据其自己的道德标准来过其生活的可能性,而公共的或政治的自主性是指个人作为使私人生活成为可能的那些法律的受约束者,也能够将他们自己认同为这些法律的制定者。私人自主性对应着不受外来干涉的消极自由,而公共自主性对应着参与公共实践的积

---

① J. Habermas, *The Inclusion of the Other: Studies in Political Theory*, Cambridge (Mass.): MIT Press, 1998, p. 257.
② Ibid.

极自由,这种公共活动可以使个人能够发展其作为自由和平等的公民的能力。①

基于政治自主性,建立起人民主权和协商民主的概念。哈贝马斯指出:"公民的政治自主性要体现在共同体的自我组织中,共同体通过人民主权而建立自己的法律。"②这意味着政治权力——即作出集体约束性决定的权力、制定和实施法律的权力——的合法性只有当通过体现政治自主性的程序来组织和建立才能获得,这使得公民只服从他们能够将自己认同为制定者的法律。公民必须感到他们自己不仅是道德标准的制定者,而且也是他们生活所依据的法律标准的制定者。协商民主与其他观点的区别在于,为了满足这种确保公共自主性的标准,法律必须是公共协商程序的结果。

伊文主张要进一步精化罗尔斯和哈贝马斯所提出的协商民主(deliberative democracy)的观点,用于解决人权冲突问题。他认为,协商民主的核心信条是:具有合法性的法律必须是公民之间公共协商的结果。这种民主概念是一种程序性的概念,它与欧洲人权法院的理论框架及桑斯坦(C. Sunstein)所倡导的以民主促进司法最低限度主义(democracy promoting minimalism)③都是相容的。在协商民主的模式中,将人权与民主联系起来的是人的自主性,这是二者的共同基础。④

理论家们提出了将政治自主性概念融入争论、制定和裁定法律的民主协商过程中的各种不同程序。伊文根据科恩(Joshua Cohen)对这些程序的

---

① J. Habermas, *The Inclusion of the Other: Studies in Political Theory*, Cambridge (Mass.): MIT Press, 1998, pp. 240-241.
② Ibid, p. 258.
③ C. Sunstein, *One Case at a Time: Judicial Minimalism on the Supreme Court*, Cambridge (Mass.): Harvard University Press, 1999.
④ Aagje Ieven, "Privacy Rights in Conflict: in Search of the Theoretical framework behind the European Court of Human Rights' Balancing of Private Life Against Other Rights", in Eva Brems (ed.), *Conflict Between Fundamental Rights*, Antwerp, Oxford and Portland: Intersentia, 2008, pp. 60-61.

共同特色的概括,提出了如下要点:(1)建立制度使其不仅依赖而且促进民主协商程序。因此,要激发对人权冲突的公共争论,以促进民主与人民主权;同时,要将人权冲突的解决看作是一个渐进的过程,为解释各项人权的态度转变留下空间,这些改变会通过公共辩论而产生;在当下的裁决中限制裁决的范围和深度,不要对当下还没有考虑的案例形成潜在的影响。(2)协商民主包含着对价值多元主义的强烈承诺。公民因此尊重相互持有的权利并依据他们自己的道德标准来生活,或者,他们尊重彼此的个人或私人自主性。尊重个人自主性的概念调解相互对立的好生活概念。在涉及人权冲突的案例时,各方都需要被告知,各种可能的解决方案对相关各方私人自主性的影响都需要被评估。(3)协商民主的公民不仅尊重彼此的私人自主性,而且也尊重彼此的政治的或公共的自主性,更具体地说,尊重彼此参加协商的能力。对这种能力的尊重体现在协商民主中公民相互负责,相互提供理由,这意味着他们应当意识到在他们的相互联系中哪些构成了好的理由。[1] 因此,在法院留给成员国广泛的裁量余地和根据司法最低限度原则而作出狭窄和浅度的裁决之前,应当对各国为论证其政策所引证的理由予以彻底的考究,防止基于偏见的法律和政策,尊重公民的政治权利。(4)法律合法性的功能不只是保护个人自由,而且在于行使参与权利。[2] 伊文认为,这意味着两点:第一,论证权利不能仅仅考虑其所保护的个人价值,还必须考虑其政治价值。第二,对法律的论证不仅要考虑该法律所保护的权利的论证,还要考虑法律产生的方式。它必须是协商过程的结果,受该法律影响的人们必须能够行使其协商能力或政治自主性,以防受法律的约束

---

[1] J. Cohen, "Deliberative Democracy and Democratic Legitimacy", in A. Hamlin and Pettit (eds.), *The Good Polity*, Oxford: Blackwell, 1989, pp. 17-34.
[2] C. Cronin and P. De Greiff, "Editor's Introduction", in J. Habermas, *The Inclusion of the Other. Studies in Political Theory*, Cambridge (Mass.): MIT Press, 1998.

者不能够将自己认同为法律的制定者。[1]

三、社会和政治建构主义的启示

建构主义对人权与公益关系的解读有许多重要的启发。

第一,人权并不脱离社会公共利益而存在。根据社会建构主义,任何制度的形成都是习惯化互惠行动的典型化。因此,互惠是制度产生的最重要前提。人权制度的形成也必须以互惠为前提,而不会仅仅根据个人的孤立要求。因此,坚持权利绝对优先于公共利益的考虑,不仅在理论上会陷于困境,而且也阻塞了发现现实可行的解决二者冲突方法的路径。正像弗里曼所分析的,人权是规定人际关系的社会规范之一种,并不是道德规范或政治生活准则的全部,因此它必须与社会生活中的其他价值相平衡,比如社会秩序、宗教和习俗。[2] 他指出:"人权并不构成道德或政治的全部;它们必须要与其他价值相平衡,如社会秩序。它们不是绝对的,因为人权之间会相互冲突。"[3]麦金太尔更是讽刺地认为,依据个人主义理论,"相信人权,犹如相信女巫和独角兽"。[4]

《世界人权宣言》第29条规定:(一)人人对社会负有义务,因为只有在社会中,他的个性才可能得到自由和充分的发展。(二)人人在行使他的权利和自由时,只受法律所规定的限制,确定此种限制的唯一目的在于保证对旁人的权利和自由给予应有的承认和尊重,并在一个民主的社会中适应道德、公共秩序和普遍福利的正当需要。《美洲人权公约》第20条规定:依照

---

[1] Aagje Ieven, "Privacy Rights in Conflict: in Search of the Theoretical framework behind the European Court of Human Rights' Balancing of Private Life Against Other Rights", in Eva Brems (ed.), *Conflict Between Fundamental Rights*, Antwerp, Oxford and Portland: Intersentia, 2008, p. 62-67.

[2] Michael Freeman, "The Problem of Secularism in Human Rights Theory", *Human Rights Quarterly*, 2004, 26 (2), pp. 375-400.

[3] Michael Freeman, *Human Rights: An Interdisciplinary Approach*, Cambridge: Polity Press, 2002, p. 75.

[4] Alasdair Macintyre, *After Virtue*, University of Notre Dame Press, 1984, pp. 64-87.

本公约对享受或者行使其中承认的权利或自由而可能施加的限制,不得予以实行,但按照为了整体利益而颁布的法律和符合已经实行的这种限制的目的除外。第22条规定:(一)每一个人对他的家庭、他的社会和人类都负有责任。(二)在一个民主社会中,每个人的权利都受其他人的权利、全体的安全和大众福利的正当要求所限制。《非洲人权和民族权宪章》第27条规定:1. 人人对其家庭和社会、国家和其他合法认定的社区及国际社会负有义务。2. 每一个人行使其权利和自由均须适当顾及其他人的权利、集体的安全、道德和共同利益。

第二,人权与公共利益之间的冲突是正常的和难以避免的。根据社会建构主义,人权并不是人性或自然内在逻辑的逐渐展开,而是对历史出现的共同威胁的偶然回应;在这种偶然中所形成的价值共识是在多元价值理论基础上形成的"重叠共识";这种共识是社会学习的过程,它还处于发展过程中。

第三,人权对其他利益考虑的优先性是整体上的,而非个体性的。根据政治建构主义,为了保证人权的整体优先性,需要对单个人权进行必要的"规制",以协调人权之间的冲突。没有任何一项人权会免除必要的规制。任何一项人权的绝对性都只能是相对于整个人权体系而言,每一项人权都是整体人权体系大网上的一个"网结"。各项人权的地位是各种权利和社会利益比较平衡的结果。

第四,人权与公共利益之间冲突的解决方法不可能是完全统一的。根据社会建构主义,人权是人类对历史性的共同威胁所选择的应对方式,但这种威胁在不同的地方和不同的时期会有不同的表现,因而人权在解释和实施上存在合法的多样性。各个社会共同体必须根据自身面临的特殊威胁情景来选择特殊的应对方式。

第五,人权与公共利益冲突解决方案的合法性,并不是来源于价值的一贯性,而是来源于重叠共识。根据政治建构主义,我们选择的前提是价值的多元化。因此,不能指望从一种唯一的价值出发推论出一种普适的解决方案,人权的现实定位和人权与公益冲突的现实解决方案只能基于多元价值的重叠共识。

第六,有关规制各项人权规制的必要性、方式和程度的重叠共识,必须通过协商民主的方式来达成。要使所有的利益相关者都能够了解各种方案的意义和可能对其利益和权利造成的影响,并有机会和能力参与到协商的过程中。

第七,应当从更积极的视角来看待人权与公共利益之间的冲突。它不仅是对公共政策和法律提出的挑战,而且也是激发重叠共识的机遇。在利益和价值日益多元化的时代,人权与公益之间的冲突会迫使公民重新思考所持立场、观点、价值和主张的局限,学会妥协和权衡,促进主体间的和谐共处。

实 践 求 索

略论人权理事会及其中国促进作用

张乃根[*]

摘　要：人权理事会的成立和发展对于联合国的组织结构体系改革,具有特殊的意义。人权理事会与安全理事会、经济及社会理事会将构成与《联合国宪章》宗旨一致的三大理事会之一,有利于促进国际法治。中国人权保护已经并将继续接受人权理事会的普遍定期审议。中国应加强国内法治,尽早加入《公民权利和政治权利国际公约》。中国应积极推进人权理事会的进一步改革。

关键词：人权　理事会　中国

一、联合国改革中的人权理事会

2006年3月15日联合国大会通过决议,并于同年6月19日正式成立的人权理事会是联合国大会的一个附属机构。它对于联合国的组织结构体系改革,具有特殊的意义。正如该决议明确地"认知到和平与安全、发展和人权是联合国系统的支柱,也是集体安全与福祉的基础,并确认发展、和平与安全以及人权是相互联系和相辅相成的"。[①] 新的人权理事会与安全理事会(安理会)、经济及社会理事会(经社理事会)构成与《联合国宪章》序言及第一条所载明的维护国际和平及安全、促成国际合作以增进全球人民经济及社会之进步、人权保护的"三重"宗旨相吻合的"三重"理事会。

---

[*] 张乃根,复旦大学特聘教授,国际法专业博士生导师,复旦大学法学院国际法研究中心主任,复旦大学知识产权研究中心主任。——编者
[①] 联合国大会决议："人权理事会"(A/RES/60/251),2005年3月15日。

2005年世界首脑会议在"决意创建人权理事会"时表明："支持进一步将人权置于整个联合国系统的主要位置","负责促进普遍尊重对所有人的所有人权和基本自由的保护","处理各种侵犯人权的情况,包括粗暴、蓄意侵犯人权的事件","促进联合国系统内部的有效协调,推动将人权纳入主流"。① 因此,人权理事会作为联合国大会的一个附属机构是联合国改革的过渡安排。2011年联合国大会通过对人权理事会的第一次审查决议,决定继续保持该理事会的暂时地位,"并在适当时候而且在最早十年最晚十五年的时间内再次审议是否保持这一地位的问题"。②

2004年有关联合国改革的高级别小组报告最初提出创建人权理事会,并就其最终地位问题建议："从长远来看,会员国应考虑把委员会提升为'人权理事会',这就是说,它不再是经济及社会理事会的附属机构,而是与理事会和安全理事会同等并列的一个宪章机构,以此体现在《宪章》序言中,人权问题与安全和经济问题一样,同样得到了重视。"③时任联合国秘书长安南在阐明创建人权理事会的初衷时强调:隶属于经社理事会的"人权委员会升格为一个全面的理事会,将把人权提升到《联合国宪章》原本赋予的优先地位",④成为与安理会、经社理事会"三位一体"的联合国体系新的"三驾马车"。这不同于2005年之前围绕扩大安理会的改革,而作为近年来侧重于联合国能力建设的改革一部分,⑤"可能构成了该改革努力的基石"。⑥

2006年以来联合国的改革着重于加强安理会和经社理事会的效力(包

---

① 联合国大会决议:"2005年世界首脑会议成果"(A/RES/60/1),2005年9月16日,第157—159段。
② 联合国大会决议:"审查人权理事会"(A/RES/65/281),2011年6月17日,第3段。
③ 威胁、挑战和改革问题高级别小组的报告:"一个更安全的世界:我们的责任"(A/59/565),2004年12月2日,第291段。
④ 秘书长报告:"大自由:实现人人共享的发展、安全和人权"增编1:人权理事会,2005年4月14日。
⑤ 参见杨泽伟:《联合国改革的国际法问题研究》,武汉大学出版社2009年版,第13章。
⑥ Joachin Muller, *Reforming the United Nations: The Challenge of Working Together*, Leiden: Martinus Nijhoff Publisher, 2010, p. 24.

括进一步加强安理会"效力与合法性"和"需要一个更有效力的"经社理事会),①同时"加强联合国人权机制",②并提高秘书处的效率和协调能力。人权理事会的正式成立是实施这一改革的重要步骤。"三重"并列的理事会是联合国组织结构体系改革的目标,体现了联合国改革的新路径,即"集体安全必然延伸到个人层面的人权,以及安全的世界要求每个人、每个行为者共享保护人权的目标"③。这种新的集体安全观包括"人的安全":"人民享有在自由、尊严中生活的权利,免受贫困和绝望折磨"和"每个人,尤其是弱势人民,都应有权免于恐惧、免于匮乏,获得平等机会享受其权利,充分发挥自身的潜力"。④ 这也是"现代国际法的人本化发展趋势"之一。⑤

个人是集体的一分子,国家是一定个人的集体代表。安理会的集体安全保障机制原本所针对的是威胁一国或数国的领土主权或政治独立,乃至危及国际和平与安全的任何国际不法行为,尤其《联合国宪章》序言斥之为"祸害"的一切战争。虽然在这一机制下,个人可望免受战祸之害,但是,受保障的国际法主体是国家,而不是个人。这体现了传统国际法区别于国内法的基本界线。如今,这一界线依然存在。但是,一国或数国国内所发生的大规模严重侵犯人权的事件,尤其是灭绝种族等事件已经被国际社会公认为可"通过安理会逐案处理,并酌情与有关区域组织合作,及时、果断地采取集体行动"予以制止的国际不法行为。⑥ 同时,为了"防患于未然",新的人权理事会可以处理在一国或数国国内发生的各种侵犯人权的情况,尤其是粗暴、蓄意侵犯人权的事件。安理会与人权理事会共同协作,切实保障国家主权之下的个人享有的基本人权。联合国改革的这一路径反映了上述传

---

① 《2005 年世界首脑会议成果》,第 152 段、第 155 段。
② 《2005 年世界首脑会议成果》,第 122 段。
③ Peter G. Danghin, and Horst Fischer, *United Nations Reform and the New Collective Security*, Cambridge: Cambridge University Press, 2010, p. 345.
④ 《2005 年世界首脑会议成果》,第 143 段。
⑤ 参见曾令良:"现代国际法的人本化发展趋势",《中国社会科学》2007 年第 1 期。
⑥ 《2005 年世界首脑会议成果》,第 138—139 段。

统国际法的基本界线有所变化:国际社会公认"所有国家均有责任保护其公民免遭灭绝种族、战争罪、族裔清洗和反人类罪,并准备在有关国家当局显然未能保护其公民免遭这些罪行时采取集体行动"。① 在这种情况下,个人将成为国际社会集体行动的受保护主体。这一人本化的改革路径也是近年来联合国强调"进一步发展法治与联合国的三个主要支柱,即和平与安全、人权和发展之间的联系"之思路,②凸现了健全的国际法治理念与"三重"理事会的内在关系。"虽然国际法治的真正实现存在诸多困难,但是联合国仍有其存在价值和发展的前景,国际法治仍然有改良的可能。"③

二、人权理事会下的中国人权保护

(一)人权理事会对中国人权状况的审议

新的人权理事会,尤其是新建立的普遍定期审议(UPR)机制对于促进联合国各会员国的人权保护起着积极的作用。中国是人权理事会的47个创始成员国之一,先后于2006年当选和2009年连任至2012年,并根据规定在连续两任后不能立即再次当选,但于2013年12月再次当选(2014年至2016年),是联合国193个会员国中少数三任,且每次任期三年的人权理事会成员国。④ 这表明了国际社会对中国人权保护的高度肯定。中国于2009年2月、2013年10月两次接受了人权理事会的UPR。⑤ 审议结果充分

---

① Alex J. Bellamy, *Responsibility to Protect: Global Effort to End Mass Atrocities*, Cambridge: Polity Press 2009, p. 2.
② 联合国大会决议:"国内和国际的法治问题大会高级别会议宣言"(A/RES/67/1),2012年9月24日,第41段。
③ 何志鹏、孙璐:"国际法治与联合国的未来",赵建文主编:《国际法研究》第四卷,中国人民公安大学出版社2011年版,第239页。
④ 联合国人权理事会网站:http://www.un.org/chinese/,2014年2月2日。
⑤ 参见人权理事会普遍定期审议工作组第四届会议(2009年2月2日至13日,日内瓦):"根据人权理事会第5/1号决议附件第15(a)段提交的国家报告 * 中国"A/HRC/WG6/4/CHN/1.5 December 2008;参见人权理事会普遍定期审议工作组第十七届会议(2013年10月21日至11月1日,日内瓦):"根据人权理事会第16/21号决议附件第5段提交的国家报告 * 中国"A/HRC/WG6/17/CHN/1.5 August 2013。

反映了人权理事会下的中国人权保护情况。以第二次审议工作组报告为例。①

中国代表陈述第一次审议后的人权保护在中国的进展。这包括"人权得到切实尊重和保障"已被确立为全面建成小康社会的奋斗目标之一；公布了《国家人权行动计划（2012—2015 年）》；实施了《农村扶贫开发纲要（2011—2020 年）》，实现农村贫困人口大幅下降；普遍建立最低工资正常调整机制；免费九年义务教育已覆盖全国；最低生活保障制度已基本实现城乡全覆盖；政府安排补助资金 4500 亿元用于建设城镇保障性住房和改造棚户区；将主要污染物减排作为经济社会发展的约束性指标；鼓励公众参与立法；城乡按相同人口比例选举人大代表和 98% 以上的村民委员会实现直接选举；司法体制改革的 60 项任务全部完成；采取切实行动依法保障言论自由和宗教信仰自由；孤残儿童和受艾滋病影响儿童的救助和权利保障机制得到了完善；少数民族享有广泛人权；参加并积极履行 26 项国际人权公约；每年向人权高专办提供 80 万美元捐款。中国代表也承认在促进和保护人权方面仍面临许多困难和挑战，包括发展中不平衡、不协调、不可持续问题依然突出；贫困人口规模仍十分庞大；收入分配结构不合理；司法领域依然存在不公现象。

审议中各国对中国近年来人权保护的进步以及仍存在问题的总体评价，包括法国、德国、葡萄牙、瑞典、加拿大、澳大利亚、新西兰等发达国家的绝大多数联合国会员国予以充分肯定。但是，也有少数国家，尤其发达国家仍持质疑乃至否定立场，包括奥地利"对有人行使宗教自由权遭到歧视和骚扰的报告表示关切"；比利时对"中国未批准《公民权利和政治权利国际公约》表示关切"；丹麦"对中国将强制拘留合法化表示关切，承认中国扩大了互联网接入，但仍对中国的媒体审查感到关切"；芬兰"请中国提供资料

---

① 人权理事会第二十五届会议议程项目 6："普遍定期审议工作组报告＊中国（包括中国香港和中国澳门）"A/HRC/25/5 4 December 2013。

说明采取哪些措施,以调查据称存在的恐吓和报复试图参与普遍定期审议的个人的行为";挪威"对中国的言论自由状况表示关切";波兰"对试图损害藏传佛教社区的宗教、文化和言论自由的行为表示关切";瑞士"对压制民间社会的行为表示关切";英国"对言论和结社自由受到限制表示关切";美国"感到关切的是,集会、结社、宗教和言论自由遭到压制,有的政策对少数民族不利,包括许志永和杨茂东在内的活动人士遭到骚扰、拘留和处罚"。归纳这些质疑或否定,主要集中在《公民权利和政治权利国际公约》项下的人权领域,尤其是言论、结社、宗教信仰自由等。值得高度重视的是,审议中各国向中国提出250多项改进人权保护建议,其中首要的也是最多、最集中的就是尽快批准《公民权利和政治权利国际公约》。[1] 可以说,这反映了国际社会对于中国加强人权保护的共同期盼。

(二)准备批准《公民权利和政治权利国际公约》的相应国内制度改革与建设

1. 中国批准《公民权利和政治权利国际公约》势在必行

中国代表在回应少数国家的质疑或否定意见时,对于将中国打击危害平民安全的恐怖暴力活动说成针对特定民族和宗教的清理,将中国境内的少数违法犯罪人员美化成为"人权卫士","表示遗憾",同时感谢大多数国家、特别是发展中国家充分肯定中国在人权方面作出的巨大努力和取得的显著成绩,理解中国面临的困难和挑战,并提出了建设性意见和建议。中国承诺"正在为批准《公民权利和政治权利国际公约》作准备,并将继续进行立法和司法改革"。中国批准《公民权利和政治权利国际公约》势在必行。关键在于抓紧相应国内制度改革或建设。2013年12月28日,中国全国人

---

[1] 《公民权利和政治权利国际公约》已有167个缔约国。参见 Status of Ratification of Human Rights Instruments (as of 13/02/2013),联合国人权网:http://www.ohchr.org/EN/HRBodies/Pages/HumanRightsBodies.aspx,2014年2月3日。

大常委会决定废止有关劳动教养法律规定,就是相关司法改革的重要进步。①

2. 中国国内制度改革与建设:以言论自由为例

相应国内制度改革与建设涉及许多方面。其中,言论自由的制度问题尤其值得关注。《公民权利和政治权利国际公约》第 19 条规定:"1. 人人有权持有主张,不受干涉。2. 人人有自由发表意见的权利:此项权利包括寻求、接受和传递各种消息和思想的自由,而不论国界,也不论口头的、书写的、印刷的、采取艺术形式的,或通过他所选择的任何其他媒介。3. 本条第二款所规定的权利的行使带有特殊的义务和责任,因此得受某些限制,但这些限制只应由法律规定并为下列条件所必需:(甲)尊重他人的权利或名誉;(乙)保障国家安全或公共秩序,或公共卫生或道德。"②

中国宪法第 35 条规定:"中华人民共和国公民有言论、出版、集会、结社、游行、示威的自由。"③出版自由对于言论自由,不可或缺。但是,中国尚未制定颁布出版法。全国人大"中国法律法规信息系统"下新闻出版综合规定、新闻、出版与出版物市场管理、音像制品与电子出版物、报纸、期刊、图书、印刷 8 类,只有 1955 年 11 月 8 日全国人大常委会《关于处理违法的图书杂志的决定》。④ 可见,中国最高立法机构几乎没有制定颁布过有关保护出版自由的任何法律。中国著作权法第四章"出版、表演、录音录像、播放"对作为个人或法人的民事权利的有关著作权做了具体规定。⑤ 但是,有两点需加以分析。

---

① 《全国人民代表大会常务委员会关于废止有关劳动教养法律规定的决定》(2013 年 12 月 28 日)
② 《公民权利和政治权利国际公约》中文本,联合国人权事务网:http://www.un.org/chinese/hr/issue/ccpr.htm,2014 年 2 月 3 日。
③ 《中华人民共和国宪法》,全国人大网:http://www.npc.gov.cn/npc/xinwen/node_505.htm,2014 年 2 月 3 日。
④ 中国法律法规信息系统:http://law.npc.gov.cn:87/home/begin1.cbs,2014 年 2 月 3 日。
⑤ 《中华人民共和国著作权法》,中国法律法规信息系统:http://law.npc.gov.cn:87/home/begin1.cbs,2014 年 2 月 3 日。

其一,人权与著作权的关系。尽管国际人权保护法律文件都没有明确地将著作权等知识产权列为人权,但是,《世界人权宣言》第 27 条①、《经济、社会及文化权利国际公约》第 15 条第一款,②将《保护文学艺术作品伯尔尼公约》下保护的著作权实质列为人权。③ 然而,著作权等知识产权兼具民事权利与国家授权(如规定作为财产权的期限)的双重性,因此,著作权还不能等同人权。著作权法有关出版等规定不能替代宪法体制下应有的出版法。

其二,公民及政治权利与著作权的关系。出版法应规范国家限制公民言论出版自由与人权保护的关系。譬如,对出版物的内容审查制度应包含公民可就行政机关禁止出版或传播某一作品的行政决定提起司法审查的行政诉讼。2009 年 1 月世界贸易组织(WTO)争端解决机构裁决的"美国诉中国影响知识产权保护和实施措施案"④涉及著作权法原第 4 条第 1 款"依法禁止出版、传播的作品,不受本法保护",就是混淆了出版物的内容审查与著作权保护之间关系。中国全国人大常委会在删除该条款时说明:"1990 年制定著作权法时,我国尚无对作品出版、传播进行监督管理的具体法律规定。著作权法通过后,1994 年至 1997 年,国务院先后公布实施了《音像制品管理条例》《电影管理条例》《出版管理条例》和《广播电视管理条例》。2001 年以后又公布实施了《计算机软件保护条例》《信息网络传播权保护条例》。目前,对禁止出版、传播的作品已经有了明确规定,没有现行著作权法第 4 条第 1 款的规定也可以对作品出版、

---

① 《世界人权宣言》第 27 条:"1. 人人有权自由参加社会的文化活动,享受艺术,并分享科学进步及其产生的福利;2. 人人对由于他所创作的任何科学、文学或艺术作品而产生的精神的和物质的利益,有享受保护的权利。"
② 《经济、社会及文化权利国际公约》第 15 条第一款:"本公约缔约各国承认人人有权:(甲)参加文化生活;(乙)享受科学进步及其应用所产生的利益;(丙)对其本人的任何科学、文学或艺术作品所产生的精神上和物质上的利益,享受被保护之利。"
③ 参见张乃根:"论 TRIPS 协议框架下知识产权与人权的关系",《法学家》2004 年第 4 期。
④ "China-Measures Affecting the Protection and Enforcement of Intellectual Property rights", WT/DS362/R, 26 January 2009.

传播进行有效的监督管理。为此,草案删除了现行著作权法第 4 条第 1 款规定。"①该说明罗列的有关言论出版自由的《音像制品管理条例》《电影管理条例》《出版管理条例》和《广播电视管理条例》均为行政法规,属于新闻出版内容审查制度的政府管制法。② 这些法规均无公民可对有关行政决定提起复议或诉讼的权利规定。中国行政复议法、行政诉讼法也没有明确规定可受理此类案件。

可见,无论从制定颁布出版法的角度,还是根据现有法律法规及其实践看,中国均缺乏明确保护公民出版自由的宪法框架下实施性法律。由此亦可窥见中国批准《公民权利和政治权利国际公约》所亟待进行相应国内制度改革与建设之一斑。

三、 加快人权理事会改革进程的中国作用

人权理事会的成立及其机制的完善是联合国改革事业的重要组成部分。中国一贯主张联合国改革应循序渐进。2005 年世界首脑会议之前,中国政府明确表示:"改革应先易后难、循序渐进,有助于维护和增进联合国会员国的团结。"③中国是联合国创始会员国和安理会常任理事国之一,对于维护国际和平及安全负有重大责任。尽管安理会五个常任理事国常常意见相左致使集体安全保障机制无法发挥应有作用,但是不可否认,对于创建联合国的初衷,杜绝再次发生像纳粹德国和日本军国主义发动的大规模侵略战争而言,现行的机制依然是不可替代的。尤其是在日本国内的军国主义阴魂不散,对中国等邻国安全构成威胁并可能危及国际和平的情况下,中

---

① 关于《中华人民共和国著作权法修正案(草案)》的说明(2010 年 2 月 24 日)。
② 中国为执行世界卫生组织争端解决机构于 2010 年 1 月通过的"美国诉中国出版物和音像制品施案"报告,对这些法规涉及贸易权及分销服务措施的规定作了修改。参见孙振:"中美出版物与音像制品案执行评述",陈泽宪主编:《国际法研究》第八卷,社会科学文献出版社 2013 年版,第 294 页。
③ 《中国关于联合国改革问题的立场文件》,外交部网站:http://www.fmprc.gov.cn,2014 年 2 月 2 日。

国必须维护安理会的权威,反对任何企图颠覆联合国现行基本体制的做法。这是应对联合国改革面临新挑战时必须坚守的底线。安理会的首要职责依然是保障传统意义上的国际和平及安全,而涉及非传统事项的作用发挥更多地有赖于人权理事会的协同。在这个意义上,人权理事会对于实现联合国"三重"宗旨的改革具有基础性作用。冷战之后发生的前南和非洲地区的人道主义灾难,近年来北非、中东地区的国内严重侵犯人权事件引发的持续政治动乱乃至内战,无不与联合国缺少类似安理会那样中央化权威统筹的人权机构有关。

中国作为人权理事会创始成员国之一,并且三次得到联合国大会高票通过担任该理事会成员国,应该始终支持该理事会发挥应有作用,尤其推进该理事会的实施机制建立和健全。中国一贯反对将人权问题政治化,但是,目前人权理事会在处理人权问题时依然具有明显的政治化倾向。现实地看问题,仅表示反对,无济于事。中国应致力于建立一个在《联合国宪章》框架下国际社会可接受的 UPR 后续审议机制,对有关国家拒不履行审议建议的情况进行仅限于申诉方与被申诉方为国家的、公正公平的审理,在各方充分陈述意见的基础上,由人权理事会做出有一定拘束力的决议。只有这样,人权理事会才可能逐步具备条件,最终通过《联合国宪章》的重大修正,提升为并列的"三重"理事会之一。"打铁还须自身硬"。中国应从自身做起,大力加强国内人权保护,充分做好相关准备,接受人权理事会的后续审议,并加快国内相应制度改革与建设,尽早批准《公民权利和政治权利国际公约》。

在考虑安理会与人权理事会如何协同应对国际和平与安全的非传统事项的新挑战方面,中国既要有高瞻远瞩的战略眼光,更应提出务实的建设性意见。和平崛起的中国应敢于主动担当维护国际和平与安全,促进发展和人权保护的责任,积极发挥其作用。西方有学者在评论中国日益重要的国际地位时说道:"中国在支持权力转向多极秩序的平衡时不寻求推翻国际体系,而是更多地像温和的改革权力者行事,倾向于国际秩序的逐步改革。"①中国近三十多年的国内改革实际上也是温和的逐步改革。联合国改革应该如此。不改革没有出路,改革须循序渐进。

《联合国宪章》是国际法治的基石。该宪章昭示的人权保护在内"三重"宗旨是健全的国际法治理念,但是,人权理事会的新体制建立不久。包括世界各国各地区的可持续发展和减少贫困在内的人类新千年目标与人权息息相关。"我联合国人民"是国际社会的主人,各国政府应该为本国人民,也为全世界人民着想,携手共进,建设一个和平安全、保障人权和经济社会可持续发展的和谐世界。这也是中国人民期盼,以及中国政府努力的方向。

---

① Alan S. Alexandroff and Andrew F. Cooper, *Rising States, Rising Institutions: Challenges for Global Governance*, Baltimore: Brookings Institution Press, 2010, p. 100.

国家人权保护义务与国家人权机构的功能[*]

韩大元[**]

摘　要：本文以国家人权保护义务的法律和政治道德义务为基础，分析了国家人权机构的性质与功能问题，在论证国家人权机构正当性的基础上，对世界各国的人权机构类型和功能进行了论述，并提出中国建立国家人权机构的必要性、可行性与基本模式。

关键词：国家　人权　人权机构

一、国家人权保护义务

人权从自由权中心主义逐步转化为自由权与社会权并重的价值体系后，国家保护人权义务也发生了相应的变化，不仅扩大了保护的范围，而且保护形式与程序日益呈现出多元化。国家保护人权义务是人权观念与人权分类变化的必然产物。在传统的人权分类理论下，国家的人权保护义务是比较单一的，片面地追求"作为人权保障堡垒的司法部门的应有规范性命题，没有充分关注经验性的价值"。随着宪政文化的多样化，人权保障理念开始发生了变化，改变了仅仅"通过司法权来实现人权保障"的传统观念，[①]

---

[*]　本文发表在《法学论坛》2005 年第 6 期。本次收入《人权论丛》时对文字作了部分修订。——编者

[**]　韩大元，教授、博士生导师，教育部"长江学者"特聘教授，中国人民大学人权研究中心主任，中国人民大学一国两制法律研究所所长，中国人民大学亚太法学研究院院长。——编者

[①]　大沼保昭：《人权　国家与文明》，生活·读书·新知三联书店 2003 年版，第 217 页。

逐步确立新的人权内容与分类。

首先,人权的实践性得到了强化。在传统理论体系下,人权虽表现为高度价值化的体系与标准,但在现实生活中仍缺乏实践功能。随着人权实践的发展,"实践中的人权"、"规范化的人权"、"运动中的人权"理念逐步变为社会的人权价值,人权的实践性表现为程序化、国际化与生活化的特点。在主权与人权关系的价值互动过程中,人权的价值日益走近实际生活,这对国家人权保护提出了新的要求。

其次,作为人权保护义务主体的"国家"概念发生了变化,即从抽象意义上的国家到实体生活中的国家的转变①。国家实际上是指具体行使国家权力的国家机关的活动,包括国家立法机关、司法机关与行政机关,以及与公权力活动有关或实际上行使公权力的机关活动。国家机关作为行使国家权力的活动主体,首先要保护一切基本权法益,并以此作为进行活动的道德和法律基础。人权保护义务首先指国家机关对基本权法益的"国家保护义务",其义务包括:作为人权而得到的保护利益;第三者的利益;紧急状态中对社会主体权利的保护;采取预防手段减少人权主体利益受到不当的危害。

---

① 作为人权保护主体的国家是什么意义上的国家?这是宪法解释学需要回答的问题。根据各国宪法文本的分析,国家一词存在不同的涵义。从一般意义上讲,国家在宪法文本中的涵义表现为三种语境:一是价值层面上表现为政治实体,对外的政治实体与对内的政治实体;二是与社会相对应而存在,即社会与国家是宪法文本中出现频率最高的概念之一,有的条文中两者是并列的,有的条文中是相互分开的,表明宪法在社会与国家体系中的不同性质与功能;三是在一个国家宪政体系中,表示国家权力与地方权力相互关系时使用国家概念。为了确立国家在宪法文本中的内涵,有的国家宪法或判例中明确了文本中的国家涵义。如印度《宪法》第三编第 12 条明确规定:本篇所称之"国家"一词,除文义中需另作解释者外,包括印度政府与议会,各邦政府与邦议会以及在印度领土内或印度政府管辖下一切地方当局或其他机构。在美国的宪法判例中国家一词在不同历史时期被赋予不同的意义,如在 Texas v. White, 74 U. S. (7 wall). 720—720 (1869) 案中,最高法院认为:在宪法中,"国家"经常表达的意思是将人民、领土、政府结合在一起的观念,是由自由公民组成的、拥有确定疆域的领土、由成文宪法授权并限制的政府组织下,经由被统治者同意而建立起来的政治共同体。但有时也用来表达人民或政治共同体的观念,以区别与政府的概念。有关判例转引自王贵松:"法院:国家的还是地方的",中国人民大学宪政与行政法治研究中心:"宪法文本讨论会"的论文。详见韩大元:"宪法文本中人权概念的规范分析",《法学家》2004 年第 4 期。

国家必须保护人权的道德基础来自于国家存在的目的与宪法的正当性要求。有学者指出,"在国家与个人的关系上,个人是国家的基石,如何保障个人权利的最大实现就构成了国家制定一切政策的前提和出发点,一切为了人民的权利应当是国家是否具有合法性的根本标志"[1]。

再次,国家保护人权义务的内容发生了变化。保护的内涵从消极性的保护转变为积极的保护,表现为一种综合性的道德与法律要求。爱德和凡一胡佛等人认为,国家的人权保护义务分为四个方面:第一,尊重的义务;第二,保护的义务;第三,满足或确保的义务;第四,促进的义务。对这种分类日本学者大沼教授做了如下解释。他认为,人权尊重的义务是指国家避免和自我控制对个人自由的侵害;保护的义务是指国家防止和阻止他人对个人权利侵害的义务;满足的义务是指国家满足个人通过努力也不能实现的个人所需、希求和愿望的义务;促进的义务是指国家为在整体上促进上述人权而应采取一定措施的义务。[2] 可以看出,国家对人权的尊重与保护义务是相互联系和互动的整体性义务,尊重的背后实际上存在着国家应该履行的保护、满足与促进的义务,尊重只是国家义务的前提与基本的道德基础而已。在宪法规范中的尊重一词是历史的概念,最初主要指国家对自由权的保护义务,表现为国家的消极义务,是一种自由国家的基本理念。但是,从自由主义国家向社会福利国家转变后,对人权的尊重扩大到了社会权领域,尊重义务范围也得到了扩大。为了履行尊重人权的义务,国家既负有积极的义务,同时也要负消极的义务。特别是在社会权领域,国家尊重和保护人权的义务主要表现为满足与促进,积极而适度地干预公民的生活。在自由权领域,国家尊重人权主要表现为国家负有消极的义务,自我控制国家权力对自由权的侵害。因此,国家尊重人权义务是全面性的、综合性的义务,不能片面地强调其中的一项内容。自由权与社会权保护义务的相对化客观上

---

[1] 江怡:"对话中的政治哲学",研讨会上的论文,2003年9月。"中国社会科学院哲学研究所"网站,2005年9月22日访问。
[2] 大沼保昭:《人权 国家与文明》,生活·读书·新知三联书店2003年版,第220页。

要求国家保护义务的多样性与综合性。

最后,国家人权保护的方式呈现出多样化。国家对人权的尊重和保护义务不仅是一种政治道德的要求,同时也是约束一切国家权力的规范的要求,是一种法的义务,在整个宪法规范体系中居于核心的地位。当然,国家的这一义务并不是在任何情况下都会发生的,应具备一定的条件。如人权保护的具体法律利益的存在、作为第三人利益的保护、违法状况的存在与实施危害的客观危险的存在等。具体保护方式从以司法保护为主体逐步转变为司法保护和非司法保护并重的新型保护模式的发展。建立和完善国家人权保护机构是拓展人权保护范围,提高人权实践性功能的重要形式之一。

二、 国家人权机构存在的客观基础

随着人权理念的普及和人权实践的发展,人们逐步把人权保护的眼光转向新的人权保护机构。通过国家与社会的沟通机制,建立以人权为基础的社会对话与交流的平台,有助于提高人权保障质量,强化其保障能力。建立国家人权机构的正当性与客观基础主要表现为以下几点。

首先,建立独立的国家人权机构是人权实现的客观要求。如前所述,人权的基本价值并不仅仅表现为内在结构的合理性,关键是如何获得实践性,把人权价值转化为社会现实的实践形态。按照人权价值的普遍性要求,人权的实现包括国家生活和社会生活的所有领域,需要在国家与社会之间建立相互沟通的纽带。仅仅依赖于传统的国家保护形式或者社会自身的保护形式不利于实现国际化时代的人权发展需要,有可能导致保护内容与保护方式之间的矛盾或冲突。

其次,传统的人权保护实现方式存在局限性。传统的人权保护方式是以国家为主导的基本模式,强调公权力在人权保护中的功能,没有充分发挥社会本身具有的优势与功能。国家是为人权的实现而存在的,人权是国家存在和活动的目的。那么,由国家机构完全垄断人权发展的标准与保障的所有资源,是否具有正当性?在国家机关实现人权的过程中,司法机关是最主要的力量,司法程序成为尊重和保障人权价值的一种基本形式。但这种保护模式也存在不可避免的理论逻辑与实践中的困惑。比如,人权本质的价值是控制国家权力,两者应处于"对立与对抗"状态,或者至少处于价值上的紧张关系之中。但完全依赖于"国家"保护形式,有可能在客观上造成人权主体性价值不确定的后果,当国家权力的保护缺乏制度和理性制约时本应成为保护主体的国家却成了侵害人的主体。国家与个人在人权保护的价值领域也经常发生冲突,其角色定位出现新的不确定状态。在保护的制度层面,人们开始发现司法的人权保护也存在结构性的障碍。特别是在一些非西方国家,"司法机关 = 人权的保护神"[1]的观念目前面临新的挑战。长期以来,在宪法学理论研究中有些学者把人权保障义务的实现寄托在司法的功能上,提出"司法机关 = 人权保护神"的模式,强调以司法控制来达到人权价值不受侵犯的目的。但这一命题并不表明"经验性的事实,而只是一种被认为是应有的规范性命题",[2]其理由主要在于:一是美国或德国等法院的形态在世界上 200 多个国家中可以说是属于例外,不能说是一种原则性形态;二是在很多发展中国家人权保障与尊重人权并没有采取西方法院模式,如印度在人权诉讼中没有采取西方法院模式,采用"社会活动诉讼",缓和了西方国家人权诉讼中所严格要求的诉讼要件,以将来可以改善的命令等裁决形式处理人权诉讼问题等;三是国家在保障和实现人权中,需要选择多种方式,不能以应然性的命题选择一种模式。从各国的经验看,已建立完善的司法体制的国家也在积极推进国家人权保护机构的建设。

再次,国家与社会的二元化要求人权保护机制的多样性。人权的概念与人权的实现是充满矛盾的关系,需要从国家与社会两个方面进行调整与解决。谁是保护人权的最主要的主体?在现代社会中,人权实现的过程是价值多元化的过程,不能由国家机关或社会的某个机制垄断其过程,只有在

---

[1] 大沼保昭:《人权 国家与文明》,生活·读书·新知三联书店 2003 年版,215 页。
[2] 同上书,第 216 页。

国家与社会的良性互动中才能为人权的实现提供有效的形式。国家与社会在现代社会中的不同存在方式与紧张关系是古老的课题,尽管两者呈现出缓和的发展趋势,但围绕人权的实现两者发生的冲突也是十分突出的。从人权发展的历史看,人权本身是不依赖于国家而存在的,是"超国家的"存在,存在于自然法价值之中。但它的实现机制又不能脱离强大的国家权力的作用,而更多地依赖于国家权力本身的保护和促进。于是,实现人权基本价值形态的人权与主权、法治主义与民主主义之间产生价值的背离,在背离状态中出现了人权"存在于社会之中,但实现于国家之中的"矛盾状态。解决这种价值背离的基本途径就是寻找能够连接国家与社会价值的中间环节或价值纽带。

最后,建立超越国家与社会价值的人权保护机制是国际社会实现人权的基本经验。基于人权在当代的价值结构和实践性功能,人权保护不能只依赖于传统的司法等国家模式。人类有智慧在各种社会资源中发现、完善有利于人类自我发展的各种有效途径。从国际和区域的范围看,在人权保障机制中发挥国家人权机构是国际社会的基本经验,是一种具有普遍意义的保护方式之一。

为了推进人权事业的发展,联合国一直推动国家人权机构的建立与推广。早在1946年为了扩大经社理事会的业务,提出各区域建立人权委员会的建议。1978年9月,联合国人权委员会曾举行设立国民人权机构的会议,正式揭示国家人权机构的结构与功能方面的指南。1992年联合国人权委员会提出了国家人权机构的地位与功能的原则(Principles Relating to the Status and Functioning of National Institutions for Protection and Promotion of Human Rights)。1993年6月,联合国在世界人权大会上又提出建立国家人权机构的指南,其指南的内容包括:国民人权机构享有尊重和增进人权的广泛职权;人权保障机构的形成与权限及其范围应在宪法和相关法律中有明确的规定。1990年启动的亚太人权研讨会是亚太国家促进人权领域合作的重要平台,积极探索建立区域人权机制,其四个人权合作重点中第一项就是"建立国家人权机构",制定人权行动计划。① 1995 年为了进一步强化国家人权保障机构的建设,联合国专门提出了"办事指南"。由 69 个国家的国家人权机构组成的"国家人权机构国际调停委员会"定期召开了国际会议,交流各国的经验,提出人权保障方面的新建议和要求。2004 年在韩国召开的第七届"世界国家人权机构大会",发表了《汉城宣言》,对通过国家人权机构推进人权发展提出了有益的建议。《宣言》指出,国家人权机构的特殊功能是:把国际的人权标准适用于国家生活层面,保障人权的持续发展,建立符合巴黎原则的具有特殊法律基础与多元主义的国家人权机构,通过同政府与市民社会之间的对话解决社会面临的纠纷。《宣言》同时要求在国际人权保护体系下进一步强化国家人权机构的作用与参与。在联合国的积极努力下,各国在发展人权保护机制的过程中,建立了形式多样化的国家人权保护机构。

三、国家人权机构的类型与功能

(一)国家人权机构的类型

在西方,自 1977 年新西兰最初成立人权委员会后,澳大利亚、加拿大、意大利、希腊、法国、英国等国家相继成立了人权委员会。在亚洲,菲律宾、泰国、蒙古、印度、斯里兰卡、孟加拉国、土耳其、印度尼西亚、韩国等国成立了适合自己国情的国家人权委员会。在美洲国家中,墨西哥、智利也建立了各种人权委员会体制。东欧国家经过宪政体制转型后,在建立宪法裁判制度的同时也设立了具有特色的国家人权保护机构。在非洲,南非、埃及等国

---

① 在 2005 年 9 月联合国秘书长安南提交的"大自由——实现人人共享的发展、安全和人权"改革方案中,把人权委员会升格为人权理事会是最引人注目的内容。尽管各国对联合国体系中人权保障机构的成立与功能有不同的评价,但它在客观上说明了人权保障机构化的发展趋势。按照草案的精神,人权理事会的主要任务是评价各国履行各项人权义务的情况,使公民、政治、经济、社会和文化权利以及发展权受到同等重视。在向国际社会提供人权保护时,理事会应坚持如下原则:所有人权都是普遍、不可分割、相互依存和相互关联的,必须公正、平等地加以对待。

家的人权委员会在促进人权事业发展方面发挥了重要的功能。但由于各国的具体国情不同,国家人权机构的具体类型也呈现出不同的特点。

1. 国家主导与社会主导型模式。以人权实现主体的特点为标准,可分为以国家为主导的模式和以社会为主导的模式。在国家为主导的模式下,国家具体承担人权实现的义务,由国家组织一定形式的人权委员会,以国家权力的名义进行具体保护的活动。如菲律宾、加拿大、印度尼西亚等国家的人权委员会是以国家为主导的模式。其优点是有助于集中人权保护的各种社会资源,依靠国家强制力推动人权保护的事业。但其局限性在于,人权保护主体有可能从主体转化为客体,理应保护人权的主体变为侵害人权的主体,同时无法有效地解决围绕人权的实现而出现的国家与社会之间发生的冲突。为了解决国家主导的人权保护模式带来的局限性,有的国家努力建立"以市民为中心的人权实现机制",强调人权实现过程中的市民的作用。人权概念本身的市民化与生活化趋势,客观上要求建立人权理想、人权实现过程与保障机制相统一的一体化机制,实践性人权成为当代人权发展的基本要求与特点。在国家与公民的紧张关系中,以公民为主体的人权实践可以提供各种协调的条件。市民社会的人权价值通过国家的合法性范畴得到实现。

2. 国家机构型和特殊法人型。以人权保护机构的性质为标准,可以分为国家机构性与特殊法人性。从建立人权机构的主要国家经验看,如何定位国家人权机构的性质是发挥其功能的核心问题。如在菲律宾、加拿大、印度尼西亚、泰国等国家中人权保护机构具有明显的国家性,是根据宪法、法律或总统的命令设立的,属于国家机构性保护机关。特殊法人型模式是非国家机关性质的,其理由主要在于:人权保护机构的使命是监督与制约公权力活动,如把机构的性质定为国家机构性,有可能导致功能上的障碍;为了保证人权保护机构行使独立的决策权,需要与国家权力本身保持一定的距离;人权保护机构的功能主要是对实现人权过程起补充性的作用,它并不是人权实现全部使命的承担者;这种模式有利于在社会中获得民众的支持与配合,为建立市民化的人权话语系统奠定必要的基础;联合国关于建立人权保护机构的指南实际上要求非政府性机构性质等。属于这种模式的国家有英国、南非、澳大利亚等。上述两种模式存在于不同国家的政治体制之中,反映了各国的人权理念与不同的实现机制。

3. 混合型模式。从人权保护机构实际发挥的功能看,我们可以把国家型和非政府型相结合的模式称之为混合型模式。代表性的国家有德国、韩国等。为了在国家与社会之间保持必要的平衡,德国于 2001 年设立了人权保护机构(DIMR),明确其属性是:既不属于国家,也不属于社会,是居于中间领域的机构。它不执行政府的任何指示或命令,也不从属于任何民间或个人的约束。作为人权保护机构核心机构的 Kuratorium 由 16 名成员组成,其中 12 名是与政府无关的人士,行使投票权,4 名由政府推荐,但无投票权。根据有关法律的规定,人权保护机构的基本功能是:人权信息的提供;与人权研究机关之间的合作与配合;对人权的讨论提供对话与交流的平台;进行人权教育;与人权有关的国际机构之间的沟通;援助人权发展的各种制度和设施等。

2001 年韩国通过了"国家人权委员会法",成立了由 11 人组成的独立的国家人权委员会,其目的是:保护个人的不可侵犯的基本人权;提高人权保障水平;实现人的基本尊严与价值;实现民主的基本秩序等。[①] 韩国国家人权委员会的职权包括:对有关人权的法令、制度、政策等方面进行调查和研究,并提出改进的意见或表明态度;对侵犯人权的行为进行调查,并给予救济;对歧视或差别行为的调查和救济;对人权发展状况的实际调查;进行人权的教育与宣传;提供人权侵害的类型、判断标准及预防措施方面的原则或劝告;对政府加入国际人权条约及其履行问题提出劝告或表明意见;与推动人权事业发展的国际人权机构、民间团体之间的合作;其他为推动人权事

---

① 根据《国家人权委员会法》第 2 条的规定,本法所保护的人权是指"宪法和法律保护的、韩国加入和批准的国际人权条约规定及其国际惯例所认可的人的尊严、自由与权利"。

业发展所必要的事项。在保障人权的过程中,国家人权委员会与宪法法院、普通法院合作,对人权救济有关的事项提供意见或表明态度,以解决人权救济中存在的问题。本法第四章详细规定了人权侵害调查的范围、程序与具体方法,并为人权标准的具体化提供了合理的标准与依据。人权委员会虽具有一定程度上的国家机关的性质,但其活动过程中主要以非政府的形式进行活动,尽可能淡化权力属性,注意防止机构的官僚化。在机构性质的定位上,注意体现其社会性与非政府性,在委员会的构成上体现市民社会的影响力,保持其多样性。通过三年多的实践,韩国国家人权委员会已成为国家保障和促进人权事业的重要形式,获得了民众的认可与支持。[①] 特别是,在几起具有影响力的人权保障案件中,人权委员会以宪法原则为基础,扩大了宪法文本中人权的社会与实践意义,为形成政治共同体的社会共识,提高宪法权威发挥了重要功能。

笔者认为,以实现人权为基本目标的人权保护机构应保持多样化的特点,以适应各国人权发展的需要。至于采取何种形式的保护模式,应根据各国的国情作出综合的判断和选择。1993年联合国提出的建立人权保护机构的原则包括六个因素:独立性、合理权限的安排、多样化的构成、接近可能性、与非政府机构之间的良好合作、运行的效率性以及充分的财政支持等。无论是国家型的,还是特殊法人型模式,关键的问题并不是模式本身的形式,而是其模式体现上述基本因素的程度。其中,独立性是国家人权保护机构应具有的最本质的特点,表明其构成、活动形式与效果上的独立性。按照

[①] 韩国人权委员会3年的基本运作情况是:从成立到2003年11月,共受理案件35666件。通过人权相谈中心接受的事件是7408件。其中相当于人权侵害的事件是5856件,占整个事件总数的79%,不平等事件数为547件,占7.4%。因公权力侵害人权的数为5874件,已处理的事件数为4502件。人权侵害事件的类型主要有:拘禁设施2799件(47.7%)、警察1541件(26.2%)、安全部等国家机关786件(13.4%)、检察官474件(8.0%)、军队有关的183件(3.1%)、保护设施91件(0.1%)等。从2001年到2003年共调查、处理了歧视等方面的事件547件,共调查了18个领域的不平等或轻视的问题。见韩国人权委员会:2004年《人权白皮书》(第一辑),第50页。

联合国人权机构设立劝告案的要求,机构应与政府分离,直接对国会负责,并以独立的方式进行运作。这种独立性具体包括财政的独立、任命程序的独立、机构成员的多样性与中立性的保障。另外,接近可能性特点体现了民众对人权保护的期待与救济途径的有效性。

(二) 国家人权机构的功能

在确立国家人权保护机构的标准和具体活动指南时,联合国人权委员会提出了国家人权保障机构应发挥的主要功能,主要有:(1)应当局的要求,提出有关人权增进与保障方面的意见、劝告及报告书;(2)在国内立法、规制及其实务同国际人权规范之间出现冲突时进行协调;(3)促使政府推动国际人权规范的承认与加入;(4)根据条约规定的义务,政府起草人权报告书时在尊重政府意见的同时可表明其主张;(5)同联合国人权保障机构、区域性人权保障机构及其享有人权保障权限的其他机构之间的合作;(6)致力于人权教育及其人权问题的调查等。

从各国人权机构的实践看,尽管具体形式呈现出多样性,但在基本功能上也存在一些共同的特点。

第一,国家人权机构以其特殊功能合理地协调了国家与社会之间发生的冲突与矛盾,使社会的发展保持平衡与和谐。既与国家对话,又与社会对话是它发挥作用的基本特点。如前所述,多数国家普遍把人权保护机构的功能定位在相对中立的位置上,从超然的角度解决基于国家与社会冲突而发生的问题。有的学者把这种功能称之为超越传统的立法、行政和司法的"第四种国家权力"。基于国家人权机构的特殊地位,可以起到监督与制约国家机关有关人权保障活动,使国家切实履行"尊重与保障"的义务,减少或防止侵害人权的现象。

第二,国家人权机构在人权实现过程中起到弥补人权保障功能缺陷的补充性功能。国家机关在人权保障过程中各有发挥功能的形式与空间,宪法和法律规定的保障义务是法定的,应尊重不同国家机关的不同功能。但国家机关对保障人权的功能也存在着空白领域或"灰色"地带,同时也存在因人权发展而产生的新的领域。国家人权机构并不代替法律规定的国家机关的职责,只是对其他国家机关不能发挥作用的领域或不充分的领域起到补充和推进作用。比如,在实定化的人权保护中国家人权机构与国家机关之间需要保持相互补充的关系;在未实定化的人权实现中两者应保持相互合作关系;在新类型的人权具体化过程中,两者需要保持相互协商关系等。国家人权委员会的职权一般包括:调查权、人权教育的实施、人权发展规划的制定、侵犯人权的强制执行权、国家机关的劝告权等。比如,韩国国家人权委员会确定了18种差别行为的类型,并把人权侵害进行类型化分析,解决了"人权保护空白"的现实问题,发挥了"人权监视者"的功能。实践表明,对公民来说,现实生活中存在的侵权现象不能仅仅靠国家机关的救济程序,多样化的途径有利于受侵害的公民获得更多的救济。

第三,通过人权救济活动有助于形成全社会尊重人权的人权文化。人权的实现是一种国家价值社会化的过程,通过社会公众有关人权的议论和评价,不断扩大人权保障的范围,使公众通过人权保护机构活动感受人权的价值,健全人权文化的发展。作者认为,在现有保障人权机构中,国家人权委员会体制是以合议制为基础,以民众最容易接近的方式进行人权救济的制度,同时也是以社会化的形式实现人权的现实制度。人权委员会在救济程序上,贯彻民主的方式,以最低的门槛满足处于弱势地位的民众保护人权的需求。

第四,拓展了人权保护的救济范围,使人权侵害者获得有效的途径。无论是采取何种形式的人权委员会体制,其主要活动是对人权侵害、歧视等行为进行调查,并根据人权受侵害的事实,一方面提供直接的救济,另一方面向具有强制执行权的国家机关发出有一定约束力的劝告,以改善整个的人权状况。如对人权有关国家法律或政策制定的参与权、对人权侵害行为的直接调查与救济、对歧视等差别问题的现场调查以及提出对人权侵害标准的确定等。由于人权、法律权利与基本权利之间存在着严格的界限,对公民个人来说,有时不能准确地判断不同权利的性质与类型,有的公民有可能无法分清不同权利之间存在的不同救济方式。基于国家对人权的保护义务，我们不能要求由人权主体作出自我的判断，应由国家提供便捷、有效的救济形式，使权利边缘上有价值的利益都能得到保护。虽然国家人权机构不是人权的直接保护者，很多职权是通过劝告等非强制的方式实现的，但它毕竟拓宽了人权救济的途径，有利于民众人权的保护。

第五，制定国家人权发展规划与政策的功能。人权发展政策是一个国家公共政策中最重要的内容。如何制定既符合国际人权发展标准，又符合本国发展实际的人权发展政策是各国政府普遍关注的问题。由于人权保障本身的特殊价值，完全由政府提出的人权发展政策有时缺乏公信力；而完全靠民间力量提出的人权发展政策虽有一定的社会基础，但缺乏必要的权威性与实效性。作为国家与社会之间起纽带作用的国家人权机构具有广泛的社会基础，其政策的价值趋向与现实功能容易得到社会认可。如韩国国家人权委员会依据"国家人权委员会法"制定了2007年到2011年国家人权政策基本规划，提出国家在中、短期人权政策的方向与具体目标，直接影响了国家人权发展政策。

第六，积极开展人权教育。联合国人权委员会在推进人权事业的过程中重视人权教育，提出了人权教育的目标、过程与方式等具体内容，并要求各国从人权教育入手改善各国人权保障的环境。从成立国家人权委员会的实践看，很多国家人权机构实际上承担了人权教育的具体任务，并以相对中立的立场制定国家人权发展的纲要。《世界人权宣言》对人权教育的基本要求是："教育的目的是充分发展人的个性并加强对人权和基本自由的尊重"，号召所有国家使用各种教育工具让青少年有机会在尊重人的尊严与平等权利的精神中成长，还要求中小学课程中列入人权教育的内容。《欧洲人权公约》通过后，人权教育问题成为人权发展中的重要内容，提出了人权教育的具体目标与计划，建立了不同形式的人权教育与研究机构。如韩国人权委员会在初高中、大学和各个教育机关实行了不同形式的人权教育，并在所有警察训练机关的课程、法务研修院课程中普遍设置了"人权课"，普及了人权的思想观念。

四、中国的选择：是否需要建立独立的国家人权机构？

根据西方和非西方国家建立国家人权机构的经验与事实，学术界也有必要讨论如何合理地选择适合国情的国家人权机构的问题。

从2004年宪法修改前后，围绕人权保护的机构问题，学术界也提出过一些建议。如在2004年两会期间，有专家提出"全国人大、政协设立人权委员会"的建议。[①] 也有学者提出"我国要起草人权法"或"民权法"的建议。在中国存在哪些政府人权保障机构和非政府人权保障机构问题，表述上也有不同。如中国人权发展基金的"人权网"上的表述是：中国政府人权保障机构是：全国人大、全国政协、民政部、文化部、公安机关、国家民委、国家宗教管理局、教育部、劳动和社会保障部、司法部、人民法院、人民检察院、国务院儿童妇女工作委员会、国务院扶贫开发领导小组办公室。非政府人权保障机构有：中国残疾人联合会、中华全国律师协会、中华全国青年联合会、中国新闻工作者协会、中华全国总工会。这种划分概括了中国保障人权机构的基本形式，但只能说是广义的分类，并不是严格意义上的学理和实践的分类。按照这种思路，所有行使公共权力的机关都是人权保障机构，履行着保障人权义务，但这些机构不具有人权保护专门机构的性质与功能。因此，目前中国还没有严格意义上的国家人权保护机构。那么，从中国的实际情况出发，有无必要参照国外的经验，设立独立的国家人权机构？这是需要认真研究和论证的问题。作者的基本看法是，根据国际人权发展的基本经验，特别是非西方国家人权机构发展的基本经验，有必要设立相对独立的国家人权机构。

（一）成立的必要性

1. 中国人权事业发展的客观需要。中国的人权事业的发展取得了积

---

① 见《中国新闻网》,2004年3月7日。

极的成果,但也存在理念或制度上进一步改进的问题。如人权理念还没有普及、保护缺乏统一的程序,救济途径单一,人权保护责任主体不明确等。在中国成立人权机构有助于落实"国家尊重和保障人权"原则,解决目前面临的发展中的人权问题。特别是人权司法保障侧重于从司法的途径为人权保护提供实体与程序,为人权受侵犯的公民提供司法救济。目前,在中国社会面临的重大问题之一就是公权力和私权利之间的冲突,公权力滥用现象十分严重。由于司法救济制度的不完善,公民的法律权利,特别是基本权利得不到有效保护,于是造成大量的法律之外寻求救济的现象,既影响国家法治权威,同时也使当事人不得不通过法外途径寻求救济。总体上看,我国司法的救济程序是薄弱的,有些是法律规定不明确,有些是法律规定无法落实。如在大量的房屋拆迁过程中,私权的保护是相对脆弱的,在一些房屋拆迁纠纷中,我们看到的是借公共利益之名,侵犯私权利的现象,以牺牲拆迁户利益为代价满足个别企业和个人的商业利益。对私权的拥有者来说,公共利益是可以怀疑的,可以纠问"公共利益"的"正当性"基础。

2. 国际人权发展的基本经验。如前所述,通过国家人权机构,很多国家合理地协调了国家与社会之间发生的矛盾,使人权保护机构成为实现人权的重要制度。特别是,亚洲、非洲国家人权机构建设的经验对于我们有直接的借鉴价值。

3. 可以弥补人权保护上的制度性缺陷。我们建立了以国家机关为主体的人权保障体系,但客观上还存在"空白领域",人权救济遇到一定的障碍。国家人权机构的设立与运作,可以在一定程度上弥补其功能上的不足,扩大人权救济的范围。

4. 开展人权教育的需要。人权教育在人权发展中起到非常重要的作用,在推进人权的过程中,中国需要统一规划人权发展政策和人权教育的机构。

5. 成立人权机构有助于强化公共权力对人权保护的功能,完善我国的监督体系,并有助于我国参与国际人权事务,扩大人权事业的开放度。

6. 为区域性人权机构的设立准备必要的条件。区域性人权保护机制已成为当代人权保护的重要发展趋势。自欧洲国家以《欧洲人权公约》为基础建立区域性人权保护机制后，美洲、非洲、阿拉伯等地区出现了形式多样的区域性人权保护机构。如 1967 年设立的美洲国家人权委员会、1981 年设立的非洲人权和民族权委员会、1968 年设立的阿拉伯国家联盟理事会成员国参加的阿拉伯人权委员会(1994 年又设立人权专家委员会)等反映了人权发展区域化的趋势。在世界范围内，亚洲地区还没有统一的区域性的人权保护机构①。由于亚洲地区文化、历史、宗教和政治体制等因素呈现出多样性，以国家参与为基础的统一的人权机构的设立是有一定难度的，但从未来的发展趋势看是有必要的。中国的国家人权机构的设立与实践对亚洲地区区域性人权保护机构的形成将产生重要影响。

(二) 成立的可行性

中国的人权事业得到积极的进展，特别是在残疾人权益保障、受教育权和司法人权保障领域积累了经验。通过人权实践，人权价值得到普及，国家机关之间人权保护功能上的协调能力得到了提高。特别是与国际上有代表性的人权保护机构进行了广泛的交流与合作等。国务委员唐家璇 2005 年 8 月在中国召开的 13 届亚太人权研讨会闭幕式的讲话中指出："亚太各国积极探索区域人权机制——在建立国家人权机构，制定人权计划，开展人权教育和促进经济、社会、文化及发展权方面作出了积极的努力，取得显著成绩。"②

(三) 模式的选择

由于各国的历史传统、宪政体制与人权文化不同，国家人权机构呈现出不同的模式。我们在选择人权机构模式时，应注意协调不同的利益和价值关系，以开放性的思维，思考未来人权机构建设问题。笔者认为，根据国际

---

① 在香港和一些亚洲国家成立的"亚洲人权委员会"不具有代表性与权威性，不属于区域性的人权保护机构。
② 在第 13 届亚太人权研讨会开幕式上的讲话。

经验与中国的实际情况,可以考虑适当的时候设立国家人权委员会。国家人权委员会是具有相对独立的专门性的人权保护机构。但如何设定人权机构的性质是需要深入探讨的问题。从国外人权机构发展的教训看,完全国家权力化的机构模式与完全民间化的模式都存在制度或功能上的局限性。我们建立的人权机构,应克服这种局限性,增强机构的实效性、权威性与统一性,适应人权发展的实践要求。比较可行的选择是,赋予其类似于人民团体,但高于一般人民团体的地位,使它在政府、民间与社会之间发挥统一协调功能,具体制定人权发展规划、参与和办理有关人权事项。其主要职权是:有权制定国家的人权政策;参与国家参加、批准国际人权条约的过程,提出意见和建议;协调国家机关之间在人权保护问题上出现的权限争议;同国际或地区人权保护机构之间进行合作与交流;负责实施人权教育政策,普及人权知识;接受"穷尽法律程序"或保护领域不明确而出现的人权侵害事件,并向有关部门提出劝告等。

作为建立国家人权机构的步骤,笔者的基本观点是:第一步,整合享有人权保障机构与机制的资源,切实发挥现有制度的功能;第二步,完善现有人权保障制度,在制度框架内建立统一协调人权发展的机构,如司法部下设"人权教育司"、外交部下设"人权司"等,以积累人权实践经验;第三步,设立国家独立的人权机构,对国家的人权事务与有关人权的立场进行统一协调。

五、结语

笔者认为,全国人大常委会一旦批准《公民权利和政治权利国际公约》,中国在人权保障领域将面临许多新的挑战和机遇。我们需要根据人权保障的国内国际环境,整合国内各种形式的人权保护资源,既要强化人权的司法保障功能,同时也要积极发挥非司法机制对人权的保护功能,通过国家人权机构的活动,实现"国家尊重和保障人权"的宪法原则,使人权保障真正成为社会的基本共识和国家的基本价值观。

中国儿童保护与服务体系中的机构研究[*]

焦洪昌[**] 叶 强[***]

摘 要：中国儿童保护和服务体系的建设中，机构尤其重要。目前机构众多，所以选择了若干主要机构，即国务院妇儿工委、卫生部、国家体育总局、教育部、民政部、司法部、公安部等七个部门进行实证研究。通过重点走访和实证调查，取得了丰富的原始资料和数据，又参考联合国儿童基金会提供的工具"儿童保护体系：主要的描绘和评估工具"，结合中国的统计实践，提出了一套适合中国的机构评估指标体系，进而根据这一指标体系对以上机构中的人员组成、具体职能、保护和服务措施、执行和处置机制、预算编制、财政资源和协调机制等方面进行了全面评估，发现了它们在实现儿童健康、教育、福利和法律保护等方面存在的问题。基于此，从完善中国儿童保

---

[*] 本文是国务院妇女儿童工作委员会办公室和联合国儿童基金会的委托课题《儿童保护体系》的一部分。在课题进行中，进行了广泛的实证调研并召开了两次重要的研讨会。实证调研是进入相关职能部门深入访谈，获取一手资料和数据。研讨会第一次是2012年4月20日在全国人大宾馆召开的由实务部门主要负责人组成的论证会，检验假设问题的客观真实性，力求做到"问题清、情况明、数据准"。第二次是2012年9月6日在中国政法大学召开的由法学和社会学专家组成的结题会，就报告的核心内容、逻辑体系、论证方法、分析角度、文献使用、文字表达等进行深入研讨。在认真研究、归纳实务部门以及学者们的意见，并和委托方沟通协商之后，前后经过了三次修改，完成了本课题。
本课题组长为焦洪昌教授，主要参与人有博士生叶强、陈美达、吴园林和苗泳，博士后王涛，以及硕士生刘樱亭、于腾飞和林淡秋等。本文相关部分的主要执笔人为焦洪昌教授和博士生叶强。——编者

[**] 焦洪昌，中国政法大学法学院副院长、教授、博士生导师。——编者

[***] 叶强，原中国政法大学法学院宪法与行政法学博士研究生。——编者

护和服务体系的需要出发,以机构健全为目标,提出了以分工与协作为机制的一揽子建议。

关键词:儿童保护与服务体系　儿童权利　国务院妇女儿童工作委员会　协作部门

一、问题的提出

中国政府对儿童权利的保护非常重视,国务院先后制定了三个儿童发展纲要:《九十年代中国儿童发展规划纲要》《中国儿童发展纲要(2001—2011年)》和《中国儿童发展纲要(2011—2020年)》。在实施前两个发展纲要的十几年里,初步形成了符合中国国情的儿童保护和服务体系。但是这个体系在许多方面存在不足,体系的各个要素还不够完备,为儿童提供保护和服务的人、财、物各方面都还不充分,尤其是保护和服务儿童的机构建设还很欠缺,各机构之间的分工和协助还无法满足新时期儿童发展的需要,这对实施新的儿童发展纲要、保护儿童权利十分不利。

当儿童权利受到侵犯时,国家和社会多个组织、机构负有保护的职责,但没有一个真正统筹的机制;在后发国家,儿童保护与服务还较薄弱的情况下,领导者的责任意识与制度共识非常重要。鉴于目前的体系在满足儿童整体需求、推动儿童全面发展方面显现出局限性,基于此,本文主要从"分工和协作"的角度,侧重于中央层面与儿童保护和服务的七个部门,分析它们的功能和问题,进而提出机构完善的方向和建议。

二、理论基础及研究工具

(一)理论基础

(1)儿童及其法律地位

1991年,中国签署了联合国《儿童权利公约》,承诺该公约于1992年4月1日始对中国生效。从此,履行公约义务也就成为了中国的国家责任。公约第1条规定,儿童是指18岁以下的任何人。我国法律中的未成年人则与之相对应,《中华人民共和国未成年人保护法》(以下简称《未成年人保护法》)(2006年)第2条规定,本法所称未成年人是指未满十八周岁的公民。需要申明的是,我国的人口按照以下三个年龄段分别统计:"0—14岁"、"15—64岁"、"65岁及以上"。最新数据显示,截至2010年,我国总人口数为13.4091亿,"0—14岁"的人口为2.2259亿,比重为16.6%。[1] 而18岁以下的人口数量,依据另一份数据,为3.09亿,占总人口数的23%。[2] 可见,儿童在我国人口结构中比重较大,所以国家和社会应该认真对待儿童的身心健康发展。

儿童的法律地位指的是儿童能否成为权利的主体。现今的法律观念和各国的法律文件大多承认:儿童可以像成年人一样成为权利的主体,享有独立的法律地位。不过在历史上,儿童不是从一开始就享有与成人同等法律地位的。直到17世纪后期,一些国家才开始在劳工和少年司法等特殊领域内,针对儿童保护进行立法;进入20世纪后期,各国开始了儿童权利保护的普遍性立法,于是儿童权利的国际法律体系逐步形成。[3] 明确儿童的法律地位,并把这一理念贯穿于儿童立法的始终,是儿童法律体系建设的价值基础。

(2) 儿童保护的概念

"保护"(Protection)的本义是权益不受侵害,即法律权利不受侵害。儿童保护的基本含义就是保障儿童的权利不受侵害。在儿童保护的内涵和外延的理解上,东西方存在不同的见解:西方侧重消极权利意义上的狭义的保护,侧重防止家庭对儿童权利的侵害;中国从儿童保护的既有实践和多数学者的理解来看,是积极权利意义上的广义的保护,但未形成统一认识。我国传统的家庭文化不重视儿童的主体地位,没有父母和儿童平等的观念,也不认为父母和家庭有可能会做出侵害儿童权利的行为,这种观念造成了只注

---

[1] 中华人民共和国国家统计局:《2011中国统计年鉴》,中国统计出版社2011年版。
[2] 中华人民共和国国家统计局:《妇女儿童监测统计年报》,2009年。
[3] 吴用:"论儿童法律地位演进",《中国青年研究》,2008年第2期。

重父母的亲权和管教权利、忽视儿童自身权利的现状。

有学者指出,儿童权利是一个多维度的、立体的概念。从社会架构的角度看,是一项制度;从发展观的角度看,是一种历史和文化现象;从道德意义看,是一种理念。① 从儿童权利的角度来检视目前中国学者的相关研究,可以发现他们的局限性,以及反省中国的儿童保护的实践。过去研究和工作的重点放在特殊困境下的儿童的权利保护,按照困境发生原因的不同,把儿童分为:贫困儿童、弃儿、流浪儿童、留守儿童、农民工流动儿童、孤儿、残疾儿童、感染艾滋病的儿童、失足儿童和童工等。基于这种认识,相应的研究定位于单一儿童的保护,相应的制度设置也是条块分割。

例如,尚晓援教授等著的《中国孤儿状况研究》②专门针对孤儿,对中国孤儿群体的生存和成长状况、中国孤儿的救助、照料制度进行了深入研究。专项研究,好处在于它对应于某一个特定的政府部门,可以依托该部门的力量对这一块的儿童进行定量分析;缺陷在于它只能解决部分问题,无法整合为一个完整的保护体系。有学者已经注意到了此问题,如张文娟律师主编的《中国未成年人保护机制研究》③在梳理了中央和地方两个层面上未成年人保护机制的立法状况后,不仅指出了立法中的诸多缺陷,还结合"儿童保护体系与网络建设"在中国六个试点城市的实践,总结了儿童保护体系建设的若干经验。该书的缺点在于,对与儿童相关的各个部门内部的微观结构和运行机制缺乏细致的分析。

儿童权利的视角可以补强儿童分类研究的局限性,它解决了所有儿童面临的共同问题。依据联合国《儿童权利公约》,儿童权利分为:生存权、发展权、受保护权和参与权,修订后的《未成年人保护法》确认了这四种权利。在我国的法律体系中,儿童有 10 项基本权利:生存权(生命权);姓名权、肖像权;国籍权;名誉权;智力成果权;受教育权;受抚养权、

---

① 王雪梅:《儿童权利论:一个初步的比较研究》,社会科学文献出版社 2005 年版,第 3 页。
② 尚晓援等:《中国孤儿状况研究》,社会科学文献出版社 2008 年版。
③ 张文娟主编:《中国未成年人保护机制研究》,法律出版社 2008 年版。

继承权;已满16周岁儿童的劳动就业权、劳动保护权;处于困难或危险境地及残疾儿童的受援助权;司法保护权。由于权利是很难被充分列举的,公约的四种权利还应该包括其他具体的权利,比如儿童享有参与学校管理的权利。

综上,儿童保护的一般内涵就是防止儿童权利受侵害并实现儿童权利。这其中包含了对一般儿童享有的一般权利的保护,也包含对特殊儿童享有的特殊权利的保护;包含了作为消极权利的保护,也包含作为积极权利的保护。

(3) 儿童服务的提供

狭义的儿童保护一直受到学者的关注,并在很多国家产生了丰富的理论成果。"保护"侧重于从消极权利的角度来理解,随着保护主体范围扩展到全体儿童,单独使用"保护"容易造成外延界定过窄的误解,为此,通过服务的提供可以补充儿童保护的不足。

儿童服务的提供,可以理解为是对普通儿童的权利的促进。以"儿童为本",贯彻儿童优先原则,立足儿童的主体地位、注重儿童需求的满足,通过创新服务方式,更新服务内容,加大服务队伍的建设,强化服务管理,使每一个儿童都能享受到社会发展带来的好处。也就是说,他们的权利不仅要能实现,而且要以最人性化的方式得到最大的满足。

保护与服务形成相互补充的关系。例如在儿童虐待的案件中,首要任务是将被虐待的儿童从家庭暴力中解救出来;其次,一旦发现家庭暴力构成剥夺监护人监护权的情形,有关机构可以依照法定程序将此类儿童纳入新的监护人的监管下。在此过程中,监护权转移并不是意味着工作完成了,还需要有关机构配备精干的服务人员通过定期的服务保障儿童正常的学习生活,使他们回归到正常的社会环境中。

(4) 儿童保护与服务体系及其构成要素

体系,泛指一定范围内或同类的事物按照一定的秩序和内部联系组合而成的整体,是不同要素组成的系统。儿童保护与服务体系可以看作一个系统,它具备若干个组成要素。因为儿童保护与服务的核心是儿童权利,而权利的实现对应的是国家的保护职责,所以儿童保护与服务体系的组成要素即是国家服务于儿童时所采取的制度装置。制度包含人、财、物三个要素:首先需要配置机构和人员;其次需要相应的资源补给,包括财政拨款,社会捐赠等;最后要有完备的处置方式、方法,包括事前的预防、事中的应急和事后的责任追究。这三个方面在现代社会,都要求以明确的、便于执行的法律规范的形式呈现出来。

综上,儿童保护与服务体系,是从儿童权利出发,针对18周岁以下的所有人,由儿童的需求和国家的制度设置而形成的系统,它包括需求、机构、人员、资源、方法、执行、监督等要素,并通过完善的法律来构造,由完整的执行链条来实现,是可以评估和改进的。

由于《儿童权利公约》以及我国与儿童相关的法律都确立了"儿童优先"的原则,在检视和完善我国现存的儿童保护和服务体系的过程中,必须以儿童优先为原则,把儿童优先作为衡量体系各要素完备程度和效果优劣的根本标尺。而儿童保护和服务机构,包括中央和地方的相关职能部门,是国家儿童保护和服务法律、政策的主要执行者,这些机构在执法过程中是否贯彻儿童优先理念,对儿童权利能否实现尤为重要。因此,研究儿童保护和服务体系中的机构,特别是中央层面的相关国家机构及其工作人员,就非常重要。以下引入一定的工具和指标作为分析儿童保护和服务机构的方法。

(二)研究工具

(1)工具介绍

"Child Protection Systems: Core Mapping and Assessment Toolkit"[①](儿童保护体系:主要的描绘和评估工具)是一套完整的建构儿童保护体系的工具箱,它由五个部分组成:国家信息;体系综述;持续的照顾;资源的稳定性

---

① 该工具是联合国儿童基金会(Unicef)开发的一套评价一国儿童保护体系的应用指南,其英文版可以在其官方网站下载。

和各方的责任;总结和策略。该工具是由 Maestral International 在联合国儿童基金会的儿童保护处的指导和监管下制作的,它借鉴了联合国儿童基金会、美国的若干多边的或者双边的发展机构、国际或者国内的民间自治组织、以及地方和社区的诸多经验。旨在提供一个可行的方法,使描绘儿童保护体系的工作者在一个正确的框架中,识别一国儿童保护中的主要风险,并审视已有的儿童保护机制(从正式到非正式)、责任机制和资源动员的范围和能力。

这套工具的好处在于,它既可以用来描述负责儿童保护的有关部门的真实情况,也可以用来评价这些部门在实际中的工作表现。需要申明的是,这套工具参考了很多不发达国家的具体实践,某些指标未必适用中国。而针对狭义的儿童保护,有学者专门开发了若干指标,计有:①儿童保护的专门机构;②强制报告的责任制度;③专门针对儿童保护的案件处理程序;④替代性的国家监护制度。① 在参考上述成果的基础上,结合中国的统计实践,我们提出了可适用于中国的指标体系。

(2)具体指标

2.1 组织机构与职能(人员)

包括:部门内部设置的具体机构;机构之间的关系;机构的规模和层级;专业技术人员;行政文职人员;专职的儿童保护工作人员;负责部门协调的人员;负责对外联络的人员;可以间接调动的事业单位或者社会团体;可以间接使用的社会工作者(以10万人基数来衡量);人员的熟练程度;人员的变动情况。②

2.2 对保护与服务对象的认知

---

① Bromfield L and D. Higgins,"National Comparison of Child Protection System", *Child Abuse Protection Issues*, No.22, 2005.

② 下一章在对具体部门进行描述时,为了节省篇幅,特省略此一指标的描述,主要是这一部分的内容可以在相关机构的官方网站查看,但是保留对各机构职权界定之法律法规,以求严肃性和权威性。

包括:服务的儿童的类型;儿童的总体数量;儿童的群体特征;儿童需求的详细分类;儿童需求的采集和编制;本部门可以直接保护和服务的儿童数量;需要其他部门辅助保护和服务的儿童数量;编制儿童信息的条件。

2.3 儿童保护与服务的措施

包括:有效的决策机制;决策的输出和反馈;与决策相应的措施;措施的详细清单;每种措施的法定程序;措施的执行。

2.4 儿童保护与服务措施的标准

包括:标准的制定以及依据;标准的采集;标准的执行;标准的评估和修订;编制标准的条件。

2.5 执行和处置机制

包括:执行和处置的主体和人员;执行和处置的程序;执行和处置的效果;执行和处置的成本;执行和处置的应急管理;执行和处置的评估和改进;执行和处置的责任追究。

2.6 预算编制

包括:单独的儿童预算;儿童预算与部门总体预算的关系;儿童预算的时间安排;儿童预算的编制项目;儿童预算编制项目的种类及其标准;儿童预算数额的计算公式;儿童预算的执行;儿童预算的修订;编制儿童预算的条件。

2.7 财政资源

包括:单独的儿童财政;儿童财政与部门总体财政的关系;儿童财政的周期;儿童财政的具体项目;儿童财政项目收支明细;儿童财政的执行;单独的儿童项目经费;编制儿童财政的条件。

2.8 协调机制

包括:协调的组织;具体负责协调的人员(是否有非官方的代表);需要协调的事务;事务的性质;协调的层次;协调的频率;协调的程序;协调的成本;协调的效率。

2.9 责任追究

包括:责任追究的主体;责任追究的程序;责任追究的补救措施;责任追究的反馈机制;责任追究的效果;责任追究规章制度的修订。

三、相关机构的职能评述

中国儿童保护与服务体系总体上表现出一个以国务院妇女儿童工作委员会(以下简称国务院妇儿工委)为总体协调机构,以各成员单位和相关部门为协作部门的特征。国务院妇儿工委作为中国儿童保护体系的总体协调机构,扮演十分重要的角色。其成员单位多为国务院部委,它们不仅有独立的部门规章制定权,而且还能在各自分管的领域内发布行政命令和决定,协作国务院妇儿工委开展工作。① 以下按照先国务院妇儿工委后协作部门的方式进行。

(一) 国务院妇儿工委

1990年2月22日,国务院妇女儿童工作协调委员会正式成立,取代了原由全国妇联牵头的全国儿童少年工作协调委员会。1993年8月4日,国务院妇女儿童工作协调委员会更名为国务院妇女儿童工作委员会(Nation Working Committee on Children and Women under the State Council),是国务院负责妇女儿童工作的议事协调机构。根据《国务院办公厅关于调整国务院妇女儿童工作委员会组成人员的通知》(国办发[2008]25号),其主要负责协调和推动政府有关部门执行妇女儿童的各项法律法规和政策措施,发展妇女儿童事业,具体工作由全国妇联承担。

(1) 对保护与服务对象的认知

包括全体儿童,即0—18周岁的未成年人。

(2) 儿童保护与服务的措施

---

① 在对本部分的机构进行描述时,主要以国务院妇女儿童工作委员会及其协调的成员单位为主,最高人民法院和最高人民检察院虽然主管儿童司法工作,但不是其成员单位,故本文略去对它们的分析。另外,受到数据的限制,对于若干指标,我们还没有获得相应的数据,所以只描述有数据支持的指标。

国务院妇儿工委自成立以来,积极落实男女平等的基本国策,坚持"儿童优先原则",致力于儿童的生存、保护和发展。主要承担的工作有:协助国务院制定和颁布《九十年代中国儿童发展规划纲要》《中国儿童发展纲要(2001—2010年)》和《中国儿童发展纲要(2011—2020年)》;协调推动政府有关部门强化职能,制定措施,实施儿童发展纲要,整体推进中国儿童事业;推动政府有关部门认真履行联合国《儿童权利公约》等保护儿童权益的国际公约;建立儿童纲要监测评估机制,制定监测评估体系,开展国家级监测评估;组织培训,加强政府领导执行纲要的能力建设;着力解决中西部贫困地区和少数民族地区的儿童教育、幼儿卫生、改水改厕等重点难点问题,改善中西部地区儿童生存和发展条件;发挥议事协调作用,协助有关部门解决儿童发展中的突出问题,依法保护儿童的合法权益。

(3) 财政资源

为实施"增加社区儿童教育、科技、文化、体育、娱乐等课外活动设施和场所,90%的县市至少有1处儿童校外活动场所"目标,全国妇联投入项目建设资金1000万,建设妇联系统儿童活动中心。目前妇联所属县级以上的儿童校外活动场所共1200所,具有独立法人资格、独立建制的儿童中心共500多所,基本形成了覆盖省、地、县三级校外教育网络。①

(4) 问题总结

国务院妇儿工委目前面临以下问题:第一,妇儿工委的监管能力不强,不能有效地协调各成员单位和相关部门的儿童保护行动。妇儿工委是国务院的议事协调机构,起着沟通和协调的作用,但与其成员单位和相关部门并无直接的领导关系,不能有效地监督其成员单位和相关部门的工作。第二,妇儿工委的人员编制不足,主要领导及成员身兼数职,不利于儿童保护工作的开展。根据国务院妇儿工委的官方网站公布资料,主要领导及成员大多

---

① 全国妇联:《全国妇联实施〈2001—2010年中国妇女儿童发展纲要〉终期评估报告》,2011年6月。

在兼任国务院其他部门的职务。虽然行政人员兼任职务为法律所允许,但是从部门工作开展的长远来看,还是不适宜的。兼职使得妇儿工委的主要公职人员不能专注于儿童保护工作,而且办公室设在全国妇联,本身机构编制就有限。第三,妇儿工委与协作部门之间的制度建设不足,各种硬性的制度未能建立。"十二五"规划纲要将儿童保护作为"全面做好人口工作"的重中之重,就是考虑到儿童的成长关系到祖国的未来,儿童保护工作是国家相关部门的重要任务。国务院妇儿工委是协调机构,但是由于自身性质和国家行政体制所限,不能有效地监管其他部门的儿童保护工作,尤其表现在制度建设不足,尚未与协作部门建立各种硬性约束制度,比如定期汇报工作,联合制定儿童保护预算等制度。

(二) 协作部门

国务院妇儿工委作为国务院的议事协调机构,负责组织和协调各成员单位关于儿童保护具体的措施,具体工作由33个成员单位和相关部门负责。其中又以卫生部、教育部、国家体育总局、民政部、司法部、公安部与儿童保护关系最为密切。所以下面分别从儿童与健康、儿童与教育、儿童与福利,儿童与法律保护等方面,对这6个主要的协作部门予以分析。

(1) 儿童与健康

在儿童健康保障方面,中国儿童保护体系的主要目标是要改善儿童卫生保健服务,提高儿童健康水平。这主要涉及卫生部和国家体育总局的职责,因为卫生部负责儿童的疾病控制、防疫免疫和医疗保健,而国家体育总局则制定体育标准,发起健康运动倡议,致力于增强儿童的体质,保障儿童的健康成长。

1.1 卫生部

根据第十一届全国人民代表大会第一次会议批准的国务院机构改革方案和《国务院关于机构设置的通知》(国发〔2008〕11号),设立中华人民共和国卫生部(Ministry of Health of the People's Republic of China),为国务院组成部门。

1.1.1 对保护与服务对象的认知

包括婴儿、幼儿和保健对象,以及3—5周岁之间的儿童。婴儿是指1周岁以下的儿童;幼儿是指1—3周岁的儿童。根据《中华人民共和国母婴保健法》(以下简称《母婴保健法》,为文字简洁起见,以下皆用简称),卫生部对婴儿的健康、医疗和保健负有保护的职责。根据《全国儿童保健工作规范(试行)》,保健对象为0—6周岁的儿童。

1.1.2 儿童保护与服务的措施

第一,完善《中国儿童发展纲要(2011—2020年)》的履行机制,开展监测评估。卫生部组织成立了儿纲领导小组和工作小组,下发了卫生部贯彻儿纲实施方案和监测指导方案,明确了贯彻儿纲的工作目标、内容、任务和具体要求。将儿童健康指标纳入卫生事业发展"十五"和"十一五"规划。

建立卫生部内部合作机制。在横向上,加强妇社司与疾控局、农卫司等相关司局分工与协作,构建起"妇社司牵头、相关司局齐抓共管"的工作格局;在纵向上,与地方卫生行政部门形成上下联动、责任明确、条块结合的工作体系,共同推动儿纲的落实。充分利用妇幼卫生信息系统平台,提高幼儿卫生年报工作质量,加强幼儿卫生监测,开展儿童健康专题调查。

加强对监测结果的分析和动态调整,发布修订和完善儿纲评价指标,对数据来源不可靠或难以客观评价儿纲实施情况的指标进行调整,为科学监测和评估儿纲实施情况提供科学依据。定期开展儿纲指标监测评估和抽查,发现问题及时进行干预和指导。

第二,完善法律法规,力行制度建设。2001年6月,国务院公布实施《母婴保健法实施办法》(国务院令第308号)。为贯彻《母婴保健法》及其实施办法,卫生部先后出台了《新生儿疾病筛查管理办法》(卫生部令第64号)、《托儿所幼儿园卫生保健管理办法》(卫生部教育部令第76号)和《关于进一步加强妇幼卫生工作的指导意见》(卫妇社〔2006〕495号)、《妇幼保健机构管理办法》(卫妇社发〔2006〕489号)、《全国县级妇幼卫生工作绩效考核实施方案》(卫办妇社发〔2010〕201号)、《孕前保健服务工作规范》(卫妇社发〔2007〕56号)、《全国儿童保健工作规范(试行)》(卫办妇社发〔2009〕235号)等部门规章和工作规范。

为贯彻落实《中共中央国务院关于进一步加强农村卫生工作的决定》(中发〔2002〕13号),从2003年起,逐步在全国推行新型农村合作医疗制度,参合率由2005年的75.7%提高到2010年的96.0%,解决了农村儿童看病就医的保障问题。"十一五"期间,全国参合农民补偿受益人次累计31.56亿,补助金额达3275.1亿元,大大减轻了儿童医疗费用负担。

第三,在《中国儿童发展纲要(2001—2010年)》重点指标上取得突破性进展。2000年,由卫生部、国务院妇儿工委和财政部在中西部地区实施消除新生儿破伤风项目(以下简称降消项目)。目前,项目已扩展到中西部22个省(区、市)和新疆生产建设兵团的2297个县,覆盖人口8.3亿。实施10年来,中央财政累计投入21.3亿元,提高了基层产科服务能力,婴儿死亡率和新生儿破伤风发病率不断下降,有力地保障了婴幼儿安全。

2009—2010年,为1390多万名孕产妇提供了艾滋病咨询检测服务,项目地区艾滋病母婴传播率由34.8%下降至7.9%,减少了约77%的艾滋病母婴传播。加大中央财政投入力度,扩大国家免疫规划。2007—2010年累计投入90余亿元,用于疫苗注射器购置与工作补助等,经费投入增加到每年18亿元以上,免费接种疫苗的种类从6种疫苗预防7种病发展到14种疫苗预防15种疾病。

第四,切实加强公共卫生服务体系建设。近年来,基层卫生服务体系建设力度不断加强,幼儿卫生服务网络不断健全,基层幼儿卫生服务能力不断增强。截至2010年年底,全国共有妇幼保健机构3025个,妇产医院398个,儿童医院72个,社区卫生服务中心(站)3.3万个,乡镇卫生院3.8万个,村卫生室64.8万个。①

1.1.3 财政资源

卫生部资金主要来源于:(1)财政拨款;(2)突发性紧急状态赞助与捐款;(3)国家专项支出。2012年中央财政用于卫生支出的预算情况为:医疗卫生支出2035.05亿元,增长16.4%。其中,中央本级支出83.31亿元,对地方转移支付1951.74亿元;将新型农村合作医疗和城镇居民基本医疗保险的财政补助标准增加到每人每年240元,并适当提高报销水平,补助1050亿元,增长37%;完善国家基本药物制度,深化基层医疗卫生机构综合改革。健全城乡基本公共卫生服务经费保障机制,继续实施基本公共卫生服务项目和艾滋病、结核病等重大传染病防治,安排资金358亿元;加快推进以县级医院为重点的公立医院改革试点。支持做好城乡医疗救助工作,安排资金114.83亿元。②

1.1.4 责任追究

儿童卫生保障工作至关重要,根据《母婴保健法》,国务院卫生行政部门主管全国母婴保健工作,根据不同地区情况提出分级分类指导原则,并对全国母婴保健工作实施监督管理。国务院其他有关部门在各自职责范围内,配合卫生行政部门做好母婴保健工作。根据《未成年人保护法》第44条,卫生部门和学校应当对未成年人进行卫生保健和营养指导,提供必要的卫生保健条件,做好疾病预防工作。卫生部门应当做好对儿童的预防接种工作,国家免疫规划项目的预防接种实行免费;积极防治儿童常见病、多发病,加强对传染病防治工作的监督管理,加强对幼儿园、托儿所卫生保健的业务指导和监督检查。根据该法第三十七条,从事母婴保健工作的人员违反本法规定,出具有关虚假医学证明或者进行胎儿性别鉴定的,由医疗

---

① 卫生部:《卫生部实施〈2001—2010年中国妇女儿童发展纲要〉终期评估报告》,2011年6月。
② 财政部:《关于2011年中央和地方预算执行情况与2012年中央和地方预算草案的报告》,2012年3月16日。

保健机构或者卫生行政部门根据情节给予行政处分;情节严重的,依法取消执业资格。

1.1.5 问题总结

目前我国儿童卫生事业由于区域差异、年龄差异等等,仍然存在着一些问题,主要是:

第一,儿童卫生事业发展不平衡,城乡、区域和人群之间差异明显。2010年,农村与城市5岁以下儿童死亡率分别为20.1‰、7.3‰;一些贫困地区、偏远山区和少数民族地区的5岁以下儿童贫血患病率高达30%。流动人口中的儿童卫生极难管理,健康无保障,保健服务难以惠及。流动和留守儿童的营养与健康问题日益突出。

第二,儿童卫生事业经费不足。妇幼保健机构基础设施配备经费尚未很好落实,尤其是妇幼卫生的群体保健工作经费普遍短缺,有的只能保证保健人员的基本工资,没有专项业务经费,有的甚至连基本工资也保证不了。严重影响了妇幼公共卫生服务的提供,阻碍了妇幼卫生事业的健康发展,急需建立长效的妇幼卫生经费保障机制,以确保两纲的贯彻落实。从需方来看,部分妇幼卫生服务项目尚未纳入基本医疗保障制度的报销或支付范围,在一定程度上影响了妇女儿童对医疗保健服务的可及性。

第三,儿童卫生服务体系质量有待提高。儿童保健机构是儿童卫生服务体系的核心,普遍存在基础设施简陋、医疗设备陈旧、人员编制不足、学历明显偏低的问题。县级妇幼保健机构的人员编制不足的比例高达60.4%,卫生技术人员中本科学历较少,主要以大专及以下人员为主,占到82.6%。乡镇卫生院产科、儿科服务和转诊急救的基础设施条件亟待改善,服务能力差,在贫困地区、边远山区和少数民族地区表现尤为突出。社区卫生服务机构缺乏相应卫生人员承担基本妇幼保健服务。儿童医疗服务资源缺乏,2011年中国卫生统计提要显示,2010年我国共有儿科执业(助理)医师12.8万,0—14岁儿童共有2.3亿,约为0.55个儿科医师/千儿童,难以满足广大儿童的基本医疗服务需求。

1.2 国家体育总局

1952年11月15日，中央人民政府委员会第19次会议成立中央人民政府体育运动委员会，1954年改称为"中华人民共和国体育运动委员会"，1998年改组为国家体育总局（General Administration of Sport）。根据《国务院办公厅关于印发国家体育总局主要职责内设机构和人员编制规定的通知》（国办发〔2008〕23号），设立国家体育总局，作为国务院直属机构。其职能在于贯彻落实《体育法》、《全民健身计划纲要》和《学生体质健康标准》，广泛开展适合儿童的全民健身运动，大力推广体育竞技基础设施建设，增强中国儿童体质。

1.2.1 对保护与服务对象的认知

保护对象为青少年、少年儿童。根据《少年儿童体育学校管理办法》（国家体育总局中华人民共和国教育部令第15号），国家体育总局对少年儿童的健康教育负有职责，少年儿童主要指5岁以上15岁以下；青少年则指13—18岁的儿童。

1.2.2 儿童保护与服务的措施

第一，贯彻方针、政策，修订完善法律法规。贯彻中共中央、国务院制定和下发的《关于加强青少年体育增强青少年体质的意见》（中发〔2007〕7号），坚持"以青少年为重点，深入持久地开展全民健身活动"。进一步完善和修订《国家体育锻炼标准施行办法》（国家体育运动委员会令第10号），组织研制《学生体质健康标准》（教体艺〔2007〕8号）、《〈普通人群体育锻炼标准〉施行办法（试行）》（体群字〔2003〕42号），采取有效措施，增强青少年体质健康。

第二，积极创建体育传统项目学校，大力开展体育基础设施建设。截至2010年6月，全国共有各级传统学校16000余所（国家级400所），成为青少年体育活动的一个阵地和品牌。2000年5月，根据中共中央办公厅、国务院办公厅《关于加强青少年学生活动场所建设和管理工作的通知》（中办发〔2000〕13号）精神，国家体育总局使用体育彩票公益金创建青少年体育俱乐部工作,十年来,创建总数达3611所,总计投入近6亿元,每年有近1亿人次青少年参加活动,为积极引导青少年学生参加体育健身活动创造了良好条件。体育总局使用体育彩票公益金在全国创建青少年户外体育活动营地73个,投入经费达2210万元,到目前为止,体育场馆(包括学校体育场馆)向公众开放达到28426所,占具备开放条件的三分之一。

第三,更广泛地调动和组织各类人群参加体育健身活动。国家体育总局与有关部委联合推出了以青少年为重点的"五个亿万人群"健身活动,每年利用寒暑期在全国各地举办阳光体育全国青少年田径、游泳、篮球、足球、乒乓球、羽毛球、航模等不同项目的比赛和全国青少年户外营地的展示。充分发挥有关单项运动协会的资源优势,资助开展登山、网球、乒乓等项目青少年体育夏、冬令营活动,使广大青少年良好地参与锻炼,提高技能。增强了青少年儿童体质,提高了青少年儿童健康水平。[①]

1.2.3 财政资源

国家体育总局的资金来源比较广泛,主要有三部分来源:(1)财政拨款;(2)体彩收入;(3)其他赞助和捐助资金。2012年中央财政用于体育(与文化、传媒一起)的预算情况为:文化、体育与传媒支出493.84亿元,增长18.7%。其中,中央本级支出207.33亿元,对地方转移支付286.51亿元;大力推动公共文化服务体系建设,支持博物馆、公共图书馆等公益性文化设施免费开放,继续实施重点文化惠民工程,安排资金145.46亿元;加大对国家重点文物、大遗址、红色文化资源和非物质文化遗产保护力度,安排资金61.24亿元,增长40%;加强重点媒体国际传播能力建设,促进中华文化"走出去",安排资金27.5亿元,增长37.5%;支持文化产业发展,安排资金34亿元,增长70%。[②]

---

① 国家体育总局:《国家体育总局实施〈2001—2010年中国妇女儿童发展纲要〉终期评估报告》,2011年6月。
② 财政部:《关于2011年中央和地方预算执行情况与2012年中央和地方预算草案的报告》,2012年3月16日。

1.2.4 责任追究

国家体育总局负有广泛开展适合儿童的全民健身运动的义务。根据《未成年人保护法》第30条、第31条的规定,国家体育总局应该大力推广体育竞技基础设施建设,增强中国儿童体质。根据《预防未成年人犯罪法》第11条的规定,预防未成年人犯罪的宣传和教育也是青少年活动场所的责任。

1.2.5 问题总结

第一,体育资源稀缺,有效供给不足,经费有待保障。我国社会主义初级阶段的基本国情所决定的体育发展资源整体有限,特别是长期以来体育领域内偏重竞技体育发展的导向,使群众体育发展的资源更为有限,整体规模过小。无论是群众体育经费还是体育场地设施或是社会体育指导人员,我国人均占有资源数量很低。体育场地设施特别是用于群众经常锻炼的身边适宜场地供给的不足,仍是制约全民健身活动开展的突出问题。

第二,青少年体质令人担忧,青少年运动员的权益保障工作亟待落实。2010年3月30日,国务院同意了国家体育总局、教育部、财政部、人力资源社会保障部《关于进一步加强运动员文化教育和运动员保障工作的指导意见》(以下简称《指导意见》),在《指导意见》的第一部分"加强竞技体育后备人才培养阶段的文化教育工作",其中不乏关于青少年运动员权益保障的条款,各部门之间亟待加强合作,把青少年运动员权益保障工作落到实处。

第三,基础公共体育服务能力不强。因群众体育资源不足的影响,特别是长期以来体育投入在竞技体育和群众体育上的不均衡,以及一些体育行政部门注重竞赛活动而忽视履行行政管理和公共服务职能,公共体育服务体系覆盖面不广,基层公共体育服务能力薄弱,距离实现体育公共服务均等化的目标存在着相当大的差距,城市与农村相比,经济发达地区与欠发达地区相比,体育资源的占有和政府提供公共服务的能力差距显著。

(2) 儿童与教育

我国十分重视儿童的教育工作,将义务教育列为我国的基本国策。除了义务教育之外,我国的儿童教育还包括:学前教育、职业教育和特殊教育。承担儿童教育职责的中央部门主要是教育部(Ministry of Education),根据《国务院办公厅关于印发教育部主要职责内设机构和人员编制的通知》(国办发〔2008〕57号),其是主管教育事业和语言文字工作的国务院组成部门。

2.1 儿童保护与服务的措施

第一,在学前教育方面,大力发展公办幼儿园,鼓励民办幼儿园,扩大农村学前教育资源。国家大力发展公办幼儿园,逐步建立"广覆盖、保基本"的学前教育公共服务体系,通过加大政府投入,新建、改建、扩建一批安全、适用的幼儿园。

第二,在义务教育方面,完善相关法律法规,保障中小学生的全面发展,注重保持城乡教育资源分配的均衡。《义务教育法》和《校车安全管理条例》分别在2006年和2012年审议通过并施行。从2006年开始,国家有步骤、有计划地逐步推行免费义务教育,到2009年农村地区全部实现免除义务教育阶段学生学杂费、教科书费、寄宿生住宿费,对家庭经济困难寄宿生补助生活费。2010年,又进一步提高生均公用经费基本定额和寄宿生生活费补助水平。

第三,在职业教育方面,加强基础能力建设,健全职业教育学生资助政策体系。职业教育特别是中等职业教育规模迅速扩大,具备了大规模培养高素质劳动者和技能型人才的能力。高等职业院校招生规模占到了普通高等院校招生规模的一半。"十一五"期间,中央财政决定安排100亿元专项资金,用于加强职业教育基础能力建设。2005年印发的《国务院关于大力发展职业教育的决定》(国发〔2005〕35号)提出,要建立职业教育贫困家庭学生助学制度。2007年出台的《国务院关于建立健全普通本科高校、高等职业学校和中等职业学校家庭经济困难学生资助政策体系的意见》(国发〔2007〕13号),就职业教育学生资助政策体系的框架和内容作出具体规定。

第四，在特殊教育方面，完善残疾人教育体系，强化特殊教育经费保障机制，加强特殊教育师资队伍的培训。国家积极创造条件，接收适龄视力、听力、智力残疾儿童少年就学，不断提高残疾儿童少年义务教育普及水平。加快发展以职业教育为主的残疾人高中阶段教育，为残疾学生就业和继续深造创造条件。进一步完善国家招收残疾考生政策，满足残疾人接受高等教育的需求。因地制宜发展残疾儿童学前教育，采取多种形式，举办残疾儿童早期干预、早期教育和康复训练机构，鼓励社会力量举办学前特殊教育机构。

第五，在中小学校安全方面，教育部联合其他部委修订了《中小学幼儿园安全管理办法》（教育部令第23号）。该《办法》是我国第一个专门关于中小学安全管理的法规性文件；是第一个以十部委部长令的形式发布的有关中小学安全管理工作的文件；是第一个与新修订的《义务教育法》配套的法规性文件。《国务院办公厅关于转发教育部中小学公共安全教育指导纲要的通知》（国办发〔2007〕9号）、《教育部关于落实中小学安全工作防范措施的通知》（2007年6月1日）则细化了学习安全的各项工作。另外针对中小学校食品安全，2002年教育部与卫生部联合印发《学校食堂与学生集体用餐卫生管理规定》（中华人民共和国教育部、中华人民共和国卫生部令第14号）后，2010年与国家食品药品监督管理局联合制定下发《关于进一步加强学校食堂食品安全工作的意见》（国食药监食〔2010〕160号），就进一步加强学校食品安全工作提出明确要求。

2.2 执行和处置机制

在做好中小学食品安全工作上，教育部采取了如下机制：加大学校食品卫生安全专项检查和专项整治力度，教育部每年都联合国家食品药品监督管理局、卫生部开展学校食品卫生安全工作专项检查和整治，对不符条件的限期整改，对整改后达不到要求的依法查处。同时，开展培训，提高有关管理人员和食堂从业人员的业务水平。

在推进义务教育均衡方面，2011年教育部与27个省份和新疆生产建设兵团签署了推进义务教育均衡发展备忘录,明确了分地区推进义务教育均衡发展的目标和任务。2012年,教育部制定了《县域义务教育均衡发展督导评估暂行办法》(教督〔2012〕3号),采取县级自评、地市复核、省级评估、国家认定的程序,完成督导评估。①

2.3 财政资源

教育部资金主要来源于:(1)国家财政拨款;(2)国家专项拨款;(3)赞助与捐助收入。2012年中央财政用于教育的预算情况:教育支出3781.32亿元,增长16.4%。其中,中央本级支出1028.87亿元,对地方转移支付2752.45亿元;落实促进学前教育发展的一系列政策措施,重点支持中西部地区和东部困难地区,补助150亿元,增长48.1%;完善农村义务教育经费保障机制,推进农村义务教育薄弱学校改造,实施农村义务教育教师特设岗位计划和中小学教师国家级培训计划,促进义务教育均衡发展,安排资金1057.54亿元;在集中连片特殊困难地区实施农村义务教育学生营养改善计划,安排奖补资金160亿元;免除城市义务教育学生学杂费,支持进城务工人员随迁子女公平接受义务教育,安排资金82亿元;继续加强职业教育基础能力建设,逐步实行中等职业教育免费制度,安排资金256.8亿元,增长91.7%;健全家庭经济困难学生国家资助政策体系,补助206.97亿元;推进"985工程"、"211工程"等,大力支持地方高校发展,安排资金1352.5亿元,增长24%。②

2.4 责任追究

教育部是儿童教育的主管部门,负责编制与儿童教育相关的规划。在挪用、克扣教育经费方面,《教育法》第71条、《义务教育法》第51条都分别规定刚性的行政责任或者刑事责任。在学生伤害事故方面,《学生伤害事

---

① 教育部:《教育部实施〈2001—2010年中国妇女儿童发展纲要〉终期评估报告》,2011年6月。
② 财政部:《关于2011年中央和地方预算执行情况与2012年中央和地方预算草案的报告》,2012年3月16日。

故处理办法》(教育部令第12号)规定了相关当事人的行为与损害后果之间的因果关系依法确定的原则,但是与《侵权责任法》存在一些不一致的地方,需要及时修订。在《学校食堂与学生集体用餐卫生管理规定》中,规定了学校食品卫生责任追究制度,但是不够细化。在《中小学幼儿园安全管理办法》中,规定了安全事故发生后各个机关应该承担的职责,可是却缺乏相应的追究程序。

2.5 问题总结

第一,根据国务院妇儿工委的报告,大多数的大中城市已基本满足幼儿入园的需求,但是农村的幼儿园基础设施建设仍然很薄弱,在教育经费上的投入也需要加强。也就是说,教育部在义务教育均等化方面还需要持续努力。

第二,目前,教育部在中小学教育管理的各个方面均出台了相关的文件,但是对于文件内容具体的执行,以及相关责任的落实,还缺乏一套完整的程序;另外,针对安全、卫生等事项,教育部和其他部门开展了良好的合作,可是在实际操作环节,教育行政机构如何与其他基层职能部门合作,仍然面临很大未知因素,建立各个机关有效的合作交流机制势在必行。

第三,教育部内部设置了若干个处理儿童教育的机构,它们内部如何协调也是问题。由于内部协调不在政府信息公开的范围之内,虽然教育部各司局都开通了相应的网站,但是公众对于这些机构的协调工作仍然不甚了解,所以教育部应该在内部机构设置的科学化、透明化上下功夫。

第四,为应对政府信息公开的要求,2010年教育部制定了《高等学校信息公开办法》(中华人民共和国教育部令第29号),可是针对中小学的信息公开,目前没有一部规章规制。重点中小学的规划、入学、升学业已成为了全社会的敏感问题,其中的潜规则导致了各种教育寻租现象,为此,加强中小学信息公开建设,满足父母的知情权,实现儿童平等的受教育权,意义重大。

(3) 儿童与福利

中国负责儿童福利的主要中央部门是民政部(Ministry of Civil Affairs)。根据《国务院办公厅关于印发民政部主要职责内设机构和人员编制规定的通知》(国办发〔2008〕62号),其是主管有关社会行政事务的国务院组成部门。民政部下设儿童福利处,主管儿童福利工作。

3.1 保护与服务对象的认知

儿童福利处关注的目标儿童主要是孤儿、弃婴以及弃儿。据不完全统计,我国现有失去父母的儿童、弃婴和弃儿71.2万人,有独立的儿童福利院335家,社会福利院中的儿童部800多家,集中收养孤儿、弃婴10万人。[①]

3.2 儿童保护与服务的措施

儿童福利处通过以下方式履行保护儿童的职责:

第一,关注孤儿福利保障的法律指导,推动儿童福利制度建设。民政部鉴于儿童的自身特点,将儿童划分为不同类别,如残疾儿童、重大疾病儿童、弱势儿童(孤儿、流浪儿童)等,并根据儿童的不同需求出台相应的规范性文件,对儿童进行保护、服务,如2010年民政部、财政部联合下发了《关于发放孤儿基本生活费的通知》、2009年6月发布的《关于制定福利机构儿童最低养育标准的指导意见》、2009年3月发布的《关于进一步加强受艾滋病影响儿童福利保障工作的意见》、2009年2月民政部办公厅下发了《关于制定孤儿最低养育标准的通知》、2008年9月发布的《关于进一步发展孤残儿童福利事业的通知》。

第二,积极建立福利设施。截至2010年年底,中央投入11.1亿元资金,地方配套资金15.9亿元,资助了全国453个儿童福利机构建设,其中地市级以上儿童福利机构335家,区县级儿童福利机构116家。通过全面改善儿童福利机构设施条件,完善功能,推动我国儿童福利机构由单纯养育型,向养育、医疗、特教、康复及技能培训等多功能型转变,使得儿童福利机

[①] 民政部:《民政部关于"两纲"2001—2010年终期评估报告》,2011年6月。

构成为儿童福利的资源中心和管理中心,为有需求的儿童提供规范化、专业性的福利服务。

第三,开展专项措施保护儿童权益。"明天计划"是新中国成立以来第一次对儿童福利机构残疾孤儿实施全覆盖的手术矫治行动,是保护残疾孤儿合法权益,改变他们前途和命运的重大举措。截至2010年年底,民政部共投入本级福利彩票公益金8.3亿元,完成残疾孤儿手术4.8万例,使3.9万名福利机构内的残疾孤儿得到了手术矫治和康复,6000多名术后儿童通过收养回归了家庭。

第四,重视对特殊儿童的保护。如对艾滋病致孤儿童的救助安置。通过政策引导、资金支持、项目合作等方式,指导艾滋病预防重点省区探索建立了艾滋病致孤儿童救助的长效机制,形成了多种安置模式。逐步完善了艾滋病致孤儿童救助安置政策。

第五,加强标准化、规范化、信息化建设。2001年下发了《儿童社会福利机构基本规范》,对儿童福利机构提供的服务、福利机构管理、设施设备等做了详细的要求和规定。制定《家庭寄养管理暂行办法》,规范了家庭寄养工作。建立"孤残儿童护理员"职业资格制度。

第六,拓展国内国际合作项目。启动实施"重生行动——全国贫困家庭唇腭裂儿童手术康复计划"。目前已在全国精选了33家高等医学院附属医院和省级医院作为项目定点医院,确保贫困家庭唇腭裂儿童享受到国家优质医疗资源。深化与联合国儿基会的合作。共同举办了多部门关怀艾滋病致孤儿童政策研讨会,加强了部门间的协调配合。拓展与美国半边天基金会的项目合作,主要有四个:"婴幼儿抚育项目"、"小姐妹学前教育"、"大姐妹"、"新和爱心寄养家庭项目",提升了儿童福利机构的养育和服务理念,对人员工资的支持解决了部分儿童福利机构人员不足的现实困难,取得了较好的社会效益。

3.3 儿童保护与服务措施的标准

根据保护与服务内容的不同,民政部对儿童保护与服务措施的标准作出了具体的规定。举例如下：

《儿童社会福利机构基本规范》(民发〔2001〕24号)针对各类提供养护、康复、医疗、教育、托管等服务的儿童社会福利服务机构,制定了量化标准。

《关于发放孤儿基本生活费的通知》(民发〔2010〕161号)、《关于进一步加强受艾滋病影响儿童福利保障工作的意见》(民发〔2009〕26号)分别规定了孤儿基本生活费标准、艾滋病孤儿养育标准等一系列具体的标准。

3.4 责任追究

根据《未成年人保护法》第61条规定,如果国家机关及其工作人员在各自的职责范围内没有履行好职能,就要依法承担相应的法律责任。如前所述,儿童福利处所进行的工作多为进行抽象行政行为立法、政策制定以及对下级部门进行监督。抽象行政行为不具有可诉性,政策制定则系立法裁量,并不存在具体的责任追究。

3.5 问题总结

第一,现有的规范性文件较为分散,缺乏一部关于儿童福利的专门立法,来对儿童福利的含义、范畴、基本原则和保障措施进行规范。

第二,儿童福利的资金来源主要是依靠政府投入,但是儿童福利缺乏专门明确的财政资金来源渠道,这使得儿童福利的服务经费来源缺乏稳定性,影响儿童福利事业发展。

第三,儿童福利的对象过于狭窄,层次较低,只集中在少数问题儿童和困境儿童上,与普惠性的儿童福利还有差距。

第四,监护权是保护、服务儿童的重要内容,但在国内一直未得到足够重视。儿童监护权需进一步明确、细化。监护权转移程序需要确立,比如监护能力的判断标准。

第五,缺乏专业化职业化的工作人员。

第六,责任追究缺乏明确措施。

(4) 儿童与法律保护

4.1 司法部

根据《国务院办公厅关于印发司法部主要职责内设机构和人员编制的通知》(国办发〔2008〕64号),设司法部(Ministry of Justice),为主管全国司法行政工作的国务院组成部门。

4.1.1 对保护对象的认知

司法部涉及儿童事务的内部机构主要是法制宣传司、律师公证司、法律援助司、社区矫正管理局、监狱管理局。其中法制宣传司、律师公证司所保护的儿童对象是所有未满十八周岁的未成年人。法律援助司所保护的儿童对象包括两种:一种是未进入司法程序而疑似权益受侵害的儿童;另一种是进入司法程序而缺少辩护人的儿童。对前一种儿童的确认比较困难,疑似权益受侵害的儿童往往不会主动寻求法律咨询,因此需要国家主动介入。对后一种儿童的确认,则可以通过国家强制的方法。根据《未成年人保护法》第51条规定,在司法活动中需要法律援助的未成年人,法律援助机构应当给予帮助,依法为其提供法律援助。《最高人民法院关于审理未成年人刑事案件的若干规定》(法释〔2001〕9号)第15条规定了未成年人受辩护的权利。在开庭审理时,针对无委托辩护人的未成年被告人,人民法院应当指定承担法律援助义务的律师提供辩护。矫正管理局所管理保护的对象是被判处社区矫正的未成年人。监狱管理局所管理保护的对象是羁押在未成年犯管教所中的违法未成年人。

4.1.2 儿童保护措施与服务的标准

在关于儿童保护措施的标准上,司法部相关部门并未设置儿童保护措施的标准,与其他部门或组织设置的标准之间缺乏回应、惩戒和激励措施。

4.1.3 预算编制

根据《司法部财务管理办法》(司发通〔2001〕068号)相关规定,司法部相关部门的预算编制方式如下:年度预算分为部门预算和分项预算。部门预算包括部机关本级预算和部属有关单位预算,由各分项预算组成,反映司法部各项经费收支总貌。分项预算反映各项经费的收支预算数,部机关编报的分项预算主要包括行政经费、离退休经费、司法业务费、外交支出、监狱支出、劳教支出、科学事业费、基本建设投资及专项经费等。

4.1.4 财政资源

2009年起,财政部连续两年从中央专项彩票公益金中安排法律援助项目资金各5000万元,专项用于开展妇女家庭权益保障和未成年人等的法律援助工作,有效增强了妇女儿童法律援助工作的经费保障能力。

4.1.5 协调机制

与其他部门的协调机制:"四五"普法期间,与教育部等有关部门联合印发了《关于加强青少年学生法制教育工作的若干意见》(教政法〔2003〕3号),推动了青少年法制宣传教育工作的规范化发展。

与妇联、共青团、法院、检察院等部门有关妇女儿童工作部门的联系与协调,建立信息通报制度和联席会议制度。通过确定固定的联络员,每月或每季度互相通报相关法律援助工作情况,实现工作信息资源共享;以联席会议为平台,对妇女儿童法律援助工作的政策、工作部署等问题进行研究,协商解决妇女儿童法律援助工作实践中遇到的困难和问题。①

4.1.6 责任追究

对法制宣传司的责任追究:法制宣传司的法定职责系针对儿童进行法律宣传活动。宣传行为不能被视为行政执法行为,因此不存在责任追究。

对律师公证司的责任追究:律师公证司的法定职责系指导律师事务所针对儿童提供法律服务。该行为不能被视为行政行为,因此不存在责任追究。

对法律援助司的责任追究:法律援助司在针对儿童进行法律援助时,属于行政救助行为。这种行为是通过指定专门律师进行的。如果被指定的律

---

① 司法部:《司法部实施2001—2010年中国妇女儿童发展纲要终期评估报告》,2011年6月。

师拒绝为违法未成年人进行辩护,根据《律师法》(2007年)第47条对律师的相关规制条款,司法部相关部门可以给予该律师警告、罚款、暂停执业等行政处罚。

对社区矫正的违法未成年人的权利保障上,居于核心的是对未成年人的人身权利与生命权利的保护。社区矫正管理局的执法人员,若侵害未成年人合法权利,依法要负法律责任。

对监狱管理局的责任追究:在少年管教所中的在押违法未成年人的权利保障上,最重要的也是对未成年人的人身权利与生命权的保护,与这两项权利相关的即为直接执法的监狱警察。根据《监狱法》(1994年)第14条,禁止监狱的人民警察对在押犯人实施刑讯逼供、体罚、虐待、侮辱、殴打行为。监狱警察违法对在押未成年人实施以上行为者,依法要承担法律责任,或刑事责任,或行政责任。

4.1.7 问题总结

第一,资金来源不明确,缺乏专门明确针对儿童事项职能履行的财政来源。

第二,缺乏专业化职业化的工作人员,尤其是在矫正方面。

第三,责任追究缺乏明确措施。

4.2 公安部

根据《国务院关于机构设置的通知》(国发〔2008〕11号),设公安部(Ministry of Public Security),为国务院主管全国公安工作的职能部门。

4.2.1 儿童类别识别

公安部打拐办所保护的目标儿童即被拐卖的儿童。如何甄别这些儿童,一方面依靠人民群众主动报案,另一方面则需要公安部门积极主动介入。

4.2.2 儿童保护的措施及执行处置机制

① 拐卖儿童案件的"一长三包"侦办责任制

"一长三包"侦办责任制即由县市区公安机关主要领导或者主管领导

担任专案组组长,由专案组长承担破案、解救孩子、安抚被害人家属三项工作,案件不破,责任不能撤销。

② 儿童失踪快速查找机制

儿童失踪快速查找机制即各县、市公安机关接到儿童失踪警情后,立即启动查找工作,打破警种界限和常规做法,调动一切警务资源,快速查找失踪儿童。对非亲生落户的要采集生物检材检验,确定不是被拐儿童后,才能办理入户手续。儿童失踪快速查找机制的核心是快速反应,关键是各警种联动合成作战。要求指挥中心接到报警后,下达处警指令要快;治安、派出所、巡警、交警等街面执勤力量出警动作要快;路口路面的查控堵截措施落实要快;刑侦部门立案开展侦查要快。合成作战不仅指调动多部门、多警种共同参战,而且还要在警力调动等方面简化手续,实现扁平化指挥,以适应快速反应的要求。

公安部"打拐"专项行动办公室与民间组织"宝贝回家"建立合作机制,互相提供线索,吸纳群众建议。为尽快让更多被拐儿童回到亲生父母身边,开展了宝贝寻亲活动,在官方网站上公布已解救的未查清身源被拐儿童信息,要求被拐儿童父母若发现有跟自己孩子相像的,速与案件主办单位联系,或与本地公安机关联系。

公安机关也健全了举报制度,通过设立打拐热线、反拐信箱、微博打拐等方式,鼓励群众举报拐卖妇女儿童犯罪,广辟线索来源。

③ 来历不明儿童摸排比对机制

各地公安机关治安户政部门和派出所要开展为期 6 个月的来历不明儿童集中摸排行动,组织民警对本辖区实有人口中来历不明的儿童进行一次全面摸排,对其中疑似被拐卖儿童的,采集生物检材检验后录入全国打拐 DNA 数据库比对。打拐 DNA 信息库中,既有失踪被拐儿童父母的 DNA 信息,也有来历不明、疑似被拐儿童的 DNA 信息,信息库能够自动比对,且比对不受时间限制,有利于解救失踪的被拐儿童。现在全国共有 262 个数据库,并做到了全国联网。公安部正在不断完善全国打拐 DNA 信息库,争取找回更多失踪、被拐儿童。其要求失踪被拐儿童家长尽快到当地公安机关采血入库,而记得自己幼时被拐的人也可联系当地公安机关采血入库比对。

④ 打击拐骗操纵新疆籍的未成年人的工作机制

2011年4月26日,公安部在江西省南昌市召开现场会,部署开展为期8个月的打击拐骗操纵新疆籍未成年人违法犯罪专项行动。对于这类犯罪将突出重点,因地制宜,专案侦查,及时解救,严打幕后。其工作重点是协助开展解救新疆籍未成年人,严厉打击拐卖未成年人的犯罪团伙和"蛇头",并以此为契机,深入开展对黑恶势力犯罪和毒品犯罪等其他严重违法犯罪活动的打击。

⑤ 严厉打击跨国拐卖犯罪

各地公安机关要针对拐卖犯罪跨区域大范围流窜作案的特点,发挥各警种职能优势,因地制宜加强重点区域和重点部位查缉工作,截断拐卖犯罪通道。要充分利用警务合作渠道,加强与相关国家警方的合作,严厉打击跨国跨境拐卖犯罪。公安部统筹反拐工作国际交流与合作,加强与外交部、商务部等部际联席会议成员单位的沟通与配合,确保反拐国际交流与合作有序开展。部际联席会议有关成员单位加强与联合国机构、政府间组织及有关国际非政府组织的合作,充分利用国际组织资源、信息、技术和融资优势,争取国际援助,做好国际反拐合作项目的建设和引进工作。部际联席会议有关成员单位了解各国预防、打击拐卖妇女、儿童犯罪工作措施;借鉴国际反拐经验和理念,加强与相关国家的沟通与合作,提高我国反拐工作的能力和水平。①

4.2.3 预算编制

打拐办属于正式编制,其保护对象包括儿童以及妇女,因此该部门并不存在单独针对儿童保护的预算。

---

① 公安部:《公安部关于"两纲"2001—2010年终期评估报告》,2011年6月。

4.2.4 财政资源

根据《民政部、公安部、财政部、住房城乡建设部、卫生部关于进一步加强城市街头流浪乞讨人员救助管理和流浪未成年人解救保护工作的通知》(民发〔2009〕102号)规定,财政部门要做好对流浪未成年人解救保护的经费保障工作,要按照上述各部门职责任务和国家预算管理有关规定,将解救、保护流浪未成年人工作经费,分别列入有关部门预算给予保障。

根据《中国反对拐卖妇女儿童行动计划(2008—2012年)》(国办发〔2007〕69号)规定,中央和地方各有关部门开展反拐工作所需经费,列入各有关部门年度预算,由同级政府予以保障。积极争取社会团体、公益机构、企事业单位和个人的捐助,争取国际援助,多渠道募集资金。

4.2.5 协调机制

为了更好的打击拐卖妇女儿童,根据《中国反对拐卖妇女儿童行动计划(2008—2012年)》(国办发〔2007〕69号)规定,我国建立了反对拐卖妇女儿童行动工作部际联席会议制度。联席会议制度由以下部门和单位组成:公安部、中央宣传部、中央综治办、全国人大常委会法工委、外交部、发展改革委、教育部、民政部、司法部、财政部、人事部、劳动保障部、铁道部、交通部、农业部、商务部、文化部、卫生部、人口计生委、工商总局、民航总局、广电总局、法制办、妇儿工委办公室、扶贫办、全国总工会、共青团中央、全国妇联。

公安部为牵头单位。联席会议召集人由公安部负责同志担任,联席会议成员为有关部门和单位负责同志。联席会议办公室设在公安部刑事侦查局,承担联席会议日常工作。办公室主任由刑事侦查局局长兼任,各成员单位指定一名联络员为办公室成员。

4.2.6 责任追究

对不解救或者阻碍解救被拐卖儿童的相关国家工作人员构成渎职犯罪。《公安部关于打击拐卖妇女儿童犯罪适用法律和政策有关问题的意见》(2000年3月24日)针对不同情形下国家工作人员的非法行为规定了责任。针对主观不作为、主观故意阻止解救的国家机关人员,规定了行政责任和刑事责任。

4.2.7 问题总结

第一,我国正处于经济转轨、社会转型的特殊历史时期,人民内部矛盾凸显、刑事犯罪多发、对敌斗争复杂,各种社会矛盾较多,针对妇女、儿童的违法犯罪大量存在,一些新的犯罪类型层出不穷,拐卖妇女儿童犯罪、组织、强迫、引诱妇女从事色情服务以及组织、操纵未成年人违法犯罪等犯罪现象呈现出一些新的特点,犯罪手段和方式发生了较大的变化。

第二,个别地方党委政府领导对"两纲"中涉及的某些工作重视程度不够,没有把这些工作摆上中心位置来抓,各项保障措施不够健全,影响公安机关打击、预防工作的深入开展。

第三,政府各相关部门之间的协作机制不够完善,整体合力有待进一步加强。

第四,宣传发动还不够充分,宣传力度、方式和效果有待于进一步提高。

四、儿童保护与服务体系中机构的完善

(一)现有体系中机构建设的不足

自国务院妇女儿童工作委员会发布《中国儿童发展纲要(2001—2010年)》以来,中央各部门在贯彻落实"儿纲"工作中做出了大量的工作,中国儿童保护与服务事业取得了突出的成效,但是仍然面临诸多挑战,特别是政府在儿童保护与服务工作当中,仍然存在着部门之间缺乏协调、执行监督和追责力度不足、地区发展不均衡、财政资源保障不足、缺乏科学的制度性保障等问题。

(1)缺乏儿童保护的专门机构

鉴于儿童这一群体的特殊性,建立专门的儿童保护和服务机构已经逐步成为了世界各国所达成的共识。美国、英国、日本、瑞典、马来西亚乃至我国的香港、澳门和台湾地区都先后出台了儿童福利专门法案,并成立了儿童

福利局等专司机构,从实践来看,其有力的保护了儿童的基本权利,维护了儿童的合法权益。

中国的儿童保护和福利的责任分散于妇儿工委、民政部、教育部、妇联以及司法等众多部门之中,多头管理往往导致"无人管理"。尤其是在监护人不履行责任或者无法履行责任的时候,缺乏社会主体来代位监护人维护儿童的合法权益。比如说受到家庭暴力的儿童,如果监护人本身就是施暴者,那么谁可以站出来保护儿童?基层的街道、公安部门、妇联等机构和组织看起来都有责任,但是无论是法律还是机构职能又都没有明确规定其在此情况应该承担何种责任。因此,面对越来越多家庭无法保护的儿童,比如说农村的留守儿童,政府和全社会亟需承担更多的儿童保护责任。而建立一个专门的儿童保护机构,系统全面地保护儿童就是承担这种责任的重要一环。

(2) 部门之间缺乏协调与沟通

目前在儿童保护与服务方面,政府部门与机构中主要起协调作用的部门是国务院妇儿工委。但是因为妇儿工委作为一个议事机构,其协调功能非常有局限,既无事项的统筹安排权利,也无财政审批权,使得儿童保护与服务工作无法得到有效的协调。由于我国政府部门采取的是纵向的以机构为主的保护与服务模式,并非以儿童需求为导向的横向模式,部门之间比较孤立。此外,部门职责划分多有重叠,比如民政部门、司法部门和妇联组织都有防止家庭暴力的职责,但是彼此之间又缺乏足够的信息共享机制,根本无法对儿童的需求给予足够的保障。

(3) 执行监督和追责力度不足

虽然《儿纲》比较详细地规定了各个政府部门在儿童发展中所需承担的职责,但是并没有具体规定监督其执行效果的主体和对其效果进行评估的机制,也没有对不利后果的追责机制。这种监管上的空白造成某些执行效果不好的机构和地区不用承担任何不利的行政责任,这显然不利于建立儿童保护与服务的长效机制。

(4) 缺乏儿童保护与服务的经费

随着中国经济和社会水平的不断发展,与儿童保护和发展相关的各项经费在这十年中有了大幅增长。比如 2010 年,全国财政性教育经费为 14163.90 亿元,是 2000 年全国财政性教育经费 3849.08 亿元的 3.7 倍。但是从占 GDP 比例来看,始终低于 4% 的比例,不仅低于发达国家比例,甚至低于印度等发展中国家。妇联系统校外活动阵地也缺乏必要的经费保障。据有关调研报告显示,全国妇联系统的儿童校外活动阵地由于长期受到缺乏必要经费保障的制约,设施较为落后,开展活动有限,服务功能不够完善,难以发挥应有作用。①

此外,由于缺乏专门的儿童保护机构,中国尚未有专门的儿童保护资金,其财政支出散见于各个部委的不同财政支出当中,一般并无专门的儿童保护和服务支出。即使在《中国儿童发展纲要(2011—2020 年)》中,财政投入和资金保障、管理体制机制、服务项目细节制订等,仍无具体方案。

(二) 机构完善的建议

(1) 建立决策、执行和监督分工协作的机制

决策机制:应下设政策法规、计划规划、经济分析、调查信息、决策咨询委员会等部门。其中,决策咨询委员会一定是相对超脱的,由内外专家组成,它强调决策的宏观思维,要解决决策的科学性问题,而不是站在部门利益或某一方面利益上决策。如果决策者不接受咨询委员会的意见,需要明确阐述理由。

执行机制:执行强调的应该是专业化、执行层级的规范和执行手段。要建立起符合行政执行特点的职位分类。职位分类是其他各项人事管理的起点和基础。通过职位分类,建立内部的权责体系及相应的执行责任感。另外,主动型行政执行大都以队伍建制,在职位分类时,应结合其特点,建立相应职组、职系。执法队伍的规模与人员应当与其担负的职能相匹配,尽可能

---

① 全国妇联:《妇联关于"两纲"2001—2010 年终期评估报告》,2011 年 6 月。

做到规模适度。

监督机制：制定主体明确、层级清晰、具体量化的执行岗位责任制,明确规定政府各项执行任务的责任单位、责任部门、责任人、执行失误的责任,制订出责任人过错过失行为的具体追究办法,使责任追究制能真正落实到直接部门、直接人。在明确管理目标的基础上,执行机构负责人对运营状况承担个人责任。

（2）完善部际协调机制

完善部际协调机制是完善儿童保护和服务体系的当务之急,是在不改变现有儿童保护和服务机构设置的前提下加强儿童工作整体能力的最佳途径。然而这也是当前体系完善工作中最难的一环,其复杂原因前文已有详细分析在此不多赘述。针对这些原因,报告认为要做好协调工作至少需要从以下几个方面做出调整：

第一,协调机制法制化、规范化、常态化。可以由国务院或国务院授权妇儿工委组织各相关部门联合制定儿童保护和服务协调工作规章,或者在时机成熟时,各部门协调一致后报请国务院制定条例。通过立法将协调机制确定下来,明确各部门在共同保护和服务儿童工作中的职责和责任,保证以后协作的常态化和规范化,防止随意性和人事变动给工作带来消极影响（不限于中央层面）。

第二,协调工作程序化。部门协作会涉及到各部门的不同工作流程和工作习惯,创设一定的程序或规则,能够防止协作中可能出现的紊乱,也能够从程序上保证协作的规范化和常态化。

第三,明确协调机构及其职能,提升协调机构在儿童保护和服务协调工作中的地位,保证协调工作得以顺利开展。同时增强协调机构的服务意识,切实为各部门儿童工作提供服务。

（3）建立针对儿童的专门处置机制

在儿童违法犯罪案件或者针对儿童的违法犯罪案件中,要针对儿童的身心特点,建立一套合适的处置机制,包括：

第一,强制报告制度。依据国外的经验,国家工作人员、警察、以及与儿童工作有关的人员,比如教师、医生,发现针对儿童的违法犯罪现象时,在法律上有义务向有关机关报告。

第二,专门处置程序。对于儿童违法犯罪案件,在公检法每个机关中,建立适应于儿童的立案、侦查、检控、审判和挽救的程序。

第三,替代性的监护制度。不论在何种情况下,一旦发现儿童没有了监护人,或者监护人不适合继续担任的情形,有必要建立国家监护制度,保障儿童的健康成长。

(4) 通过具体的项目运作提升服务质量

在儿童和家庭服务领域中,通过"服务整合",也就是让儿童、家庭获得及时的、高质量的、相互协调补充的个人服务,是应对分散的儿童保护机制的有益办法。这方面最为成功的例子是美国的开端计划(Head Start Program)。

开端计划是美国联邦政府推出的首个针对低收入家庭儿童的综合性服务计划,主要针对学前低收入家庭儿童。第一部执行标准于1975年制定,并在2002年最新修订,把服务对象界定在3—5岁的残疾儿童,形成了全面的《开端计划服务残疾儿童的执行标准》(Head Start Program, Performance Standards on Services for Children with Disabilities)。

该执行标准依据人们的认知规律和服务提供的基本程序,共分七个部分:①标准概要;②服务规划;③社会服务标准;④健康服务标准;⑤个人教育计划开发标准;⑥营养服务标准;⑦家长参与服务标准。文本完整、规范,且具有丰富的内涵,集中体现了"以人为本"的服务宗旨、动态性的服务策略、综合化的服务要素、协作性的服务实施与具有可操作性的实践指导。①

我国今后在开展儿童服务的过程中,可以借鉴美国的上述做法,通过整

---

① 刘向荣、伏纲举:"美国开端计划服务残疾儿童的执行标准解读",《外国教育研究》2009年第3期。

合相关的资源,针对特定的儿童群体,制定一套综合的服务规划,形成具体的服务项目,并在实践中不断修订完善,从而为制定覆盖全部儿童的服务政策提供有益的经验。

(5) 建立儿童预算

财政支持是落实儿童保护与服务体系各项措施的根本保障,预算编制是将财政支持体系化、科学化、合理化的重要途径。中国目前的财政预决算是按照政府收支分类科目划分的种类加以统计的,而各级政府的预算编制是按照政府部门上报汇总整理的。预算编制也是我国目前的儿童保护与服务体系中最缺乏的内容,其表现在儿童保护与服务相关的部门比较多,交叉管理儿童保护与服务事项的现象并不少见。按照现有的预算编制方式,很容易出现重复计算或缺漏的情形,而专门的儿童预算编制和专业的统计方式所需要的投入,包括人力、物力和财力方面,也不是目前的妇儿工委办公室能独立承担的。

世界上已经有诸多国家和地区建立了儿童保护与服务预算,主要有两种编制方式:

第一,按儿童保护与服务相关部门编制。这种预算编制方式的优点在于:①能清晰地反映财政资金在部门间的分配情况;②能有效地控制(增加或减少)相关儿童保护与服务部门的财政支出;③能监督儿童保护与服务相关部门之间财政资金的合理分配。当然,缺点也很明显:不能反映用于儿童保护与服务的财政支出的具体用途。

第二,按儿童保护与服务的具体职能编制。这种预算编制方式的优点在于:①能更合理地在儿童保护与服务的各项具体职能之间分配财政资金;②能使财政投入的目的性更加明确,增强财政支出的有效性;③能更清晰地反映儿童保护与服务工作的进展、不足与改进的方向。缺点是,各项财政支出都是要拨付给各个具体部门,而这不能保证财政预算按照既定的用途严格地被执行。

结合中国的实践,特别是《中国儿童发展纲要(2001—2010年)》和《中国儿童发展纲要(2011—2020年)》的制定和实行,从儿童的权利出发,即儿童生存权、发展权、受保护权和参与权,然后分解其中的各项指标,可能是未来建构儿童预算的思路。

总之,中国儿童保护与服务体系中的机构完善,既需要借鉴发达国家和地区的先进经验,也要结合中国具体的儿童工作实践。在现行政治体制之下,一个总体思路是既要发挥国务院妇儿工委的议事协调功能,又要利用各级行政系统快捷高效的渠道,切实履行和实现儿童的基本人权,这也是实现"中国梦"、建立法治中国的重要保证。

佳 文 译 介

北极地区的人权、善政与民主

古德蒙德·阿尔弗雷德松[*]著

张　伟[**]、刘　洋[***]译

一、导论

气候变化对北极地区有巨大的影响。新的西北航道和东北航道即将开放，这将更有利于陆上和海上自然资源的开发，同时也有利于吸引更多的资本和他国的移民。但是，多重环境威胁已经发出严重预警，要求在北极及其外围地区采取紧急措施。陆海现有及潜在的相关边界争端仍未解决；国家和地方治理的相关问题，尤其是生活在北极地区的土著人权利问题，仍较为棘手。借鉴南极洲的法律制度来解决北极地区问题是否具有可行性，这将会是一个非常有意思的研究领域。

位于冰岛北部的阿库雷里大学自2008年以来设立了极地法硕士专业（包括法学硕士和文学硕士）。这是世界上第一个专门研究极地法的学位项目，最早毕业的校友中有来自中国的陈亦超律师。阿库雷里大学同北极大学以及其他许多国家的学术机构都有密切合作。该项目的重点是研究关于极地地区的国际法和国内法，并从法律、政治、国际关系、社会学以及经济

---

[*] 古德蒙德·阿尔弗雷德松，中国政法大学人权研究院教授，冰岛阿库雷里大学极地法硕士项目教授，斯特拉斯堡大学法学院客座教授，隆德大学罗尔·瓦伦堡人权与人道法研究中心客座教授。本文摘自2011年第四届努克极地法研讨会中他所作的专题报告。——编者

[**] 张伟，中国政法大学人权研究院常务副院长、教授。——编者

[***] 刘洋，原中国政法大学人权研究院硕士。——编者

学等多个学科视角进行探讨。

阿库雷里大学的极地法课程包括环境法、气候变化、生物多样性、可持续发展、土著人权利、北极土著社会习惯法、土地和自然资源权利、海洋法、北极社会与文化、治理北极的相对性、自治政府和善政、极地地区的经济与贸易、法罗群岛法、关于陆地和海洋的主权与边界纠纷及其解决方法、国际合作与安全、全球化的作用、极地地区的区域及次区域组织。在该大学的网页 www.unak.is 上，可以查阅包括入学手续在内的更多硕士培养方案信息。

总部设在阿库雷里大学的极地法研究院是一个非营利性的研究和教育机构。它成立于2009年6月。学院每年都会举办极地法的主题研讨会，迄今为止已在阿库雷里、努克（格陵兰岛）、罗瓦涅米（芬兰）召开过三次。该机构的宗旨和目的是与其他机构开展项目合作研究，加强学术界、公共部门和私营部门在极地法领域的合作，出版有关极地法的书籍和文章。其中最主要的刊物是由荷兰布里尔学术出版社出版的《极地法年鉴》，它记录了上述研讨会中的专题报告。

第四届极地法专题研讨会于2011年9月在努克举行。研讨会的主题是北极地区的治理问题，即北极地区的人权、善政和民主问题。2007年《关于土著人权利的联合国宣言》第46条第3款中就有关于这三大问题的规定："本宣言所载条款应按照公正、民主、尊重人权、平等、不歧视、善政以及诚信的原则来解释。"

国际人权标准、善政以及民主在很大程度上植根于不同的学科，但它们有着共同的追求，即改善本国的社会状况及居住在此的人们的生活水平。这三大主题尽管有许多共同点，但它们之间还是有区别的。可以说，它们的目标是一致的，但是所行使的轨道并不相同，在处理相同或类似的问题上采用的术语及途径也不尽相同。有趣的是，我们应当发现，北极国家所面临的问题通常也是世界其他国家共同面临的问题。

以北极为重点，这篇专题报告对国际人权标准、善政与民主的主要内容与特点作了简要概述。它旨在发起一个讨论，即在北极地区这些标准是否适用以及在何种程度上适用并有效。报告的重点是土著人的地位与权利问题。其中建议到,在这些问题上,北极理事会应当发挥更积极的作用。

二、人权

拥有政治、立法授权,以及有权制定和平与安全议程的一些国际组织,比如联合国及其下属机构,欧洲理事会以及其他区域性组织,已经通过了数百部旨在建立最低人权标准的条约和宣言。人权首先为这些机构的法律所保障,因此,在很大程度上,法律占据人权领域的支配地位。根据这些法律标准和途径,我们能够在国家、区域及全球层面为人权提供救济,这一点不足为奇。

人权是个人的普遍权利以及成员国的共同法律义务。除此之外,一些文件规定了群体权利(比如少数人和土著居民)或民族权利(民族或国家的自决权,全部或外部自决,作为个体创建一个独立的国家的权利)。有时候群体权利和民族权利一起被称为集体权利,但是必须牢记一点,这两者是有根本差异的。

权利享有者对其生存的社会和其他人类同伴也负有义务。国家依旧是国际法最主要的主体;如果仅仅是作为次要主体,那么个人、群体和民族如今也可以称为国际法的主体,他们一定程度上享有特定的权利和义务,并享有同全球性和区域性组织一样的程序性地位,以谋求其自身权益。

显然,土著人权利是人权的一部分并且是重要部分。他们以国际文件中的原则为基础,以《联合国宪章》和《世界人权宣言》为起点,享有所有的人权并且不受歧视。只有当这些都不足以保护其人权之时,才需要专门的权利以及特定的措施,以便加快平等权的实现。《消除一切形式种族歧视国际公约》在关于成员国有义务采取专门、具体的措施来消除歧视方面采用了非常严厉的措辞。

专门为保护土著人权利而制定的人权文件有1989年国际劳工组织《关于独立国家土著和部落民族的第169号公约》以及2007年《联合国土著民

族权利宣言》。这些文件表明,同土地和自然资源权利一样,有关身份、文化、传统以及自我管理、自治的这些特定权利和措施,也是维持和发展土著人生活的工具。

联合国也设有一些机制,比如"土著人问题常设论坛"(PFII,经社理事会的附属机构),"人权理事会下属的关于土著人权利的专家机制","联合国援助土著居民志愿基金","关于土著民族权利的特别报告员(向人权理事会提交监测报告)",以及"土著英才计划"。这些机制是相当先进的,因为论坛以及特别报告员的半数成员都是土著人。

除了专门性的文件,土著人还可以适用普遍性的人权文书,如《公民权利和政治权利国际公约》,其中对土著人权利意义最为重大的是第27条,该条规定:"在那些存在着人种的、宗教的或语言的少数人的国家中,不得否认这种少数人同他们的集团中的其他成员共同享有自己的文化、信奉和实行自己的宗教或使用自己的语言的权利。"联合国人权事务委员会在1994年制定的第23号一般性意见中,明确地解释了土著人与第27条保护的少数人之间的联系:"7.关于第27条所保护的文化权利的行使,委员会认为,文化本身有多种表现形式,包括与土地资源的利用相关的特定生活方式,土著人民的情况更是如此。这种权利可能包括开展渔猎等传统活动和受到法律保护的居留权。这些权利的享有需要积极的法律保护措施,并确保这些少数民族能够有效参与到影响其自身利益的决策中去。"在该意见中,委员会援引了两个案例:1990年3月26日通过的关于第167/1984号来文(卢比肯胡印第安国族酋长伯纳德欧米尼亚卡诉加拿大)的意见,以及1998年7月27日通过的关于第197/1985号来文(凯特托克诉瑞典)的意见。在尊重善政与民主的前提下,(土著人)积极参与的局面将会重现。

必须牢记,当土著人通过自治政府或者文化机构行使权利时,或者是他们使用自己的习惯法时,国际人权标准对于土著人是同样适用的。换言之,如果人权与土著文化之间发生冲突,比如妇女权利与司法传统之间可能发生的冲突,人权应当优先。

当谈到人权在国家层面的实施时,国际人权标准应当被纳入宪法或法律中,很明显,土著人权利应当是其中的一部分。国家在法律层面与事实层面承担保护人权的主要责任。独立、公正的法院以及国家人权机构必须能够处理冤案并提供救济。

国际组织积极监督各国在人权标准方面的遵守情况,许多组织允许个人,有时候是集体,提出对国家的申诉。三大区域性组织都已经建立或者即将建立人权法院,一些组织已经建立了经授权可以处理申诉并进行调查的准司法鉴定程序。因此即使条约义务并未完全到位,各国的人权执行状况还是受到了越来越多的监督。

不幸的是,北极国家在相关方面的发展远远落后于世界趋势。去年公布的一项调查显示,在批准加入涉及土著人权利的专门文件以及设立一系列相关监督程序的问题上,八个北极国家中的六个都未签署1989年国际劳工组织第168号公约,并且,来自北边的国家都极力反对2007年《联合国土著民族权利宣言》的通过与适用。此外,声称是处理北极事务最主要的政府间组织——北极理事会,在处理人权问题时表现得也不积极。

2011年9月,在第四次努克极地法研讨会的开幕词中,冰岛总统奥拉维尔·拉格纳·格里姆松详述了国际人权公约的作用,指出北极国家可能需要新的法律来应对这样一个大挑战。这显然是一个很有意思并且很有价值的建议,但三个北极国家(芬兰、挪威和瑞典)关于"北欧萨米公约草案"的最终定稿已经被搁置了许多年,新法的出台似乎将面临一场艰苦的斗争。

三、善政

发展机构和金融机构采用的是"国际善政准则",比如世界银行、联合国开发计划署以及经济合作与发展组织。这些新近的准则记载于数以百计的针对专门问题的报告和文件中,它们大多数都没有法律约束力。令人惊讶的是,最初的起草者竟然是经济学家。

《联合国反腐公约》于2003年通过,直到2005年才生效,公约的多个章节通过预防、刑事定罪、执法、国际合作、资产追回、技术援助以及实施机制加强反腐力度。所有的北极国家都签署了该公约。借鉴人权非政府组织公开点名批评的策略，国际透明组织在监督和宣传反腐的工作方面做得非常出色。

善政原则直接指导政府及其行为，它们并不会非常明确、详细地表述个人或群体的权利，尽管这些权利间接关乎多数的受益者。比如人权标准，当土著人通过自治政府或自身的文化机构行使权利时，准则也应当对其适用。

发展中国家十分强调善政原则，这一观点的主要依据是，只有由透明性、廉洁性、责任性、可参与性、法律改革和法治至上这些因素所组成的"善政"才能成功实现可持续发展。显然，善政将会使得土著人获益颇多。值得注意的是，北极理事会在可持续发展的工作小组中也讨论到关于人权的问题。关于这个问题，请参考汉斯-奥托·佐野市的阿斯比约恩·艾德先生的"善政、人权、少数民族和土著人权利"，（以及）古德蒙德·阿尔弗雷德松和罗宾·克拉普（编辑）的"人权和善政之间的桥梁"（海牙：Martinus Nijhoff 出版社 2002 年，第 47—72 页）。

如上所述，人权与善政这两个主题之间有着千丝万缕的联系。一系列的人权文件，比如《世界人权宣言》以及两公约中的一些规定，还有人权标准中所载的民事、文化、经济、政治和社会权利，有很多都是善政的构成要素。善政在改善人权方面的作用近来已经得到联合国人权理事会以及人权高专办的认可。国际透明组织，比如非政府组织在开展人权工作方面所发挥的重要作用更加有力地证明了这种联系。

显然，在透明度方面，人权与善政的相似之处是信息自由与表达自由。人们希望公共当局在行动之前能够向每个人开诚布公，如此，当局会变得更加坦诚，个人、非政府组织、新闻界，都能够获取公共当局的记录及活动的全部信息。为了成功做到透明化，媒体（包括网络）的自由不受外部或内部干涉是相当关键的，尤其是涉及民主制度中十分重要的部分——公共辩论时。这样才能有一个自由的公民社会，以及充满活力的非政府组织。

腐败一定会带来人权问题。哪里有腐败,哪里的平等权就会被侵犯,因为当人们非法利用家庭或政治上的关系,或者利用行贿的能力以及意愿从而获取了他们原本所不应有的东西时,除了对其他个人不公正外,也会使推动经济和社会发展的财产遭受损失。当腐败延伸到检察官和法官身上时,正义便无从谈起了。

至于反腐的力度,新闻界拥有鉴别、报道和评估被选举或任命的官员的表现及其行为是否正当的自由是至关重要的。正如人权文书中所说,反腐需要有能力的警察和独立并公正的检察官和法官。警察和检察官在反腐中所发挥的作用也被1979年《联合国执法人员行动守则》(第七条及其附加评注)和1990年《联合国关于检察官作用的守则》所认可。

对于善政来说,不但享有公民权利和政治权利非常重要,享有文化、经济、社会权利和平等权一样不可小觑。的确如此,比如在工会、集体协商、教育、文化、社会健康及安定方面所确定的标准都是为确保机会均等、享受平等待遇而设立的。

善政标准在国家层面的实施由各国政府把握,而监督权则掌握在上述政府间组织的手中。世界银行监察小组被授权接受个人、群体及非政府组织的申诉(这是从人权监督程序中所借鉴的经验),但是它的管辖权却是有限的,仅限于世界银行赞助项目所在的国家。尽管如此,由于发展中国家在其中所占的比重较大,这一原则依旧具有重要意义。同人权一样,这些原则由于威胁到政治和经济精英的权力与特权,因而时常遭到他们的反对。多年来,政府对于联合国人权计划中的善政一直不大待见。

如上所述,(北极)南部地区的国家已经形成了善政原则,人们该关注的问题是所有北部国家是否也能如此。如果这些原则能像国际文件那样具有公信力,那么答案则是肯定的;如果这些原则仅适用于南部贫穷国家的话,那它们的公信力将大打折扣;除了"善政"之外的其他原则往往是由占支配地位的北部发达国家的组织所制定。"善政"必须适用于整个北极地区。对于那些自然资源丰富的国家来说,勘探和开发自然资源的透明化是成功积累社会财富及社会长远利益最大化的关键。

四、民主

这份报告中的第三个主题是民主。民主是获得欧洲理事会成员资格的条件,它在欧洲安全与合作组织的法律文件中有着重要意义。人权、善政与民主这三个主题的共同目标是改善我们的社会生活水平。至于在学术或专业学科上,民主则主要是政治学家所追求的目标。

全球性的人权标准,尤其是《世界人权宣言》第21条和《公民权利和政治权利国际公约》第25条,很好地阐述了民主的关键性要素。这两个条文以及其他的一些条文包含了作为政府基础的民众意愿、定期的无记名投票选举、平等投票权、政治演说的言论自由、政党的结社自由、游行示威的自由,以及为了做出更明智的选择而赋予公众的信息自由。它们同善政的构成要素有许多重叠的部分,比如透明性、三权分立、平等参与以及法治原则。

2007年《联合国关于土著民族权利宣言》第46条第3款对人权、善政与民主作出了规定。更重要的是,它在第46条第2款中提到,"在本宣言中,所有权利的行使都应当尊重人权与基本自由"。权利的行使"应当只受到法律以及国际人权义务的限制"。任何此类限制都必须是非歧视性的,并且是绝对必要的,即对于充分承认和尊重权利与其他自由,以及为了满足民主社会的需求来说是绝对必要的。

同样地,宣言第34条规定:"根据国际人权标准,土著民族享有促进、发展和保留其机构体制及特有习俗、精神、传统、程序、实践,以及他们现行的司法体制及传统的权利。"第32条是指土著民族通过"自己的代表机构"来行使权利。第44条明确规定:"土著男性和女性平等地享有已被确认的所有权利和自由。"

自决权或自治权是一个民主政府的条件,甚至是先决条件。北极土著民族都是由与之相距甚远的首都来管理,在那里缺少甚至是没有土著人的代表,那里的政府官员大多关注的是土著地区的资源开发及战略利益。

在欧洲安全与合作组织少数民族高级专员的支持下,1999年《关于国内少数民族有效参与公共生活的隆德建议》得以采纳,并由此产生了一系列人权文件,这些文件针对的问题是,如果某一群体的成员数量很少,则有必要采取专门的措施以确保在国家和地方政府中有其足够的代表。"隆德建议"的具体规定可以在 www.osce.org/hcnm/32240 上查阅。承认土著人代表在北极理事会享有永久参与者身份的这一决定就是很好的一个例子;就萨米人而言,北欧理事会也应当采取同样的步骤。

土著民族自治权是另一项人权,它是这些文件所高度推崇的预防冲突的工具。2007年《联合国关于土著民族权利宣言》第3条规定:"土著民族享有自决权。根据此项权利他们得以自由决定其政治地位,自由谋求经济、社会、文化发展。"尽管该宣言的第3条在文字上模仿的是国际人权两公约共同的第一条,但是它应当结合其他规定来理解。

宣言第4条规定:"土著民族,在其内部和地方事务以及为行使其自治职能而融资的方式和手段上享有自治或自决权。"第5条提到:"土著民族有权维护及巩固其特有的政治,法律,经济,社会和文化机构,如果他们在国家的政治,经济,社会和文化生活中选择行使这些相关权利,则同时保留其充分参与权。"此外,第46条第1款说到:"本宣言中的任何内容不得解释为默许国家、人民、群体或个人有权参加……那些被视为准许或鼓励采取任何分裂或完全损害独立国家的主权和领土完整或政治统一的活动。"

联合国宣言中"自决"一词可能不够明确,于是1999年《关于少数民族有效参与公共生活的隆德建议》以"自治"取代"自决",并被分为两个子章节,即非属地性安排和属地性安排。其中,第16段规定,"不管是非属地性还是属地性的自治机构,都必须依照民主原则,确保真实地反映自治区人口的意见"。第21段规定,"当地的、区域的,以及自治区当局必须尊重和保障所有人的人权,包括其司法管辖区内的少数人的权利"。

隆德建议的起草依据是欧洲安全与合作组织在1990年哥本哈根人类大会上通过的文件。该文件第35段指出，"应当努力保护并创造条件以改善某些少数民族的种族、文化、语言和宗教地位，根据国家的相关政策，通过建立符合这些少数人特定历史和领土环境的本地或自治管理机构的方式，或许能够实现这些目标"。

此外，1991年欧安会(日内瓦)少数民族问题专家会议报告在其第4部分第7段中指出，已经取得的"积极性结果"是一些成员国建立起来的"以领土为基础的自治权，包括民主协商，通过自由和定期选举来选择立法和行政机构"，或者是"在少数民族的地位问题上，即在以领土为基础的自治权不适用的情况下，实行少数民族自我管理"。尽管部分北极国家在关于自治权方面确实有一些成功的实践，但是有些国家却并非如此，比如芬兰在处理奥兰群岛(Aaland Islands)问题时，在国家内部尤其是同其他国家相比较而言，自治程度并不平等。在奥兰群岛的瑞典人比在芬兰的萨米人享有更大的自治权。

无论措辞如何，自决或自治，自治政府或自治权，北极国家似乎依旧不能满足土著人自治的标准，这些年来关于自治的实践并不一致。之前已经介绍过加拿大努纳武特地区的因纽特人与斯堪的纳维亚半岛的萨米人享有的自治程度不同，但是这些自治是否已经达到上述标准恐怕仍旧值得怀疑。当土地和资源权利被附加到联合国宣言以及第169号国际劳工组织公约中时，北极国家的任务更加艰巨。由于格陵兰岛的殖民历史，加上其地处海外，格陵兰人在控制其资源方面占有优势，它有权选择从丹麦独立出来并充分行使其外部自治权，这也获得了官方的认可。

不管是在土著人群体中还是在非土著人群体中，土著民族权力的享有及行使都应当遵循国际人权标准、善政和民主，这一原则源自上述联合国及经社理事会的文件。为了让北部国家真正做到这一点，这些国家必须履行他们的法律及政治义务。民主、人权以及善政的国际标准都应当适用于北部地区的土著区。如果在极少数情况下传统司法或其他文化的实践元素与人权相冲突,后者应当优先。

五、结束语

北极国家在总体上尤其是在土著人权利方面达到国际人权标准了吗?在"极地法年刊"第三卷中,编者做了一个关于北极国家对有关土著人权利的重要文书以及监督程序的接受程度的调查,也可以说是未接受程度的调查。说起来令人沮丧,这些标榜的富国做得并不尽如人意,因为他们中的大多数国家非常热衷于世界其他地区的人权状况。

"善政"作为一项国际规范在北极地区引发了一个很有意思的问题:"如果善政原则的起草是为了发展中国家,那么对北部发达国家是否也适用呢?"我认为这一答案必须是肯定的。在当今这样一个统一化的时代,如果得出的结论不同,后果是不可想象的,北极地区也不应当例外,因为它是世界的一部分。事实上,北极理事会中的可持续发展工作小组(SDWG)对于土著民族问题也是非常关注的。

同样地,通过当地机构和授权机构的代表实行自治而体现出来的"民主"也应当适用于整个北极地区。各具文化特色的代表们相聚首都,以确保国家机构和地方自治政府中的相关代表权得以实现。

国际人权标准、善政和民主可能会受到主权的限制。一部分是因为国家同意接受条约义务,另一部分可能是由于国际习惯法的出现。政府企图以内部事务或国内事务为由,为自己不再信守条约义务作辩护。实际上,人权作为国际事务已经得到广泛关注和认可,比如1993年世界人权大会中的《维也纳宣言》。对于北极国家来说,大多数政府的外交政策包括尊重人权、善政和民主,并时常对其他国家的权利、善政与民主表现加以指责,但是它们自身的信誉却岌岌可危。

由于人权运动取得了一些成功,一些政府便企图继续转移注意力或淡化相关人权标准。不同的文化传统、责任感、社区方法以及重大的国家利益都成为它们反对权利普遍性的理由。由于人权已经成为一个法律事项,其效力在很大程度上得到加强,并且在法律上得到了普遍承认,因而迄今为止,某些政府及精英为谋求利己而逃避国际人权标准及监督的企图基本上都未能得逞。

要想在人权,善政与民主之间搭建桥梁,还有许多需要努力之处。这些主题不应当被割裂开来。人权不仅可以从善政的相关标准中受益,在其实施中也有许多可借鉴之处。因此,人权社会可以而且应当争取善政的支持,民主运动和其他相关论点也是如此,这是律师从政治家和经济家那里所学到的。关于人权标准的经济学解释数不胜数,比如平等权、有效参与及信息自由,这些解释都将有助于他们现实中的权益。

民主可以而且应当将法律作为一个工具并多加利用。人权工作的经验很明显有助于厘清善政原则的意义及民主的内容,比如政治自由及政治参与。人权经验同样可以提供监督机制与方法的指导。当我们将法律改革作为善政的一个方面进行讨论时,人权标准可以用来改善国家法律,并将其作为实施工具加以利用,比如将国际人权标准转化为国内法律。

同样地,善政和民主的实践也有助于尊重人权。对人民负责的政府,以及在定期、公正和自由的选举中代表公民意愿的人,更倾向于关注人权。由于土著投票者在选举中所占的分量太轻,所以在尊重少数人和土著人权利问题上,可能会出现例外,因此,必须进一步强调特定权利及专门措施的重要性。

在这三个主题之间搭建桥梁,结合各自的力量,可以缩小不同学科和专业之间的概念差距。由此表明这三个主题在实现其目标的内容和方法上都需要相互借鉴。既然有这么多共同之处,就应当更积极地促成三者之间的相互交流及相互支持。

最后,根据之前对人权、善政和民主这些主题所作的介绍,在处理诸如北部地区土著人自治及土地和资源权利等意义重大的问题上,北极理事会应当表现得更加积极。不管是作为一个单独的主题还是作为其他正在讨论的主题的一部分,北极地区土著人权利问题都应当成为理事会的头等大事。

编 后 记

历经几年的酝酿和准备，《人权论丛》第一辑终于要和读者见面了。幸赖诸多前辈、同行的关怀、帮助和期待，我们最终如期收获了这份沉甸甸的果实。

好的文字，能够折射出社会春秋之变，历史阴阳之旅，堪为不谢的芳菲。高质量的学术作品乃是产出一份优秀出版物的灵魂。在这里，衷心感谢每一位惠赐我们文章的专家、学者，帮助我们在最艰难的时候得以看见希望的曙光；衷心感谢每一位为我们提供专业意见的同侪，帮助我们尽可能地修正疏漏差错；衷心感谢商务印书馆的大力支持，众人的共同努力扶助了这个小生命的成长……

花儿终有开放的时节，果实终有熟透的时令。立秋了，一切正当好。

《人权论丛》编辑部

2018年4月